Baedeker

Allianz Reiseführer

W0284403

Madrid

www.baedeker.com

Verlag Karl Baedeker

TOP-SEHENSWERTES ★★

Kunst in atemraubender Dichte im »Kunstviereck« Prado, Thyssen-Bornemisza, Caixa Forum und Reina Sofía. Bühne der Genuss- und Lebensfreude mit vielen Tresen, Theken und Terrazzas, der Oper und Theater. Dröhnender Verkehr, grüne Oasen, Prachtboulevards, volkstümliche Barrios und Altstadtplätze wie Salons unter freiem Himmel und nahegelegene hochkarätige Ausflugsziele.

★★ Aranjuez
Einstige königliche Sommerresidenz und zauberhafte Gärten ► **Seite 163**

★★ Centro de Arte Reina Sofía
Tempel der spanischen Gegenwartskunst ► **Seite 171**

★★ Ermita de San Antonio de la Florida
In nur 120 Tagen malte Francisco de Goya die Kuppel der kleinen Kapelle aus; hier ist er auch begraben. ► **Seite 179**

★★ El Escorial
Das Klosterschloss Philipps II. in den Ausläufern der Sierra de Guadarrama ► **Seite 180**

★★ Monasterio de las Descalzas Reales
Eine der prächtigsten Kunstsammlungen Spaniens hinter Klostermauern ► **Seite 197**

★★ Museo Arqueológico
Spanische Kulturgeschichte von der Altsteinzeit bis ins 19. Jahrhundert ► **Seite 202**

★★ Museo del Prado
Eine überwältigende Fülle an Meisterwerken vom 12. bis 19. Jahrhundert ► **Seite 207**

★★ Museo Thyssen-Bornemisza
Ein Spaziergang durch 800 Jahre Geschichte der Kunst ► **Seite 233**

★★ Palacio Real
Das Schloss der spanischen Könige, bis unter die Decken angefüllt mit erlesenen Kunstgegenständen ► **Seite 236**

Palacio Real und Almudena-Kathedrale
Von den rund 2800 Zimmern des Königsschlosses können 50 besichtigt werden – sofern kein Staatsakt abgehalten wird.

El Rastro

Madrids Trödel- und Antiquitätenmarkt ist weltberühmt. Jeden Sonntagvormittag lockt er Tausende von Besuchern an.

✶✶ Parque del Retiro

Im 17. Jh. als königlicher Park angelegt, ist er längst einer der beliebtesten Treffpunkte der Hauptstadtbewohner. ► **Seite 243**

✶✶ Plaza Mayor

Ein Salon unter freiem Himmel und einer der schönsten Plätze Spaniens
► **Seite 258**

✶✶ El Rastro

Sonntagvormittag ist Rastro-Tag
► **Seite 264**

✶✶ Segovia

In dem kastilischen Städtchen sind vor allem der römische Aquädukt und der Alcázar einen Besuch wert. ► **Seite 276**

✶✶ Toledo

Einzigartiges »Freilichtmuseum« kastilisch-spanischer Geschichte und die Stadt El Grecos ► **Seite 286**

»El Ángel Caído«

Eine Skulptur für den »Gefallenen Engel« im Retiro-Park

DIE BESTEN BAEDEKER-TIPPS

Von allen Baedeker-Tipps in diesem Buch haben wir hier die interessantesten für Sie zusammengestellt. Erleben und genießen Sie Madrid von seiner schönsten Seite!

! Kinofans
Riesenleinwände und Soundeffekte garantieren Erlebniskino. ► **Seite 43**

! Gut zu wissen
Was bedeutet s/n oder 3° D bei spanischen Adressenangaben? ► **Seite 60**

! Süße Unterbrechung
Freiluft-Cafés laden ein.
► **Seite 61**

! Überblick
Infos über Szenetreffs, Ausstellungen, Theater- und Festivalprogramme
► **Seite 65**

! Weiterfeiern
Reviere für »Sommernachtsfrischler«
► **Seite 66**

! Für Flamencofans
Alljährlich findet in Madrid ein mehrtägiges Flamencofestival statt.
► **Seite 87**

! Verehrer garantiert
Der hl. Antonius als Garant für einen Ehemann ... ► **Seite 88**

! Unzufrieden?
Verlangen Sie nach dem Libro de Reclamación – manchmal passieren noch Wunder. ► **Seite 125**

! Fahrt mit dem Erdbeerzug
Nach Aranjuez fährt man am besten mit dem Tren de la Fresa. ► **Seite 163**

! Freier Eintritt
Kostenloser Eintritt ins Reina-Sofía-Museum ► **Seite 172**

! Ein Wunder?
Alljährlich verflüssigt sich am 27. Juli das Blut des hl. Pantaleón. ► **Seite 177**

Plaza de Santa Ana
Herz des Madrider Künstler- und Szeneviertels

Flamenco
Getanzt vom Spanischen Nationalballett

Tipps zum Einkehren
Lebendiger Mittelpunkt des Chueca-Viertels ist die kleine gleichnamige Plaza.
▸ Seite 196

Ins alte Ägypten versetzt
Ein nubischer Tempel in Madrid
▸ Seite 201

Künstler der Altsteinzeit
15 000 Jahre alte Felsmalereien originalgetreu kopiert ▸ Seite 203

Tapas und feinste Olivenöle
Tapas, frisch gezapftes Bier und feinste Olivenöle ▸ Seite 233

Kaffee gefällig?
Beliebte Einkehrtipps rund um die Plaza del Dos del Mayo im Barrio de Malasaña
▸ Seite 258

Silvester in Madrid
So sichern sich Madrilenen Glück und Erfüllung ihrer Wünsche im anstehenden Jahr. ▸ Seite 264

Belegte Brötchen
Zum Rastroritual gehört auch der Besuch einer Bar. ▸ Seite 266

Chocolate y churros
Frühstück mit den Szenekönigen der vergangenen Nacht. ▸ Seite 275

Spanferkel einmal anders
Bekommt man im Mesón de Cándido in Segovia. ▸ Seite 277

Toller Ausblick
Den schönsten Blick auf den Alcázar von Segovia ▸ Seite 284

Madrider Künstlerviertel
Die Plaza de Santa Ana gehört zu den Top-Ausgehadressen von Madrid
▸ Seite 285

Literatur-Tipp
Unternehmen Sie eine Zeitreise in das Toledo des 13. Jahrhunderts.
▸ Seite 293

Madrid, Mekka der Kunst
► Seite 41

HINTERGRUND

12 Bühne der Lebenslust
16 Fakten
17 Bevölkerung · Politik · Wirtschaft
24 Stadtgeschichte
25 Alt-Madrid bis zum Ende des Mittelalters
27 Hauptstadt der Habsburger
29 Hauptstadt der Bourbonen
31 Madrid im 19. Jahrhundert
33 Madrid bis heute
37 *Special: Spaniens Royals*
40 Kunst und Kultur
44 Berühmte Persönlichkeiten

PRAKTISCHE INFORMATIONEN VON A BIS Z

56 Anreise · Reiseplanung
59 Ausgehen
68 Auskunft
70 Elektrizität
70 Essen und Trinken
72 *Special: Madrid tischt auf*
85 Feiertage, Feste und Events
89 Geld
90 Gesundheit
90 Mit Kindern in Madrid
91 Kleiner Knigge für Madrid

Über Spaniens Royals gibt es vor allem Positives zu berichten. Hier Kronprinz Felipe und Letizia
► Seite 37

Plaza de Oriente, schöne Kulisse für einen Sommerabend
► **Seite 256**

93 Literaturempfehlungen
94 Medien
94 Museen · Kulturzentren
100 Notrufe
101 Öffnungszeiten
101 Post und Telekommunikation
103 Preise und Vergünstigungen
104 Reisezeit
105 Shopping
110 Sprache
120 Stadtbesichtigungen
121 Toiletten
121 Theater, Konzerte, Operetten
125 Übernachten
133 Urlaub aktiv
135 *Special: König Fußball und mehr*
138 Verkehr
143 Zeit

TOUREN

148 Unterwegs in Madrid
149 Tour 1: Im historischen Zentrum
150 Tour 2: Museen und Monumente – Kunst und Prunkbauten
152 Tour 3: Zwischen Atocha und Retiro – das grüne Madrid
154 Tour 4: Salamanca-Viertel – Shoppingfreuden
155 Ausflüge

Tapas sind kleine Kunstwerke in unendlichen Variationen – wie hier bei José Luis.
► **Seite 81**

Plaza Mayor,
im Hintergrund der Palacio Real
► **Seite 254**

SEHENSWERTES VON A BIS Z

160 Alcalá de Henares
163 Aranjuez
165 Ateneo Artístico, Científico y Literario
166 ***Special: Madrid mit Kindern***
168 Casa de Campo
169 Casa de Lope de Vega
170 Casón del Buen Retiro
170 Catedral de la Almudena
171 Centro de Arte Reina Sofía
173 Círculo de Bellas Artes
173 Ciudad Universitaria
174 ***3 D: Faro de Moncloa***
176 Congreso de los Diputados
177 Convento de la Encarnación
178 Convento de las Trinitarias
178 Cuartel del Conde-Duque
179 Ermita de San Antonio de la Florida · Pantéon de Goya
180 El Escorial
184 ***3 D: El Escorial***
190 Estación de Atocha
191 La Granja de San Ildefonso
194 Gran Vía
196 Inmaculada Concepción de Mercedarias Descalzas
196 Jardín Botánico
197 Mercado de San Miguel
197 Monasterio de las Descalzas Reales
200 Montaña del Príncipe Pío
202 Museo de América
202 Museo Arqueológico Nacional
204 Museo Cerralbo
205 Museo Escultura al Aire Libre
206 Museo Lázaro Galdiano
207 Museo Municipal
207 Museo del Prado
232 Museo Romántico
233 Museo Thyssen-Bornemisza
235 Oratorio del Caballero de Gracia
235 Palacio de Liria
236 Palacio Real
241 Panteón de Hombres Ilustres
241 El Pardo
243 Parque del Oeste

El Escorial: Klosterschloss von Philipp II.
► **Seite 178**

243 Parque del Retiro
245 Parque-Jardín El Campo del Moro
245 Paseo de la Castellana
248 Paseo del Prado
250 Plaza de la Cibeles
251 Plaza de Colón
252 Plaza de España
254 Plaza de la Villa
256 Plaza de Oriente
258 Plaza del Dos de Mayo
258 Plaza Mayor
260 Puente de Segovia
260 Puente de Toledo
261 Puerta de Alcalá
262 Puerta de Toledo
262 Puerta del Sol
264 El Rastro
265 *Special: Zarzuela*
266 Real Academia de Bellas Artes de San Fernando
268 Real Fábrica de Tapices
268 Riofrío
269 *Special: Malen mit farbigen Fäden*
270 Las Salesas Reales
271 San Andrés
272 San Antonio de los Alemanes
273 San Francisco el Grande
274 San Ginés
275 San Isidro
276 Segovia
282 *3 D: Alcázar*
284 Teatro Español
286 Toledo
298 Las Ventas
299 Viaducto

300 Glossar
302 Register
307 Verzeichnis der Karten und grafischen Darstellungen
307 Bildnachweis
308 Impressum
309 atmosfair

nachdenken • klimabewusst reisen
atmosfair

METROPOLIS

Hintergrund

IM FOLGENDEN ERFÄHRT MAN KURZ UND KNAPP WISSENSWERTES ÜBER SPANIENS LANDESHAUPTSTADT, ÜBER IHRE BEWOHNER, WIRTSCHAFT, POLITIK UND GESCHICHTE.

BÜHNE DER LEBENSLUST

An Madrid kommt niemand vorbei: Spaniens größte Metropole in der geografischen Mitte der Iberischen Halbinsel ist Landeshauptstadt und Sitz des Königshauses, Polit- und Handelszentrum, Kunst- und Kulturpol, Verkehrsdrehscheibe und Heimat von 3,25 Millionen Menschen aus aller Herren Länder. Kosmopolitisch und weltoffen heißt Madrid seine Besucher willkommen.

Madrid ist der Name der Hauptstadt und der umliegenden autonomen Region Comunidad de Madrid mit 8028 km² und über 8 Mio. Einwohnern. Kaum zu glauben, dass sich im Mittelalter rundherum einsame Landstriche erstreckten. In Wäldern tummelte sich reichlich Wild, in den Flüssen gab es Fische im Überfluss. Das Panorama begann sich 1561 zu ändern, als Spaniens König Philipp II. den verschlafenen Marktflecken aus politischen Gründen zur Hauptstadt erhob. Seitdem lockt Madrid mit magnetischer Kraft, ist zum Schmelztiegel der Nationen erwachsen, zur Essenz des gesamten Landes. Das macht die Definition eines typischen Madrileño fast unmöglich. Überall spiegelt sich die Vielfalt des Landes samt den Eigenheiten seiner zugewanderten Bewohner wider: Andalusier und Galicier wohnen hier, Menschen aus Kastilien und der Extremadura, natürlich auch Ausländer. Größter Antrieb, sich hier niederzulassen, damals wie heute: die Suche nach Arbeit. Und davon gibt es infolge der Wirtschaftskrise längst nicht mehr so reichlich wie noch vor wenigen Jahren. Doch wehe dem Unwissenden, der hinter den Fassaden müde wiehernde Amtsschimmel vermutet! Madrilenen sind zu jeder Tages- und Nachtzeit hellwach. Stets bereit für ein Häppchen, einen angeregten Plausch und einen süffigen Wein – Madrid ist eine Stadt der Kneipen und Kinos, der Straßencafés und Discos, der Oper und der Theater. Musicalproduktionen brennen auf den Bühnen Feuerwerke ab, Studententheater scheuen sich längst nicht mehr vor dem literarischen Griff unter die Gürtellinie, in Szenetreffs und Discos gibt die neueste Mode den Ton an. Andererseits geben sich Madrileños ebenso traditionsverhaftet. Ob als Zaungäste bei einer Zarzuela-Aufführung, dem typischen spanischen Singspiel, oder während der Karwoche, der Se-

Retiro-Park *Beliebte Freilichtbühne vor schöner Kulisse*

← Madrids Hauptstraße: Gran Vía

Puerta del Sol
Nabel der Nation, Kilometer null für alle Nationalstraßen des Landes, Kreuzungspunkt der Metrolinien und wichtiger Verkehrsadern

Fächer
sind mehr als folkloristische Überbleibsel, vor allem bei 30 Grad und mehr; hier vorgeführt von der Tänzerin Sandra Logga.

Casa de Campo
Der ehemalige königliche Park mit Jagdrevier ist ein beliebtes Naherholungsgebiet vor den Toren der Stadt mit kleinem See, Zoo, Freilichtbühne und Freizeitpark.

Plaza Mayor
Seit dem Mittelalter hat der Platz Geschichte geschrieben. Die Reiterstatue von König Philipp III. steht hier allerdings erst seit 1848.

Archäologisches Museum
Ein geflügeltes Zwitterwesen bewacht die Sammlung mit Ausstellungsstücken aus vorgeschichtlicher Zeit bis ins 19. Jahrhundert.

Real Armería
Schon Philipp II. sammelte Waffen und Rüstungen. Heute stehen sie in Reih und Glied in einem Pavillon des Palacio Real, darunter auch die von Kaiser Karl V.

mana Santa, wenn sich die Mitglieder der Laienbruderschaften in Bußgewänder hüllen und zu ergreifenden Prozessionen formieren. In den Restaurants wetteifern baskische Spezialitäten mit mediterraner Leichtigkeit und katalanischer Raffinesse. Die Madrileños lieben das! Genuss- und Lebensfreude überall, die Preise sind im Vergleich zu anderen europäischen Metropolen erschwinglich. Plätze und Prachtboulevards sind eine große Bühne der Lebenslust, der selbst der dröhnende Verkehr nichts anhaben kann. Man lebt nur einmal, hier und heute. Wen interessieren noch die puritanischen Zeiten unter Franco? Man gibt nicht viel auf verstaubte Geschichte. Stattdessen saugt man gierig alles Neue auf. Gerade das macht Madrid so modern, so weltgewandt.

Stadt für jede Jahreszeit

Der Paseo de la Castellana *führt ins supermoderne Madrid und zur Torre Picasso.*

Was tun in Madrid? Kunstliebhaber tauchen in grandiose Museen ein. Die »großen Vier«, Prado, Reina Sofía, Thyssen-Bornemisza und La Caixa Forum, stehen mit Velázquez' »Las Meninas«, den »Schwarzen Malereien« von Goya und Picassos »Guernica« an der Spitze. Versecktere Schätze hebt man bei Besuchen der Königlichen Kunstakademie San Fernando und der im Herzen der Stadt gelegenen Klöster Descalzas Reales und Encarnación. Im Königspalast wandelt man durch prachtvolle Säle, die Plaza Mayor ist der Inbegriff eines spanischen Altstadtplatzes und rund um die Plaza de Santa Ana schmecken die Drinks besonders gut. In der Kapelle San Antonio de la Florida spürt man der Fährte des Hofmalers Francisco de Goya nach, im Literatenviertel nimmt man die Spur des Dichters Lope de Vega auf. Wem all das zu kulturlastig ist, der findet im Botanischen Garten, im Parque del Retiro oder ein wenig außerhalb in der Casa de Campo Zerstreuung. Auf den Wegen halten sich Jogger und Spaziergänger fit, künstliche Seen animieren zu Bootspartien – unter dem oftmals strahlend blauen Himmel der Meseta. Bunter Alltag herrscht auf den Märkten. Für beste Shoppingadressen bürgen Straßen wie die Calle de Serrano, im alten Gerberviertel um die Ribera de Curtidores steht sonntags der bunte Rastro-Markt an. Und eine Zug- oder Autostunde entfernt locken Toledo, Alcalá de Henares, der Escorial oder Aranjuez und Segovia. Es gibt viele gute Gründe für eine Reise in Spaniens Herz.

FAKTEN

Erst 1561 beschloss Philipp II., die jüngste der spanischen Städte zur Reichshauptstadt zu machen. Heute ist Madrid die größte Stadt der Iberischen Halbinsel, Sitz der Regierung und Residenz des spanischen Königs.

Bevölkerung · Politik · Wirtschaft

Hauptstadt auf der Hochebene

Madrid liegt im Zentrum der Iberischen Halbinsel auf einer karstigen Hochfläche, etwas über dem wasserarmen und teilweise kanalisierten Flüsschen Río de Manzanares. Im Norden wird die Stadt durch die Sierra de Guadarrama begrenzt, deren höchste Gipfel bis zu 2400 m emporragen, nach Süden und Osten hin erstreckt sich die weite Fläche der Mancha. Sie ist die Hauptstadt des Königreichs Spanien und der autonomen Region **Comunidad de Madrid**. Erst der Habsburger Philipp II. hatte 1561 die Stadt zur Única Corte erklärt und seinen Hof nach Madrid verlegt. Mit seiner Entscheidung, die jüngste der spanischen Städte zur Reichshauptstadt zu machen, hatte er sich sowohl gegen das aragonische Zaragoza, das kastilische Burgos und León und das westgotische Toledo als auch gegen das maurische Córdoba und Sevilla entschieden. Heute ist Madrid die größte Stadt der Iberischen Halbinsel, Sitz der Regierung sowie Residenz des spanischen Königs und somit der politische und kulturelle Finanz-, Handels- und Verkehrsmittelpunkt des Landes.

? WUSSTEN SIE SCHON ...?

- ... dass in Madrid ein deutlicher Überhang an Frauen herrscht? 1,72 Mio. Frauen stehen 1,53 Mio. Männern gegenüber.

Boomtown der Zuwanderer

Madrid ist seit jeher eine Stadt der Zuwanderer. Im 16. und noch mehr im 17. Jh. war sie als Verwaltungszentrum eines blühenden Kolonialreichs, Sitz des Hofs und Umschlagplatz für Waren und Ideen der Mittelpunkt einer beweglichen, zum Teil auch entwurzelten Bevölkerung, die zum festen Bestandteil der Villa y Corte (Stadt und Hof) gehörte. Einen Höhepunkt erlebte ihre Anziehungskraft mit der industriellen Revolution. Während der Industrialisierungswelle der 1950er- und 1960er-Jahre entwickelte sich Madrid dann zum industriellen Ballungsraum.

Die Einwohnerzahl stieg unablässig, gespeist von Zuwanderern aus Andalusien, Asturien, der Extremadura oder aus Galicien. Stets trieb sie die Suche nach besseren Lebensbedingungen in die Hauptstadt, gemäß dem Sprichwort »de Madrid al cielo«, »von Madrid direkt in den Himmel«. Heute hat die Stadt 3,25 Mio. Einwohner und steht landesweit unangefochten an der Spitze.

← Blick aus der Seilbahn in den Casa de Campo auf das Schloss und die Almudena-Kathedrale

Zwar herrscht der katholische Glaube in der Vielvölkerstadt Madrid weiterhin vor, trotzdem gibt es immer weniger praktizierende Christen.

Vielvölkerstadt und religiöse Vielfalt

Ob Senegal, Russland oder Chile – in Madrid sind Menschen aus aller Herren Länder beheimatet. In den letzten Jahren hat der Ausländeranteil neue Rekordzuwächse verzeichnet. Mittlerweile leben über 567 000 Ausländer in Madrid, mehrheitlich aus Rumänien, lateinamerikanischen Ländern wie Ecuador und Kolumbien und Marokko. 6048 Deutsche sind gemeldet. Jedoch sind in Zeiten hoher Arbeitslosigkeit selbst Niedriglohnjobs für Emigranten kaum noch zu ergattern. Die ethnische **Vielfalt** wird ergänzt durch die religiöse. Bereits im mittelalterlichen Spanien lebten Christen, Juden und Mohammedaner beieinander, doch dieses Zusammenleben wurde nach der Eroberung des letzten maurischen Reiches, Granada, durch die Katholischen Könige (1492) beendet. Die Ausweisung der Mauren und Juden (1492 – 1494 und 1614) besiegelte die religiöse Einheit, die durch die Inquisitionstribunale durchgesetzt wurde.

Die europäische Reformation stieß im Spanien Karls V. und Philipps II. auf großen Widerstand. Die Gegenreformation hielt das Land in den Bahnen des orthodoxen Katholizismus. Dieser blieb Staatsreligion auch unter den aus Frankreich stammenden Bourbonen (ab 1713). Die Erste Republik (1873 – 1874) unternahm einen kurzlebigen Versuch zur Liberalisierung der Religionsausübung, die jedoch in der spanischen Restauration unter Alfons XII. wieder rückgängig gemacht wurde. Die antikirchliche Gesetzgebung und die Enteignung des Kirchenbesitzes 1931 – 1935 zu Beginn der Zweiten Republik

durch die linksrepublikanische Koalition fand ihre Gegenbewegung im Wahlsieg der Rechtskoalition CEDA von 1933, die wiederum von der republikanischen Volksfront bei den letzten demokratischen Wahlen vor dem Bürgerkrieg verdrängt wurde. Unter der Diktatur Francos erlangte die Kirche erneut großen Einfluss auf Politik und Bildung. Erst mit der demokratischen Verfassung wird die Freiheit des Glaubens und der Religionsausübung ebenso verankert wie die Trennung zwischen Staat und Kirche. Der katholische Glaube herrscht weiterhin in Spanien vor, doch gibt es immer weniger praktizierende Christen. Landesweit sind auch Andersgläubige vertreten, nicht zuletzt in Madrid, was sich u. a. an dem großen Centro Cultural Islámico ablesen lässt. Auch jüdische Gemeinden haben das Land ihrer sephardischen Vorfahren wieder entdeckt.

? WUSSTEN SIE SCHON ...?

- Im Mittelalter wurde das Land in und um Madrid zwischen Klerus (Erdbeerbaum) und Adel (Bär) aufgeteilt. Madrids Stadtwappen, ein Bär, der an einem Erdbeerbaum nascht, stand symbolisch für die Einigkeit und Bedeutung von Klerus und Adel.

Das im Bemühen um gegenseitige Toleranz wieder erstarkte spanisch-islamische Verhältnis wurde 2004 gerade in Madrid auf eine schwere Belastungsprobe gestellt. Als Vergeltung für den von Regierungschef José María Aznar (Partido Popular) gutgeheißenen Krieg gegen den Irak sprengten am 11. März jenes Jahres islamische Extremisten mehrere Vorortzüge in die Luft und rissen knapp 200 Menschen in den Tod. Wenige Tage später verlor Aznars konservative Volkspartei die Parlamentswahlen.

Stadt und autonome Gemeinschaft

Madrid ist Residenz des spanischen Königs Juan Carlos I., Sitz von Regierung und Parlament sowie eine der 17 spanischen Comunidades Autónomas, deren Status mit dem der deutschen Bundesländer vergleichbar ist. Die bedeutendsten Parteien des Landes sind die sozialdemokratisch orientierte PSOE (Partido Socialista Obrero Español) und die konservative PP (Partido Popular). Im März 2008 bestätigten die spanischen Wähler den sozialdemokratischen Präsidenten José Luis Rodríguez Zapatero im Amt. Der alte und neue Regierungschef setzte sich gegen seinen konservativen Herausforderer Mariano Rajoy (PP) durch. Die PSOE stellt zwar eine Minderheitsregierung, das ist in Spanien aber nichts Außergewöhnliches. Die Autonome Region Madrid wie die Stadt Madrid hingegen blieben **konservative Hochburgen**.

Madrid und seine Viertel

Madrid der Habsburger

Im Bezirk Zentrum liegt rund um die Plaza Mayor und die Plaza de la Villa jener Teil Madrids, der weit gehend von der Herrschaft der habsburgischen Könige geprägt ist. Er reicht vom Palacio Real im Westen, der freilich erst im 18. Jh. unter den Bourbonen seine heutige Form erhielt, über die Calle Segovia zur Puerta del Sol im Osten und weiter von der Plaza de Callao zurück bis zu den Gärten des Königspalastes. Spätmittelalter und Renaissance prägen das Viertel von der Plaza Mayor entlang der Calle del Sacramento, Barock und Klassizismus das Palast-Viertel mit der Oper. Zwischen Puerta del Sol, der Oper und Gran Vía vermischen sich spätmittelalterliche Stadtstrukturen mit der modernen Einkaufswelt.

Madrid der Bourbonen

Dem westlichen Teil des Bezirks von der Puerta del Sol bis zum Paseo del Prado drückten seit dem 18. Jh. die bourbonischen Könige ihren Stempel auf, auch wenn die hier liegenden Viertel – Sol, Cortes und Las Huertas – schon im Barock zum Stadtkern gehörten. Während die Calle de Alcalá und Gran Vía im Norden die großzügige Stadtplanung des 18. und 19. Jh.s erkennen lassen, die jenseits des Paseo del Prado voll zur Entfaltung kam, ist das Huertas-Viertel um die Plaza de Santa Ana von kleinen Gassen mit Bürgerhäusern geprägt, in denen sich ein guter Teil des Madrider Nachtlebens abspielt. Im Barock waren hier die wichtigsten Theater der Stadt, daher wird das Viertel auch Las Musas, Viertel der Dichter, genannt.

Lavapiés, Embajadores, Latina, Rastro und Latina

Die Viertel Lavapiés und Embajadores, nach Plätzen im Süden des Bezirks Zentrum benannt, sowie der Bezirk Latina südlich der Calle de Segovia bilden einen eigenen Abschnitt auf der Landkarte Madrids. Latina ist der volkstümliche Teil des Madrids der Habsburger. Seine wichtigsten Baudenkmäler entstanden im Mittelalter rund um die Plaza de la Paja auf den Fundamenten des maurischen Viertels. Die Altstadtsanierung hat das Viertel, in dem Madrids Stadtpatron San Isidro verehrt wird, wieder aufleben lassen. Östlich schließt sich mit ebenso viel »solera« das Rastro-Viertel an, das an der Calle de Embajadores in das Lavapiés-Viertel übergeht, das bis zum Centro de Arte Reina Sofía reicht (das Lavapiés-Viertel ist mancherorts für Touristen nachts mit Vorsicht zu genießen; tagsüber ist die Straßenkriminalität jedoch meist kein Problem).

Retiro

Bis zum Paseo del Prado reichten die bereits unter Philipp II. angelegten Reales Sitios del Buen Retiro. Unter Karl III. bekam dieser Abschnitt sein urbanes Gesicht, das mit seiner Weitläufigkeit mit den Vierteln im Zentrum kontrastiert. Entlang dem Prachtboulevard Paseo del Prado liegen die vier großen Museen der Stadt – Prado, Reina Sofía, Thyssen-Bornemisza und La Caixa Forum. Der Retiro-Park wird im Norden und Osten von bürgerlichen Wohnvierteln umschlossen, in denen Kunstgalerien, Modegeschäfte und gepflegte Tapa-Bars auf Besucher warten. Im Westen liegen Monumentalbauten wie der Palacio de Comunicaciones und die Börse. Im Südwesten schließen sich der Botanische Garten und der Atocha-Bahnhof an.

Recoletos und Salamanca

Die nördliche Fortsetzung des bürgerlichen Retiro-Viertels bilden das Recoletos- und das Salamanca-Viertel. Hier finden sich im geometrischen Netz von Straßen und Alleen exklusive Modeläden, Res-

Lavapiés ist eines der authentischen Barrios von Madrid.

taurants, bürgerliche Wohnhäuser und Stadtpaläste des 19. Jh.s. Der Paseo de la Castellana bildet die westliche Grenze dieser Stadtteile.

Justicia und Malasaña

Im Justicia- und Malasaña-Viertel, die ebenfalls zum Zentrumsbezirk gehören, durchdringen sich auch alle Epochen Madrids. Sie reichen von der Gran Vía im Süden und dem Paseo de Recoletos bis hinauf zu den »Boulevares«, die die Plaza de Colón mit der Glorieta de Bilbao verbinden. Barocke Konvente und schrille Architektur der jüngeren Vergangenheit wie die Torres de Colón sorgen hier für Kontraste. Rund um die Calle Almirante ist Spaniens Avantgarde-Modeszene zu Hause, die Plaza Dos de Mayo und Chueca werden v. a. von Szenevolk und Homosexuellen frequentiert.

Argüelles und Moncloa

Um die Wende zum 20. Jh. entwickelte sich der Bezirk Argüelles zu Madrids sommerfrischer, bürgerlicher Seite über dem Parque del Oeste (Westpark) und dem Río de Manzanares. Rund um die Plaza de España bekam Mitte des 20. Jh.s die Gran Vía mit Hochhäusern ihren urbanen Abschluss. Der Moncloa-Bezirk geht im Norden in die Ciudad Universitaria, die Universitätsstadt, über.

Chamberí und Nuevos Ministerios

Der Paseo de la Castellana wird bis zur Puerta de Europa von Verwaltungs- und Geschäftsbauten gesäumt. Während sich hinter dem Fußballstadion Santiago Bernabéu vornehmere Wohngegenden verbergen, erstrecken sich in endlosen Straßenzügen hinter den Türmen des Azca-Viertels und dem Verwaltungskoloss der Nuevos Ministerios mittelständische Wohnviertel. Schließlich haben betuchte Hauptstadtbewohner weit außerhalb feudale Bleiben in topmodernen Villenvierteln wie La Moralejo und Las Rozas gefunden.

Spaniens Wirtschafts- und Finanzherz

Entwicklung Da Madrid nicht an der Küste liegt und keine eigenen Rohstoffvorkommen besitzt, entwickelte es sich erst spät zu dem heutigen Wirtschafts- und Finanzzentrum. Noch bis in die 1960er-Jahre bestimmten eher kleinere und mittlere Betriebe das wirtschaftliche Leben der Hauptstadt. In den vergangenen Jahrzehnten ist die Stadt zu einem Industrie- und Dienstleistungspol erster Güte erwachsen. Forschungsinstitute und führende High-Tech-Hersteller sind ebenso vertreten wie multinationale Unternehmen. Neben Kongressen und Messen hat der in- und ausländische Tourismus die Infrastruktur beflügelt. Die Stadt ist Sitz der Spanischen Zentralbank (Banco de España) und großer Privatbanken wie Banco Santander und Banco Popular. Der Palacio de la Bolsa von Madrid ist weit vor Barcelona, Bilbao und Valencia der **wichtigste Börsenplatz** Spaniens. Auch auf industriellem Gebiet ist Madrid durch Vielfalt gekennzeichnet. Die wichtigsten Arbeitgeber sind Konsumgüterindustrie (Kosmetik, Kleidung), Verlage, Flugzeugbau, Automobilindustrie sowie Elektrogerätehersteller. Die ständig wachsende Großstadt ist eine der wichtigsten Handelszonen Spaniens, ein Zentrum des Wohnungsbaus sowie eine Drehscheibe für den Fremdenverkehr. 2009 besuchten rund 5,5 Millionen Touristen Madrid und seine Region.

Probleme auf dem Wohnungsmarkt Der Aufstieg der spanischen Hauptstadt zu einer internationalen Metropole hat auf dem Wohnungsmarkt schlimme Auswirkungen gezeitigt. Vor allem im Vorfeld der Euro-Einführung trieb der von Schwarzgeld beflügelte Kaufrausch die Wohnungspreise massiv in die Höhe. Nach fast zwei Jahrzehnten ungebremster Bautätigkeit fiel die weltweite Wirtschaftskrise nun mit dem lang erwarteten Platzen der Immobilienblase zusammen. Damit einher ging eine radikale Preiskorrektur für Wohneigentum. Vor allem in den neuen Randgebieten fielen die Preise binnen eines Jahres um bis zu 20 Prozent. Weitere Korrekturen nach unten schließen Experten für die kommenden Jahre nicht aus. Viele Madrilenen haben die Hauptstadt verlassen und nehmen dafür täglich lange Pendlerwege in Kauf. Obwohl reichlich öffentliche Verkehrsmittel im Einsatz sind, wälzen sich tagtäglich riesige Fahrzeugarmadas in die Stadt hinein und aus ihr hinaus. Konsequenz: eine riesige Luftbelastung des Madrider Raumes durch Abgase. Besonders die südlichen und östlichen Stadtteile bekommen die schlechte Luftqualität zu spüren. Die Bezirke im Norden und Westen hingegen, die von wohlhabenderen Schichten bewohnt werden, profitieren von den meist vorherrschenden West-Nordwest-Winden, die in Madrid nur selten zu Smog-Wetterlagen führen.

Auch Armut ist nicht unbekannt in Madrid. Trotz der Umsetzung großer Wohnungsbauprogramme leben die Ärmsten noch immer in so genannten Chabolas: Siedlungen aus provisorischen Hütten sowie Bretter- und Plastikverschlägen.

Zahlen und Fakten Madrid

Lage

- In Zentralspanien
- 650 m über dem Meeresspiegel – Madrid ist die höchstgelegene Hauptstadt Europas.
- 40° 25′ nördliche Breite, 3° 42' westliche Länge (Neapel liegt auf 40°).

Fläche

- 531 km² (Stadt Madrid)
- 8028 km² (Region)

Einwohnerzahl

- 3,25 Mio. (Stadt/La capital)
- 6,4 Mio. (Comunidad Autónoma de Madrid)

Im Vergleich

- Barcelona 2 Mio.
- London 2,8 Mio.
- Berlin 3,4 Mio.
- New York 8,1 Mio.

Ausländer

- 567 000 Menschen, darunter 323 000 vom amerikanischen Kontinent, 138 000 aus EU-Ländern, 14 000 aus Nicht-EU-Ländern, 47 000 aus Asien sowie 43 000 aus Afrika.

Bevölkerungsentwicklung

- Anstieg von 542 739 im Jahr 1897 auf 1,04 Mio. 1930 und 2,17 Mio. 1960. Heute 3,2 Mio. Einwohner

Verwaltung

- 21 Bezirke
- Verwaltungschef: Alcalde (Bürgermeister), der von der Asamblea (Stadtparlament/Stadtrat) mit einfacher Mehrheit gewählt wird.
- Verwaltungsorgane: Tenencias de alcaldía (stellvertretender Bürgermeister) und die Conjecalías (Referate/Ministerien der Stadtverwaltung).

Wirtschaft

- Börse
- Verwaltungs- und Dienstleistungszentrum
- Zentrum der spanischen Presse

Verkehr

- Internationaler Flughafen Barajas mit jährlich 48,2 Mio. Passagieren
- Wichtigstes Verkehrsmittel: Metro, 283 km Streckennetzlänge, 293 Stationen, täglich etwa 2,5 Mio. Fahrgäste

? WUSSTEN SIE SCHON ...?

- Madrids Lage im Herzen Spaniens führt dazu, dass hier alle großen Straßen des Landes zusammenlaufen. Eine Bodenplatte auf der Puerta del Sol markiert den Punkt Null, auf den sich die Kilometerzählung aller Nationalstraßen des Landes bezieht.

Stadtgeschichte

Bis zur Mitte des 16. Jh.s war Madrid ein verschlafener Marktflecken. Doch dann entwickelte es sich zum Zentrum eines mächtigen Imperiums und ist heute Spaniens größte Metropole, Landeshauptstadt und Residenz des Königshauses.

Alt-Madrid bis zum Ende des Mittelalters

8.–9. Jh.	Araber gründen die Festung Mayrit oder Magerit.
1085	Alfons VI. erobert die Siedlung.
1469	Isabella von Kastilien und Ferdinand von Aragón gründen das vereinigte Königreich.

Vorgeschichte

Stein- und Keramikfunde belegen, dass im Gebiet der heutigen Metropole, entlang der Flüsse Jarama und Manzanares, bereits um 25 000 v. Chr. Nomaden lebten. Um 1000 v. Chr. drangen keltische Stämme von Nordwesten ins Innere der Iberischen Halbinsel. Hier trafen sie auf die Iberer, ein von autonomen Stämmen gebildetes Volk, das zwischen dem südfranzösischen Languedoc und dem Südzipfel Spaniens siedelte und mit dem sie sich zu den so genannten Keltiberern vermischten.

Weder unter römischer (ab dem 2. Jh. v. Chr.) noch unter westgotischer Herrschaft (409 – 711 n. Chr.) gab es an der Stelle des heutigen Madrids eine feste Siedlung. Einzige Spuren aus dieser Zeit sind einige im alten Stadtkern zu Tage gekommene Grabtafeln.

711 fielen arabische und berberische Heere in Spanien ein und drangen bis zum Río Duero nördlich von Madrid vor. Das westgotische Reich zerfiel, Córdoba wurde Hauptstadt des Maurenreichs, das bis zur Eroberung Granadas 1492 fast acht Jahrhunderte existierte.

Gründung von Mayrit

Um 860 gründete der maurische **Emir Mohammed I. von Córdoba** an einem erhöhten Punkt über dem Manzanares, etwa an der Stelle des Palacio Real, die Festung Mayrit oder Magerit (= Stadt der vielen Wasser, von manchen Übersetzern auch als gesunder Hügel interpretiert). Sie diente als Grenzfestung gegen die christlichen Königreiche im Norden des Landes. Im Schutze der Festung und dank ihrer Lage an einem wichtigen Handelsweg entwickelte sich eine Siedlung. Zwischen 1085 und 1095 eroberte **Alfons VI. der Tapfere** mit seinen Truppen sowohl Toledo als auch das arabische Mayrit. Nach einer Legende fanden die christlichen Eroberer unter den Trümmern der arabischen Festungsmauer eine Marienfigur, die als Virgen de la Almudena zur ersten Schutzheiligen der Stadt wurde.

Zu Beginn des 12. Jh.s hatte sich der Marktflecken so weit vergrößert, dass er eine neue Stadtmauer erhielt. Aus dieser Zeit sind nur einige Stadtmauerreste an der Cuesta de la Vega und die Türme von zwei mittelalterlichen Kirchen erhalten, von San Nicolás de los Senitas und von San Pedro el Viejo (oder el Real). 1202 umfasste

← Der politisch unbedarfte Philipp III. glich seinem Vater nur in seiner Frömmigkeit. Velázquez' Gemälde befindet sich im Prado-Museum.

Madrid zur Zeit der Katholischen Könige im 15. Jahrhundert

Madrid bereits zehn Pfarrgemeinden und bekam von Alfons VIII. einige Sonderrechte, Fueros, zugesprochen. Volles Stadtrecht erhielt es dann unter Alfons X. dem Weisen (1252 – 1284). Die hier weiter ansässigen Mauren lebten in einem eigenen Quartier außerhalb des südlichen Stadttors, an das heute noch der Name Puerta del Moro erinnert. 1309 versammelte Ferdinand IV. von Kastilien die seit 1307 bestehende Ständevertretung der Geistlichkeit, des weltlichen Adels und der Städte, die so genannten Cortes, zum ersten Mal in Madrid.

Madrid zur Zeit der Katholischen Könige

1469 heirateten Ferdinand II. von Aragón und Isabella I. von Kastilien. Die Hochzeit der »Katholischen Könige« führte zur Vereinigung der beiden bisher rivalisierenden Reiche. Die Reconquista, die 1492 durch die Kapitulation Granadas, der letzten Bastion der Mauren, ihren Abschluss fand, und die Inquisition beendeten das bislang überwiegend friedliche Zusammenleben von Moslems, Christen und Juden. Zwar hielten sich Isabella I. und Ferdinand II. nur vorübergehend in Madrid auf, in ihrem Auftrag entstanden jedoch ab 1478 im Osten vor der Stadt die Kirche und das Kloster von San Jerónimo el Real. Aus derselben Zeit stammen außerdem die Häuser der Lujanes und Cisneros sowie Teile des später zum Konvent der Descalzas Reales umgebauten Palastes des Schatzmeisters Karls III. Zu den Bauten isabellinischer Gotik gehören ferner die renovierte Capilla de Obispo bei der Kirche San Andrés. Eine Beschreibung der damaligen Stadt liefert der Arzt, Geograf und Astronom Hieronymus Münzer, der 1494/1495 die Halbinsel bereiste. Er schrieb, Madrid sei eine Stadt »so groß wie Biberach«, »sie hat viele Brunnen, billige Lebensmittel und zwei Maurenviertel, bewohnt von zahlreichen Sarazenen«.

Hauptstadt der Habsburger

1516	Der Habsburger Karl I. besteigt den Thron.
1561	Sein Sohn Philipp II. macht Madrid zur Hauptstadt.
17. Jh.	Siglo de Oro, das sog. Goldene Zeitalter

Nach dem Tod Isabellas I. und Ferdinands II. gingen die Kronen Kastiliens und Aragoniens nicht auf die Thronfolgerin Juana über. Sie wurde für verrückt erklärt und für den Rest ihres Lebens in ein Kloster gesperrt. Den Thron bestieg 1516 ihr Sohn Karl I., ein Enkel Kaiser Maximilians von Österreich. Mit ihm begann die Herrschaft der Habsburger in Spanien. Noch im selben Jahr wurde er, nach dem Tode seines Großvaters, in Frankfurt zum Kaiser des Hl. Römischen Reiches deutscher Nation gewählt. Als **Karl V.** regierte er über Spanien, die Niederlande, Sardinien, Neapel, Sizilien, Mailand, die Franche-Comté sowie über zahlreiche amerikanische Kolonien. Diese Machtfülle ließ den Kaiser nicht einmal die Hälfte seiner Regierungszeit auf spanischem Boden verbringen. In Kastilien kam es zum Aufstand der Comuneros, des Kleinadels und des Besitzbürgertums, die die Rechte der Krone beschneiden wollten. Karl schlug ihn nieder und ließ ihre Anführer hinrichten. Auch die Cortes, die Vertretung des Adels, der hohen Geistlichkeit und der Städte, verloren ihre Bedeutung. Wenn er in Spanien weilte, hielt er sich gerne in Madrid auf. 1537 ließ Karl den Alcázar vergrößern und mit einer repräsentativen Fassade versehen. 1544 begann er nördlich der Stadt mit dem Schlossbau El Pardo. Im selben Jahr verlieh er Madrid den Titel einer »imperial y coronada villa«, einer »kaiserlichen und gekrönten Stadt«. Zwölf Jahre später dankte er ab. Während seiner Regierungszeit war die Einwohnerzahl Madrids von 3000 auf 25 000 gestiegen.

1561 – Madrid wird Hauptstadt

Sein Sohn und Nachfolger **Philipp II.** (1556 – 1598) bestimmte Madrid 1561 zur Hauptstadt seines Reiches, »in dem die Sonne nicht untergeht«. Die alte Festung, der Alcázar, wurde zum Mittelpunkt des spanischen politischen Lebens. Als zweiten Herrschersitz gab Philipp den damals weit außerhalb der Stadt im Osten gelegenen Buen Retiro beim Kloster San Jerónimo el Real in Auftrag. Der Status der Hauptstadt zog auch Adel und Hofstaat an. Jedoch entstanden bis auf den Palacio de Uceda keine neuen Paläste, die Neuankömmlinge zogen in die Festung Alcázar. Religiöse Bauten hatten den Vorrang, Leitung und Durchführung der Projekte lagen in den Händen der königlichen Hofarchitekten Juan de Herrera, Juan Bautista de Toledo und Juan Gómez de Mora. Sie drückten der Stadt ihren Stempel auf und prägten die **Epoche der Habsburger**, das Madrid de los Austrias. Insgesamt entstanden 18 Kirchen und sieben Klöster. Philipps vorrangiges Interesse galt dem Bau des Escorial, der Unsummen an Staatsgeldern verschlang. Für den dringend benötigten Ausbau der

Stadt blieb daher kaum etwas übrig, obwohl Madrid mittlerweile 60 000 Einwohner hatte. Um das Heer von Beamten und Höflingen unterzubringen, forderte ein königlicher Erlass von den städtischen Hausbesitzern, die oberen Stockwerke für den Hof zu reservieren. Eine Folge war, dass drei Viertel aller Häuser nur aus einem Stockwerk bestanden. »Die Häuser sind arm und hässlich, fast alle sind aus Lehm hergestellt. Unter anderen Dingen fehlt es an Bürgersteigen und Aborten; für die Bedürfnisse werden Nachttöpfe benützt, deren Inhalt nachts zum Fenster hinausgeworfen wird«, schrieb der päpstliche Nuntius Camillo Borghese, der spätere Papst Paul V.

Verlegung des Hofsitzes

1601, drei Jahre nach dem Tod Philipps II., verlegte sein Nachfolger **Philipp III.** den Hofsitz vorübergehend nach Valladolid. Nach seiner Rückkehr 1606 bestellte er ein bronzenes Reiterstandbild für die Casa de Campo, das 1847 auf die Plaza Mayor versetzt wurde.

Niedergang und Höhenflug

Obwohl das 17. Jh. den Niedergang der wirtschaftlichen und politischen Macht Spaniens bedeutete – über 500 000 Mauren und Juden waren bereits zu Beginn des Jahrhunderts aus Spanien vertrieben worden, im Krieg mit Frankreich und den Niederlanden verlor das Land seine Vorherrschaft auf dem europäischen Kontinent an Frank-

Spanische Könige

Könige aus dem Hause Habsburg

Karl I. (als röm.-deutscher Kaiser Karl V.) 1517-1556
⚭ Isabel von Portugal
unehel. Tochter: Margarete von Parma
unehel. Sohn: Don Juan d'Austria

Philipp II. 1556-1598
⚭ 1. Maria von Portugal
⚭ 2. Maria Tudor
⚭ 3. Elisabeth von Valois
⚭ 4. Anna von Österreich
Sohn: Don Carlos
Tochter: Isabel Clara Eugenia

Philipp III. 1598-1621
⚭ Margareta von Österreich

Philipp IV. 1621-1665
⚭ Maria Anna von Österreich
Tochter Margareta Teresa heiratet Kaiser Leopold I.

Karl II. 1665-1700
⚭ Marie Louise von Orléans

Könige aus dem Hause Bourbon

Philipp V. 1700-1746

Ferdinand VI. 1746-1759

Karl III. 1759-1788
⚭ Maria Amalia von Sachsen
Aus dieser Ehe entstammt Fernando IV., König beider Sizilien

Karl IV. 1788-1808
⚭ Maria Luisa von Parma
Der Sohn Don Carlos wird der Stammvater der Carlisten

Ferdinand VII. 1814-1833
⚭ 1. María Antonia von Neapel
⚭ 2. María Isabel von Braganza
⚭ 3. Maria Josepha von Sachsen
⚭ 4. María Cristina von Neapel

Isabella II. 1833-1868

Alfons XII. 1874-1885
⚭ Maria Christine von Österreich

Alfons XIII. 1886-1931

Juan, Graf von Barcelona-ungekrönt

Juan Carlos I. 1975
Proklamation zum König

reich, die Wirtschaftslage war desolat, die Bevölkerung lebte in bitterster Armut –, erlebte das Land einen kulturellen Höhenflug, das sog. Goldene Zeitalter der Künste, das Siglo de Oro. Auch die Stadt profitierte davon. Sie war auf rund 100 000 Einwohner angewachsen und besaß etwa 60 Klöster. Zu den wichtigsten Baudenkmälern dieser Zeit gehören das Rathaus auf der Plaza de la Villa, die Anlage der Plaza Mayor, das Kloster Encarnación und die Puente de Segovia. Inbegriffe der barocken Architektur dieses Jahrhunderts sind außerdem die Capilla de San Isidro in der Kirche San Andrés und San Antonio de los Portugueses, später in de los Alemanes umgetauft. Der Ruhm Madrids gründete sich auf die hier ansässigen Dichter Cervantes, Calderón, Lope de Vega, Quevedo und auf die Hofmaler von Philipp IV., Diego Velázquez (seit 1623) sowie Francisco Zurbarán (seit 1634).

◄ Siglo de Oro

Hauptstadt der Bourbonen

1700	Mit Philipp V. wird ein Bourbone spanischer König.
1759–1788	Regierungszeit des Reformkönigs Karl III.

Spanischer Erbfolgekrieg

Am 1. November 1700 starb der letzte spanische Habsburger, Karl II., ohne einen Erben zu hinterlassen. Um den verwaisten Thron brach zwischen den österreichischen Habsburgern und den französischen Bourbonen ein zwölf Jahre dauernder Krieg aus. Im Frieden von Utrecht 1713 konnte sich schließlich **Philipp von Anjou**, ein Enkel Ludwigs XIV., gegen seinen Rivalen Karl von Habsburg durchsetzen. Als Philipp V. begründete er die **spanische Bourbonen-Dynastie**. Das heruntergewirtschaftete Spanien wurde ein zentralistischer Staat nach französischem Vorbild und erlebte einen Wiederaufstieg, seine Stellung als europäische Großmacht hatte das Land jedoch verloren.

Verschönerung der Hauptstadt

Die Hauptstadt Madrid wurde im Stil des französischen Absolutismus verschönert. Das »klösterliche« Madrid der Habsburger verwandelte sich. Bestimmende Architekten waren in der ersten Jahrhunderthälfte **José Churriguera**, **Pedro de Ribera** und **Francisco Moradillo**, deren Namen für die typische spanische Überfülle an barocker Ornamentik stehen. Zu den bedeutendsten Werken dieser Epoche gehören die Toledo-Brücke, das Hospiz San Fernando, die Kaserne Conde-Duque, die Kirchen Montserrat, Santa Barbara und San Andrés sowie die Paläste Miraflores, Ugena und Perales. Dann entsprach dieser Stil nicht länger den Vorstellungen der Bourbonen. Für weitere Bauvorhaben wurden französische und italienische Baumeister ins Land geholt, die den Übergang vom Barock zum Klassizismus vollzogen.

Karl III., gemalt von Anton Raphael Mengs

Das klassizistische Madrid ist vor allem ein Werk der Architekten Francesco Sabatini, Ventura Rodríguez, Juan de Villanueva, Filippo Juvarra, Giovanni Battista Sacchetti u. a. Überall wurden Brunnen, Brücken und Adelspaläste erbaut. 1734 war der Alcázar abgebrannt. Dies machte den Weg frei für einen repräsentativen Neubau im Sinne des 18. Jh.s, den Palacio Real. In Aranjuez und La Granja entstanden königliche Lustschlösser und großartige Parkanlagen.
Unter dem Einfluss der Aufklärung wurden in den 1730er-Jahren die Königlichen Akademien der Sprache, der Pharmazie und der Geschichte gegründet. Auch der Wohnungsbau erlebte einen Aufschwung, der Anteil an vier- und fünfstöckigen Häusern nahm deutlich zu. **Ferdinand VI.** (1746 – 1759), Sohn und Nachfolger Philipps V., sorgte für den Ausbau des Verkehrsnetzes. Er gründete große Hospitäler wie San Fernando und das Hospital General sowie die nach ihm benannte Akademie der Schönen Künste.

»Madrids erster und bester Bürgermeister«

Der dritte Bourbonenkönig **Karl III.**, der zuvor König von Neapel-Sizilien gewesen war, bestieg 1759 den Thron. In seiner 29-jährigen Regierungszeit prägte der aufgeklärte Monarch Madrid wie kein anderer Herrscher, daher wurde er später auch »Madrids erster und bester Bürgermeister« genannt. Auf ihn gehen die heute noch bestehenden Straßenachsen, Boulevards, Brunnen und Alleen zurück. Er sorgte für die längst überfällige Kanalisation, für Straßenpflaster und -beleuchtung. In seinem Auftrag wurde die Puerta de Alcalá errichtet (nach den Plänen seines Lieblingsarchitekten Sabatini), die gleichnamige Straße damit zur wichtigsten Einzugsstraße im Osten. Am Ende der Calle de Alcalá, an der Puerta del Sol, entstand der Postpalast Casa de Correos. 1764 bezog Karl den Palacio Real. Der heutige Paseo del Prado, das Mittelstück vor dem Retiro, war 1782 ausgebaut. Zahlreiche weitere Bauten entstanden und prägten das Stadtbild im Sinne eines strengen Klassizismus. Karl III. siedelte die aus Neapel nach Madrid verpflanzte Porzellanmanufaktur in die Eremitage des hl. Antonius im Retiro-Park. Auch die Entwicklung der Naturwissenschaften war ihm ein Anliegen. So gründete er den Botanischen Garten und den anfangs als naturwissenschaftliches Museum geplanten Prado (Juan de Villanueva). 1762 holte Karl III. Giovanni Battista Tiepolo nach Madrid, das zu dem letzten Zentrum spätbarocker Malerei wurde. Zeitgleich mit Tiepolo kam der junge Deutsche Anton Raphael Mengs an den spanischen Hof. Der klassizistische Maler wurde eine der einflussreichsten Persönlichkeiten im Kunstbetrieb und öffnete u. a. Francisco Bayeu und Goya den Zugang zu königlichen Ämtern. Seinen Durchbruch erlebte letzterer mit seinem Altarbild für die 1770 erbaute Kirche San Francisco el Grande.

Madrid im 19. Jahrhundert

1808	Volksaufstand gegen die Truppen Napoleons
19. Jh.	Drei Thronfolgekriege, dazwischen kurzes Intermezzo der Ersten Republik
1851	Die erste Eisenbahn fährt von Madrid nach Aranjuez.
1898	Spanien verliert seine letzten Kolonien.

Spanien wird zum Spielball Napoleons

1788 übernahm **Karl IV.** den Thron seines Vaters. Die Regierungsgeschäfte lagen in den Händen des jungen Premierministers Manuel Godoy, des Liebhabers von María Luisa, der Gemahlin Karls IV. Ein Aufstand in Aranjuez stürzte Godoy und zwang Karl IV. zur Abdankung zu Gunsten seines Sohnes Ferdinand. Unter dem Vorwand der Besetzung Portugals durch die Briten und weil Napoleon seine Interessen auf der Iberischen Halbinsel gefährdet sah, drangen 1808 französische Truppen in Spanien ein.

Unruhige Zeiten

Spaniens Geschichte im 19. Jh. wurde von Militärputschen, den so genannten Pronunciamientos, zwei Bürgerkriegen um die Thronfolge, den Karlistenkriegen, sowie Volksaufständen bestimmt. Außerdem verlor das Land fast alle Kolonien in Übersee.

2. Mai 1808

Zunächst zwang Napoleon die in sich zerstrittene Königsfamilie zur Abdankung und ernannte seinen Bruder **Joseph Bonaparte**, der von den Madridern verächtlich »Pepe Botella« (»Flasche Sepp«) genannt wurde, zum neuen König. Am 2. Mai 1808 erhob sich die Madrider Bevölkerung gegen die französischen Eindringlinge, musste aber nach stundenlangen blutigen Straßenkämpfen, bei denen über 1500 Menschen den Tod fanden, aufgeben. Die anschließenden Erschießungen hielt Goya in seinem eindrücklichen Gemälde »Der 3. Mai 1808« fest (Abb. S. 32; heute im Prado). Sie waren auch der Auslöser für den sechs Jahre dauernden Freiheitskampf der Spanier, der schließlich zur Vertreibung der ausländischen Besatzungstruppen

Francisco de Goya: »Die Erschießungen des 3. Mai 1808«

führte. In der knappen Regierungszeit von Joseph Bonaparte entstanden zwar keine großartigen Neubauten, er schuf aber wichtige Voraussetzungen für spätere Entwicklungen, indem er Kirchen, Klöster und ganze Häuserblocks abreißen ließ, um Raum für große Plätze zu schaffen, u. a. für die Plätze Santa Ana, Oriente, Ramales und für die Puerta del Sol.

1814 – Rückkehr Ferdinands VII. ▶

In Cádiz wurde 1812 die erste liberale Verfassung Spaniens verabschiedet und für eine kurze Zeit setzte sich eine liberale Strömung durch. Die Rückkehr Ferdinands VII. im Jahr 1814 beendete diese Entwicklung jedoch abrupt. Mit der Hilfe französischer Truppen stellte er die alte absolutistische Ordnung wieder her, setzte die Verfassung außer Kraft, schloss Universitäten, verbot die Presse und rief die Inquisition wieder ins Leben. 1819 wurde der Prado als Königliche Gemäldegalerie und 1820 das Ateneo eröffnet.

Isabella II.

Der Tod Ferdinands 1833 löste Thronstreitigkeiten zwischen seiner Tochter Isabella und seinem Bruder Karl aus. Aus den so genannten Karlistenkriegen ging 1843 die erst 13-jährige Isabella II. als Siegerin hervor. 1836 war Madrid durch die Verlegung der Universität von Alcalá de Henares Universitätsstadt geworden. Der Neubau des Canal de Isabel II sicherte die Wasserversorgung der Hauptstadt, die nun auch eine Gasbeleuchtung erhielt. Das Reiterstandbild Philipps IV.

wurde aus dem Buen Retiro auf die Plaza de Oriente (1843), das Philipps III. aus der Casa de Campo auf die Plaza Mayor (1847) verlegt. 1843 entstanden der Palacio de las Cortes (heute Congreso de los Diputados), 1850 das Teatro Real sowie die Nationalbibliothek. Der 1860 vorgelegte »Plan Castro«, ein Bebauungsprogramm für die wachsende Großstadt, sah vor, die Stadt nach Nordosten und Süden zu erweitern (1851 »Plan Haussmann« für Paris, 1860 »Plan Cerdá« für Barcelona). Dabei sollten für bestimmte Bevölkerungsgruppen eigene Wohnviertel angelegt werden. Damals entstanden auf streng rechtwinkligen Grundrissen die Viertel Chamberí und Salamanca als Fortsetzung der bereits unter Karl III. angelegten Wohnviertel um den Retiro-Park. Diese Viertel sind noch heute bevorzugte Wohngegenden für wohlhabende Madrilenen. 1851 fand die Einweihung der ersten Eisenbahnstrecke zwischen Madrid und Aranjuez statt.

◄ »Plan Castro« – Stadtplanung

1873 Erste Spanische Republik

Die Septemberrevolution 1868 stürzte Isabella II. und mündete in die Erste Spanische Republik. Diese währte jedoch nur kurz, denn 1874 kam Isabellas Sohn Alfons XII. mit Hilfe des Militärs wieder an die Macht. 1875 zog er unter Jubel in Madrid ein, das auf fast 500 000 Einwohner angewachsen war. Alfons sorgte für das erste Telefonnetz der Stadt und führte das allgemeine und gleiche Wahlrecht (für Männer) sowie das heute noch gültige Bürgerliche Gesetzbuch ein. Elektrische Beleuchtung und Straßenbahnen waren weitere moderne Errungenschaften. In der Architektur war der Historismus stilbestimmend, die Neubauten entstanden nach gotischen, romanischen (Almudena-Kathedrale, Baubeginn 1881) oder venezianischen (Banco de España, 1882) Vorbildern. Daneben wurden auch erste Eisenskelettbauten errichtet (Atocha-Bahnhof, Palacio de Velázquez, dessen Ziegelsteinfassade nur Zierde ist, Palacio de Cristal).

Madrid bis heute

1931	Zweite Republik
1936–1939	Spanischer Bürgerkrieg
1939–1975	Diktatur unter General Franco
2004	Bombenanschläge auf Madrider Vorortzüge, knapp 200 Menschen starben.
2008	Die drei großen, 2005 erweiterten Kunstmuseen erhalten Zuwachs: Im Februar 2008 eröffnet das La Caixa Forum.

Alfons XIII.

1886 übernahm Alfons XIII. die Regierung Spaniens, das 1898 im Krieg gegen die USA die letzten Kolonien Kuba, Puerto Rico und die Philippinen verlor. In der Architektur der Landeshauptstadt war der

Historismus nach wie vor stilbestimmend. Der Jugendstil konnte nicht Fuß fassen, die Casa Longoria (1902) ist eines der ganz wenigen Beispiele des sog. **Modernismo**. 1910 begannen die Bauarbeiten für die Gran Vía. Riesige repräsentative Bauten wurden errichtet. Einer der wichtigsten Architekten der 1920er-Jahre war **Antonio Palacios**, Erbauer des Palacio de Comunicaciones. Er verstand es, dem historischen Architektur-Vokabular nach dem Vorbild früher amerikanischer Wolkenkratzer moderne Elemente beizufügen und so zu einem eigenen Stil zu finden. In den 1920er-Jahren beherrschten seine Werke bereits das Stadtbild (u. a. Círculo de Bellas Artes, Banco Central). Vielerorts verzierten bunt bemalte Kacheln, die so genannten Azulejos (arabisch: al zulaich = glänzendes Steinchen), Häuserfassaden. 1919 wurde die erste Strecke der Untergrundbahn, 1929 die »Telefónica« eingeweiht, das erste Hochhaus von Madrid.

? WUSSTEN SIE SCHON ...?

- ... dass die Madrider Metro zu den ältesten Untergrundbahnen Europas gehört? Sie wurde 1919 von König Alfons XIII. eingeweiht.

1931 Zweite Spanische Republik

Am 14. April 1931 wurde die Zweite Republik ausgerufen. Alfons XIII., der sich seit 1923 nur mit der Hilfe der Militärdiktatur des Generals Primo de Rivera hatte halten können, ging ins Exil. Die »niña bonita«, das hübsche Mädchen, wie die Zweite Republik im Volksmund genannt wurde, stand jedoch vor schier unlösbaren Problemen, die sich in gewaltsamen Auseinandersetzungen entluden. Am 18. Juli 1936 putschte sich das Militär unter dem **General Francisco Franco** an die Macht. Madrid wehrte sich gemäß der Durchhalteparole »¡No pasarán!«. Der anschließende Bürgerkrieg forderte rund 500 000 Tote. Am 1. April 1939 beendete der Einmarsch des siegreichen Generals nicht nur den dreijährigen Kampf um Madrid, er besiegelte auch die Niederlage der Republik. Die nun folgende Diktatur sollte erst mit dem Tod Francos im Jahr 1975 enden.

Kampf um Madrid ►

Die fünf Jahre der Zweiten Republik bis zum Ausbruch des Bürgerkrieges waren für größere städtebauliche Maßnahmen zu kurz gewesen. Die in den frühen 1930er-Jahren begonnenen Bauten der Ciudad Universitaria, die Casa de las Flores (1930 – 1932) und das Kino Barceló (1930) zeigen jedoch, dass die jüngeren spanischen Architekten nicht länger am Historismus festhielten, sondern zum Realismus, zur funktionalen Architektur neigten, wie sie in Deutschland oder Holland bereits verbreitet war. Am Ende des Bürgerkrieges stand zunächst der Wiederaufbau der zerstörten Hauptstadt im Vordergrund. Die ersten Neubauten waren dann erneut dem Historismus verpflichtet (Ministerio del Ejército del Aire, 1942 – 1951). Aber bei den nur wenig jüngeren Bauten, Edificio España und Torre de Madrid, sind dann die amerikanischen Vorbilder wieder zu erkennen.

Langsame Öffnung

Die Aufnahme Spaniens in die UNESCO (1950) und in die Vereinten Nationen (1955) förderten die Öffnung des Landes in wirtschaftli-

Milizionäre in den Straßen von Madrid während des Spanischen Bürgerkriegs

cher und kultureller Hinsicht. Zu Beginn der 1960er-Jahre erlebte es einen wirtschaftlichen Aufschwung. Madrid wuchs zur Millionenstadt und zum Industriezentrum. Aus allen Teilen des Landes kamen Menschen auf der Suche nach Arbeit in die Landeshauptstadt. Ihre Zahl stieg 1960 auf 2 Mio., 1970 auf über 3 Mio. Einwohner. Diese Entwicklung schlug sich nicht zuletzt in einer Reihe repräsentativer Projekte nieder, u. a. im Ausbau des Paseo de la Castellana, mit seinen Bauten *das* Finanz- und Wirtschaftszentrum der Stadt, in der Errichtung des Azca-Viertels und von La Vaguada, Musterbeispiel eines modernen Einkaufszentrums, errichtet Anfang der 1980er-Jahre (Architekt: César Manrique).

Ende der Diktatur

Francos Tod im Jahr 1975 hatte den Weg für politische Reformen freigemacht. **Juan Carlos von Bourbon**, Enkel von Alfons XIII., wurde spanischer König. Den Prozess des Übergangs von dem fast vier Jahrzehnte währenden Regime zur Demokratie bezeichnet man bis heute als **Transición**. Im Dezember 1978 stimmte die Bevölkerung einer Verfassung zu, die aus Spanien eine parlamentarische Monarchie (Reino de España) und einen demokratischen Rechtsstaat machte. Madrids erster demokratisch gewählter Bürgermeister wurde der Sozialist Enrique Tierno Galván, unter dem die Stadt in liberalem Lebensgefühl aufblühte und zur Hauptstadt der Kulturrevolte »La Movida« der frühen 1980er-Jahre wurde. Am 23. Februar 1981 unternahmen Angehörige der Guardia Civil einen Putschversuch im Congreso de los Diputados, der jedoch scheiterte. 1982 wurde der Sozialist Felipe González zum Ministerpräsidenten gewählt, der bis zum Regierungswechsel 1996 im Amt blieb.

Madrid wird autonome Region

Am 22. Februar 1983 wurde Madrid autonome Region (eine von insgesamt 17 Comunidades Autónomas). 1986 trat Spanien der Europäischen Gemeinschaft bei. Im selben Jahr wurde das Centro de Arte Reina Sofía eröffnet.

Im Jubeljahr 1992 feierte Spanien den 500. Geburtstag der »Entdeckung« Amerikas durch Kolumbus, Barcelona war Austragungsort der Olympischen Sommerspiele, Sevilla Sitz der Weltausstellung und Madrid europäische Kulturhauptstadt.

Einwohnerentwicklung

Durch die Stadtflucht in die Region sank die Zahl der Madrilenen Ende des 20. Jh.s, sie hat sich im dritten Jahrtausend jedoch wieder erholt. Gleiches gilt für die **Geburtenrate**. Auslöser dafür ist der Zuzug zahlreicher Emigranten aus Lateinamerika, angeführt von Ecuadorianern und Kolumbianern. Auf die sozialistische Ära González folgte 1996 – 2004 die Regierungszeit von José María Aznar von der konservativen Volkspartei (PP). In jene Jahre fielen zahlreiche Privatisierungsmaßnahmen bisheriger Staatsbetriebe, der von Madrid mitangeführte Konjunkturaufschwung, Massenproteste gegen die baskische Terrororganisation ETA, zwei riesige Umweltkatastrophen (eine in Andalusien, eine Öltankerkatastrophe vor der Küste Galiciens) und die Einführung des Euro (2002).

Ende des Wirtschaftswunders

Fast zwei Jahrzehnte verzeichnete Spanien Wachstumsraten, die bei den meisten EU-Partnern Neid auslösten. Doch damit ist es auf absehbare Zeit vermutlich vorbei. Noch 2007 verzeichnete Spaniens Wirtschaft ein Wachstum von 3,6 Prozent. Nur zwei Jahre später stand ein dickes Minus vor dem Wert 3,7. In der zweiten Jahreshälfte 2008 erlitt die inzwischen achtgrößte Volkswirtschaft der Welt einen drastischen Einbruch, der sich seitdem zur tiefsten Wirtschaftskrise der jüngeren Vergangenheit ausweitete. Der Wohnungsbau, zweifelsohne der Motor des kleinen spanischen Wirtschaftswunders, ist nach dem Platzen der Immobilienblase in einigen Regionen um bis zu 70 Prozent eingebrochen. Auch der Automobilsektor, der jahrelang von der Kauflust der Spanier profitierte, gehört zu den großen Verlierern der Wirtschaftskrise. Der rasche Abschwung hat deutliche Spuren auf dem Arbeitsmarkt hinterlassen. Die **Arbeitslosigkeit**, die 2007 auf 8,2 Prozent zurückgegangen war, schnellte innerhalb kurzer Zeit auf knapp **19 Prozent** hoch. Im Frühjahr 2010 waren in Spanien 4,2 Millionen Menschen auf der Jobsuche, und das bei einer Einwohnerzahl von rund 45 Millionen. Dabei scheute die Regierung keine Kosten, mit Konjunkturprogrammen Schlimmeres zu verhindern. Der Internationale Währungsfonds geht davon aus, dass Spanien als letzte EU-Wirtschaft auf den Weg des Wachstums zurückfinden werde, das allerdings nicht vor 2011.

SPANIENS ROYALS

Spaniens Königspaar ist in Madrid zu Hause – und in der ganzen Welt. Juan Carlos I. und seine Frau Sofía vertreten ihr Land auf dem ganzen Erdball bei sämtlichen Anlässen. Gemäß der Verfassung ist der König Staatsoberhaupt und oberster Repräsentant der Streitkräfte, Einmischungen ins politische Tagesgeschäft sind nicht vorgesehen.

Allerdings hatte Juan Carlos im Februar 1981 seine größte historische Stunde, als er einem (allerdings halbherzig) vorbereiteten Militärputsch im Parlament entschlossen entgegentrat und die Nation inständig zum Zusammenhalt aufrief. Diesen heroischen Akt, wenige Jahre nach dem Ende der bleiernen Franco-Diktatur, und seine Rolle als Motor der Redemokratisierung in der Post-Franco-Ära haben ihm seine Landsleute bis heute nicht vergessen und auf ewig als Pluspunkt gespeichert. Wie man überhaupt die gesamte Königsfamilie ins Herz geschlossen hat und in Vorbildfunktion sieht.

Fast keine Skandale

Im Unterschied zur Praxis in anderen Königshäusern Europas gibt es unter Spaniens Royals niemanden mit inoffizieller Zweitfrau (Prinz Charles und Camilla Parker Bowles zu Dianas Zeiten), niemanden mit Kindern aus mehreren Partnerschaften (Monacos Prinzessin Stefanie) und niemanden, der mit Schirm und wenig Charme um sich wütet und öffentlich seine Blase entleert (Caroline von Monacos Gemahl Prinz Ernst August von Hannover).

Nur Positives ist zu berichten?

Allerdings sind es bereinigte Bilder, die vom spanischen Königshaus an die Öffentlichkeit dringen – die Verbreitung von **Negativnews** steht in España tatsächlich **unter Strafe!** Das zeigte sich zuletzt im Sommer 2007, als das Satiremagazin »El Jueves« Kronprinz Felipe und seine Frau Letizia in sexuell eindeutiger Stellung auf der Titelseite präsentierte. Anlass

Kronprinz Felipe von Spanien und seine Braut posieren mit ihren Familien und Gästen nach ihrer Trauung am 22. Mai 2004 im Madrider Königspalast.

war eine Debatte um eine »Kinderprämie«, welche die dürftige Geburtenrate anheben sollte. Die Karikaturisten mussten immerhin rund 2700 € Strafe zahlen! Eigentlich macht diese Lage aus spanischer Sicht auch nichts, denn von der Grundhaltung ist man nicht besonders kritisch eingestellt. Es gibt auch keinen Enthüllungsjournalismus. Und so freut man sich einfach an den Positivschlagzeilen.

Traumhochzeit trotz Hindernissen

So wie 2004, als sich in Madrid Kronprinz Felipe und die Fernsehjournalistin Letizia Ortiz Rocasolano vermählten. Über pikante Noten sehen und sahen die Spanier generös hinweg, schließlich war Felipe vorher mit einem Unterwäschemodel verbandelt und Señora Ortiz Rocasolano ist vom Schriftsteller Alonso Guerrero geschieden. Trotzdem durfte Felipes Neue ohne weitere Probleme in der **Almudena-Kathedrale** heiraten. Und das gewissermaßen im Angesicht von Josémaría Escrivá de Balaguer, dem Begründer des Opus Dei, einer erzkatholischen Organisation mit riesigem Einfluss in Madrid und auch im Vatikan. In der Kathedrale, nicht allzu weit vom Traualtar entfernt, ist Escrivá de Balaguer eine eigene Kapelle mit einem überlebensgroßen Bildnis gewidmet, das wie ein riesiger Glaubens- und Sittenwächter wirkt. Diese Konstellation vor seinen Augen – kirchliche Trauung mit einer geschiedenen Frau – dürfte sicher nicht in Balaguers Sinne gewesen sein ...

Nachfahren

Spaniens Königsfamilie hat mittlerweile mehrfach Nachwuchs. Infantin Elena (»Herzogin von Lugo«, Duque de Lugo) und ihr (seit Februar 2010 geschiedener) Ehemann Jaime de Marichalar sind ebenso stolze Eltern wie Infantin Cristina und ihr Gemahl Iñaki Urdangarín, ein ehemaliger Weltklassehandballer des FC Barcelona (Ehrentitel »Herzöge von Palma«, Duques de Palma). Im Jahre 2005 brachte Cristina ihr viertes Kind zur Welt. Im Oktober 2005 und im April 2007 wurden auch Felipe und Letizia, die den Ehrentitel »Prinzessin von Asturien« (Princesa de Asturias) trägt, Eltern. Die kleinen Prinzessinnen **Leonor** und **Sofía** sind die Enkel Nummer sieben und acht für Juan

Carlos und Sofía. Mit der Erstgeborenen Leonor begann in Spanien die inzwischen wieder abgeflaute Debatte um die Thronfolgeregelung, da in der Verfassung Königinnen bislang nicht vorgesehen sind. Nach anfänglichen Fauxpas im Benimm-ABC hat sich die 1972 geborene Doña Letizia mittlerweile zurückgenommen und fällt Kronprinz Felipe nicht mehr ins Wort, zumindest nicht wenn die Presse zugegen ist. Auch ihre Hosenanzüge, mit denen sie ihr Selbstbewusstsein unterstrich, sind einem gemäßigteren Outfit gewichen. Inzwischen übernimmt sie auch Repräsentationstermine ohne ihren Ehemann wahr. Ihre erste Solo-Auslandsreise führte die Kronprinzessin Ende Februar 2010 ausgerechnet nach Deutschland.

Beliebter Herrscher

Ab welchem Zeitpunkt Spaniens Königspaar **»Felipe VI. und Letizia«** heißen wird, ist nach gegenwärtigem Stand nicht absehbar. Juan Carlos, Jahrgang 1938, erfreut sich dem Anschein nach bester Gesundheit und pflegt unverändert seine sportlichen Leidenschaften Segeln und Skifahren. Auch für gute Mahlzeiten und den einen oder anderen Witz ist er immer zu haben und nicht zuletzt deswegen beim Volk so beliebt. In Madrid empfangen er und seine aus Griechenland stammende Gemahlin Doña Sofía hohe Gäste im Königspalast, dem Palacio Real. Indes liegt ihre Residenz, der **Palacio de la Zarzuela**, etwa 15 km nordwestlich in den **Montes de El Pardo**. Der Vorläufer des königlichen Zarzuela-Palastes war ein prächtiges Landgut der Habsburger, von Juan Gómez de la Mora als Jagdschloss in italienischem Stil erbaut. Heute handelt es sich um ein funktionelles, modernes Anwesen inklusive Hubschrauberlandeplatz. Felipe und Letizia haben sich – in gebührendem Abstand – dort ebenfalls ein Haus bauen lassen.

Kein Entkommen

Spanier tragen ihren Juan Carlos nicht nur im Herzen, sondern auch im Portemonnaie. Das Porträt des Monarchen bekommt als beliebtes Freimarkenmotiv millionenfach seinen Stempel aufgedrückt. Außerdem ziert der Königskopf die spanischen Ein- und Zwei-Euro-Münzen.

Kunst und Kultur

Die drei großen Madrider Museen genießen längst Weltruf. Daneben locken, außer einer Reihe versteckterer Schätze in der Landeshauptstadt, noch jede Menge attraktiver Ziele wie der Escorial oder die Städte Toledo und Segovia. Sie sind alle als Tagesausflüge erreichbar.

Blühende Museumslandschaften

Museen

Madrid ist das geistige und kulturelle Zentrum Spaniens. Dies schlägt sich unter anderem in der Vielzahl der hier ansässigen Museen nieder, von denen einige Weltruf genießen: allen voran das Museo del Prado, das einige der bedeutendsten Kunstschätze Spaniens birgt und diese nach dem Abschluss einer groß angelegten Erweiterung auch zeigen kann. Das berühmte madrilenische **»Kunstviereck«** (Cuadrilátero de los Artes) komplettieren das Museo Thyssen-Bornemisza im Palacio de Villahermosa mit seinen Meisterwerken aus dem 13. Jh. bis zur Gegenwart, das Centro de Arte Reina Sofía, dessen Exponate, darunter Picassos »Guernica«, einen Überblick über die spanische Kunstentwicklung vom Ende des 19. Jh.s bis zur Gegenwart vermitteln, und das 2008 eröffnete Caixa-Forum, ein Kulturtempel, der u. a. Gegenwartskunst präsentiert.
Nicht vergessen werden dürfen das Archäologische Nationalmuseum sowie zahlreiche weitere Klöster und Paläste mit Kunstschätzen wie Las Descalzas, Encarnación, das Sorolla-Museum, die Real Academia de Bellas Artes de San Fernando, die Kunst- und Waffensammlungen im Palacio Real und vieles mehr. Unzählige Galerien und Stiftungen erweitern das Angebot.

? WUSSTEN SIE SCHON ...?

- ... wie sehr den Dichter Hans Christian Andersen (1805 – 1875) die Kunst im Prado beeindruckte? »Eine erstaunliche Herrlichkeit, die erste in ihrer Art, gibt es hier doch, nämlich die Bildergalerie«, notierte er. Sie ist »eine Perle, ein Schatz, der des Suchens und eine Reise bis nach Madrid wert ist«.

Kunstgeschichte

Die ausführliche Beschreibung des Museo del Prado im Kapitel »Sehenswertes von A bis Z« ist gleichzeitig eine umfassende Einführung in die spanische Kunstgeschichte vom 12. bis zum frühen 20. Jahrhundert. Treffpunkt der zeitgenössischen Kunstszene ist die jährliche Kunstmesse ARCO (Feria Internacional de Arte Contemporáneo). Aktuelle Infos gibt es im Internet unter www.arco.ifema.es.

◄ Aktuelle Kunstszene

Universitäten und Theater

Universitäten

Madrid ist nicht nur der Sitz des Obersten Wissenschaftlichen Forschungsrates, der Königlichen Spanischen Akademie, der Akademien der Schönen Künste, der Geschichte, der Sprachen, der Naturwissenschaften, der Jurisprudenz, der Philosophie und Politik. Die Stadt hat darüber hinaus vier Universitäten. Insgesamt werden etwa 25 % aller spanischen Studenten an den hauptstädtischen Universitäten ausgebildet, zu denen die Universidad Complutense de Madrid gehört. Sie ist die Nachfolgerin der berühmten, 1508 in Alcalá de Henares gegründeten Universität, die 1836 nach Madrid geholt wurde. Ursprünglich befand sie sich in der Calle San Bernardo, bis sie 1927

←Ein würdiger Rahmen für große Opernaufführungen: Teatro Real

Sicherlich eine der Hauptsehenswürdigkeiten im Prado-Museum: Francisco de Goyas »Die nackte Maja«, gemalt um 1800

in die nordwestlich gelegene Universitätsstadt (Ciudad Universitaria) verlegt wurde. Zweite Universität ist die Universidad Autónoma de Madrid; sie wurde 1968 im Vorort Canto Blanco zur Entlastung der überfüllten Universidad Complutense eröffnet; weiterhin gehören die päpstliche Universidad Comillas sowie die Fernuniversität UNED, die 1972 gegründet wurde, hinzu. Zehntausende Studenten bereichern in jederlei Hinsicht das kulturelle Geschehen, viele Stipendiaten geben dem Ganzen ein internationales Flair.
Die spanische Hauptstadt ist auch Sitz der Nationalbibliothek sowie einer Reihe weiterer Bibliotheken.

Theater Madrid ist Mittelpunkt des spanischen Theater- und Musikgeschehens. Hier haben das Nationale Dramatische Zentrum, die beiden Ensembles des Nationalballetts und das Nationalorchester ihren Sitz. Über **30 Theater**, unter denen das Staatstheater María Guerrero und das Stadttheater Teatro Español hervorragen, bieten dem Publikum ein weites Spektrum dramatischen Schaffens, von den Klassikern bis zu den Neuheiten internationaler und nationaler Produktionen. Im musikalischen Bereich halten das Auditorio Nacional de Música, das Teatro de la Zarzuela und das Teatro Real (auch Teatro de la Opera genannt), eines der besten Opernhäuser der Welt, ihre Spitzenstellung. Darüber hinaus ist das Angebot an Jazz-, Reggae-, Pop-, Rock- und Flamenco-Veranstaltungen außerordentlich groß.

Medienhauptstadt

Presse

In Madrid erscheinen einige der wichtigsten Tageszeitungen des Landes: El País, El Mundo, ABC. Dazu kommen regional wichtige Gazetten sowie Spaniens meistgelesene Tageszeitung, die Sportzeitung Marca.

Fernsehen und Rundfunk

Mit seinen beiden Programmen TVE 1 und La 2 steht das in Madrid ansässige Staatsfernsehen RTVE in ständigem Konkurrenzkampf mit den privaten Fernsehanstalten Antena 3, Telecinco, La Sexta und Cuatro. Dazu kommen zwei Plattformen für Digitalfernsehen: Canal Satélite Digital und Vía Digital. Auch die bedeutendsten Rundfunksender (Cadena Ser, Radio COPE, Onda Cero, Antena 3 und Radio Nacional) haben in Madrid ihren Sitz.

Stadt der Filmfreaks

In Madrid befanden sich einst die einzigen Filmstudios des Landes (Estudios Chamartín). Heute ist die Filmproduktion auf Madrid und Barcelona verteilt. Mit über 100 Kinos in den verschiedenen Teilen der Stadt und einer **wahren Kinopalast-Straße** (Gran Vía) ist Madrid Aufführungsort nationaler und internationaler Filmschöpfungen. Ein Blick in die Säle und auf die mitunter langen Schlangen vor den Kassen zeigt, dass die Madrilenen begeisterte Kinogänger sind. Nicht selten geben sie nationalen Produktionen den Vorzug vor Massenware aus Hollywood, denn in Spanien haben einheimische Regisseure wie Pedro Almodóvar und Alejandro Amenábar längst Kultstatus erreicht.

Seit neun Jahren gibt es in Madrid übrigens ein Festival deutschsprachiger Filme. Sponsoren sind u. a. die Deutsche Botschaft und das Goethe-Institut (Informationen unter www.cinealeman.wordpress.com).

! *Baedeker* TIPP

Kinofans, aufgepasst!

Mit Riesenleinwänden und Soundeffekten bürgt das am Parque Tierno Galván gelegene Imax Madrid (Calle Meneses, www.imaxmadrid.com) für Erlebniskino der Extraklasse.

Berühmte Persönlichkeiten

Was verband oder verbindet Miguel de Cervantes, Plácido Domingo, Cayetana de Alba oder Pedro Almodóvar mit Madrid? Kleine Denkmäler für bekannte oder weniger bekannte Persönlichkeiten, die Madrids Ruf prägten oder mit der Stadt verbunden werden.

Cayetana de Alba (1762 – 1802)

Mäzenin

Die Herzogin von Alba ist als Mäzenin Francisco de Goyas in die Geschichte eingegangen. Als Spross des mächtigen Hauses Alba stand sie im Madrid des ausgehenden 18. Jh.s im Mittelpunkt des gesellschaftlichen Lebens. Ihre Feste, Theatervorstellungen und literarischen Salons standen in scharfem Gegensatz zum langweiligen und öden Hof Karls IV. und seiner Frau María Luisa von Parma. Goya verewigte die unruhige, vitale Herzogin in Gemälden und Zeichnungen, die von der geheimnisvollen Anziehungskraft und vom viel gerühmten Charme der aristokratischen und zugleich volkstümlichen Madriderin begeistertes Zeugnis ablegen (►Palacio de Liria).

Pedro Almodóvar (geboren 1951)

Filmregisseur, Drehbuchautor

Der aus dem Mancha-Dorf Calzada de Calatrava stammende Almodóvar geht als 16-Jähriger nach Madrid – allein und ohne Geld. Er bekommt eine Anstellung bei der »Telefónica Nacional de España« und eignet sich auf eigene Faust mit seiner Super-8-Kamera cineastisches Grundwissen an. Seine Kurzfilme erregen erste Aufmerksamkeit, er will Geschichten erzählen – und hat mit seinem unkonventionellen Stil, der Frivolitäten nicht ausspart, immer größeren Erfolg. Er wird zum Aushängeschild der **»Movida Madrileña«** und hilft Schauspielern wie Antonio Banderas und Penélope Cruz in den Steigbügel. Seine Streifen »Matador« und »Frauen am Rande des Nervenzusammenbruchs« bringen Mitte der 1980er-Jahre die Lawine so richtig ins Rollen. Mittlerweile ist Almodóvar einem Filmpublikum in der ganzen Welt bekannt und auch in Hollywood längst ein Begriff. »Alles über meine Mutter« wurde als bester nicht-englischsprachiger Film mit dem Oscar ausgezeichnet. Und für das Originaldrehbuch des Streifens »Sprich mit ihr« erhielt er einen weiteren Oscar.

Azorín (1873 – 1967)

Romancier und Erzähler

Der studierte Jurist hieß eigentlich José Martínez Ruiz, arbeitete im Madrid der Jahrhundertwende bei mehreren Zeitungen mit und veröffentlichte 1902 mit »La voluntad« seinen ersten bedeutenden Ro-

← Eine Goya-Statue vor der Ermita de San Antonio de la Florida erinnert an den berühmten Maler.

man. Zu seinen literarischen Stärken zählten die knappe Sprache mit einfach gebauten Sätzen und reichem Wortschatz. Auf Seiten der Konservativen bekleidete er 1907 – 1920 mehrfach Abgeordnetenämter, kehrte nach dem Spanischen Bürgerkrieg aus dem freiwillig gewählten Pariser Exil in seine Heimat zurück und arrangierte sich mit dem Franco-Regime.

Pedro Calderón de la Barca (1600 – 1681)

Dramatiker

Calderón de la Barca, einer der bedeutendsten Dramatiker des spanischen Goldenen Zeitalters (Siglo de Oro), stammte aus einer adligen Familie. Er studierte Theologie an den Universitäten Alcalá und Salamanca, brach aber die geistliche Laufbahn ab, um sich dem literarischen Schaffen, besonders dem Theater, zu widmen. Er nahm am katalanischen Feldzug (1640) teil, seine Enttäuschung über das Soldatenleben verarbeitete er in »El alcalde de Zalamea«. Er wurde zum beliebtesten Theaterautor am Hof Philipps IV. Nach dem Empfang der Priesterweihe wurde er zum Kaplan des Königs ernannt.

Calderóns Theater entwickelte sich aus den Themen und der Technik Lope de Vegas, die er vertiefte und erweiterte. Seine Dramen zeichnen sich durch philosophische Dichte, Beherrschung der Intrige und Vorliebe für das Schauspiel aus. In seiner ersten Zeit bevorzugte er die Komödie (z. B. »Dame Kobold«). In seinen späten allegorischen Dramen setzte er sich mit theologischen und philosophischen Problemen auseinander, so in »Das Leben ein Traum« und »Der wundertätige Magus«. Calderón übte großen Einfluss auf die deutschen Romantiker aus, aber auch auf Gotthold Ephraim Lessing und Franz Grillparzer. Weltberühmt ist sein »El gran Teatro del Mundo«, das Hugo von Hofmannsthal in seinem »Großen Welttheater« neu gestaltete.

Miguel de Cervantes Saavedra (1547 – 1616)

Schriftsteller

Der Schöpfer des Romanes »Der sinnreiche Junker Don Quijote von der Mancha«, eines der größten Werke der **Weltliteratur**, kommt als viertes von sieben Kindern eines wenig erfolgreichen Arztes in Alcalá de Henares in der Provinz Madrid zur Welt. Als Soldat nimmt er 1571 an der Seeschlacht von Lepanto gegen die Türken teil, wo er schwer verwundet und seine linke Hand verstümmelt wird. 1575 gerät er in algerische Gefangenschaft. Erst 1580 ist die Lösegeldsumme aufgebracht und Cervantes frei, jedoch völlig mittellos. Das Königshaus gewährt ihm eine einmalige Abfindung von 100 Dukaten. Von seiner Schriftstellerei kann er nicht leben; so schlägt er sich als Soldat in portugiesischen Diensten und als Kaufmann durch. Seine 1584 geschlossene Ehe ist nicht sehr glücklich und auch seine Bewerbungen um Posten in den spanischen Kolonien in Südamerika bleiben ohne Resonanz. Schließlich wird er doch noch Proviantkommissar der Armada in Andalusien und 1594 Steuereintreiber in Granada. Als 1597 eine Bank, der er Staatsgelder anvertraut hatte, bankrott macht, wird er ins Gefängnis geworfen, ein Schicksal, das ihm 1602 noch einmal widerfährt. In diesen Jahren, und besonders in der Haft, arbeitet er an seinem großen Roman, dessen erster Teil 1605 erscheint. Trotz des Erfolges bleibt Cervantes, der seit 1604 in Valladolid wohnt, weiterhin arm, denn den Gewinn aus dem Druck des Buches teilen sich Verleger und Drucker. 1614 ist der zweite Teil vollendet; im selben Jahr erscheint jedoch ein Plagiat, in dem Cervantes heftig geschmäht wird. 1615 wird der zweite Teil gedruckt, doch auch dessen Erfolg kann der Dichter nicht genießen: Er stirbt in Madrid an der Wassersucht. Cervantes war zeit seines Lebens vom Schicksal geschlagen. Zu den verschiedenen Gefangenschaften kamen die ständige Armut und die Schulden aus seiner Beamtenzeit hinzu. Umso bewundernswerter ist die literarische Leistung, der Humor, die Ironie und vor allem die tiefe Humanität, die aus dem **»Don Quijote«** spricht. Mit diesem Roman, als Parodie auf die ausufernde Mode der Ritterromane gedacht, schuf er ein getreues Bild der spanischen Gesellschaft, beklagte er den Verlust der Ideale und erkannte den sich schon abzeichnenden Untergang des Reiches. Cervantes, der vieles aus seiner Biografie in den Roman einfließen ließ, erweist sich als Genie der Erzählkunst; auch mit seinen »Novelas ejemplares«, kleinen Sittenbildern und kräftigen Milieuschilderungen, setzt er Maßstäbe in der Gestaltung von Novellen, ohne dass ihm damit ein ähnlicher Wurf gelingt wie mit dem »Don Quijote«, der erst im 18. Jh. seine Würdigung erfuhr.

José Benito de Churriguera (1665 – 1725)

Architekt und Bildhauer

Im Zeitalter des Barock war er der Kopf einer bekannten Baumeisterfamilie, zu der Churrigueras Brüder Joaquín und Alberto gehörten. José, der älteste, schuf reich ornamentierte Retabel, wie das der Iglesia de San Esteban in Salamanca, und die bei Alcalá de Henares angelegte Siedlung Nuevo Baztán. Auch der Palacio de Goyeneche, heute Sitz der Madrider Real Academia de Bellas Artes de San Fernando, geht auf ihn zurück. Churriguera wurde in Madrid geboren und starb auch dort.

Plácido Domingo (geb. 1941)

Tenor

Der gebürtige Madrilene debütierte als 16-Jähriger in einem typisch spanischen Singspiel, der Zarzuela. Später startete er eine Opernkarriere, die ihn in den weltweit bedeutendsten Häusern auftreten ließ. Domingos Repertoire umspannt über 80 Partien, von Aida bis Tosca, für die er mit bis zu eineinhalbstündigen Ovationen bedacht wurde. Sein stimmgewaltiger Beitrag zur Starformation der »Drei Tenöre« – gemeinsam mit José Carreras und Luciano Pavarotti – bescherte ihm weiteren Aufwind.

Isabella I. (1451 – 1504) und Ferdinand II. (1452 – 1516)

Katholische Könige

Durch die Heirat Ferdinands, König von Sizilien und Thronfolger in Aragón, mit Isabella, der Thronerbin in Kastilien und León, im Jahre 1469 zeichnete sich die Verschmelzung der beiden großen Reiche auf spanischem Boden ab. Nach dem Tode von Isabellas Bruder Heinrich IV. 1474 erhob die neue Königin ihren Ehemann zum Mitregenten; im kastilischen Erbfolgekrieg gegen Alfons V. von Portugal behaupteten sie ihre Ansprüche. Als auch Ferdinands Vater Johann II. 1479 starb, war die Vereinigung der Königreiche vollzogen. Die beiden Herrscher konzentrierten sich auf Kastilien, wo sie eine Zentralverwaltung einrichteten und die königliche Gewalt mit Unterstützung der Städte gegen den Adel durchsetzten. Schon 1478 hatte Isabella in Kastilien und León die Inquisition wieder eingeführt. Mit der Eroberung von Granada, dem letzten maurischen Stützpunkt in Spanien, 1492 beendete sie die Reconquista. Im selben Jahr landete Christoph Kolumbus, dessen Vorhaben Isabella bei Hofe durchsetzte, in Amerika und öffnete es den spanischen Eroberern. Damit sicherten sich Ferdinand und Isabella ihren Platz in der Geschichte als Begründer des spanischen Weltreiches. 1496 verlieh Papst Alexander VI. den beiden Herrschern den Ehrentitel **»Katholische Könige«** (Reyes Católicos). In den folgenden Jahren wurde noch Neapel erobert. Als Isabella 1504 starb, übernahm ihr Schwiegersohn Philipp I. der Schöne die Krone Kastiliens. Doch er verstarb schon zwei Jahre später; Ferdinand übte nun bis zu seinem Tod die Regentschaft für seine Tochter Johanna die Wahnsinnige aus. Ihm folgte sein Enkel Karl I. (als deutscher Kaiser Karl V.).

Francisco de Goya (1746 – 1828)

Maler

Francisco de Goya kam in Fuentetodos in Aragón als Sohn eines Handwerkers zur Welt, seine Mutter stammte aus dem Kleinadel. Nachdem er sich zweimal vergeblich um die Aufnahme an die Königliche Akademie bemüht hatte, lernte er zunächst bei Bayeu in Madrid. Als 24-Jähriger besuchte er Italien. Nach seiner Rückkehr bekam er einige Aufträge und ab 1775 gehörte er zu einer Gruppe von Künstlern, die Kartons (Vorlagen) für die Wandteppiche der Real Fábrica de Tapices, der Teppichmanufaktur in Madrid, lieferten. In Öl malte er auf große Leinwände zumeist ländliche Szenen im beschwingten Stil des Rokoko. 1792 erkrankte Goya an einer Meningitis, in deren Folge er sein Gehör verlor. Dank seines guten Rufes als Porträtist wurde er 1799 Erster Königlicher Hofmaler, obwohl gerade seine Porträts von schonungsloser, oftmals karikierender Offenheit waren, wie es besonders im Bild der Familie König Karls IV. (Museo del Prado) deutlich wird. Einschneidend für sein Werk war der Madrider Volksaufstand im Jahre 1808, der spanische Befreiungskrieg gegen Napoleon, der ihn in seiner Weltsicht immer pessimistischer werden ließ. Die Werke seiner späten Schaffensphase sind düster und von einer erschreckenden, fantastischen Grauenhaftigkeit. Besonders aus den sog. Pinturas negras (Schwarze Gemälde) und auch aus seinen Radierungen kann man erahnen, was in ihm vorgegangen sein mag. Goya emigrierte 1824 als 78-Jähriger nach Frankreich, wo er vier Jahre später in Bordeaux starb. Der Prado besitzt eine hervorragende **Goya-Sammlung**. Sehenswert ist auch die von ihm ausgemalte Ermita de San Antonio de la Florida, wo der Künstler seine letzte Ruhestätte fand.

Juan Gris (1887 – 1927)

Maler

Der Maler Juan Gris, eigentlich José Victoriano González, ist einer jener Madrider, die fern ihrer Geburtsstadt zu Ruhm und Ansehen gelangten. Um dem künstlerisch provinziellen Madrid zu entfliehen, siedelt er 1906 nach Paris über und lässt sich im Bateau Lavoir auf dem Montmartre nieder, in dem bereits Picasso wohnt. Bald gibt er seine dekorative, vom Jugendstil beeinflusste Malweise auf und schließt sich der neuen Kunst Picassos und Braques an, dem Kubismus. Wie die beiden experimentiert er mit der Collage und verwendet Materialien wie Zeitungspapier oder Spiegelscherben. Nach Ende des Ersten Weltkrieges entwickelt er den Kubismus zum so genannten synthetischen Kubismus weiter. Es geht ihm nicht länger darum, die verschiedenen Ansichten ein und desselben Gegenstandes darzustellen, er »findet« vielmehr seine Gegenstände, seine Bilder entstehen aus der inneren Vorstellung heraus: »Cézanne hat aus der Flasche einen Zylinder gemacht. Ich mache aus einem Zylinder eine Flasche.« Sein frühzeitiger Tod unterbricht ein Schaffen, das spätere Künstlergenerationen stark beeinflusste. Im Centro de Arte Reina Sofía sind einige seiner Werke ausgestellt.

Mariano José de Larra (1809 – 1837)

Schriftsteller Larra, eine der bedeutendsten Gestalten der spanischen Romantik, wurde in Madrid geboren, verbrachte jedoch Kindheit und erste Jugend in Frankreich, wo er mit der romantischen Bewegung in Berührung kam. 1827 nahm er seine schriftstellerische Laufbahn in Madrid auf: als Stadtchronist, Theaterkritiker und politischer Feuilletonist. Er verfasste Dramen im romantischen Geschmack, die allerdings keinen Erfolg hatten. Dagegen wurde der junge Journalist durch Artikel, die er mit dem Pseudonym »Figaro« zeichnete, zu einer Berühmtheit im künstlerischen und literarischen Leben Madrids. Eine unglückliche Liebe zu einer verheirateten Frau sowie der ständige Druck der politischen Zensur auf die literarische Arbeit trieben den kaum 28-Jährigen in den Selbstmord. Im Museo Romántico werden das einzige erhaltene Porträt Larras und die Pistole, mit der er sich erschoss, gezeigt.

Félix Lope de Vega y Carpio (1562 – 1635)

Schriftsteller Der Dichter und Dramatiker Lope de Vega gilt als der Schöpfer der spanischen Comedia und als größter Dramatiker des spanischen Goldenen Jahrhunderts, des Siglo de Oro. Er wurde in Madrid als Sohn eines Stickers in bescheidenen Verhältnissen geboren, studierte kurz in Salamanca und stellte bald in Gedichten und Dramen sein außerordentliches literarisches Talent unter Beweis. Er nahm an der unglücklichen Expedition der »Armada Invencible« gegen England im Jahr 1588 teil und ließ sich 1610 – nach zahlreichen Liebesabenteuern und einem unsteten Leben in Valencia, Toledo und Sevilla – in Madrid, der Hauptstadt Philipps II., nieder. Hier empfing er nach dem Tod seines Sohnes und seiner Frau Juana die Priesterweihen. Doch blieb sein Leben weiterhin von Leidenschaft beherrscht und von schmerzlichen Ereignissen gezeichnet, die seinen Tod beschleunigten. Das Volk Madrids nahm in einer eindrucksvollen Trauerkundgebung an seinem Begräbnis teil. Das Wohnhaus des Dichters ist heute als Museum eingerichtet (Casa de Lope de Vega).

Lope de Vega, der zu seinen Lebzeiten als »Ungeheuer der Natur« und »Phönix des Geistes« apostrophiert wurde, schrieb über 1500 Komödien, von denen etwa 500 erhalten sind. Er verfasste aber auch zahlreiche Kurzdramen (Entremeses), religiöse Stücke (Autos sacramentales) und viele Sonette, Romanzen und Lieder. In seiner theoretischen Schrift »Arte nuevo de hacer comedias« formulierte er die Grundsätze seiner Theaterkonzeption. Zu seinen bekanntesten Stücken gehören »Fuenteovejuna«, »Der Alcalde von Zalamea« und »Peribáñez«.

José Ortega y Gasset (1883 – 1955)

Philosoph und Abgeordneter

Als Philosoph, Essayist, Kritiker, Polemiker, Abgeordneter und Professor übte der Madrider Ortega y Gasset einen nachhaltigen Einfluss auf das spanische Leben seiner Zeit aus. Er studierte in Madrid, Leipzig, Berlin und Marburg; von 1911 bis 1933 war er als Professor an der Madrider Universität tätig, wo er zum ideologischen und literarischen Mentor einer ganzen Generation wurde. Seine Essays »Die Enthumanisierung der Kunst« (1925) und »Der Aufstand der Massen« (1930) fanden internationales Echo. Als Herausgeber der »Revista de Occidente« und als Haupt der Intellektuellengruppe »Al servicio de la República« trug er zur Ausrufung der Republik im Jahre 1931 entscheidend bei. Als 1936 der Bürgerkrieg ausbrach, ging er nach Frankreich, später nach Argentinien. Nach 1945 kehrte er zeitweilig nach Spanien zurück. Er starb in Madrid.

Philipp II. (1527 – 1598)

König

Während der Regentschaft des Sohnes Karls V. von 1556 bis 1598 war Spanien auf seinem Höhepunkt als Weltmacht und beherrschte weite Teile Italiens, die Niederlande, die Kolonien in Amerika, die Philippinen und Portugal: **»Die Sonne geht in meinem Staat nicht unter«**, lässt ihn Schiller im ersten Akt des »Don Carlos« sagen. Im Zuge der Gegenreformation wurde das Land Vormacht der katholischen Länder. Durch die Ehe Philipps mit Maria der Katholischen von England (1554 – 1558) war die Rivalität zwischen beiden Ländern für kurze Zeit beendet; in dritter Ehe heiratete er nach dem Krieg gegen Frankreich 1559 Isabella von Valois und erlangte dadurch großen Einfluss auf den nördlichen Nachbarn. In der Seeschlacht von Lepanto schlug Juan de Austria, Philipps Halbbruder, die türkische Flotte und sicherte Spaniens Vormachtstellung im Mittelmeer. Doch auch das Ende Spaniens als Weltmacht kündigte sich während Philipps Regentschaft an: Seit 1567 erhoben sich die Niederlande gegen die spanische Herrschaft und nach der Thronbesteigung Elisabeths I. in England brach der alte Gegensatz wieder auf. Mit dem Untergang der Armada 1588 vor der englischen Küste begann der Abstieg Spaniens als Seemacht.

In Spanien selbst konnte er die Macht des Königshauses festigen. Er verlegte die Hauptstadt von Toledo nach Madrid, in dessen Nähe er den Escorial errichten ließ. Protestanten und Mauren wurden von der Inquisition unbarmherzig verfolgt, die spanischen Juden vertrieben. Dadurch und durch die Abwanderung Vieler in die Kolonien und die Kriege, die Philipp führte, wurde das Land wirtschaftlich jedoch so geschwächt, dass während seiner Regierungszeit dreimal der Staatsbankrott erklärt werden musste.

Pablo Picasso (1881 – 1973)

Maler

Pablo Picasso, der in Málaga geborene spanische Maler, Bildhauer, Grafiker und Keramiker, gilt als einer der bedeutendsten Künstler der Moderne. Nach ersten Lehrjahren bei seinem Vater studiert er an den Akademien von Barcelona und Madrid (ab 1896). Nach mehreren Parisaufenthalten übersiedelt er 1904 endgültig in seine Wahlheimat Frankreich. Zunächst bestimmen melancholisch-anmutige Bilder sein frühes Werk. Mit den 1907 fertig gestellten »Demoiselles d'Avignon«, schafft Picasso die Voraussetzungen, die es ihm und Georges Braque, später auch Juan Gris und Fernand Léger ermöglichen, den Kubismus zu entwickeln. Während er noch mit kubistischen und geometrisierenden Formen beschäftigt ist, kehrt Picasso in den Jahren nach dem Ersten Weltkrieg zur figürlichen Darstellung zurück. Er nähert sich der Kunst der Surrealisten. War seine Formensprache bislang geometrisch, wird sie nun organisch, Bewegungsmotive, Figuren von praller Plastizität füllen seine Bilder. Überhaupt erhält Ende der 1920er-Jahre die Beschäftigung mit der Skulptur mehr Gewicht. Illustrationszyklen nach antiken Texten, Werke, die sich mit dem Spanischen Bürgerkrieg, mit kriegsbedingter Zerstörung und Verstümmelung auseinander setzen – **»Guernica«**, geschaffen nach dem Bombardement der baskischen Stadt durch deutsche Flieger (heute im Centro de Arte Reina Sofía), bedeutet einen weiteren Höhepunkt –, Stierkampfdarstellungen, Porträts und die Variationen zu »Künstler und Modell« sind nun die Hauptthemen. Nach dem Zweiten Weltkrieg beschäftigt sich Picasso intensiv mit der Keramik und erstellt ein umfangreiches grafisches Werk. So entsteht bis zu seinem Tod ein Gesamtwerk, das seine Souveränität im Umgang mit der Kunstgeschichte, der eigenen Geschichte und den verschiedensten künstlerischen Mitteln und Techniken zeigt.

Francisco de Quevedo (1580 – 1645)

Dichter und Diplomat

Als Satiriker, Humanist, Dichter, Höfling und Diplomat ist Quevedo eine der großen Gestalten des spanischen Barock. Seine Familie stammte aus dem Norden des Landes, aus dem Gebirge von Santander. Er wuchs im Umkreis des Hofes auf, besuchte die angesehenen Universitäten von Alcalá und Valladolid und war bald durch seine Flugblätter und satirischen Schriften ein populärer Autor. Als Philipp III. den Hof von Valladolid nach Madrid verlegte (1606), zog der angehende Literat mit in die Hauptstadt. Hier lernte er den mächtigen Herzog von Osuna kennen und als dieser zum Vizekönig Siziliens und später Neapels ernannt wurde, begleitete ihn Quevedo als Mann seines Vertrauens. Unter Philipp IV. verblasste der politische Stern Osunas und auch Quevedos. Das Tauziehen mit dem allmächtigen Günstling des Königs, dem Herzog von Olivares, endete mit der Verhaftung des Dichters. Er verbrachte harte Jahre im Gefängnis von San Marcos in León, bevor ihm der Sturz des Herzogs 1643 die Freiheit wiedergab. Krank und enttäuscht starb er wenige Jahre darauf. Quevedos Prosaschriften, allen voran »El Buscón« und »Los Sueños«, begründeten seinen Ruf als genialer Sprachschöpfer. Als Meister der spanischen Prosa gilt er als Wegbereiter der Moderne. Auch als Autor volkstümlicher Lieder und klassischer Sonette ragte er hervor.

José Gutiérrez Solana (1886 – 1945)

Maler

José Gutiérrez Solana stammte aus dem spanischen Norden, aus Santander. Früh zeigte er nicht nur malerisches Talent, sondern auch literarische Begabung. Als Maler prägte er einen eigenwilligen Stil, der als »expressionistischer Realismus« bezeichnet wurde. Typen des Madrider Rastro, Stierkämpfer, Prostituierte, Kesselflicker, Trödler sowie Karnevalsmasken beleben seine in dunklen, gedämpften Tönen gehaltenen Bilder. Im Centro de Arte Reina Sofía sind Werke von ihm ausgestellt, u. a. das Gruppenporträt »La Tertulia del Café Pombo«, auf dem der literarische Zirkel um Ramón Gómez de la Serna festgehalten ist.

Tirso de Molina (1584 – 1648)

Schriftsteller

Tirso de Molina, eigentlich Fray Gabriel Téllez, bildet mit Lope de Vega und Calderón das **Dreigestirn des spanischen Theaters** im 17. Jahrhundert. Er verstand sich als Schüler Lope de Vegas und schrieb mehr als 300 Komödien, von denen nur ein Bruchteil erhalten ist. Dazu gehört u. a. »Don Gil mit den grünen Hosen«. Diese und andere Meisterwerke machten Tirso zum Liebling des Publikums in den Madrider Theatern Corral de la Cruz und Teatro del Príncipe. Dem Autor ist auch die erste literarische Behandlung des Don-Juan-Stoffes zu verdanken: Der Verführer stand in »El burlador de Sevilla y convidado de piedra« (1630) zum ersten Mal auf der Bühne. An ihm entzündete sich die Fantasie späterer Generationen: von Molière und Mozart bis Byron und E. T. A. Hoffmann.

Juan de Villanueva (1739 – 1811)

Architekt

Juan de Villanueva gehört zu den führenden Architekten des Klassizismus. Zunächst absolvierte er eine Bildhauerlehre. Anschließend arbeitete er bei Giovanni Battista Sacchetti (1700 – 1764) in Madrid als Zeichner. Bei diesem wurde er mit dem italienischen Barockstil vertraut. Nach einem Aufenthalt in Rom begann er in Madrid als Architekt zu arbeiten, u. a. schuf er die Pläne für die Casita de Arriba im Escorial (1773) sowie für die Casita del Príncipe neben dem Schloss El Pardo (1784). Ferner entwarf er den Balkon und die Kolonnade im Hauptgeschoss der Casa de la Villa in Madrid. Nach einem Brand 1790 leitete er den Wiederaufbau der Plaza Mayor. Als sein Hauptwerk gilt der Prado von 1787, der ursprünglich als Naturwissenschaftliches Museum geplant war.

Praktische Informationen

WAS DÜRFEN SIE AUF KEINEN FALL ZU HAUSE VERGESSEN? WAS HEISST »ICH SUCHE EIN ZIMMER« AUF SPANISCH? WIE KOMMT MAN VON MADRID INS KLOSTERSCHLOSS ESCORIAL? LESEN SIE ES NACH – AM BESTEN SCHON VOR DER REISE!

Anreise · Reiseplanung

Mit dem Auto Es gibt verschiedene Möglichkeiten, Madrid mit dem Wagen zu erreichen: Von Norddeutschland über Paris, dann auf der Route Nationale 10 (E 05) über Tours und Bordeaux zur französisch-spanischen Grenze bei Hendaye / Irún. Von dort weiter über San Sebastián und Burgos (bis hier mautpflichtige Autobahn, dann autobahnähnlich ausgebaute Nationalstraße N I/E 5) nach Madrid. Die Entfernung San Sebastián – Madrid beträgt 470 km.

Von Süddeutschland fährt entweder über Straßburg, Besançon, Beaune und Clermont-Ferrand nach Bordeaux (Fortsetzung s. oben) oder man wählt die südwestwärts verlaufende Route (bis Zaragoza mautpflichtige Autobahn), die von Beaune entlang der Saône und ab Lyon parallel zur Rhône verläuft. Weiter geht es über Nîmes, Montpellier und Perpignan zur französisch-spanischen Grenze bei La Junquera, über Barcelona nach Zaragoza und dann auf der autobahnähnlich ausgebauten Nationalstraße N II (E 90) nach Madrid. Die Entfernung Barcelona – Madrid beträgt 630 km.

Aus Österreich geht es über die Autobahn München, Stuttgart, Karlsruhe und Mühlhausen, aus der Nordschweiz Basel und Mühlhausen zur französischen Autobahn (der man wie oben beschrieben weiter folgt), aus der Südschweiz über Genf und weiter über Grenoble und Valence, wo das Rhônetal und die Südautobahn erreicht werden.

Die Autobahnen in Frankreich und Spanien sind gebührenpflichtig. Adressen für Notfälle ►Notrufe.

Mit dem Bus ► Busse der Deutschen Touring fahren von mehreren europäischen Städten nach Madrid (die Fahrt Köln – Madrid dauert ca. 22 Std.).

Mit der Bahn Es gibt Fernverbindungen über Paris – Irún – San Sebastián oder über Genf – Montpellier – Barcelona – Madrid. **Autoreisezüge** verkehren ab verschiedenen deutschen Bahnhöfen, z. B. bis nach Narbonne oder Bordeaux. Hochgeschwindigkeitszüge (AVANT, AVE) der Renfe (►S. 57) verkehren zwischen Madrid und Córdoba-Sevilla sowie Zaragoza-Lleida-Barcelona und bringen Besucher nach Toledo und Segovia. Fahrkarten gibt es im Internet, an den Bahnschaltern oder – meist wesentlich einfacher – in spanischen Vertragsreisebüros. Es besteht keine Platzkartenpflicht. Es empfiehlt sich aber, besonders während der Hauptsaison oder vor Feiertagen, die Fahrkarte im voraus und mit der Fahrkarte auch eine Platzkarte zu erwerben.

Langstreckenbusse ► Langstreckenbusse vieler Gesellschaften fahren aus allen Landesteilen Spaniens nach Madrid zur Estación Sur (Metro: Méndez Álvaro).

Mit dem Flugzeug Der Flughafen Barajas, er liegt 13 km nordöstlich vom Stadtzentrum, verbindet Madrid mit den wichtigsten internationalen Flughäfen. So fliegen z. B. Iberia und Lufthansa täglich nonstop von vielen deutschen Flughäfen nach Madrid (Information ►S. 58). Billigflüge bieten u. a. Air Berlin, Germanwings, Condor und Easyjet an.

WICHTIGE ADRESSEN

MIT DER BAHN

▶ **Deutsche Bahn**
Tel. 0 18 05 99 66 33 (gebührenpflichtig), hier auch Auskunft über Bahnverbindungen in Spanien
www.bahn.de.

▶ **DB Auto Zug GmbH**
Tel. 0 18 05 99 66 33
www.dbautozug.de

▶ **Spanische Bahn (Renfe)**
Es gibt zwei Bahnhöfe in Madrid:

Estación de Chamartín
Metro: Chamartín
Verbindungen u. a. nach Nordspanien und Frankreich

Estación de Atocha
Metro: Atocha Renfe
Züge und Hochgeschwindigkeitszüge (AVANT, AVE) nach Südspanien, u. a. nach Toledo, Barcelona, Sevilla und Córdoba

Bahnauskunft:
Tel. 902 32 03 20 (nur spanisch)
Tel. 902 24 34 02 (auch in englisch)
www.renfe.es

MIT DEM BUS

▶ **Deutsche Touring Gesellschaft**
60486 Frankfurt am Main
Am Römerhof 17
Tel. 0 69/79 03 501
www.touring.de

Die Estación de Atocha, ein repräsentativer Bau aus Backstein, Metall und viel Glas

MIT DEM FLUGZEUG

▸ **Aeropuerto Barajas**
Lage: 13 km nordöstlich vom Zentrum; Flughafenauskunft: Tel. 902 40 47 04, www.aena.es (Seite auch auf englisch)

Metro: Die meisten Fluggesellschaften operieren von den Terminals T1, T2 und T3 aus. Der neue Terminal T4 wird fast ausschließlich von Iberia genutzt. Für die meisten Fluggäste sind die beiden Metro-Stationen Aeropuerto T1-T2-T3 und Aeropuerto T4 interessant. Beide werden von der Linie 8 bedient. Für Fahrten ins Zentrum muss in der Station Nuevos Ministerios umgestiegen werden. Fahrzeit ins Zentrum ca. 30 Min.
Info: www.metromadrid.es

Flughafenbus: Die Linie 204 verbindet die Avenida de América mit dem neuen Terminal T4, die Linie 200 verkehrt zwischen Avenida de América und den Terminals T1, T2 und T3. Den Vorort Canillejas verbindet die Linie 101 mit den Terminals T1, T2 und T3.
Info: www.ctm-madrid.es

Taxi: Je nach Verkehr und Tageszeit: 25–30 € ins Stadtzentrum

▸ **Fluggesellschaften**

Air Berlin
www.airberlin.com
Deutschland: Tel. 0 18 05 73 78 00
Spanien: Tel. 9 02 32 07 37

Germanwings
www.germanwings.com
Deutschland: Tel. 09 00/19 19 100
Spanien: Tel. 8 07 07 00 25

Iberia
www.iberia.com
Deutschland: Tel. 0 18 05/44 29 00
Spanien: Tel. 9 02 40 05 00

Lufthansa
www.lufthansa.com
Deutschland: Tel. 0 18 05 80 58 05
Spanien: 9 02 88 38 82

Suchmaschine
Großes Angebot, nicht nur für Reservierungen auf den letzten Drücker:
www.swoodoo.com
www.lastminute.com

Ein- und Ausreisebestimmungen

Reisedokumente Reisende aus Deutschland, Österreich und der Schweiz benötigen für die Einreise nach Spanien einen gültigen Personalausweis oder einen Reisepass.
Kinder unter 16 Jahren müssen einen Kinderausweis besitzen oder im Pass der Eltern eingetragen sein.

Fahrzeugpapiere Mitzuführen sind der Führerschein, der Kraftfahrzeugschein und die Internationale Grüne Versicherungskarte. Kraftfahrzeuge müssen das ovale Nationalitätskennzeichen tragen, sofern sie kein EU-Kennzeichen haben, sowie mit **zwei Warndreiecken** und einer **reflektierenden Schutzweste** ausgestattet sein.

Krankenversicherung

Aufgrund eines internationalen Abkommens haben gesetzlich versicherte Bürger der Europäischen Union in Spanien Anspruch auf die Behandlung in einem öffentlichen Gesundheitszentrum (Centro de Salud), das der Seguridad Social untersteht. Voraussetzung ist, dass dem behandelnden Arzt die **Krankenversicherungskarte** vorgelegt wird. Allerdings besteht kein Anspruch auf freie Arztwahl. Auch sind häufig ein Teil der Behandlungskosten bzw. Ausgaben für bestimmte Medikamente selbst zu zahlen. Gegen Vorlage der Quittungen übernimmt die Krankenkasse im Heimatland dann ggf. die Erstattung der Kosten.
Wer auf Nummer sicher gehen will, sollte eine private Reisekrankenversicherung abschließen. Diese übernimmt im Notfall auch den Rücktransport.

Haustiere

Wer Tiere mitnehmen möchte, benötigt einen **EU-Heimtierausweis**, der vom Tierarzt ausgestellt wird. Angegeben sein müssen u. a. das Datum der letzten Tollwutimpfung (sie darf nicht weniger als 30 Tage und nicht länger als ein Jahr zurückliegen), der Kenncode des Mikrochips oder die Tätowierungsnummer.

Zollbestimmungen

EU-Bürger dürfen Waren für den privaten Gebrauch weit gehend zollfrei ein- und ausführen. Es gelten lediglich gewisse Höchstmengen: 800 Zigaretten, 400 Zigarillos, 200 Zigarren, 1 kg Tabak, 10 l Spirituosen, 90 l Wein (davon max. 60 l Schaumwein).

Schweiz

Für die Schweiz gelten folgende Freimengengrenzen: 200 Zigaretten oder 50 Zigarren oder 250 g Tabak, 2 l Wein oder andere Getränke bis 15 % Alkoholgehalt sowie 1 l Spirituosen mit mehr als 15 % Alkoholgehalt. Zollfrei sind außerdem Geschenke bis zu einem Wert von 300 CHF.

Ausgehen

Kino

Madrid ist eine filmversessene Stadt. Entlang der Gran Vía reihen sich zahlreiche Kinopaläste, in denen vor allem das international übliche Programm geboten wird. Die meisten Kinos haben täglich drei Vorstellungen, gegen 16.00/17.00, 19.00/20.00 und 22.00/22.30 Uhr.

Madrids **Nachtleben** kennt nur eine Regel: Der Unterhaltung sind keine Grenzen gesetzt. Dennoch vergnügen sich die Madrilenen nach einigermaßen festgelegten Ritualen, was zum Beispiel zur Folge

> ! *Baedeker* TIPP
>
> **Cineasten ...**
>
> ... Wer anspruchsvolles Kino in Originalversion sehen will, dem empfehlen wir die vier Häuser Renoir, Golem, Ideal Yelmo und Verdi.

hat, dass man den Besuch einer Diskothek erst ab 2.00 oder 3.00 Uhr morgens in Erwägung ziehen sollte. In Szenetreffs und Mode-Sitios ist man zweifellos dann zur falschen Stunde am richtigen Ort, wenn man hineingelangt, ohne die Ellbogen zu gebrauchen. Anfänger sollten sich deshalb die Frage einprägen: »¿hay marcha ahora?« (»Wo ist jetzt was los?«).

»¡A la marcha, madrileños!«

So heißt die Parole, mit der die Madrilenen ihren langen Marsch durch die Nacht antreten. Warm laufen kann man sich in einer »Bar de copas«, einem jener »sitios« für den Übergang in die Nacht. Später geht's ab zu Konzerten und dann in die Disko. Wenn dann am Vormittag die Diskotheken wieder schließen, öffnen die Afterhours ihre Pforten, in denen man die Zeit bis zum nächsten Sonnenuntergang überbrückt. Jedes Sitio hat seine Stunde und ständig sind neue Lokale »de moda«.

In heißen Sommernächten ist die Klimaanlage »in«: Schöne und Gutgekleidete – kurz »la gente guapa« – lassen sich in eisgekühlten Sitios die künstliche Brise ins Gesicht wehen. Eine Mode, die echte »gatos« (= Katze, Spitzname der Madrileños und Madrileñas) den luftigen Terrazas am Paseo de la Castellana oder am Paseo del Pintor Rosales vorziehen. Oder man schnappt vor den Bars bei kühlen Drinks Luft. Ob auf den Plätzen Olavide, Santa Ana oder Dos de Mayo, jeder Platz, jeder Bürgersteig wird zum Treffpunkt. Kein Wunder, dass die Stadtverwaltung, von genervten Anwohnern gedrängt, versucht, so etwas wie eine Sperrstunde durchzusetzen und »umweltgeschützte Zonen« einzurichten.

> **! *Baedeker* TIPP**
>
> **Gut zu wissen**
>
> Bei spanischen Adressenangaben findet man oftmals Abkürzungen, die ein wenig sonderbar aussehen: s/n bedeutet »sin número« (ohne Hausnummer), eine Zahl wie 2° heißt »segundo« (2. Stock), 3° D heißt »tercero derecha« (3. Stock rechts).

Cafés: Tagsüber, am Nachmittag oder zu einem Aperitif

Tagsüber, am Nachmittag, zum Aperitif, bei einem Glas Wein oder einer Copa: Ein Café in Madrid muss für jede Stunde gerüstet sein, kann Ausgangs- oder Endpunkt einer Reise durch die Madrider Nacht sein. Einzige Voraussetzung: Das Ambiente muss zum Verweilen einladen. Die Cafés sind in der Regel vom frühen Nachmittag (14.00 – 16.00 Uhr) bis zwischen 1.00 und 2.00 Uhr nachts geöffnet (Fr. und Sa. bis 3.00 Uhr). Das Ende wird dabei meistens nicht so genau genommen und wenn doch, hilft die Frage »¿y ahora, donde hay marcha?« weiter. Weiter unten folgt eine Reihe von Szenelokalen, die man tagsüber oder am Abend, zum Auftakt oder im Laufe einer Nacht in Madrid unbedingt angesteuert haben sollte.

Lokale mit Darbietungen

Flamenco wird in Madrid in sehr verschiedenen Sitios auf sehr unterschiedliche Arten geboten. Ein Tablao pflegt in der Regel eher traditionelle Folklore wie die weltbekannte Sevillana, die oft mit dem

Flamenco verwechselt wird. Im Unterschied zu diesem feurigen Tanz wird in so genannten Peñas puristisch der »richtige« Flamenco geboten: Gesang (cante) zum Spiel der Gitarre (toque). Eine Reihe von Tascas bietet mal das eine, mal das andere.

Nachtkneipen, Diskos

In den Stunden nach Mitternacht schlägt die Stunde der sog. Bares de copas. Für fortgeschrittene Nachtschwärmer fängt hier die »Nacht« erst weit nach Mitternacht an.

Frauentreffs, Männertreffs

Madrids Stadtviertel Chueca ist spanienweit als Treffpunkt der Homosexuellen, aber nicht nur, bekannt. Hier gibt es viele einschlägige Geschäfte, Bars und Diskotheken.

ADRESSEN

KINOS

Meist Filme in Originalversion:
Cines Renoir (Calle Martín de los Heros)
Círculo de Bellas Artes (Calle Marqués de Casa Riera 2)
Golem (Calle Martín de los Heros)
Yelmo Cineplex – Ideal (Calle Doctor Cortezo 6)
Verdi (Calle Bravo Murillo 28)
Renoir Retiro (Calle Narvaez 42)
Princesa (Calle Princesa 5)
Pequeño Cine Estudio (Calle Magallanes 1)

CAFÉS & TABERNAS

► ① **La Mantequería**
C/San Bernadino 7
Metro: Plaza Conde Torino
Hier gibts vom Frühstück bis zum Longdrink so ziemlich alles. Sehr gemütlich

► ② **Café Comercial**
Glorieta de Bilbao 7 (M: Bilbao)
Ein Klassiker der Jahrhundertwende und Treffpunkt für alle Altersklassen

► ③ **Café Gijón**
Paseo de Recoletos 21 (M: Colón)
Vom Frühstück bis nach Mitternacht: Hier werden seit 1888 bei Tertulias die fortschrittlichsten Ideen Madrids ausgeheckt.

► ④ **Café Barbieri**
Avenida María 45 (M: Lavapies)
Urmadrilenisch im urmadrilenischen Viertel Lavapiés

► ⑤ **Café del Círculo de Bellas Artes**
Alcalá 42 (M: Banco de España), ►S. 173

► ⑥ **Baires Café**
Calle Gravina 4 (M: Chueca)
Neben zahlreichen Kaffeesorten gibt es regelmäßig wechselnde Ausstellungen zu bestaunen.

► ⑦ **La Divina Comedia**
Plaza Puerta Cerrada 7 (M: Latina)
Das Ambiente erinnert an ein großbürgerliches Wohnzimmer; Tees, Kuchen und Alkoholisches.

! *Baedeker* TIPP

Süße Unterbrechung

In der Calle de Segovia gibt es viele Freiluft-Cafés, z. B. an der Plaza de la Cruz Verde etwas südöstlich der Catedral de la Almudena (Metro: La Latina).

Café Gijón, eine der ersten Adressen der Madrider Kaffeehaus-Kultur

► ⑧ **Café Ruiz**
Ruiz 11 (Metro: Bilbao)
Klassiker im aufrührerischen Malasaña-Viertel. Wann immer man Lust auf einen Kaffee oder einen Cocktail verspürt ...

► ⑨ **El Pepinillo de Barquillo**
Calle Barquillo 42 (M: Chueca)
Grün angestrichenes Lokal mit viel Spiegeln, gutem Wein und leckeren Tapas

► ⑩ **Areia Colonial Chill Out**
Calle Hortaleza 92 (M: Chueca)
Weiträumiges Lokal mit gemütlichen Sitzecken, exotischen Speisen und Cocktails; ab mittags geöffnet

► ⑪ **Txirimiri**
Calle Humilladero 6 (M: Latina)
Große Auswahl leckerer Tapas (Pintxos) aus dem Baskenland

► ⑫ **Vinicola Mentridana**
Calle San Eugenio 9
(Metro: Antón Martín)
Gemütliches Weinlokal mit Tapas und Leckereien

► ⑬ **Conhache**
Plaza San Ildefonso, Ecke Calle Don Felipe und Santa Barbara
(Metro: Tribunal)
Nettes Straßencafé

► ⑭ **Viva Madrid**
Manuel Fernández y González 7
(M: Antón Martín)
Café, Taberna und Movida-Sitio der ersten Stunde. Im Obergeschoss kann man – wenn man einen Tisch ergattert – die altmadrilenische Azulejos-Atmosphäre zur Kulisse eines Abends machen.

LOKALE MIT FLAMENCO

► ⑮ **Corral de la Moreria**
C/Moreria 17 (M: Latina)
www.corraldelamoreria.com
Traditionslokal, wenn auch etwas touristisch, in dem bereits Rock Hudson, Richard Gere und Sandra Bullock zu Gast waren.

► ⑯ **Carboneras**
Plaza del Conde de Miranda 1
(Metro: Latina)
www.tablaolascarboneras.com

Traditionsreiches Tabloalokal, in dem auch ausgezeichnet aufgetischt wird. Nicht ganz billig

▶ ⑰ **Casa Patas**
Cañizares 10 (M: Antón Martín)
Täglich wechselnde Live-Auftritte aus der lebendigen Flamenco-Szene, dazu Abendessen

▶ ⑱ **Las Tablas**
Plaza de España 9 (M: España)
Beliebtes Lokal mit recht authentischer Atmosphäre, regelmäßige Auftritte

▶ ⑲ **La Soleá**
Cava Baja 27 (Metro: Latina)
Fing als kleine Peña an, ist jetzt eine große Peña. Flamenco in seiner reinsten Form

▶ ⑳ **Clamores**
Calle Alburquerque 14
(Metro: Bilbao)
Hier treten auch bekannte Künstler wie Capullo de Jeréz auf.

▶ ㉑ **Café de Chinitas**
C/Torija 7 (M: Santo Domingo)
Das Lokal gewann in den vergangenen Jahren an Popularität.

JAZZLOKALE

▶ ㉒ **Café Central**
Plaza del Ángel 10
(Metro: Antón Martín) – Bohème-Café mitten im Huertas-Viertel, in dem abends Jazzbands aufspielen

▶ ㉓ **Bogui**
Calle Barquillo 29 (M: Chueca)
Hier wird wirklich erstklassiger Jazz, manchmal auch Blues gespielt, natürlich live.

▶ ㉔ **Populart**
Huertas 22
(Metro: Antón Martín, Puerta del Sol) – Lokal mit den besten Jazz- und Blueskonzerten der Stadt, kleinere Ensembles und ein ewig junges Publikum

▶ ㉕ **Segundo Jazz**
Comandante Zorita 8
(Metro: Alvarado)
Hier steht die Live-Darbietung und nicht das Glas in der Hand oder die Begleitung der Gäste im Vordergrund.

GEMISCHTE MUSIKLOKALE

▶ ① **Marula Café**
Bailén 27 (Metro: La Latina)
Trendiger Club mit Soul, Funk und House aus der Konserve. Am Wochenende bis 6.00 Uhr früh

▶ ② **Los Diablos Azules**
Calle Apocada 6
(Metro: Bilbao)
Kleiner, langer Laden mit blauschummrigem Ambiente

▶ ③ **Clamores**
Calle Albuquerque 14
(Metro: Bilbao)
Live-Auftritte von Jazz über Pop und Rock bis zu Liedermachern

! *Baedeker* TIPP

Überblick

Im Internet bekommt man unter www.softdoc.es einen Überblick über Szenetreffs und Kneipen; gute Freizeit- und Ausgehtipss auch unter www.descubremadrid.com.
Infos über Ausstellungen, Theater- und Festivalprogramme können der monatlich erscheinenden Broschüre »Qué hacer en Madrid – What's on« entnommen werden, erhältlich in den Fremdenverkehrsämtern. Hervorragend informiert auch die Stadtzeitschrift »Guia de Ocio«.

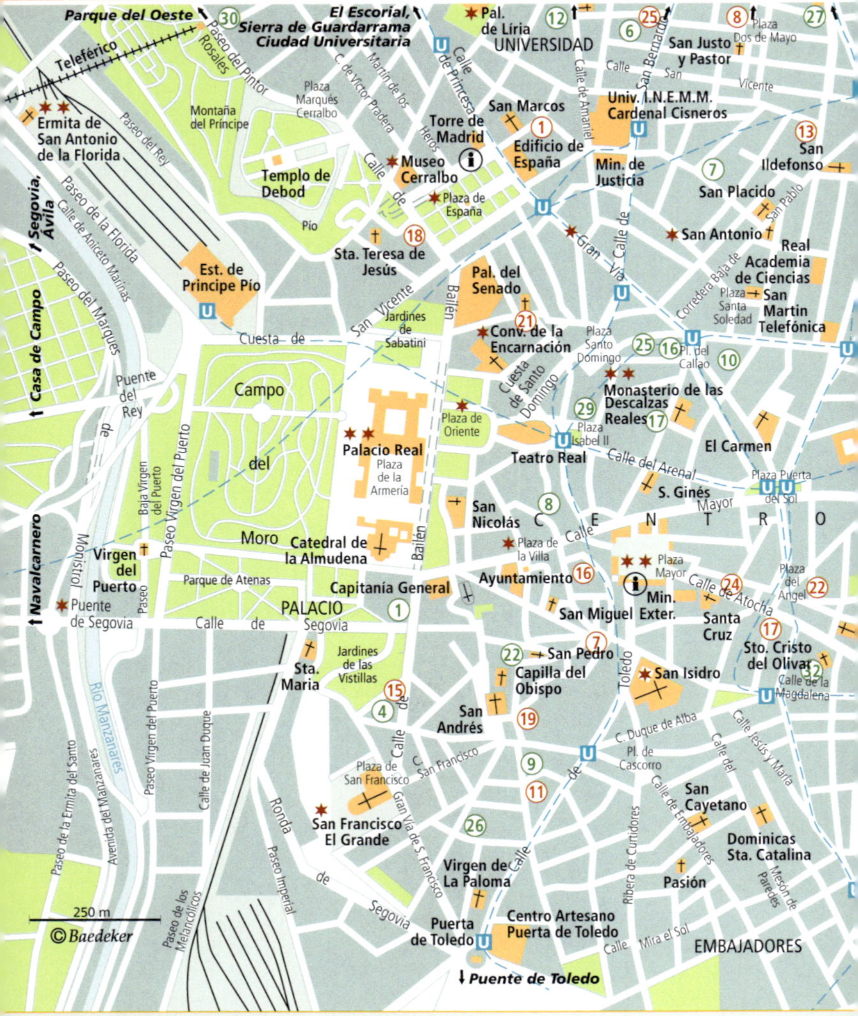

Cafés, Tabernas und andere Treffs

1. La Mantequeria
2. Café Comercial
3. Café Gijón
4. Café Barbieri
5. Café de Círculo de Bellas Artes
6. Baires Café
7. La Divina Comedia
8. Café Ruiz
9. El Pepinillo de Barquillo
10. Areia Colonial Chillout
11. Txirimiri
12. Vinícola Mentridana
13. Conhache
14. Viva Madrid

Lokale mit Flamenco

15. Corral de la Morería
16. Carboneras
17. Casa Patas
18. Las Tablas
19. La Soleá
20. Clamores
21. Café de Chinitas

Jazzlokale

22. Café Central
23. Bogui
24. Populart
25. Segundo Jazz

Gemischte Musiklokale

1. Marula Café
2. Los Diablos Azules
3. Clamores
4. El Limbo
5. Sala Sol
6. Sala Siroco
7. Groovie Bar
8. El Barbu
9. N del T

Vom späten Abend bis tief in die Nacht

10. Chicote
11. Fog Madrid
12. Galileo Galilei
13. Argensola
14. Soho
15. Honky Tonk
16. Weekend
17. La Nave va
18. Floridita
19. La Terraza del Urban
20. Teatriz
21. La Boite del Pintor
22. Berlin Cabaret
23. Bocaccio
24. Marmobar
25. Reina Bruja
26. Maluca Bar
27. Space of Sound
28. Pachá
29. Palace
30. El Balcón de Rosales

Frauen- und Männertreffs

31. El Mojito
32. Refugio
33. Escape
34. Rick's

▸ ④ **El Limbo**
Calle Bailén 39
(Metro: La Latina)
Angesagter Club, in dem regelmäßig DJs auflegen und Live-Musik geboten wird.

▸ ⑤ **Sala Sol**
Calle Jardines 3
(Metro: Gran Vía)
Jazz, Rock, ganz gemischt

▸ ⑥ **Sala Siroco**
Calle San Dimas 3
(Metro: Plaza de España)
Funk, House, Hip-Hop

! *Baedeker* TIPP

Weiterfeiern

Bei über 30 °C – kurz nach Mitternacht wohlbemerkt – hört der Spaß in den Straßen von Madrid auf. Auf den luftigen Terrazas hingegen fängt er jetzt erst an. Die wichtigsten Reviere für »Sommernachtsfrischler« sind die breiten Boulevards des Paseo de Recoletos und der Castellana.

▸ ⑦ **Groovie Bar**
Calle Tesoro 5 (M: Plaza de España) – Unkompliziertes Ambiente, Rock- und Popmusik, dazu Drinks und gezapftes Bier

▸ ⑧ **El Barbu**
Calle Santiago 3 (Metro: Opera)
Außergewöhnliche Bar mit regelmäßigen Jazz- und Funksessions

VOM SPÄTEN ABEND BIS TIEF IN DIE NACHT

▸ ⑨ **N del T**
C/Tabernillas 15 (M: La Latina)
Hier trinken und diskutieren lautstark Leute, die sich für Intellektuelle und Bohemians halten.

▸ ⑩ **Chicote**
Gran Vía 12 (Metro: Callao)
Cocktails und Tapas erster Güte

▸ ⑪ **Fog Madrid**
C/Pelayo 82
(Metro: Alonso Martínez, Chueca)
Angesagter Club, der erst nach Mitternacht aufmacht. Wechselndes Programm

▸ ⑫ **Galileo Galilei**
Galileo 100 (Metro: Islas Filipinas)
Salsa und Salontänze, Cantautores und Humoristen. Mal live, mal vom Band, auf zwei Stockwerken in einem alten Kino

▸ ⑬ **Argensola**
Calle Argensola 17 (M: Chueca)
Berauschende Cocktailauswahl

▸ ⑭ **Soho**
Jorge Juan 50
(Metro: Príncipe de Vergara)
Cocktails bis zum Kehraus

▸ ⑮ **Honky Tonk**
Covarrubias 24
(Metro: Alonso Martínez, Bilbao)
In einer ehemaligen Kfz-Werkstatt ziehen Konzerte und Feste ein bunt gemischtes Publikum an.

▸ ⑯ **Weekend**
Plaza de Callao 4 (Metro: Callao)
Seit zehn Jahren unter den ersten Adressen der Stadt, wenn es um elektronische Diskomusik geht.

▸ ⑰ **La Nave va**
Trujillos 3 (Metro: Opera)
1960er-Jahre-Musik, donnerstags Blues, Jazz oder Live-Flamenco

▸ ⑱ **Floridita**
Calle Diego de León 3
(M: Nuñez de Balboa)

Angenehme Cocktailbar mit südamerikanischer Musik

⑲ La Terraza del Urban
Carrera de San Jerónimo 34 (M: Sevilla) – Über den Dächern mit fantastischem Ausblick und Pool. Sehr angesagt, nicht billig

⑳ Teatriz
Hermosilla 15 (Metro: Goya) Edel designtes Nachtlokal (Philipp Starck) in ehem. Theater für eine Copa, ein Tänzchen auf der kleinen Tanzfläche oder einen Happen gegen den späten Hunger.

㉑ La Boite del Pintor
Calle Goya 79 (Metro: Velázques) Disko, allerdings nicht für die ganz Jungen – denn die dürften sich für Musik aus den 1960er- und 70er-Jahre weniger begeistern.

㉒ Berlin Cabaret
Costanilla de San Pedro 11 (Metro: Latina)
Movida-Sitio der ersten Stunde; am Wochenende Diskothek mit den unvermeidlichen Drag-Queens, unter der Woche Kabarett im sündig roten Sündenkeller

㉓ Bocaccio
Marqués de la Esenada 16 (Metro: Colón) – Einer der Klassiker der Movida von Madrid

㉔ Marmobar
Av. América 41 (M: Cartagena) Modernes Design mit klaren Linien und herrlichem Garten. Nicht nur am Wochenende kann es eng werden.

㉕ Reina Bruja
Jacometrezo 6 (Metro: Callao) Futuristisch gehaltene Diskothek. Aus Lautsprechern läuft überwiegend (in Spanien) Bekanntes.

Immer viel los: im Space of Sound

㉖ Maluca Bar
Calle Calatrava 13 (M: Puerta de Toledo) – Angesagte Bar mit über 50 Cocktails. Angenehmes Ambiente mit Jazz, Funk und Soul

㉗ Space of Sound
Plaza de Chamartín (M: Chamartín) – Hier geht es sonntags ab 10.00 Uhr weiter ...

㉘ Pachá
Barceló 11 (Metro: Tribunal) Die Disko der Marcha Madrileña der ersten Stunde, heute Tanzfläche der Reichen und Schönen. Das Ambiente ist locker. Wenn man nicht gerade in Turnschuhen kommt, passiert man mit etwas Glück den Türsteher.

㉙ Palace
Plaza de Isabel II (Metro: Opera) Diskothek von Rang für ein nicht mehr ganz junges Publikum

㉚ El Balcón de Rosales
Paseo Pintor Rosales/Marqués de Urquijo (M: Ventura Rodríguez) Ihre kühle Lage über dem West-

park macht diese etwas versnobte Disko mit Restaurant und Terrasse im Sommer zu einem Genuss.

FRAUEN- UND MÄNNERTREFFS

▸ ㉛ **El Mojito**
Calle Olmo 6 (M: Antón Martín)
Gemischt, ausgelassen

▸ ㉜ **Refugio**
Doctor Cortezo 1 (M: Gran Vía)
Gay-Disko mit Dark Room

▸ ㉝ **Escape**
Gravina 13 (M: Chueca), Frauen

▸ ㉞ **Rick's**
Clavel 8 (M:Gran Vía) – Großer Gay-Zustrom an Wochenenden

Auskunft

WICHTIGE ADRESSEN

SPANISCHE FREMDENVERKEHRSÄMTER

▸ **Auskunft in Deutschland**
Tel. 0 18 03 00 26 47 (Servicenummer in Deutschland)
www.spain.info
Büros:
Berlin, Kurfürstendamm 63, 5. St. Tel. 030/8 82 65 43, Fax 8 82 66 61, berlin@tourspain.es
Düsseldorf, Grafenberger Allee 100, Tel. 02 11/680 39 81, Fax 680 39 85, dusseldorf@tourspain.es
Frankfurt, Myliusstr. 14, Tel. 069/ 72 50 38 und 72 51 45, Fax 72 53 13 frankfurt@tourspain.es
München, Schubertstr. 10, Tel. 089/530 74 60, Fax 53 07 46 20 munich@tourspain.es

▸ **Auskunft in Österreich**
Wien, Walfischgasse 8
Tel. 01/512 95 80, Fax 512 95 81
viena@tourspain.es

▸ **Auskunft in der Schweiz**
Zürich, Seefeldstr. 19
Tel. 044/253 60 50, Fax 252 62 04
zurich@tourspain.es

▸ **In Madrid · Oficinas Municipales**
Tel. 915 88 16 36
tägl. 9.30–20.30 Uhr
Büros:
Plaza Mayor 27 (hier 15 Min. gratis Internet, Ticket vorher am Schalter besorgen)
Plaza de Colón (Untergeschoss)
Plaza de Cibeles/Paseo del Prado
Plaza de Callao/Preciados
Plaza del Arte, Calle Santa Isabel
Flughafen Barajas, Terminal 4, bei den Ankunftsterminals 10 und 11

▸ **SATE**
Servicio de Atención al Turista Extranjero, Notfallbüro für ausländische Touristen
tägl. 9.00–22.00 Uhr

Tel. 915 48 85 und 915 48 80 08
E-mail: satemadrid@muni madrid.es
Calle Leganitos 19
Metro: Santa Domingo, Plaza de España oder Callao

► **Oficinas de la Comunidad Autónoma**
Informationsbüro der Region Madrid, Tel. 902 10 00 07
Mo. – Sa. 8.00 – 20.00, So., Fei. 9.00 – 14.00 Uhr
Büros:
Calle Duque de Medinaceli 2
Estación de Atocha
Estación de Chamartín
Flughafen Barajas (Ankunftsterminals 1 und 4)

► **Weitere Auskunftsstellen Oficina de Turismo**
►Hauptstichworte im Kapitel Reiseziele

KONSULATE

► **Deutschland**
Madrid, Calle Fortuny 8
Tel. 915 57 90 00
Fax 913 10 21 04
www.madrid.diplo.de

► **Österreich**
Madrid, Paseo de la Castellana 91
Tel. 9 15 56 53 15
Fax 9 15 97 35 79
www.aussenministerium.at/madrid

► **Schweiz**
Madrid, Edificio Goya, Calle Nuñez de Balboa 35 A, 7°
Tel. 914 36 39 60, Fax 914 36 39 80
www.eda.admin.ch

INTERNET

► **www.spain.info**
Offizielles Portal des Spanischen Fremdenverkehrsamtes, gut und übersichtlich aufgemacht. Auch auf Deutsch. Umfangreiche Infos zum Thema Unterkunft, über kulturelle Highlights und sportliche Aktivitäten

► **www.esmadrid.com**
Die Tourismusseite der Stadt. Sehr informativ, auch auf Englisch und Französisch

► **www.munimadrid.es**
Spanische Site des Madrider Rathauses

► **www.turismomadrid.es**
Touristische Infos der Comunidad de Madrid zu Stadt und Provinz, auch auf Deutsch wählbar

► **www.patrimonionacional.es**
Infos rund um das nationale Kulturgut, Klöster, Paläste in und um Madrid. Mit hilfreichen praktischen Tipps. Auch auf Englisch

► **www.descubremadrid.com**
Website der Madrider Handelskammer, auch auf Englisch

► **www.info-spanische botschaft.de**
Aktuelle Hintergründe und Informationen, aufbereitet von der Presse- und Informationsabteilung der Spanischen Botschaft in Berlin

► **www.guiadelocio.com**
Veranstaltungsüberblick, empfehlenswerte Shoppingtipps etc. – Website der gleichnamigen freitags erscheinenden Zeitschrift

► **www.madridshotels.com**
Viele Infos über Unterkünfte in Madrid

► **Weitere gute Sites**
www.madridtourism.org (teils gute Angebote, auch auf Deutsch) www.madridfuerdeutsche.de (viel Wissenswertes, Stellen- und Kleinanzeigen), www.centralde reservas. com + www.hostelworld. com (v.a. preiswerte Unterkünfte).

FUNDBÜRO

► **Oficina de Objetos Perdidos**
Paseo Molino 7
Metro: Legazpi
Tel. 915 27 95 90
Mo.–Fr. 9.00 –14.00 Uhr

Elektrizität

Die Netzspannung beträgt 220 Volt Wechselspannung. Allerdings können bisweilen Stromschwankungen oder kurze Stromausfälle auftreten. In der Regel sind Europanorm-Gerätestecker verwendbar.

Essen und Trinken

Küche mit regionalen Einflüssen Madrids Küche ist alles andere als einseitig. Als Schmelztiegel der spanischen Provinzen hat sich die Hauptstadt die Spezialitäten der einzelnen Teile Spaniens angeeignet. Auch die Essgewohnheiten unterscheiden sich, ►Special S. 72.

Rauchen ►S. 92

Einige Spezialitäten der spanischen Küche

Land und Meer, warme und kalte Gewässer, fruchtbare und reiche Regionen im Gegensatz zu kargen und ärmlichen: Diese Gegensätze prägen die Gerichte der spanischen Küche, die sich in Madrid zu einer einzigen Speisekarte vereinigen.
Wohl überall in Spanien bekannt ist die **Tortilla de Patata**, ein Omelett aus Eiern und Kartoffeln, das vielfach variiert werden kann. Typisch sind die **Revueltos**, Rühreier, die mit allerlei Gemüsen oder Gambas fast überall angeboten werden. Gern gegessen werden auch Huevos a la flamenca, Eier, die auf Tomatenscheiben, Wurst, Schinken, Kartoffeln und verschiedenem Gemüse roh aufgelegt und im Ofen erhitzt werden.
Eine für den heißen Sommer typische, aus Andalusien stammende Spezialität ist der **Gazpacho**, eine Suppe aus Weißbrot, Öl, Knoblauch, Tomaten, Paprika und Gurken, die eiskalt serviert wird und von der es zahllose Abwandlungen gibt.
Ein Leibgericht der Madrider sind die **Callos**, Kutteln, die mit Olivenöl, Zwiebeln, Paprika, Chorizo (Paprikawurst), Morcilla (schwarzer

Blutwurst) und Jamón serrano (luftgetrocknetem Schinken) zubereitet und lange gekocht werden.
Ein weiteres typisches Madrider Gericht ist **Cocido**, ein Eintopfgericht aus Kichererbsen, Fleisch, Paprikawurst, Speck und Suppengemüse. Er wird in drei Gängen serviert und ist so ein komplettes Menü, bestehend aus der Suppe, »Sopa de cocido«, Kichererbsen und Gemüse als zweitem Gang sowie verschiedenen Fleischsorten zum Abschluss. Einen Versuch wert sind auch Nieren in Jerez-Wein (**Niñones al jerez**) und Ochsenschwanz (**Rabo de toro**, auch Rabo de buey). In El Pardo wird **Jabalí** (Wildschwein) serviert. Empfehlenswert sind ferner **Cordero asado** und **Cochinillo asado** (Lamm- und Spanferkelbraten), beides Spezialitäten Alt-Kastiliens. Typische Inlandsgerichte sind auch Eintöpfe wie die Fabada asturiana aus roten Bohnen, der Gemüseeintopf »Caldo gallego« aus Galicien, die Olla aranesa aus Katalonien oder Judías blancas aus La Granja. Viel gegessen wird auch rotes Fleisch (Carne roja), bevorzugt vom Ochsen (Buey). Ein traditionelles Gericht armer Leute ist Migas – mit Speck und etwas Gemüse in Öl geröstete Brotkrumen.

? WUSSTEN SIE SCHON ...?

- Madrid besitzt Europas größten Obst- und Gemüsemarkt; bei frischem Fisch ist er nach Tokio sogar weltweit der zweitgrößte. Und weil hier so riesige Mengen von Fisch und Meeresfrüchten konsumiert werden, gilt die Stadt als »der beste Seehafen Spaniens«.

Meerestiere

Die meisten Meerestiere wie auch Fleisch werden auf dem heißen Blech gebraten (Plancha) oder in Salzwasser gekocht (cocido). Besonders im Süden wird gerne auch frittiert (Pescaito frito) oder gegrillt, wobei etwa weißer Fisch wie Seebarsch (**Lubina**) oder Barben (**Besugo**) bevorzugt »a la espada« serviert werden: am Rückgrat aufgeschnitten und auseinander geklappt. Aus Galicien kommend, ist **Pulpo a la gallega** hervorzuheben, auf Paprikakartoffeln angerichteter, gekochter Tintenfisch. Die Basken bereiten Fisch bevorzugt im Ofen (al horno) zu. Klassische Spezialitäten sind die **Merluza a la vasca** oder **Bacalao al pil pil** – mit feiner Bechamel-Sauce und etwas Knoblauch zubereiteter Stockfisch. **Calamares en su tinta** (in ihrem eigenen schwarzen Saft) sind ebenfalls eine baskische Erfindung, die jedoch die Valencianos als Variante ihrer international bekannten Paella übernommen haben. **Paella** wird meist schlicht als »arroz« bezeichnet (Reis) und in unendlich vielen Varianten serviert.

Schinken

Luftgetrockneter Schinken ist in Spanien eine besondere Spezialität. Man spricht allgemein von **Jamón Serrano**, doch ist besonders der **Jamón Ibérico** hervorzuheben. So darf nur Schinken genannt werden, der vom meist freilebenden »cerdo ibérico« stammt. Trägt der Jamón Ibérico den Zusatz »de bellota«, dann hat das Schwein sein Leben lang nichts als Eicheln gefressen. Ein Genuss, den sich die Madrilenen immer und immer wiederauf der Zunge zergehen lassen. Beson-

◄ weiter auf S. 73

Das Familienrestaurant Botin hat eine lange Tradition. Spezialität des Hauses ist Spanferkelbraten. Selbst König Juan Carlos genießt ab und zu hier Cochinillo asado.

MADRID TISCHT AUF

Gute Restaurants sprechen sich in Madrid so schnell herum wie sehenswerte Filme, und so sind fast alle Restaurants am Wochenende ausgebucht. Selbst stehend an den Tapa-Tresen muss man mitunter seine Ellenbogen gebrauchen, um feine Happen und edle Tropfen von der Hand in den Mund zu befördern.

Erstaunlich an Madrider Restaurants ist, dass selbst ein durchschnittliches Bar-Restaurant mit einem Angebot an frischem Fisch und anderen Meeresfrüchten aufwartet, dass man den Verkehrslärm glatt für Meeresrauschen halten könnte. So viele Tapa-Tresen bieten **Percebes** (Entenmuscheln), **Nécoras** (Schwimmkrabben) oder **Gambas aus Huelva** (Garnelen), dass solche Delikatessen hier Grundnahrungsmittel zu sein scheinen. Doch Vorsicht: Solch feine Sachen haben selbstverständlich ihren Preis, über den man sich nicht wundern darf, wenn »la dolorosa« gereicht wird – die Rechnung.

Esskultur

Die Esskultur der Madrilenen macht Madrid nicht nur zu einer Stadt am Meer. Die hervorragende **Qualität aller Zutaten** – vom Spargel aus Navarra über Pilze aus Katalonien und »rotem Fleisch« von frei lebenden galizischen Rindern bis hin zum delikaten Olivenöl aus Jaén – ist die Grundlage aller Freuden, die Madrid dem Gaumen zu bieten hat.
Nicht nur an der Ribera del Duero und in der Rioja, auch in Valencia oder Katalonien werden dazu inzwischen ausgesprochen **gute rote Weine** gekeltert – von den weißen Albariños, Ribeiros und Ruedas oder den guten alten Jerez-Weinen ganz zu schweigen.

Feinschmeckerkultur

In vielen europäischen Ländern hat die »Internationale Küche« die Bürger vom Einerlei heimischer Gerichte befreit. Nicht so in Spanien und schon gar nicht in Madrid. Zwar wird auch hier ein reiches Spektrum an asiatischer und orientalischer Küche, Pizza und sogar Sauerkraut geboten. Doch

die **Vielfalt der regionalen Rezepte**, in Andalusien oder im Fall der valencianischen Reisgerichte oft arabisch inspiriert, lassen in Madrid für sich schon keine Monotonie aufkommen. Darüber hinaus hat Spanien seine eigene Feinschmeckerkultur. Da sind zum einen die **kreativen Basken**, die mit einer Vielzahl von Spitzenrestaurants in Madrid vertreten sind. Raffinesse und Leichtigkeit in den Rezepten zeichnet sie aus. Auch die **Katalanen** tragen dazu bei, Madrider Gaumen zu verwöhnen. Die katalanische ist der französischen Küche näher: schwerer als die baskische, mit Butter oder Sahne an den raffinierten Saucen – obwohl auch dem leichten Olivenöl gerade in Katalonien ein Kult gewidmet ist.

Essgewohnheiten

Nach einem meist **spartanischen Frühstück** mit Kaffee und Toast, Bollo (süßes Teilchen) oder Churros (frittierter Brandteig, mit Vorliebe in dickflüssig-heiße Schokolade gestippt) haben Madrider Mägen viel Zeit bis zum Mittagessen zu überbrücken, das zwischen 13.30 und 15.00 Uhr beginnt. Deshalb sind die Cafeterías und Bars der Stadt bis gegen 11.00 Uhr auf ein zweites Frühstück eingerichtet, bei dem flinke Camareros »café solo«, »cortado« oder »con leche« servieren. Auch wer ausgiebig am Hotel-Buffett frühstückt, dem wird gegen 12.00 Uhr der Magen knurren. Zum Glück hat jetzt die **Stunde des Aperitivo** geschlagen. Man gönnt sich eine Copita de vino hier, einen »Sherry« (sprich: Fino de Jerez) oder auch eine »cañita« (Gläschen Bier) dort – und isst dazu einen Happen, der in Sevilla und Bilbao, Valencia und Gijón, vor allem aber in Madrid den Namen **Tapa** trägt. Er verhindert, dass der Alkohol um diese frühe Zeit verheerend wirkt. Die Zeiten allerdings, wo der Tapa kostenlos zu einem Gläschen gereicht wurde, sind leider längst vorbei. Statt dessen Cola oder alkoholfreies Bier zu trinken, ist auch in Madrid keine Schande mehr.

Reiches Mittagessen

Beim **Mittagessen** – Almuerzo oder Comida genannt – spricht viel dafür, sich für ein dreigängiges Tagesmenü (menú del día) zu entscheiden, das fast alle Restaurants ihren Gästen anbieten. Im Regelfall sind Wein, Wasser und Brot im Preis enthalten. In günstigen Restaurants bekommt man ein Tagesmenü für unter 10 €, in guten Häusern kann sich der Preis um 15 bis 20 € bewegen. Ein solches Menü garantiert fast immer Abwechslung und Qualität.

Bis zum Abendessen gegen 21.30 Uhr geht wieder viel Zeit ins Land. Ein Mittel gegen nachmittäglichen Hunger ist die Merienda, ob süß oder salzig, ist Geschmacksache.

Gegen 19.00 Uhr greift man erneut zu Chocolate con churros, im Sommer auch gern zu einer erfrischend kühlen Horchata de Chuta (Erdmandelmilch). Dazu versorgt man sich mit Happen aus der Pastelería oder geht gleich in eine der **Tabernas** und **Bodegas**. Hier unterlegt man einen guten Schluck Rioja oder ein Bier mit herzhafteren Happen, die man am Tapa-Tresen auswählt. Wie wär's mit Vino de Jerez zu würzigen Tafeloliven oder einem Schnitz Chorizo (Paprikahartwurst)? Nicht selten geht der nachmittägliche Aperitivo anschließend nahtlos ins **Abendessen** über.

Tapeo

Es gibt viele Gründe, dem Tapeo zu verfallen. Es gibt die »sitzende« Variante, bei der man in Restaurants, Tascas oder Tabernas »para picar« bestellt: von vielem etwas und jeder nimmt von allem. Ganz gezielt auf bestimmte Spezialitäten hat man es andernorts abgesehen, wo z. B. Pulpo a la gallega Trumpf ist: Tintenfisch auf Paprika-Salzkartoffeln.

Doch »lo suyo« – das richtige – ist eine Tour durch eine Vielzahl von »sitios«, gerade so wie im Himmel-und-Hölle-Spiel: Man darf nach keinem Sprung lange verweilen und muss stets wissen, wo man als nächstes hinspringen wird. Dabei stillt man seinen Hunger mit kleinen Happen, damit der Appetit auch noch für die Spezialität im nächsten »sitio« reicht.

Jamón, luftgetrockneter spanischer Schinken, für manche Daheimgebliebene ein tolles Mitbringsel

dere Tradition hat die Produktion solcher Delikatessen in Jabugo in der andalusischen Provinz Huelva, in Trevélez (Granada) und in der Extremadura.

Gemüse

Die spanische Küche verwendet vielerlei Gemüse wie Tomaten, Paprika, Gurken, Artischocken, Zwiebeln und Knoblauch. Zu den traditionellen Gerichten zählen Spinat aus Jaén (Espinacas al estilo de Jaén), Cazuela de habas verdes (Bohneneintopf) und Habas con jamón (Bohnen mit Schinken). Beliebt sind auch Spargel aus Navarra und Pimientos al Padrón, eine Stadt in Galicien. Der Witz an diesen grünen kleinen Paprikaschoten ist, dass man vorher nie weiß, welche scharf und welche süß sind. Beides kommt am besten frisch vom Plancha-Blech.

Desserts und Kuchen

Sehr süße Kuchen sind bei den Spaniern sowohl zum Dessert als auch zwischendurch beliebt, wobei die meisten auf maurische Ursprünge zurückgehen, einfach schon durch die Verwendung von Zimt und Zucker, die die Araber nach Spanien brachten.
Als Nachspeise wird oft Flan (Pudding mit Karamellsoße) angeboten. Früchte und Eistorten (Tarta helada) sind ebenfalls eine empfehlenswerte Alternative. Eine sehr üppige Spezialität sind Churros con chocolate, frittiertes Gebäck aus Brandteig, das in heiße Schokolade getunkt und besonders gern zum Frühstück gegessen wird.

Speisekarte

Lista de comidas, ►Sprache, S. 114

Getränke · Bebidas

Kaffee Nach dem Essen oder zwischendurch nehmen die Spanier gerne einen Café solo (Espresso) zu sich. Café con leche (Kaffee mit Milch) wird eher zum Frühstück getrunken, daneben gibt es noch den Café cortado (Kaffee mit wenig Milch).

Erfrischungsgetränke Neben den internationalen Erfrischungsgetränken sind die oft frischgepressten Fruchtsäfte (Zumo naturales) zu erwähnen. Stilles Mineralwasser (sin gas) wird in Spanien viel getrunken, mit Kohlensäure (con gas) ist es nicht immer leicht zu bekommen. In Madrid ist auch das Leitungswasser von akzeptabler Qualität.

Bier Sehr beliebt ist Bier (Cerveza). Bevorzugt werden helle Biere der Pilsner Art, serviert in kleinen Gläsern (Cañas).

Spirituosen Nach dem Essen mögen manche einen Brandy, meist aus Jerez de la Frontera oder El Puerto de Santa María, oder Anis-Schnaps. Eine Köstlichkeit sind auch Orujo blanco aus Galicien oder Marc de cava aus Katalonien: scharf gebrannte Grappa-Getränke aus Trauben.

Wein, Sherry In Madrid werden die empfehlenswerten spanischen Weine angeboten: Der Jerez (Sherry), sicherlich die berühmteste Weinsorte, kommt aus dem Süden. Von den über 600 registrierten Sherry-Marken dürfte der trockene Tio Pepe weltweit der bekannteste sein. In jedem Fall sollte man einen wirklichen Fino, d.h. einen der feinen, charaktervollen Weißweine probieren, die aus den renommierten Weinanbaubezirken (Pagos) Macharnudo, Añina, Carrascal und Balbaina bei Jerez de la Frontera stammen. Erstklassige Qualität liefern auch z.B. die Sherry-Bodegas von Miraflores bei Sanlúcar de Barrameda. Dieser Wein heißt dann Manzanilla. Eine weitere Spezialität Andalusiens sind die äußerst süßen Dessertweine Málagas.
Die wichtigsten **Herkunftsregionen** (Denominación de Origen D.O.) anderer Weine sind Rioja, Ribera del Duero, Navarra und Katalonien. Während vereinzelte Bodegas vor allem in Katalonien auf die französische Cabernet-Sauvignon-Traube, aber auch auf die heimische Monastrell-Traube setzen, ist besonders in La Rioja und an der Ribera del Duero die einheimische Tempranillo-Traube Grundlage für eine Vielzahl im Holzfass ausgebauter Qualitäts- und Spitzenweine.

? WUSSTEN SIE SCHON ...?

- In Spanien werden unterschieden: Tischweine ohne Jahrgangsangabe, Jahrgangsweine und die im Holzfass einer »Crianza« unterzogenen Weine. Dauert diese 6–12 Monate und kommt der Wein im dritten Jahr auf den Markt, spricht man von Crianza. Reserva kommt im vierten Jahr nach der Lese auf den Markt und wurde mindestens ein Jahr lang im Fass ausgebaut. Bei den Gran-Reserva-Weinen dauert die Crianza zwei, die Flaschengärung drei Jahre und erst im sechsten Jahr kommt der Wein auf den Markt.

Der Montilla, ein vollendeter Aperitif, wird auf den warmen Kalkböden bei Montilla und Moriles, rund 180 km von Córdoba entfernt, aus der Pedro-Jiménez-Traube gewonnen. Sekt (cava) stammt vornehmlich aus Katalonien. Der Name Tarragona steht für süße, gespritete Weine, Priorato für starke, trockene Rotweine. In der Ebene von La Mancha südöstlich von Madrid keltert man aus gemischten roten und weißen Trauben die starken Valdepeñas-Rotweine, die schon nach kurzer Lagerung getrunken werden. Schwerere und v. a. süßere Rotweine als im Inneren des Landes kommen aus Valencia und Utiel-Requeña.
Weitere bedeutende Weinbaugebiete liegen unter anderem in Galizien (Albariño und Ribeiro), Aragón (schwere Cariñena-Weine) und Navarra.

Sangría, Sol y Sombra

Sangría ist eine Mischung aus Wein, Zucker, Mineralwasser, Fruchtsaft und Weinbrand. Das Gegenstück heißt Sol y Sombra, ein Cocktail, der auf spanischem Cognac basiert (z. B. Fundador, Osborne, Terry).

Getränkekarte

Lista de bebidas, ►Sprache, S. 118

Essgewohnheiten

Mittagessen wird in Madrid ab 13.30/14.00 Uhr serviert, Abendessen ab 21.00 Uhr. Da macht kein empfehlenswertes Restaurant Ausnahmen. Lediglich Hotelrestaurants passen sich mitunter den Essgewohnheiten ihrer Gäste an, doch es ist spannender, sich denen der Madrilenen anzupassen (►Baedeker-Special S. 72). Für Nachtschwärmer gibt es zudem Restaurants, die noch zu später Stunde warme Gerichte servieren. Wählt man aus dem Stegreif ein Lokal, so richtet man sich am besten nach zwei Kriterien: Ein Lokal mit vielen Madrilenen ist höchstwahrscheinlich ein gutes Lokal, ein Blick auf die Speisekarte hilft entscheiden, ob es sich auch um die gewünschte Preisklasse handelt.
Manche Restaurants haben sonntags und montags auch abends geschlossen. Für Preisbewusstere und jene, die ein unverfälschtes Ambiente erleben wollen, bieten sich Streifzüge durch Bodegas, Tabernas und Tascas an. Im Rahmen rustikaler Gemütlichkeit genehmigt man sich ein oder zwei Gläschen mit entsprechenden Tapas und zieht dann weiter in die nächste Kneipe – so zumindest machen es die meisten Spanier.

! *Baedeker* TIPP

Aufgepasst!

In touristischen Zonen kassieren manche Restaurants extra für Gedeck (cubierto) und Brot mit Butter (pan y mantequilla) – beides ist für Spanien eher unüblich – und führen auf der Karte lediglich die Preise ohne den 7-%igen Steueraufschlag auf (7 % IVA no incluído). Und noch ein Hinweis für Kneipenbesucher: Tisch (mesa) ist natürlich meist teurer als Tresen (barra).

Trinkgeld

►Preise und Vergünstigungen, S. 103

EMPFEHLENSWERTE RESTAURANTS

► ① etc. ► **Karte S. 80**

► **Preiskategorien**
Fein und teuer: ab 30 €
Erschwinglich: 15 – 30 €
Preiswert: unter 15 €
Die Preise beziehen sich in der Regel auf ein Menü.

! *Baedeker* TIPP

Online Restaurantführer
Einen sehr ausführlichen Restaurantführer (spanisch, englisch) findet man im Internet unter www.descubremadrid.com.

FEIN UND TEUER

► ⑫ **Casa María**
Plaza Mayor 23
Tel. 913 69 71 40
www.casamariaplazamayor.com
Metro: Puerta del Sol
Direkt an der wunderschönen Plaza Mayor mit entsprechendem Blick. Traditionelle spanische Küche, modern verpackt, beste Zutaten

► ㉛ **Diverxo**
Francisco Medrano 5
Tel. 915 70 07 66
www.diverxo.com
Metro: Tetuán
Kuriose Fusion aus mediterraner Küche mit südamerikanischen und asiatischen Einflüssen.

► ㉜ **Sua**
Marqués de Valdeiglesias 3
Tel. 915 23 20 04
www.sula.es
Metro: Sevilla
Hochkarätige baskische Fusionsküche in modern designten Räumen. Hervorragende Fischgerichte

► ㉝ **Olsen**
Calle del Prado 15
Tel. 914 29 36 59
www.olsenmadrid.com
Metro: Sevilla
Kosmopolitische Küche mit skandinavischen Einflüssen, bei den Madrilenen sehr beliebt

► ② **Al Norte**
Calle San Nicolás 8
Tel. 915 47 22 22
Metro: Ópera
Gepflegte Küche im Herzen der Stadt, bei der Fleisch- und Fischliebhaber gleichermaßen auf ihre Kosten kommen. Und danach ein köstliches Eis! Wesentlich preisgünstiger als abends à la carte: das Mo. – Fr. servierte Tagesmenü (menú diario)

► ③ **Restaurante Café Valera**
Calle Preciados 37
Hotel Preciados, Tel. 914 54 44 00
www.preciadoshotel.com
Metro: Callao
Traditionelle mediterrane Küche in einem Umfeld, das einst von Dichtern und Denkern wie Miguel de Unamuno und den Brüdern Machado aufgesucht wurde.

► ④ **Sula**
C/ Jorge Juan 33
Tel. 917 81 61 97
www.sula.es – Metro: Retiro
Minimalistisches Interieur, viel klare Linien im exklusiven Salamanca-Viertel. Rühmt sich, unter anderem den besten Ibérico-Schinken der Welt (Joselito Gran Reserva) im Angebot zu haben.

▸ ⑤ **Jockey**
Amador de los Rios 6
Tel. 9 13 19 24 35
www.restaurantejockey.net
Metro: Colón
Was in den 1960er-Jahren die erste Botschaft der französischen Kochkunst in Spanien war, ist bis heute ein höchst formales Feinschmeckerrestaurant. Das Großartigste und Vornehmste, aber nicht das Beste.

▸ ⑥ **El Café de la Ópera**
C/ Arrieta 6
Tel. 915 42 63 82
www.elcafedelaopera.com
Metro: Opera
Vielleicht nicht jedermanns Sache, aber zumindest kurios – und mit guter Küche. Jeden Tag ab 21.30 Uhr entpuppen sich die Kellner als Gesangsprofis, die Zarzuelas und Opern durch den Speisesaal schmettern.

▸ ⑦ **Kikuyu**
Bárbara de Braganza 4
Tel. 913 19 66 11
Metro: Colón
Ein junges Team, das Minimalismus im Dekor wie bei den Gerichten übt und damit erstaunlich gut ankommt. Aktuell, mediterran, leicht. Schon das Ambiente lohnt den Besuch, den man rechtzeitig anmelden muss.

▸ ⑧ **Café de Oriente**
Plaza de Oriente 2
Tel. 915 41 39 74
Metro: Ópera
Unabhängig vom Jahrhundertwende-Café mit seiner Terrasse bietet das Restaurant im Ambiente eines Konvents aus dem 17. Jh. marktfrische Küche zu recht hohen Preisen.

▸ ⑨ **Botin**
Calle de Cuchilleros 17
Tel. 913 66 42 17
Metro: Sol
Eines der ältesten Madrider Restaurants zu Füßen der Plaza Mayor in einem verwinkelten Altbau. Spezialität ist u. a. Cochinillo asado (Spanferkelbraten).

ERSCHWINGLICH

▸ ㉞ **El Buey**
Calle General Díaz Porlier 9
Tel. 915 75 31 28
Metro: Goya
Gute bürgerliche Küche, Spezialität sind Fleischgerichte

▸ ㉟ **El Arrozal**
Segovia 13, Nähe Plaza Mayor
Tel. 913 65 39 09
Metro: La Latina
Große Auswahl exquisiter Reisegerichte, u. a. auch verschiedene Paella-Versionen

▸ ㊱ **Bazaar**
Calle Libertad 21
Tel. 915 23 39 05
Metro: Chueca
Leichte Mediterrane Küche mit asiatischem Einschlag, helles Ambiente im Kolonialstil

▸ ⑩ **La Bola**
Bola 5, Tel. 915 47 69 30
Metro: Santo Domingo
Die stilechte rote Holzvertäfelung und das gepflegte Interieur sind mit der Grund, dass diese Tasca, in der seit 1870 einen der besten Cocidos Madrileños serviert wird, mittags von vielen Touristen, aber auch von einer treuen Stammkundschaft besucht wird.

▸ ⑪ **Fuentes & Bonetillo**
C/ de las Fuentes 1

Madrid Essen und Übernachten

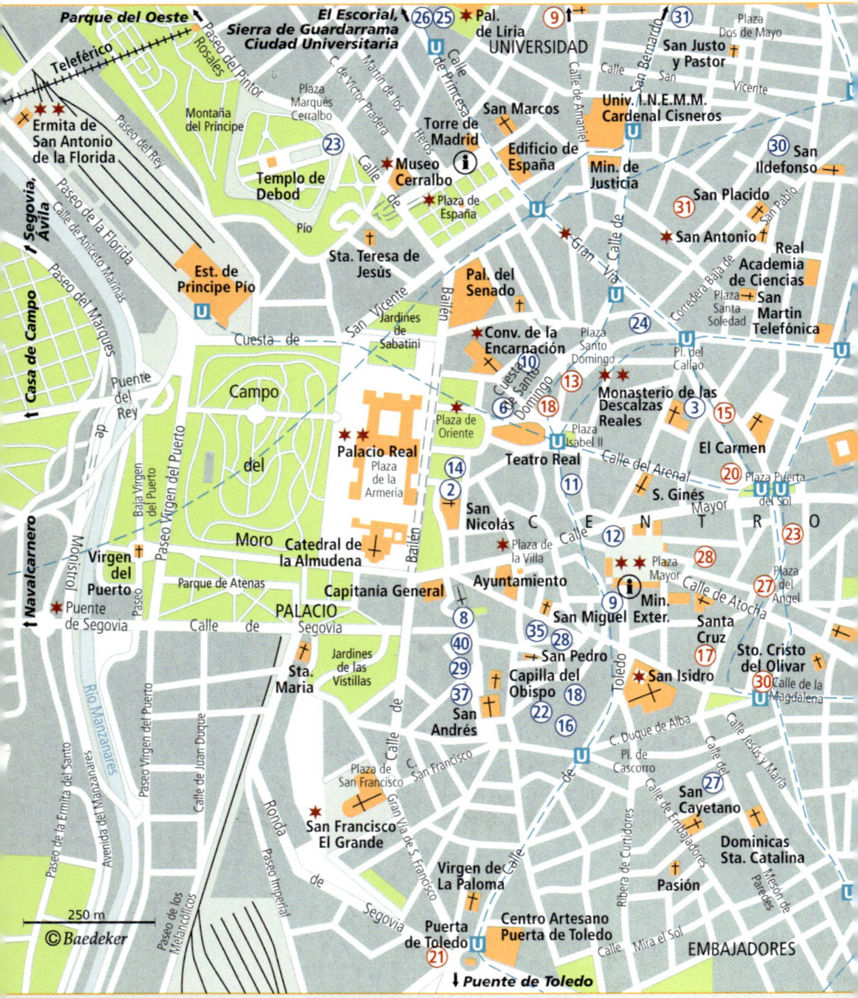

Essen

1. Alboroque
2. Al Norte
3. Restaurante Café Valera
4. Sula
5. Jockey
6. El Café de la Ópera
7. Kikuyu
8. Café de Oriente
9. Botin
10. La Bola
11. Fuentes & Bonetillo
12. Casa María
13. El Espejo
14. Los Arrieros
15. El Boquerón
16. La Camarilla
17. El Bocaito
18. Almendro 13
19. Vitamina
20. Cervecería Alemana
21. Cerveceriá Santa Bárbara
22. La Chata
23. Cuenllas
24. Fresco
25. José Luis
26. Cañas y Tapas
27. Taberna de Antonio Sánchez
28. Taberna de los Cien Vinos
29. Taberna La Salamandra
30. El Restaurante Vegeteriano
31. Diverxo
32. Sua
33. Olsen
34. El Buey
35. El Arrozal
36. Bazaar
37. Viva la Vida
38. Arrabía
39. Tabernamania
40. Cerveceria 100 Mondatos

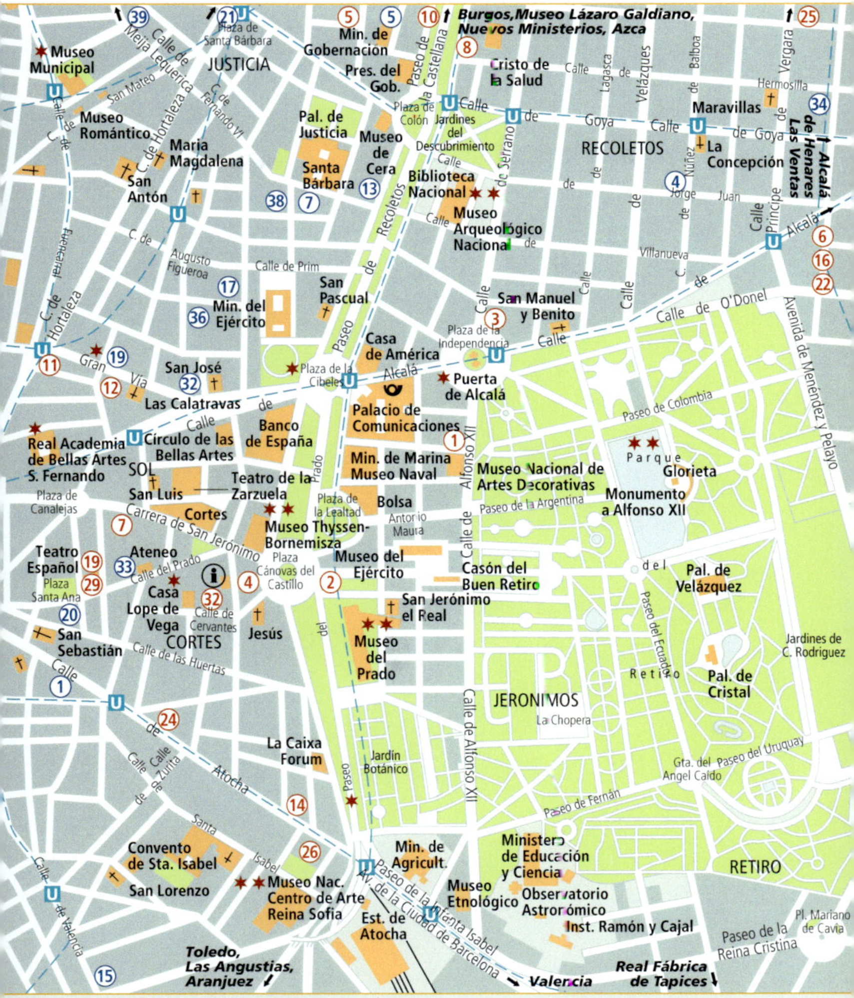

Übernachten

1. AC Palacio del Retiro
2. Ritz
3. Hospes
4. The Westin Palace
5. Orfila
6. La Casa Grande
7. Urban
8. Puerta América
9. Gran Hotel Conde Duque
10. Eurostars Madrid Tower
11. Vincci Capitol
12. De las Letras
13. Meninas Madrid
14. Husa Paseo del Arte
15. Preciados
16. Acis y Galatea
17. Chic & Basic Mayerling
18. Hotel Room Mate Mario
19. Inglés
20. Moderno
21. Puerta de Toledo
22. Hostal Zoraya
23. Hostal Alhambra
24. Hostal Edreira
25. Hostal Salamanca
26. Hostal Fernández
27. Hostal Persal
28. Petit Palace Posada d. P.
29. Me Madrid
30. Hostal Montaloya
31. Hostal Pizarro
32. Hostal Gonzalo

Tel. 917 58 67 45
www.fuentesybonetillo.com
Metro: Sol
Viel Weiß, Parkettboden und abends Kerzenschein. Spanische Küche mit besten Zutaten. Mit Nichtraucherraum.

▸ ① **Alboroque**
C/ Atocha 3, im Innenhof
Tel. 913 89 65 70
www.alboroque.es
Metro: Antón Martín
Optisch sehr ansprechendes Restaurant in wunderschönen Räumen. Kleine aber feine Karte, mit Fisch, Fleisch und Reisgerichten. Auch Mittagsmenü

▸ ⑬ **El Espejo**
Paseo de Recoletos 31
Tel. 913 08 23 47
Metro: Colón
Nicht nur, weil man hier auch sonntags und im August versorgt wird: auch das Ambiente macht dieses Jugendstil-Etablissement voller Spiegel und einem Eisen-Glas-Pavillon unwiderstehlich.

ERSCHWINGLICH/ PREISWERT

▸ ㊲ **Viva la Vida**
Costanilla de San Andrés 16 (Plaza de la Paja)
Tel. 913 66 33 49
Metro: La Latina
Alles was auf den Tisch kommt, ist biologisch angebaut; bezahlt wird nach Gewicht ...

▸ ㊳ **Arabia**
Piamonte 12
Tel. 915 32 53 21
Metro: Chueca
Hinter der fantasievoll gestalteten Fassade verbirgt sich gute arabische Küche zu vernünftigem Preis.

▸ ㊴ **Tabernamania**
Raimundo Lulio 9
Tel. 915 94 08 97
Metro: Iglesia
Sympathisch-einfaches Lokal mit großer Auswahl an Salaten

▸ ⑭ **Los Arrieros**
Calle de San Nicolás 9
Tel. 9 15 48 14 27
Metro: Ópera
Behagliches Ambiente, das sich im alten Haus des Malers Gerardo Rueda (1926–1996) über mehrere Speiseräume erstreckt.

▸ ⑯ **La Camarilla**
Calle de la Cava Baja 21
Tel. 9 13 54 02 07
Metro: La Latina
Gepflegte Küche mit dem gewissen Etwas, freundliches Personal. Recht klein

▸ ⑰ **El Bocaíto**
Libertad 6, Tel. 9 15 32 12 19
Metro: Chueca
Über 150 Jahre alter Klassiker; hier gibt es Bier vom Fass (cerveza), von der Decke hängen Schinken und Netze mit Knoblauch. Empfehlenswert: Riñones de Cordero (gebratene Lammnieren) oder Avocado mit geräuchertem Fisch.

PREISWERT

▸ ⑮ **El Boquerón**
Valencia 14
Tel. 915 62 88 44; Metro: Lavapiés
Urige Bar, berühmt für seine frischen Austern

▸ ㊵ **Cerveceria 100 Montaditos**
Calle Segovia/Ecke Nuncio
Tel. 902 19 74 94
Metro: La Latina
Riesige Auswahl frischer Brötchen (montaditos), warm und kalt

Tapas sind mehr als Appetithappen, hier bei José Luis.

⑱ Almendro 13
Almendro 13, Tel. 913 65 42 52
Metro: Latina
Fino-Weine aus Jerez und Cañas zu frisch gegrillten Happen auf Bocadillos oder Patatas fritas. Ein deftiger Tempel der neuen Tapakultur des Viertels

⑲ Vitamina
Gran Vía 47
Tel. 915 31 43 64
Metro: Callao
Schnellrestaurant mit frischesten Zutaten. Fialialen auch Gran Vía 16 und Calle Chinchilla 9

⑳ Cervecería Alemana
Plaza de Santa Ana 6
Tel. 9 14 29 70 33
Metro: Sol
Ein Klassiker an der lebhaften Plaza. Auf seine Calamares und die Albóndigas ist man hier besonders stolz. Deutscher Name, altmadrilenisches Ambiente, das auch Hemingway schätzte.

㉑ Cervecería Santa Bárbara
Plaza Santa Bárbara 8
Tel. 9 13 19 04 49
Metro: Alonso Martínez
Vor den Mahlzeiten oder dem Kino trifft man sich hier bei Cañas und frisch gekochten Gambas aus Huelva. Ein Klassiker seit Ende der 1940er-Jahre

㉒ La Chata
Cava Baja 24
Tel. 9 13 66 14 58
Metro: Latina
Eine klassische Station, um bei der Tapatour durch die Cava Baja einen traumhaft angemachten Tomatensalat, Käse, Jamón oder Cordero asado zu probieren.

㉓ Cuenllas
Ferraz 5

Im Alabardero

Tel. 9 15 47 31 33
Metro: Ventura Rodríguez
Eine Designer-Tapabar, in der Canapés Trumpf sind: kleine Toasts, die mit den leckersten Sachen belegt werden. Nebenan liegt das Restaurant Cuenllas (Kategorie Erschwinglich).

㉔ Fresco
C/ Caballero de Gracia 8
Metro: Gran Vía
Tel. 915 24 06 79
Für den großen Hunger mit kleinem Geldbeutel. Wochentags gibt es mittags ein All-you-can-eat-Buffet für unter 10 euro. Vor allem die Auswahl an Salaten ist riesig.

㉕ José Luis
San Francisco de Sales 14
Tel. 914 41 20 43
Metro: Moncloa
José Luis höchstselbst brachte vor drei Jahrzehnten den »pincho« nach Madrid und wurde zum Begründer der Designer-Tapakultur in Madrid. Hier kann man täglich bis Mitternacht zupiksen.

㉖ Cañas y Tapas
C/ Princesa 76, Metro: Argüelles
Tel. 915 49 78 19
Helle, belebte Tapasbar für jedes Tageszeit. Die Häppchen werden laufend frisch zubereitet und finden unter den Anwohnern des Viertels regen Absatz.

㉗ Taberna de Antonio Sánchez
Mesón de Paredes 13
Tel. 915 39 78 26
Metro: Tirso de Molina
Ola gitana oder Rabo de toro kann man nirgendwo stilechter speisen als in dieser madrilenischsten aller Tabernas in Madrid.

㉘ Taberna de los Cien Vinos
Nuncio 17, Tel. 913 65 47 04
Metro: Latina
Jeder Pincho eine Delikatesse. Dazu einen oder mehr der 100 Weine, die auf Lager sind.

㉙ Taberna La Salamandra
Alfonso VI 6, Tel. 913 66 05 15
Metro: Latina
In hellem Gelb leuchtet dieses Sitio in den frisch renovierten Gassen hinter der Plaza de la Paja. Wichtige Station bei der Tapatour durch Latina.

㉚ El Restaurante Vegeteriano
C/ Marqués de Santa Ana 34
Metro: Tribunal oder Noviciado
Tel. 915 32 09 27
Sympathisches Restaurant für Vegetarier, mitten im szenigen Malasaña-Viertel. Günstige Mittagsmenüs, freundlicher Service.

Feiertage, Feste und Events

Messen

Mit zahlreichen Kongressen, 50 Messen und nationalen sowie internationalen Ausstellungen hat sich Madrid im Messewesen einen Namen gemacht. Viele von ihnen, wie die Tourismus-Messe FITUR (Januar/Februar) oder die Messe für Gegenwartskunst ARCO (Februar), finden jährlich, andere wie die Modemesse Pasarela de Cibeles sogar zweimal im Jahr statt. Messepark ist der **Parque Ferial de Madrid**. Dieses neue Messegelände, auch **Campo de las Naciones** genannt (Architekten: Jerónimo Junquera, Estanislao Pérez Pita, Marck Fencwick, Liliana Obal und Francisco Javier Sáenz de Oíza), liegt im Nordosten der Stadt, 3 km vom Flughafen Barajas entfernt, in dem zu dem Stadtteil Hortaleza gehörenden Gebiet Olivar de la Hinojosa. Es ist über die Autobahn M 40 sowie mit der Metro-Linie 8 zu erreichen. Das Messegelände bietet in mehreren Hallen rund 100 000 m² Ausstellungsfläche und weitere 30 000 m² im Freien.

Flamenco, getanzt von der Gruppe Antonio Canales

Auf dem Campo-de-las-Naciones-Gelände liegen außer den Messepavillons ein Park (Parque Juan Carlos), der doppelt so groß ist wie der Retiro-Park, ein Kongresspalast (Architekt: Ricardo Bofill), das Teatro de la Vaguada, ein Luxus-Hotelkomplex, ein Geschäftszentrum, ein künstlicher See, ein Golfplatz und weitere Sportanlagen.
Die zentrale Messeorganisation von Madrid ist die 1979 gegründete IFEMA (Auskunft über Messetermine: www.ifema.es).

! *Baedeker* TIPP

Für Filmfans

Über die »Woche des Spanischen Films in Carabanchel« (»Semana del Cine Español de Carabanchel«) informiert www.semanacinecara banchel.com, über das Festival deutschsprachiger Filme www.cinealeman.com. Die neuesten Filme zeigt das Kino España (General Ricardos 4, Tel. 9 15 69 56 70, Metro: Marqués de Vadillo).

Madrid bietet zu jeder Jahreszeit eine Vielzahl von **Festlichkeiten**, die meist religiösen Ursprungs sind. Jeder Stadtteil (Barrio) hat z. B. seinen Schutzpatron, dem zu Ehren ein Volksfest bereitet wird. Zu diesem gehören oft nicht nur eine Wallfahrt, sondern auch ganz und gar weltliche Aktivitäten wie Jahrmarkt, Musikdarbietungen und Theatervorstellungen.

FESTKALENDER

FEIERTAGE

► **Gesetzliche Feiertage**

1. Januar: Año Nuevo (Neujahr)
6. Januar: Reyes Magos (Dreikönigsfest)
19. März: San José (Josefstag)
1. Mai: Día del Trabajo (Tag der Arbeit)
2. Mai: Día de la Comunidad de Madrid (Tag der Region Madrid)
15. Mai: San Isidro (Fest des Stadtheiligen)
25. Juli: Santiago (Apostel Jakobus; nicht jedes Jahr)
15. August: Asunción (Mariä Himmelfahrt)
12. Oktober: Día de la Hispanidad (Entdeckung Amerikas)
1. November: Todos los Santos (Allerheiligen; wenn das Fest auf einen Sonntag fällt, ist der 2. November Feiertag)
9. November: Almudena (Tag der Schutzpatronin)
6. Dezember: Día de la Constitución (Tag der spanischen Verfassung)
8. Dezember: Inmaculada Concepción (Mariä Empfängnis)
25. Dezember: Navidad (Weihnachten)

► **Bewegliche Feiertage**

Viernes Santo (Karfreitag)
Corpus Christi (Fronleichnam)
Jueves Santo (Gründonnerstag)

JANUAR

► **Cabalgada de los Reyes**

Ursprünglich brachten die Heiligen Drei Könige den spanischen Kindern die Weihnachtsgeschenke. Mittlerweile haben viele Eltern ihr Weihnachtsfest auf den

24. bzw. 25. Dezember vorverlegt. Erhalten geblieben ist jedoch der Brauch, dass am Vorabend des offiziellen Fests der Heiligen Drei Könige bunt geschmückte Wagen durch die Innenstadt rollen.

▶ **San Antón**
Fest zu Ehren des Schutzheiligen im Stadtteil Hortaleza am 17. Februar

FEBRUAR

▶ **Fiestas de Carnaval**
Karnevalsumzüge, u. a. der »Große Umzug«, »Gran Desfile«, durch die Innenstadt, Musikdarbietungen und das »Begräbnis der Sardine«, welches den Beginn der Fastenzeit markiert

▶ **ARCO**
Internationale Kunstmesse

MÄRZ/APRIL

▶ **Semana Santa**
Feierliche Prozessionen leiten die Karwoche ein (Beginn am Gründonnerstag).

▶ **Stierkampf**
Beginn der Stierkampfsaison in der Arena Las Ventas

MAI

▶ **Fiesta del Dos de Mayo**
Fest zum Gedenken an den Unabhängigkeitskrieg des Jahres 1808, u. a. auf der Plaza del Dos de Mayo und der Plaza de las Comendadoras.

▶ **San Isidro**
Madrid feiert vom 8. bis 15. Mai am Manzanares seinen Schutzpatron. Zu den Veranstaltungen gehören das Volksfest auf der San-Isidro-Wiese, ein Feuerwerk, Ballett- und Opernaufführungen, Jazz- und Rockkonzerte sowie Theatervorstellungen, außerdem Corridas (Stierkämpfe).

▶ **Fiesta de la Primavera**
Frühlingsfest im Stadtteil Hortaleza: 1.–14. Mai.

▶ **Internationales Theaterfestival**
Auf verschiedenen Bühnen der Stadt

MAI/JUNI

▶ **Suma Flamenca**
Wohl das beste Flamencofestival. Es dauert einen Monat und findet an verschiedenen Orten statt, u. a. im Las Tablas und Teatro Albéniz.

▶ **Parque de Europa**
Volksfest im Stadtteil Latina

▶ **Buchmesse**
Große Buchmesse im Retiro-Park

JUNI

▶ **Clásicos en Verano**
Sommerliche Veranstaltungsreihe

▶ **Schutzheiligen-Feste**
Feste des Schutzheiligen San Juan in den Stadtteilen El Batán, Retiro und Manoteras; Fest für San Antonio de la Florida im Stadtteil

> ! *Baedeker* TIPP
>
> **Für Flamencofans**
>
> Ende Januar/Anfang Februar findet ein Flamencofestival statt: das Festival Flamenco Caja Madrid. Konzerte finden meist im Kulturzentrum Casa Encendida (Ronda de Valencia 2, Tel. 9 15 06 38 75, Metro: Embajadores) und im Teatro Albéniz (Calle Paz 11, Tel. 9 15 31 83 11, Metro: Sol) statt.

Argüelles vom 9. bis 13. Juni und in der Ermita de San Antonio de la Florida am 13. Juni

i Verehrer garantiert

- Der hl. Antonius hilft seit jeher nicht nur Verlorenes und Vergessenes wieder zu finden. Er ist auch Garant von Ehemännern, vor allem für junge Näherinnen. Jedes Jahr am 13. Juni kommen heiratswillige Mädchen in die Antonius-Kirche und werfen Stecknadeln in das Taufbecken. Wenn sie dann hineingreifen, können sie an der Zahl der in der Hand haften gebliebenen Nadeln ablesen, mit wie viel Verehrern sie rechnen können ...

JULI – SEPTEMBER

▸ **Los Veranos de la Villa**
Trotz der Sommerpause steht das kulturelle Leben in Madrid nicht still: Das von der Stadt organisierte Sommerfestival wartet vorwiegend im Centro Cultural de la Villa und im Cuartel del Conde-Duque mit klassischer und moderner Musik, Zarzuela, Tanz und Kino auf.

JULI

▸ **Stadtteilfeste**
Zu Ehren der Virgen del Carmen in vielen Stadtteilen, u. a. in Chamberí, mit Feuerwerk, Tanz und Musik

▸ **Tetuán de las Victorias**
Fest zum Gedenken an den spanischen Sieg in Tetuán im Jahr 1860 mit einer Vielzahl von Veranstaltungen

AUGUST

▸ **Fiesta de San Cayetano, San Lorenzo y La Paloma**
Traditionsreiche Feierlichkeiten

Fiesta de la Virgen de la Paloma

vom 6. bis 15. August zu Ehren der drei Schutzheiligen in den Stadtvierteln Lavapiés und Rastro. Den Höhepunkt bildet die Verbana de la Paloma an der gleichnamigen Kirche (Calle de la Paloma).

► **Volksfest**
Im Stadtteil Entrevía

SEPTEMBER

► **Stadtteilfeste**
1. bis 14. September im Stadtteil Barrio de Goya
3. bis 11. September, Fiesta de la Melonera in Arganzuela (seit dem 18. Jh.)
Fiesta de Otoño: Fest zu Ehren des Schutzheiligen Michael im Stadtteil Chamartín

► **Herbstfestival**
In der Region, mit Musik-, Theater- sowie Ballettveranstaltungen

OKTOBER

► **El Pilar**
Volksfeste in den Stadtteilen Pilar und Salamanca

► **Día de la Hispanidad**
Feier der Entdeckung Amerikas am 12. Oktober

OKTOBER/NOVEMBER

► **Festival de Otoño**
Das Herbstfestival läuft etwa Mitte Oktober bis Mitte November und bereichert das reguläre Kulturprogramm mit Konzerten (Klassik, Jazz und Rock) auf verschiedenen Bühnen.

► **Festival Internacional de Jazz**
Im Centro Cultural de la Villar

NOVEMBER

► **Almudena**
Feiertag zu Ehren der Stadtpatronin am 9. November

DEZEMBER

► **Weihnachtsmarkt**
Auf der Plaza Mayor

► **Silvester**
Das neue Jahr wird auf der Puerta del Sol eingeläutet.

Geld

Euro

Der Euro ist in Spanien ebenso wie in Deutschland, Österreich und weiteren Staaten der Europäischen Union das offizielle Zahlungsmittel. Die Schweizer sind auf Geldtausch angewiesen (1 € = 1,38 CHF). Die spanischen Münzen zeigen Juan Carlos I. (1 €, 2 €), Miguel de Cervantes (50, 20, 10 Cent) und die Kathedrale von Santiago de Compostela (5, 2, 1 Cent).

An **Geldautomaten** (Cajero automático) kann man rund um die Uhr mit Bank-, Postbank- und Kreditkarten und der persönlichen Geheimnummer Geld abheben.

i Karte verloren?

- Bei Verlust von Bank- und Kreditkarten: Sperr-Notruf Tel. 00 49/116 116 und 00 49 30 40 50 40 50. Bankkarten können auch weiterhin unter Tel. 00 49 / 18 05 02 10 21 gesperrt werden.

Diese Banken erkennt man an der Bezeichnung »Cajero Automático« oder »Telebanco«. Sie sind meist Mo.–Fr. 9.00–14.00 Uhr, Privatbanken wie BBVA, Santander oft auch nachmittags geöffnet.
Kreditkarten sind in Spanien ein weit verbreitetes Zahlungsmittel, das in fast allen – auch kleineren – Hotels, Restaurants, Geschäften und bei Autovermietern akzeptiert wird.

Gesundheit

Apotheken Die Apotheken (farmacias) sind durch ein grünes Kreuz auf weißem Grund gekennzeichnet und Mo.–Fr. 9.30–14.00 und 17.00–20.00 sowie Sa. 10.00–14.00 Uhr geöffnet. Bei Notdiensten ist die Anschrift der jeweils Dienst habenden Apotheke dem Anschlag »Farmacia de Guardia«, der in jeder Apotheke aushängt, zu entnehmen und auch in den Zeitungen abgedruckt.

Ärztliche Hilfe In akuten Krankheitsfällen wendet man sich an ein Krankenhaus (urgencias) oder fordert über den Telefonnotruf Hilfe an.

NOTFALLKLINIKEN

ZENTRALER NOTRUF

- **Feuerwehr, Polizei, Arzt**
  Tel. 112
- **Insalud, Rettungsdienst**
  Tel. 061
- **Samur, Notfälle auf offener Straße**
  Tel. 092

KRANKENHÄUSER

- **Hospital Universitario de La Princesa**
  Diego de León 62
  Tel. 9 15 20 22 00
- **Hospital Ramón y Cajal**
  Carretera de El Colmenar Viejo km 9,1
  Tel. 9 13 36 80 00

Mit Kindern in Madrid

Kinderfreundliche Metropole Spaniens Metropole ist durchaus kinderfreundlich, ▶ Special S. 166. Ebenfalls erfreulich ist, dass Kinder und Jugendliche bis 18 Jahre in einem Museum wie dem Prado freien Eintritt haben. Auch in einigen anderen Museen gelten diesen Regelungen, während man im Zoo und im Freizeitpark (Parque de Atracciones) recht tief in die Tasche greifen muss. Gleiches gilt für den großen Film- und Erlebnispark

Parque Warner (www.parquewarner.com) im 22 km entfernten San Martín de Vega (Anfahrt mit dem Auto über die A 4, Ausfahrt/Salida 22, ausgeschildert. Mit dem Zug C 3 ab dem Bahnhof Atocha in Richtung Aranjuez, Umsteigen in Pinto). Der Park bietet einen Nachbau des Hollywood-Boulevards, ein Cartoon-Dorf und Studios mit Originalfilmdekorationen und der Vorführung spektakulärer Spezialeffekte. Der Park ist von März bis Dezember geöffnet, außerhalb der Ferienzeiten meist nur an den Wochenenden. Der **Parque de Atracciones**, ca. 5 km westlich vom Zentrum, ist im Sommer tägl. von 12.00 bis Mitternacht, im Winter bis 18.00 Uhr geöffnet (Tel. 914 63 29 00, www.parquedeatracciones.com; Anfahrt mit dem Bus 33 und 65, Metro 10 bis Batán).

Einkaufscenter haben oft kleine kostenpflichtige Spielparks. Dem vor den südöstlichen Toren der Stadt gelegenen Megacenter **Madrid Xanadú** (www.ma dridxanadu.es; mit dem Auto über die A 5, Ausfahrten 22 oder 25) ist ein Schneepark, Parque de Nieve, angeschlossen.

Rund um Ökosysteme dreht sich der Themenpark **Faunia – Parque Biológico de Madrid** (www.faunia.es; Avenida de las Comunidades 28, Metro: Valdebernardo; im Sommer 10.00 – 21.00, im Winter bis 18.00 Uhr geöffnet). Wildlife-Erleben bietet der **Safari Park Madrid** (www.safarimadrid.com; bei Aldea de Fresno, Carretera de Navalcarnero – Cadalso, km 22, im Sommer tgl. 10.30 – 20.00, sonst Mo. – Fr. 10.30 – 17.30, Sa., So. 10.30 – 19.00 Uhr).

In **Theatern** wie dem Teatro Calderón (Calle Atocha 18), dem Alcázar (Calle Alcalá 20) und dem Teatro Nuevo Apolo (Plaza Tirso de Molina 1) werden gelegentlich musikalisch aufbereitete Produktionen für Kinder gezeigt – aber bei Sprechtheater wird natürlich Spanisch gesprochen! Ihren Reiz für ältere Kinder dürften durchaus Musicals haben, wie sie häufig im Teatro Lope de Vega (Gran Vía 57), im Teatro Coliseum (Gran Vía 78) und im Nuevo Teatro Alcalá (Calle Jorge Juan 62) zu sehen sind.

Kleiner Knigge für Madrid

Auf Du und Du, Redewendungen und Begrüßungszeremoniell

Madrilenen pflegen, wie auch andere Spanier untereinander, recht lässige Umgangsformen. Das »tu« (Du) ist selbstverständlich, das »Usted« (Sie) eher Herrschaften in fortgeschrittenerem Alter vorbehalten. Begrüßungsfloskeln wie »Qué tal?« (Wie geht's?) und »Qué hay?« (Was gibt's?) nicht auf die Goldwaage legen. Eine Antwort auf solche Redewendungen erwartet man nicht. Dagegen sollte man sich dem traditionellen Begrüßungs- oder Abschiedszeremoniell nicht verschließen: Statt eines Händedrucks geben sich Frau und Mann sowie Frauen untereinander einen Kuss auf die Wange. Unter Männern bleibt es beim festen Händedruck. Wer etwas distanziert bleiben will, gibt sich ganz normal die Hand.

Rauchen Auch in Spanien werden Raucher immer mehr in die Schranken verwiesen. So darf am Arbeitsplatz und auch sonst nicht mehr überall geraucht werden. Kneipen und Restaurants in Spanien müssen per Aushang deutlich machen, ob Rauchen erlaubt ist (»Se permite fumar«) oder nicht (»No se permite fumar«).

Harte Schale, weicher Kern Harte Schale, weicher Kern – das trifft durchaus auch auf Madrilenen zu. Mitunter gibt man sich nach außen hin etwas rustikal in den Umgangsformen und wendet das Wörtchen »por favor« (bitte) nicht gerade häufig an. Zum Trost sei gesagt: Man meint es nicht so, man vergisst es einfach. Und wenn jemand glaubhaft macht, er könne kein Englisch oder Deutsch, sondern nur Spanisch, kann man das ruhig glauben. Dahinter verbirgt sich kein Stolz und keine Arroganz, sondern lediglich sprachliche Unsicherheit. Vielleicht hat man Englisch in der Schule gelernt, doch wahrscheinlich mehr schlecht als recht – und so traut man sich nun nicht, sich kopfüber in die sprachliche Praxis zu stürzen.

Brisante Themen In Diskussionen zur aktuellen Politik und Wirtschaft vertiefen sich die Madrilenen eher an intellektuellen Stammtischen (tertulias), im normalen Alltag sollte man niemanden ungewollt in solche Gespräche verwickeln wie z. B. über Stierkämpfe, die Monarchie, die Aufarbeitung der Franco-Diktatur oder die Autonomiebestrebungen der Basken. Anders verhält es sich natürlich, wenn Einheimische selbst solche Themen ansprechen.Apropos Stierkampf: In Spanien tobt derzeit ein Streit über das Thema Stierkampfl. Während in Katalonien das Parlament dem blutigen Spektakel ein Ende bereiten will, geht Madrid den entgegengesetzten Weg. Die regionale Regierungschefin Esperanza Aguirre schlug im Frühjahr 2010 vor, den Stierkampf als nationales Kulturgut unter besonderen Schutz zu stellen.

Mit Geduld lebt es sich besser Jedem Madrid-Reisenden sei geraten, ein zusätzliches Stück Geduld mitzubringen. Spanier setzen sich ungerne Stress aus, was sich im Reisealltag nicht zuletzt beim Service in Bars und Restaurants zeigen kann. Hier kann es durchaus sein, dass man die Bestellung nicht im Handumdrehen erfüllt und sich zwischendurch Zeit für einen Plausch mit anderen nimmt. Also: nicht ärgern, nur wundern! Und cool bleiben. Künstliche Aufregung hat keinen Zweck, dadurch wird es kaum schneller gehen.

Und zum Schluss In Spanien ist es nicht allzu üblich, Gäste zu sich nach Hause zu bitten – Madrid macht da keine Ausnahme. Auf Einladungen braucht man also nicht zu spekulieren. Warum? Weil Plätze und Kneipen **die wahren Wohnzimmer** der Madrilenen sind ...

Noch ein letzter Rat an Diskogänger: nicht in Turnschuhen und/oder weißen Socken daherkommen! Dann heißt es ganz wie bei Hunden vor Metzgereien: Wir müssen leider draußen bleiben! Da kennt der Türsteher keine Gnade und lässt sich auf keine Diskussion ein.

Literaturempfehlungen

Sachbücher

Allebrand, Raimund: Terror oder Toleranz? Spanien und der Islam
Horlemann-Verlag, Bad Honnef, 2004
Vor dem Hintergrund des Terroranschlags 2004 in Madrid erscheint die facettenreiche Beziehung zwischen Spaniern und Muslimen in ganz neuem Licht.

Bernecker, Walther L./Dirscherl, Klaus: Spanien heute
Vervuert-Verlag, Frankfurt am Main, 2004
Umfassender Band zu Gesellschaft, Politik und Wirtschaft

Drouve, Andreas: Kulturschock Spanien
Verlag Reise Know-how, Bielefeld, 2004
Alles, was man rund um Alltag und Leben in Spanien wissen muss

Oehrlein, Josef: Madrid – Das Insider-Lexikon
C. H. Beck, München, 2002
In zahlreichen Artikeln über Attraktionen und Alltäglichkeiten wird versucht, das Geheimnis der Stadt zu ergründen.

Romane, Belletristik

Andersen, Hans Christian: In Spanien
Rotbuch-Verlag, Hamburg, 1998
Historischer Reisebericht. Andersen war nicht nur Märchendichter, sondern auch glänzender Beobachter. 1862 hat er Spanien bereist und Madrid und Toledo große Kapitel gewidmet. Höchst interessant!

Montalbán, Vázquez: Undercover in Madrid
Piper-Verlag, München, 2003
Krimi. Der barcelonesische Detektiv Pepe Carvalho auf Abwegen

Leger, Klaus: So wie einst Real Madrid
Agon-Verlag, Fuldabrück, 2003 – Für Fußballfans

Chavarría, Daniel: Jenes Jahr in Madrid
Edition Köln, 2005 – Krimi

Chirbes, Rafael: Der Fall von Madrid
Heyne-Verlag, München, 2002
Roman. Familienepos über drei Generationen, in dem sich der Aufbruch Spaniens in eine neue Zeit widerspiegelt, aufgezogen am Todestag von Diktator Franco 1975

Gómez de la Serna, Ramón: Madrid
Wagenbach-Verlag, Berlin, 1992
Des Dichters (1888 – 1963) ebenso eigenwillige wie aufschlussreiche Streifzüge durch die Metropole

Medien

Zeitungen In der Medienstadt Madrid erscheinen wichtige Tageszeitungen wie »El País« und »El Mundo«. Ausgeprägt konservativen Charakter trägt »ABC«, erfolgreichste Tageszeitung ist das Sportblatt »Marca«. Deutschsprachige Zeitungen und Zeitschriften sind in der Stadt spätestens einen Tag nach ihrem Erscheinen erhältlich, die Zeitungskioske am internationalen Flughafen Barajas sind sehr gut sortiert.Über aktuelle Events vor Ort informieren auch die Gratiszeitungen wie »20 Minutos« oder »Qué«.

Fernsehen Das staatliche spanische Fernsehen (Radio Televisión Española; RTVE) bietet zwei Programme (TVE 1 und La 2). Das öffentlich-rechtliche Regionalprogramm Telemadrid sowie die Programme der privaten Sender Antena 3 und Telecino sind ebenfalls mit der normalen Fernsehantenne zu empfangen. Gebührenpflichtig sind Canal Satélite Digital und Vía Digital mit Sport, Spiel- und Dokumentarfilmen sowie einem breit gefächerten Special-Interest-Programm. Auf analogen Frequenzen empfängt man in den meisten Haushalten und Hotels per Satellit Programme wie Eurosport, CBN, Euronews sowie deutschsprachige Programme wie Sat 1, RTL und Pro 7. Mit einem Weltempfänger kann man die Deutsche Welle empfangen.

Radio ►

Internet ►S. 69

Museen · Kulturzentren

Museen Alle wichtigen Museen in Madrid sind im Kapitel »Sehenswertes« eingehend beschrieben. Daneben gibt es viele kleinere oder speziellere Museen, leider meist nur mit spanischen Erläuterungen.
Auf der Homepage des spanischen Kultusministeriums (Ministerio de la Cultura) finden sich viele Informationen über die Madrider Museen: www.mcu.es; allerdings nur auf Spanisch.
Vielerlei Informationen in Wort und Bild findet man über den Prado und über die Museen Thyssen-Bornemisza sowie Reina Sofia unter http://museodelprado.es (auf Spanisch, Englisch und auf Deutsch), www.museothyssen.org (auf Spanisch und Englisch) und www.museoreinasofia.es (auf Spanisch und Englisch).

i Montags kein Ruhetag

- Museen haben ihren Ruhetag meist montags, Ausnahme ist das Centro de Arte Reina Sofía, auch sonntagnachmittags bleiben viele geschlossen. Ein paar Ausnahmen, die montags zugänglich sind: Museo Nacional Centro de Arte Reina Sofía, das Kunstmuseum der Real Academia de Bellas Artes de San Fernando, der Palacio Real und das Wachsfigurenkabinett (Museo de Cera).

In Madrid gibt es über 140 Kunstgalerien (Galerías). Für einen Galerienbummel empfiehlt sich die Calle Claudio Coello einschließlich einiger Seitenstraßen im Retiro-/Salamanca-Viertel, aber auch im Stadtzentrum, Chamberí und Almagro wird man fündig.

Galerien

? WUSSTEN SIE SCHON ...?

- Geballte Infos über die Stadt, von Kino bis Konzente und Ausgehtipps, enthalten die beiden Hefte »guia del ocio« und »On Madrid« (Letzteres ist die Freitagsbeilage der Tageszeitung »El País«).

Die Stadt Madrid besitzt eine große Anzahl von **Kulturzentren** und Stiftungen, in denen Tagungen, Kolloquien, Ausstellungen und alle Arten von Veranstaltungen stattfinden. Hier können sich die Besucher entweder selbst schöpferisch betätigen oder ein buntes Kulturangebot genießen.

MUSEEN UND KULTURZENTREN

MUSEEN IN MADRID

► **Armería**
Waffen ►Palacio Real, S. 240

► **CaixaForum Madrid**
►S. 249

► **Casa de Lope Vega**
►S. 169

► **Centro de Arte Reina Sofía**
►S. 171

► **Colección de la Biblioteca Musical**
Musikbibliothek mit Instrumenten, Autogrammen, Partituren
Calle Conde Duque 11
Mo. – Fr. 9.00 – 21.00 Uhr,
Sa. und So. geschl.
Metro: Ventura Rodríguez

► **Colección Municipal**
Wandteppiche, Möbel und Gemälde
Ayuntamiento y Casa de Cisneros
Besichtigung mit Führung:
Mo. 17.00 Uhr
►Plaza de la Villa, S. 254

► **Convento de la Encarnación**
►S. 177

► **Monasterio de las Descalzas Reales**
►S. 197

► **Museo Africano**
Afrika-Museum des Centro de Animación Misionaria de los Combonianos
Calle Arturo Soria 101
Tel. 9 14 15 24 12, So. 11.30 – 14.30 Uhr, Juli – Sept. geschl.
Metro: Arturo Soria

► **Museo de América**
►S. 202

► **Museo Arqueológico Nacional**
►S. 202

► **Museo de Artes y Tradiciones Populares**
Volkskunst und Brauchtum
Facultad de Filosofía y Letras, Universidad Autónoma de Canto Blanco, Carretera de Colmenar Viejo, km 15

Tel. 9 13 97 42 70
Mo. – Fr. 11.00 – 14.00, Di., Do. 17.00 – 20.00 Uhr
Sa., So. und Fei. geschl.
Metro: Ferrocarril, Atocha und Chamartín

Fábrica Nacional de Moneda y Timbre
Die Ausstellung in dem ehemaligen Haus der Münze führt in 30 Sälen in die Geldwelt ein; zu sehen sind u. a. 30 000 Münzen und Geldscheine, Stiche, Zeichnungen, Prägestöcke und -stempel aus dem 16. – 18. Jh.
Calle Doctor Esquerdo 36
Di. – Fr. 10.00 – 14.30, 17.00 – 19.30, Sa., So., Fei. 10.00 – 14.00 Uhr, Mo. geschl., im Aug. nur vormittags geöffnet
Metro: Goya

Museo de Cera
Hunderte Wachsfiguren aus Geschichte, Politik, Kultur und Sport; ►Baedeker-Special S. 166
Paseo de Recoletos 41
Mo. – Fr. 10.00 – 14.30, 16.30 – 20.30, Sa., So., Fei. 10.00 – 20.30 Uhr
Metro: Colón

Museo Cerralbo
►S. 204

Museo de la Ciudad
Multimediales Museum, das Einblicke in die Stadtgeschichte gibt, u. a. über den Bau der Metro, Gasversorgung oder Elektrifizierung, mit Exponaten und Modellen von Sehenswürdigkeiten.
Príncipe de Vergara 140
Di. – Fr. 9.30 – 20.00, Sa., So. 10.00 – 14.00 Uhr
www.munimadrid.es
Metro: Cruz del Rayo

Museo del Ejército
Das Heeresmuseum wurde geschlossen und nach Toledo verlegt.

Museo de Escultura al Aire Libre
►S. 205

Museo Geominero
Fossilien-, Mineralien- und Gesteinssammlung
Calle Ríos Rosas 23
Mo. – So. 9.00 – 14.00 Uhr
Metro: Ríos Rosas

Museo Lázaro Galdiano
►S. 206

Museo Municipal
►S. 207

Museo Nacional de Artes Decorativas
Das Kunstgewerbemuseum mit seinen original eingerichteten Wohn- und Schlafräumen, vollständigen Küchen und vielen Einzelstücken vermittelt einen hervorragenden Einblick in die spanische Wohnkultur des 15. und 16. Jahrhunderts.
Calle Montalbán 12
Tel. 9 15 32 64 99
Di. – Fr. 9.30 – 15.00, Sa., So., 10.00 – 15.00 Uhr, Mo. geschl.
Metro: Banco de España

Museo Nacional de Ciencias Naturales
Der Stolz des auf Karl III. zurückgehenden naturwissenschaftlichen Museums sind seine Dinosaurier. Weitere Schwerpunkte sind Zoologie, Mineralogie, Paläontologie und Geologie
Calle José Gutiérrez Abascal 2
Tel. 9 14 11 13 28

Di. – Fr. 10.00 – 18.00, Sa. 10.00 – 20.00, So., Fei. 10.00 – 14.30 Uhr, Mo. geschl.
Metro: Gregório Marañón

► **Museo Nacional de Antropología**
Völkerkundemuseum
Calle Alfonso XII 68
Tel. 9 15 30 64 18
Di. – Sa. 9.30 – 20.00, So., Fei. 10.00 – 15.00 Uhr, Mo. geschl.
Metro: Atocha-Renfe

► **Museo del Ferrocarril**
Eisenbahnmuseum
►Baedeker-Special S. 166
Paseo Delicias 61, Tel. 9 02 22 88 22
Di. – So. 10.00 – 15.00 Uhr, Mo. und im Aug. geschl.
Metro: Delicias

► **Museo del Prado**
►S. 207

► **Museo Naval**
Marinemuseum im gleichnamigen Ministerium: Geschichte der spanischen Seefahrt. Unter den ausgestellten Objekten befindet sich die erste Karte der neuen Welt von 1492.
Paseo del Prado 5
Di. – So. 10.00 – 14.00 Uhr, im Aug. geschl.
Metro: Banco de España

Mit Dinosauriern auf Du und Du im Museo Nacional de Ciencias Naturales

Museo del Observatorio de Madrid
Sternwarte, Calle Alfonso XII 3
Mo. – Do. 9.00 – 14.00 Uhr
Metro: Atocha-Renfe

! *Baedeker* TIPP

Für Jung und Alt

Interesse bei Jung und Alt weckt das Planetarium, Planetario, Parque Enrique Tierno Galván (Avenida del Planetario 16, www.planetmad.es; im Sommer Di. – So. 11.00 – 13.45, 17.00 – 19.45, sonst Di. – Fr. 17.00 – 19.45 sowie Sa., So. 11.00 – 13.45, 17.00 – 21.00 Uhr; Metro: Méndez Álvaro; interessante Mittagsvorführungen starten um 17.30 und 18.45 Uhr).

Museo Postal y de Telegráfico
Post- und Fernmeldemuseum
Calle de Montalbán (im Postgebäude)
Mo. – Fr. 9.00 – 14.00, 16.00 – 18.00, im Aug. geschl.
Metro: Banco de España

Museo de la Real Academia de Bellas Artes de San Fernando
►S. 266

Museo Romántico
►S. 232

Museo Sorolla
Die 1911 von Joaquin Sorolla – in Europa kaum bekannter valenzianischer Impressionist – erbaute Villa birgt ca. 100 Werke aus den Jahren 1890 bis 1920. Sehenswert sind auch der Salon, eine rustikale Küche, das mit Orangen- und Zitronenfriesen ausgestattete Esszimmer sowie das Studio des Künstlers.
Calle General Martínez Campos 37
Di. – Sa. 10.00 – 15.00, So. 10.00 bis 14.00 Uhr, Mo. geschl.
Metro: Ruben Darío, Iglesia

Museo Taurino
►S. 299

Museo Thyssen-Bornemisza
►S. 233

Palacio Real
►S. 236

Panteón de Goya
►Ermita de San Antonio de la Florida, S. 179

Real Basílica de San Francisco el Grande
►S. 273

Real Fábrica de Tapices
►S. 268 und Special S. 269

Real Sitios de El Pardo
►S. 241

Templo de Debod
►Montaña del Principe Pío, S. 200

MUSEEN AUSSERHALB

Alcalá de Henares
►S. 160

Aranjuez
►S. 163

El Escorial
►S. 180

La Granja
►S. 191

Segovia
►S. 276

Toledo
►S. 286

KULTURZENTREN

► **Centro Cultural de la Villa de Madrid**
Städtisches Kulturzentrum; hier finden auch Konzerte und Ballettaufführungen statt, ►S. 251
Plaza de Colón y Serrano
Tel. 9 14 80 03 00
Metro: Colón

► **Ateneo**
Ateneo Artístico, Científico y Literario, ►S. 165
Vorträge und Veranstaltungen
Prado 21, Tel. 9 14 29 62 51

► **Canal de Isabell II**
Ausstellungen
Calle Santa Engracia 125
Tel. 9 15 45 10 00
Metro: Ríos Rosas

► **Casa de América**
Kulturzentrum für Kulturaustausch mit Lateinamerika
Palacio de Linares
Paseo de Recoletos 2
Tel. 9 15 88 48 00
Metro: Banco de España

► **Centro Cultural Conde-Duque**
►Cuartel del Conde-Duque, S. 178
Calle Conde Duque 11
Auskünfte über Ausstellungen und Konzerte, Tel. 9 15 88 58 34; Metro: Argüelles, Ventura Rodriguez

► **Círculo de Bellas Artes**
►S. 173
Plastische Kunst, Vorträge
Calle Alcalá 44
Tel. 9 13 60 54 00

Ein beliebter Ausstellungsort im Retiro-Park, der Palacio de Velázquez

- **La Casa Encendida**
  Ausstellungen
  Ronda de Valencia 2, Tel. 9 02 43 03 33, www.lacasaencendida.com – Metro: Embajadores

- **Fundación Juan March**
  Ausstellungen, Konzerte
  Calle Castelló 77, Tel. 9 14 35 42 40
  Metro: Nuñez de Balboa

- **Fundación La Caixa**
  Ausstellungen
  Calle Serrano 60, Tel. 9 14 26 02 02
  Metro: Serrano

- **Fundación Mapfre**
  Ausstellungen
  Tel. 9 15 81 16 28
  Avenida General Perón 40 (Sala Azca)
  Metro: Santiago Bernabéu
  und
  Paseo de Recoletos (beim Museum Thyssen-Bornemisza)
  Metro: Colón, Banco de España

- **Iberoamerikanisches Kooperationszentrum**
  ►Museo de América, S. 202
  Vorträge und kulturelle Zusammenarbeit zwischen Spanien und Südamerika
  Avenida de los Reyes Católicos 6
  Tel. 9 15 49 26 41

- **Nationalbibliothek**
  ►Museo Arqueológico, S. 202
  Vorträge und Ausstellungen
  Paseo de Recoletos 20
  Tel. 9 15 80 78 00

- **Salas de Exposiciones Palacio de Cristal und Palacio de Velázquez**
  und Casa Vacas
  ►Parque del Retiro, S. 243
  Ausstellungen und andere Veranstaltungen
  tägl. 10.00 – 18.00
  im Sommer 11.00 – 20.00 Uhr

Notrufe

ZENTRALER NOTRUF

- **Feuerwehr, Polizei, Arzt**
  Tel. 112

- **Insalud, Rettungsdienst**
  Tel. 061

- **Samur, Notfälle auf offener Straße**
  Tel. 092

NOTRUFE IN DEUTSCHLAND

- **ACE-Notrufzentrale Stuttgart**
  Tel. 00 49/18 02/34 35 36

- **ADAC-Notrufzentrale München**
  Tel. 00 49/89/76 76 76
  (Ambulanzdienst und Telefonarzt)
  Tel. 00 49/89/22 22 22
  (Beratung nach Unfällen o. Ä.)

- **DRK-Flugdienst Bonn**
  Tel. 00 49/228/23 00 23

- **Deutsche Rettungsflugwacht Stuttgart**
  Tel. 00 49/711/70 10 70

Öffnungszeiten

Geschäfte Die vorgeschriebenen Ladenöffnungszeiten, **Horas de apertura**, lassen in Spanien eine Vielzahl von Ausnahmen zu. Im Allgemeinen öffnen die Einzelhandelsgeschäfte Mo. – Sa. 9.30/10.00 – 14.00 und 16.30/17.00 – 20.00 Uhr, an Sonn- und Feiertagen sind sie geschlossen. Die meisten Einzelhandelsläden rund um den Corte Inglés an der Puerta del Sol sowie manche Großmärkte vor den Toren der Stadt sind auch sonntags ganztags geöffnet. Die **Apotheken** schließen samstagnachmittags. **Banken** öffnen allgemein Mo. – Fr. 9.00 – 14.00 Uhr.

Museen Die Öffnungszeiten der Museen sind im Kapitel »Sehenswertes« angegeben, weitere Angaben ►S. 94.

Kirchen Die Kirchen sind **tagsüber fast ausnahmslos geschlossen** und werden lediglich zu den Gottesdiensten morgens und abends und am Wochenende oder zu speziellen kirchlichen Festen geöffnet.

Post und Telekommunikation

Post

Post Correos Die Post (Correos) ist zuständig für Postsendungen, nicht aber für den Bereich Telefon (der wird von der Telefónica betreut).

Briefmarken Briefmarken (Sellos) bekommt man in den Postämtern und in den bis in die späten Abendstunden geöffneten Tabakgeschäften (Estancos), die an einem Schild mit einem stilisierten gelben Tabakblatt und einem »T« zu erkennen sind. **Auslandspost** gehört in die Briefkästen (Buzones, Einz. Buzón) mit der Aufschrift »Extranjero« (Ausland) oder in die mit der Aufschrift »Provincias«; allerdings gibt es immer mehr Briefkästen, die nur noch einen Einwurf für sämtliche Bestimmungsorte haben.

Fax und Internet Postämter haben in der Regel Faxservice (recht teuer, evtl. vom Hotel aus billiger!), manche auch Zugang zum Internet (nicht immer funktionstüchtig!). Besser, man sucht ein Internetcafé (ciber café) auf, doch die Adressenangaben sind stets mit Vorsicht zu genießen. **Internetcafés** verschwinden genauso schnell, wie sie kommen. Bei Folgenden kann man von etwas Konstanz ausgehen: Cibermad (Laurel 6), Ciber Café (Fuencarral 4) und X-Net Café (San Bernardo 81).

Postfilialen Die großen Postfilialen haben täglich bis 21.00 (sonn- und feiertags) bzw. 22.00 Uhr (werktags) geöffnet, u. a. in der C/ Preciados 3 (beim

Imposanter Zuckerbäckerpalast: die Madrider Hauptpost

Kaufhaus Corte Inglés nache Gran Vía) oder Paseo del Prado 1. Die zentrale Infonummer der Post (Correos) ist Tel. 9 02 19 71 97.

Telefon

Zur Benutzung der öffentlichen Fernsprecher benötigt man Münzen oder eine Telefonkarte (Tarjeta) zu 6 oder 12 €, die man in Tabakläden und Kiosken erhält. Am bequemsten und rund um die Uhr telefoniert es sich von den Telefonzentren (Telefónica oder privat). Manchmal stehen in den Telefonzentren auch Internetterminals.

Bargeldlos telefonieren Bargeldlos telefoniert es sich mit dem **Deutschland Direkt Service der Telekom AG**. Der Kunde wählt die kostenfreie Zugangsnummer (900 99 00 49) und gibt die Telefonnummer des gewünschten Gesprächspartners in Deutschland an. Die Verbindung wird hergestellt, sofern der Angerufene die Gesprächskosten übernimmt.

Mobiltelefon Jeder, der ein Handy mit deutschem Vertrag besitzt, ist in Madrid erreichbar.

Telefonnummern Spanische Telefonnummern sind neunstellig (und schließen die Regionalvorwahl ein). Madrider Telefonnummern beginnen mit 91, Handynummern in ganz Spanien mit einer 6.

VORWAHLEN

NACH SPANIEN

► **Von Deutschland, Österreich und der Schweiz**
00 34

VON SPANIEN

► **nach Deutschland**
00 49

► **nach Österreich**
00 43

► **in die Schweiz**
00 41

AUSKUNFT

Inland: 11 8 11
International: 11 8 80

Preise und Vergünstigungen

Gut zu wissen

Bei Eintritten (Museen, Ausstellungen etc.) lohnt es sich, nach Nachlässen zu fragen. Jugendliche unter 18 Jahren, Studenten (estudiantes), Behinderte (minusválidos) und Ältere über 60 bzw. 65 Jahre bzw. Rentner (jubilados) erhalten mit entsprechendem Nachweis meist Ermäßigungen. An speziellen Tagen gewähren einige Museen sogar freien Eintritt für alle.
Gut sparen lässt sich auch in der Metro: entweder mit Mehrfahrtenscheinen oder mit dem »Abono turístico« (►Verkehr, S. 139).

Madrid Card
◄ Infos: www.madridcard.com

Ideal, vor allem für Kunstfreunde, ist die Madrid Card Cultura für 24 Std. (31 €), 48 Std. (34 €) oder 72 Stunden (39 €). Sie umfasst den Eintritt in rund 50 Museen, u. a. auch Prado, Reina Sofía und Thyssen-Bornemisza. Wer sich darüberhinaus für Themenparks, die Stadtrundfahrten mit Madrid Visión und Ähnliches interessiert, dem sei die Madrid Card empfohlen (47, 60 und 74 €); erhältlich u. a. bei den Fremdenverkehrsämtern (►Auskunft).

WAS KOSTET WIE VIEL?

Einfache Mahlzeit	1 Tasse Kaffee	Doppelzimmer	U-Bahn einfach (ganzes Netz)
ab 5,00 €	1,20 €	ab 50,00 €	1,30 €

Trinkgeld Im Allgemeinen ist in den Rechnungen ein Bedienungsgeld inbegriffen (Inklusivpreise); dennoch erwarten Hotelangestellte und Kellner ein zusätzliches Trinkgeld (Propina). An der Theke einer Bar wird meist der Betrag aufgerundet; bei Tischbedienung sind 10 % des Rechnungsbetrags üblich. Es ist empfehlenswert, Zimmermädchen das erste Trinkgeld einen Tag nach Ankunft und in der Folgezeit eins pro Woche zu geben; sie erhalten 3 – 5 Euro pro Woche.

Reisezeit

Madrid liegt auf dem gleichen Breitengrad wie Neapel oder Istanbul und zeigt eine deutlich kontinentale Ausprägung des Mittelmeerklimas. Die jährliche Durchschnittstemperatur ist 13,3 °C. Die Sommer sind lang und heißer als an den Küsten. Bedingt durch Azorenhoch, Wolkenlosigkeit und hohe Einstrahlung erreicht die sommerliche Erhitzung vor allem im Juli, aber auch im August mit mittleren Tagestemperaturen von 30 °C ihren Höhepunkt. Während der **Sommermonate** lagert über den Zentrallandschaften die so genannte Calina, eine trockene Dunstschicht, die aus Staubteilchen besteht, welche die erhitzte aufsteigende Luft vom trockenen Boden mitreißt. Wegen des Ausbleibens atlantischer Tiefdruckausläufer bringen in dieser Jahreszeit Wärmegewitter die einzige Abkühlung, die von den Montes de Toledo oder der Sierra de Guadarrama her Madrid erreichen. **Niederschläge** fallen hauptsächlich im Frühjahr und Herbst. Die mittlere jährliche Niederschlagsmenge liegt in Madrid zwischen 400 und 500 mm.

Die **Winter** sind ebenfalls kälter als im Küstenbereich, wenn auch nicht so hart wie auf der nördlichen Meseta, selbst wenn die Temperatur zuweilen auf einige Grade unter null sinkt. In den das Hochland überragenden Gebirgen fällt der winterliche Niederschlag zu großen Teilen als Schnee, so dass in der nahe gelegenen Sierra de Guadarrama Wintersport betrieben werden kann. Bei Madrid kann oberhalb 600 m mit jährlichem Schneefall gerechnet werden. Die Sierra de Guadarrama weist in 1350 m 56 Schneefalltage im Jahr auf.

? WUSSTEN SIE SCHON ...?

- ... dass der spanische Schriftsteller Pío Baroja (1872 – 1956) kein gutes Haar an der wärmeren Jahreszeit Madrids ließ? Er schrieb: »Dieses grelle Licht, diese gleißende Sonne, die staubige Luft missfielen mir. Vor allem der Sommer schien mir sehr lästig.«

▸ Klima

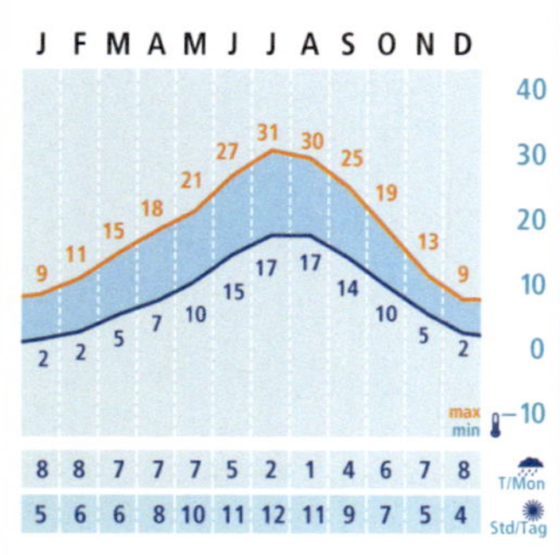

Fazit

Madrid ist zu jeder Jahreszeit reizvoll. Der Februar und der Oktober warten meist mit stabilem, sonnigem Wetter auf. In den gemäßigten Jahreszeiten im Frühling und Herbst sind die Temperaturen in Madrid am angenehmsten, wenn auch in manchen Jahren anhaltende Regenfälle auftreten. Im Mai, Juni und September ist die Saison der Terrazas, der Freiluft- und Gartenlokale. Im Juli und August steigt die Temperatur nicht selten auf 40 °C im Schatten. Im August ist eine Vielzahl von Restaurants und Geschäften geschlossen. Im Winter sinken die Temperaturen nicht selten unter null, anhaltender Frost ist jedoch nicht zu erwarten.

Shopping

Ein erster Überblick

Für den klassischen Einkaufsbummler ist Madrid in seiner Vielfalt ein schwieriges Pflaster: Wer nicht weiß, was er will und wo er's bekommt, der verläuft sich oder er landet im Kaufhaus El Corte Inglés. Doch einen Einkaufsstreifzug sollte man sich nicht entgehen lassen, schon wegen der Gilde der spanischen Designer und Modeschöpfer, die sich inzwischen international einen Namen gemacht hat.

> **i Einkaufszentren**
>
> - Madrilenen lieben ihre großen Einkaufszentren (centros comerciales) – nicht nur zum Shopping, sondern auch als Treffpunkte. Die Shops in den Zentren öffnen normalerweise Mo. – Sa. 10.00 – 21.30 oder 22.00 Uhr.

In Sachen **Mode** sind im Chueca-Viertel die Calles Almirante und Piamonte das Herz der spanischen Avantgarde. Die großen internationalen und spanischen Modedesigner haben im Salamanca-Viertel zwischen den Calles Serrano und Príncipe de Vergara ihr Revier, Tür an Tür mit edlen **Antiquitäten- und Möbelgeschäften**. In der Calle Fuencarral reiht sich ein Laden an den anderen, vom katalanischen Modemacher Custo bis zu den einschlägigen Ketten wie Mango. Die Calle Claudio Coello gehört der Elite der Madrider **Kunstgalerien**.

An der Gran Vía haben sich rund um El Corte Inglés teils pompös eingerichtete **Filialen internationaler Modeketten** wie H&M und Zara eingenistet. Eher **konventionell** sind das Viertel um die Calle Preciados hinab zur Puerta del Sol mit modernen Spezialgeschäften von Spielzeug bis Gebrauchsmode ähnlich wie in Argüelles entlang der Calle Princesa. **Traditioneller** wird es an der Puerta del Sol, der Plaza de Pontejos, rund um die Plaza Mayor und in den Calles Mayor und Arenal. Hier findet man ein buntes Allerlei: Hausratswaren, Bett- und Unterwäsche, Konditoreien, Musikshops. Das Rastro-Viertel rund um die Ribera de Curtidores ist nicht nur an Trödelmarktsonntagen interessant. Hier finden wir auch erstklassige **Antiquitätengeschäfte**.

►Öffnungszeiten

◄ Geschäftszeiten

EINKAUFSADRESSEN

ANTIQUITÄTEN

Madrids Antiquare wissen, was ihre Sammlerstücke wert sind – niemand sollte sich das Schnäppchen des Jahres erhoffen.

▸ **Buril**
Conde de Aranda 6

▸ **Quinta Dinastía**
Calle Lope de Vega 22

▸ **Rasdom**
Nuñez de Balboa 13

BÜCHER

▸ **Casa del Libro**
Gran Vía 29
Erste Adresse für Bücherwürmer. Weitere Geschäfte: Calle de Alcalá 96, Calle de Maestro Victoria 27 und Calle Salud 17

▸ **Petras International Bookshop**
Calle Campomanes 13
www.petrasbookshop.com
Gebrauchte Bücher in vielen Sprachen

▸ **El Corte Inglés**
Calle Fuencarral 118

ESSEN UND GETRÄNKE

▸ **Antigua Pastelería del Pozo**
Calle Pozo 8
Konditorei, Sündenbabel der Kalorien

▸ **La Boulette**
Calle Ayala 28
Schinken und mehr

▸ **La Garriga**
Paseo de la Castellana 153
Schinken

Pflicht für Weinliebhaber: Das Lavinia hat Weine aus aller Herren Länder und für jeden Geldbeutel im Angebot.

▶ **Horno de San Onofre**
Calle San Onofre 3
Süße Teigwaren

▶ **Lavinia**
Calle José Ortega y Gasset 16
Megaweinlager mit vorzüglicher Auswahl für jeden Geldbeutel. Weine nicht nur aus Spanien. Wer hier nicht fündig wird, wird nirgendwo fündig!

▶ **Patrimonio Comunal Olivarero**
Calle de Mejía Lequerica 1
Olivenöl-Paradies

▶ **Viuda de Cuenllas**
Calle Ferraz 3
Schinken und Co.

KAUFHÄUSER, EINKAUFSZENTREN, LADENPASSAGEN

▶ **ABC Serrano**
Calle Serrano 61
Früher war das Gebäude Sitz der Tageszeitung »ABC«; mit Restaurant

▶ **Albufera**
Avenida Albufera 153

▶ **Alcalá Norte**
Calle Alcalá 414

▶ **Arenal**
Calle Arenal 9

▶ **Arturo Soria Plaza**
Calle Arturo Soria 126
Viel Mode

▶ **El Jardín de Serrano**
Calle Goya 6

▶ **Factory**
Calle Río Guadalquivir (Getafe)

▶ **La Esquina del Bernabéu**
Avenida Concha Espina 1

▶ **La Florida**
Calle Sopelana 13

▶ **La Galería del Prado**
Plaza Cortes 7

▶ **Las Rosas**
Avenida Guadalajara 2

▶ **Las Rozas Village**
Las Rozas, C/ Juan Ramón Jiménez 3; Anfahrt: ab Moncloa mit dem Bus 625, 628 oder 629. Outlet-Center (www.lasrozasvillage.com) mit Markenartikeln u. a. von Armani, Boss, Versace, tägl. geöffnet

▶ **La Vaguada**
Avenida Monforte de Lemos 36
Riesiges Angebot

▶ **Mercado de Fuencarral**
Calle Fuencarral 45
Junge, teils ausgeflippte Mode auf drei Etagen. Wo früher Obst und Fleisch verkauft wurde, liegen heute u. a. trendige T-Shirts aus.

▶ **Mercado Puerta de Toledo**
Ronda Toledo 1

▶ **Moda Shopping**
Avenida General Perón 40

▶ **Plaza Aluche**
Avenida Poblados s/n

▶ **Príncipe Pío**
Paseo de la Florida s/n
Riesiges Shoppingzentrum, tägl. geöffnet

▶ **El Corte Inglés**
Filialen u. a.: Calle Goya 87
C/Arapiles 10, C/Preciados 2

Der Gitarrenbauer Manuel González Contreras bei der Arbeit

Plaza Callao, Avenida Monforte de Lemos 36, Calle Magallanes 3, Calle Raimundo Fernandez Villaverde 79, Calle Princesa

- **Fnac**
  C/Preciados 28
  Warenhaus, u. a. Bücher, Musik

- **Hipermercado Hipercor**
  Mega-Einkaufswelten in der Avenida Andes 50 und C/Retama 8

KUNSTHANDWERK

- **El Caballo Cojo**
  Calle Segovia 7
  Keramik und Reproduktionen mit Motiven aus dem Mittelalter bis zum 18. Jh.

- **Cántaro**
  Calle Flor Baja 8 (Keramik)

- **Manacor**
  Calle del Carmen 9

- **Manuel González Contreras**
  Calle Mayor 80
  Handgebaute Gitarren

- **Objetos de Arte Toledano**
  Paseo del Prado 10–14
  Keramik, Kunst aus Toledo

MÄRKTE

- **El Rastro**
  Sonntagsmorgens pulsiert der bunte Allerleimarkt, der größte Freiluftbasar der Stadt, um die Calle de Ribera de Curtidores und die Plaza de Cascorro, ►S. 262.

- **Mercado San Antón**
  Nachdem der beliebte Stadtteilmarkt im Szeneviertel Chueca 2007 abgerissen worden war, passierte lange nichts. Ende 2009 wurde mit der Renovierung begonnen. Im Herbst 2010 hat er in neuem Gewand wieder eröffnet.

- **Weitere interessante Märkte**
  ►Special Guide: »Märkte in Madrid«

MODE

- **Adolfo Domínguez**
  Calle Serrano 18

Avantgarde mit großer Akzeptanz von Spaniens traditionellem Stardesigner aus Galicien

▶ **Agatha Ruiz de la Prada**
Calle Serrano 27
Ein Muss für Modefans!

▶ **Carolina Herrera**
Calle Serrano 78

▶ **Cerruti 1881**
Calle Goya 6–8

▶ **Cortefiel**
Modehauskette, gutes Preis-Leistungs-Verhältnis; u.a. Calle de Alcalá 157, C/Goya 29, C/Serrano 40, Gran Vía 27, Paseo de la Castellana 146 und 180

▶ **El Corte Inglés**
Calle Goya 76, Calle Preciados 3, Calle Serrano 47

▶ **Elena Benarroch**
Calle Lagasca 88
Exklusive, moderne Frauenmode

▶ **Eskeptión**
Calle Velázquez 28 – Progressive Mode und Ausgehmode

▶ **Jesús del Pozo**
Calle Almirante 9
Für Sie und Ihn

▶ **Loewe**
Calle Serrano 26–28
Elegante Lederwaren

▶ **Rosas Rojas**
Calle Conde del Romanones 2
Aktuelle Mode mit femininem Touch und starken Farben

▶ **Springfield**
Calle Serrano 63
Solide Mode für Sie und Ihn, mittelpreisige Kette

▶ **Stradivarius**
Calle Goya 48; junge Mode für Sie

▶ **Yves Saint-Laurent**
Calle Serrano 34

▶ **Zara**
Bekannte Kette für junge, preiswerte Mode; C/Hermosilla 16 und C/Serrano 48 (weniger besucht)

MUSIK

▶ **El Corte Inglés**
C/Fuencarral 118, C/Preciados 1

▶ **Madrid Rock**
Gran Vía 25 – Riesige Auswahl

▶ **Media Markt**
Calle Santa Petronila 1

SCHMUCK

▶ **Cartier**
Calle Serrano 50

▶ **Mont Blanc**
Calle Serrano 60

▶ **Nicol's Joyeros**
Calle Serrano 70
Junges Design, frische Farben, Mittelpreisschiene

▶ **Suárez**
Calle Serrano 62

▶ **Wempe**
Calle Serrano 56

SCHUHE · CALZADOS

Die Schuhstraße schlechthin ist die Calle Augusto Fiqueroa.

▶ **Bronzo**
Calle Preciados 23

► **Gredos**
Calle Montera 47

► **Cordones**
Calle Santiago 6
Spezialisiert auf Übergrößen

► **Diez**
Calle Goya 61

► **Camper**
Calle Serrano 26

SPORTARTIKEL

► **El Corte Inglés**
Calle Princesa 47

► **Decathlon**
Grandes Superficies,
Avenida Rafaela Ybarra

► **Intersport**
Calle Arenal 3

Sprache

Zweitbedeutendste Handelssprache der Welt

Die spanische Sprache ist die Muttersprache von über 220 Mio. Menschen und damit die wichtigste lebende romanische Sprache und nach Englisch die bedeutendste Handelssprache der Erde.
Englisch wird längst nicht von allen Spaniern gesprochen. Außerdem sollte man nicht erwarten, sich in Madrid in deutscher Sprache verständigen zu können. Das gilt auch für Hotels, Restaurants und Fremdenverkehrsstellen – doch Ausnahmen bestätigen auch hier die Regel! Wohl wissend, dass das schulische Niveau in den Niederungen dümpelt, nehmen jüngere SpanierInnen gerne an Sprachkursen privater Schulen teil und freuen sich über etwas Praxis.

Aussprache

c	vor »e«, »i« stimmloser Lispellaut, stärker als engl. »th«, Bsp.: gracias
ch	stimmloses deutsches »tsch« wie in »tschüs«
g	vor »e«, »i« wie deutsches »ch« in »Bach«
gue, gui/que, qui	das »u« ist immer stumm, wie deutsches »g«/»k«
j	immer wie deutsches »ch« in »Bach«
ll, y	wie deutsches »j« zw. Vokalen, Bsp.: Mallorca
ñ	wie »nj« in »Champagner«

Kurzgrammatik

Es gibt zwei Artikel im Spanischen: Der männliche Artikel lautet el (pl. los), der weibliche la (pl. las). Das Neutrum »lo« wird nur in bestimmten Verbindungen gebraucht, z. B. lo bueno, lo malo, lo mejor = das Gute, das Schlechte, das Beste.
Die Deklination geschieht mit Benutzung der Präposition »de« für den Genitiv und »a« für den Dativ, die im Singular des Maskulinums mit den Artikeln zu »del« und »al« zusammengezogen werden.
Der Akkusativ wird bei Personen durch die Präposition »a« eingeleitet, z. B. Veo a Juan. = Ich sehe Juan.

SPRACHFÜHRER SPANISCH

Auf einen Blick

Ja./Nein.	Sí./No.
Vielleicht.	Quizás./Tal vez.
In Ordnung!/Einverstanden!	¡De acuerdo!/¡Está bien!
Bitte./Danke.	Por favor./Gracias.
Vielen Dank!	Muchas gracias.
Gern geschehen.	No hay de qué./De nada.
Entschuldigung!	¡Perdón!
Wie bitte?	¿Cómo dice/dices?
Ich verstehe Sie/dich nicht.	No le/la/te entiendo.
Ich spreche nur wenig …	Hablo sólo un poco de …
Können Sie mir bitte helfen?	¿Puede usted ayudarme, por favor?
Ich möchte …	Quiero …/Quisiera …
Das gefällt mir (nicht).	(No) me gusta.
Haben Sie …?	¿Tiene usted …?
Wie viel kostet es?	¿Cuánto cuesta?
Wie viel Uhr ist es?	¿Qué hora es?

Kennenlernen

Guten Morgen!	¡Buenos días!
Guten Tag!	¡Buenos días!/¡Buenas tardes!
Guten Abend!	¡Buenas tardes!/¡Buenos noches!
Hallo! Grüß dich!	¡Hola! ¿Qué tal?
Ich heiße …	Me llamo …
Wie ist Ihr Name, bitte?	¿Cómo se llama usted, por favor?
Wie geht es Ihnen/dir?	¿Qué tal está usted?/¿Qué tal?
Gut, danke. Und Ihnen/dir?	Bien, gracias. ¿Y usted/tú?
Auf Wiedersehen!	¡Hasta la vista!/¡Adiós!
Tschüss!	¡Adiós!/¡Hasta luego!
Bis bald!	¡Hasta pronto!
Bis morgen!	¡Hasta mañana!

Unterwegs

links/rechts	a la izquierda/a la derecha
geradeaus	todo seguido/derecho
nah/weit	cerca/lejos
Wie weit ist das?	¿A qué distancia está?
Ich möchte … mieten.	Quisiera alquilar …
… ein Auto.	… un coche.
… ein Boot.	… una barca/un bote/un barco.

Bitte, wo ist …?	Perdón, ¿dónde está …
… der Bahnhof	… la estación (de trenes)?
… der Busbahnhof	… la estación de autobuses/ la terminal?
… die U-Bahn	… el metro?
… der Flughafen	… el aeropuerto?

Panne

Ich habe eine Panne.	Tengo una avería.
Würden Sie mir bitte einen Abschleppwagen schicken?	¿Pueden ustedes enviarme un cochegrúa, por favor?
Gibt es hier in der Nähe eine Werkstatt?	¿Hay algún taller por aquí cerca?
Wo ist bitte die nächste Tankstelle?	¿Dónde está la estación de servicio/la gasolinera más cercana, por favor?
Ich möchte 20 Liter …	Quisiera veinte litros de …
… Normalbenzin.	… gasolina normal.
… Super./ …Diesel.	… súper./ … diesel.
… bleifrei./ …verbleit.	… sin plomo./ … con plomo.
Voll tanken, bitte.	Lleno, por favor.

Unfall

Hilfe!	¡Ayuda!, ¡Socorro!
Achtung!	¡Atención!
Vorsicht!	¡Cuidado!
Rufen Sie bitte schnell …	Llame enseguida …
… einen Krankenwagen.	… una ambulancia.
… die Polizei.	… a la policía.
… die Feuerwehr.	… a los bomberos.
Haben Sie Verbandszeug?	¿Tiene usted botiquín de urgencia?
Es war meine (Ihre) Schuld.	Ha sido por mi (su) culpa.
Geben Sie mir bitte Ihren Namen und Ihre Anschrift.	¿Puede usted darme su nombre y dirección.

Essen

Wo gibt es hier in der Nähe …	¿Dónde hay por aquí cerca …
… ein gutes Restaurant?	… un buen restaurante?
… ein nicht zu teures/nettes Restaurant?	… un restaurante no demasiado caro/acogedora?
Reservieren Sie uns bitte für heute Abend einen Tisch für 4 Personen	¿Puede reservarnos para esta noche una mesa para cuatro personas?

Auf Ihr Wohl!	¡Salud!
Bezahlen, bitte!	¡La cuenta, por favor!
Hat es geschmeckt?	¿Le/Les ha gustado la comida?
Das Essen war ausgezeichnet.	La comida estaba écelente.

Einkaufen

Wo finde ich	Por favor, ¿dónde hay
… einen Markt?	… un mercado?
… eine Apotheke?	… una farmacia?
… ein Einkaufszentrum?	… un centro comercial?

Übernachtung

Können Sie mir bitte ein Hotel empfehlen?	¿Podría usted recomendarme un hotel?
… eine Pension?	… una pensión?
Ich habe ein Zimmer reserviert.	He reservado una habitación.
Haben Sie …	¿Tienen ustedes …?
… ein Einzelzimmer?	… una habitación individual?
… ein Zweibettzimmer?	… una habitación doble?

Auf dem Rastro, dem größten Freiluftbasar der Stadt

… mit Dusche/Bad?	… con ducha/baño?
… für eine Nacht?	… para una noche?
… für eine Woche?	… para una semana?
Was kostet das Zimmer mit Frühstück?	¿Cuánto cuesta la habitación con desayuno?
… Halbpension?	… media pensión?

Arzt

Können Sie mir einen guten Arzt empfehlen?	¿Puede usted indicarme un buen médico?
Ich habe …	Tengo …
… Durchfall.	… diarrea.
… Fieber.	… fiebre.
… Kopfschmerzen.	… dolor de cabeza.
… Zahnschmerzen.	… dolor de muelas.
… Halsschmerzen.	… dolor de garganta.

Bank

Wo ist hier bitte …	Por favor, ¿dónde hay por aquí …?
… eine Bank?	… un banco?
… eine Wechselstube?	… una oficina/casa de cambio?
Ich möchte Schweizer Franken in Euro wechseln.	Quisiera cambiar francos suizos en euros.

Post

Was kostet …	¿Cuánto cuesta …
… ein Brief …	… una carta …
… eine Postkarte …	… una postal …
nach Deutschland?	para Alemania?
Briefmarken	sellos
Telefonkarten	tarjetas para el teléfono

Restaurant/Restaurante

desayuno	Frühstück
almuerzo	Mittagessen
cena	Abendessen
camarero	Kellner
cubierto	Gedeck, Besteck
cucharita	Teelöffel

cuchillo / tenedor / cuchara	Messer / Gabel / Löffel
lista de comida	Speisekarte
plato	Teller
sacacorchos	Korkenzieher
taza	Tasse
vaso	Glas

Tapas

albóndigas	Fleischbällchen
boquerones en vinagre	Sardellen in Essigmarinade
calamar	Kalamar
caracoles	Schnecken
chipirones	kleine Tintenfische
chorizo	Paprikawurst
ensaladilla russa	russischer Salat
jamón serrano	getrockneter Schinken
morcilla	Blutwurst
pulpo	Tintenfisch
tortilla	Kartoffelomelette

Entremeses/Vorspeisen

aceitunas	Oliven
anchoas	Sardellen
ensalada	Salat
jamón	Schinken
mantequilla	Butter
pan	Brot
panecillo	Brötchen
sardinas	Sardinen

Sopas/Suppen

caldo	Fleischbrühe
gazpacho	kalte Gemüsesuppe
puchero canario	Eintopf
sopa de pescado	Fischsuppe
sopa de verduras	Gemüsesuppe

Platos de huevos/Eierspeisen

huevo	Ei
duro	hartgekocht

pasado por agua	weichgekocht
huevos a la flamenca	Eier mit Bohnen
huevos fritos	Spiegeleier
huevos revueltos	Rühreier
tortilla	Omelette

Pescado/Fisch

ahumado	geräuchert
a la plancha	auf heißer Eisenplatte gebraten
asado	gebraten
cocido	gekocht
frito	gebacken
anguila	Aal
atún	Tunfisch
bacalao	Stockfisch
besugo	Brasse
lenguado	Seezunge
merluza	Seehecht
salmón	Lachs
trucha	Forelle
almeja	Flussmuschel
bogavante	Hummer
calamar	Kalamar
camarón	Garnele
cangrejo	Krebs
gamba	Garnele
langosta	Languste
ostras	Austern

Carne/Fleisch

buey	Rind, Ochse
carnero	Hammel
cerdo /cochinillo, lechón	Schwein / Spanferkel
chuleta	Kotelett
conejo	Kaninchen
cordero	Lamm
ternera / vaca	Kalb / Rind
asado	Braten
bistec	Beefsteak
carne ahumada	Rauchfleisch
carne estofada	Schmorbraten
carne salada	Pökelfleisch
fiambre	Aufschnitt
jamón / tocino	Schinken / Speck

lomo	Lenden- oder Rückenstück
salchichón	Hartwurst
pato / pollo	Ente / Huhn

Verduras/Gemüse

aceitunas	Oliven
cebollas	Zwiebeln
col de Bruselas	Rosenkohl
coliflor	Blumenkohl
espárragos	Spargel
espinacas	Spinat
garbanzos	Kichererbsen
guisantes	Erbsen
habas, judías	Bohnen
lechuga	Kopfsalat
patatas	Kartoffeln
patatas fritas	Pommes frites
pepinos	Gurken
tomates	Tomaten
zanahorias	Karotten

Condimentos/Gewürze

vinagre / aceite	Essig / Öl
ajo	Knoblauch
azafrán	Safran
mostaza	Senf
pimienta / sal/salado	Pfeffer / Salz/gesalzen

Postres/Nachspeisen

bollo	süßes Brötchen
dulces	Süßigkeiten
flan	Pudding
helado	Eis
miel / mermelada	Honig / Marmelade
pastel / tarta	Kuchen / Torte
queso	Käse

Frutas/Obst

cerezas	Kirschen
chumbos	Kaktusfeigen

dátiles	Datteln
fresas	Erdbeeren
higos	Feigen
limón	Zitrone
mandarinas / naranjas	Mandarinen / Orangen
manzana / pera	Apfel / Birne
melocotón	Pfirsich
melones / sandías	Honigmelonen / Wassermelonen
membrillo	Quitte
nueces	Nüsse
piña	Ananas
plátano	Banane
uvas	Weintrauben

Spezielles

bocadillo	belegtes Brötchen
chorizo	rote Paprikawurst
churros	Brandteiggebäck
migas	geröstete Brotwürfel

Bebidas/Getränke

agua mineral con/ sin gas	Mineralwasser mit/ ohne Kohlensäure
aguardiente	Schnaps
amontillado	halbtrockener Sherry
anís	Anisschnaps
brandy	Weinbrand
caña	kleines Glas Bier
cerveza	Bier (Flaschenbier)
café con leche	Milchkaffee
café solo	Espresso
café cortado	mit wenig Milch
fino	trockener Sherry
leche	Milch
limonada	Limonade
la Manzanilla	Kamillentee
oloroso	süßer Sherry
té	Tee
vino	Wein
blanco/tinto	weiß/rot
rosado	rosé
seco/dulce	trocken/süß
zumo	Fruchtsaft

Die Stufen des Denkmals für Alfons XII. im Retiropark sind ein beliebter Szenetreffpunkt.

Zahlen

0	cero
1	un, uno, una
2	dos
3	tres
4	cuatro
5	cinco
6	seis
7	siete
8	ocho
9	nueve
10	diez
11	once
12	doce
13	trece
14	catorce
15	quince
16	dieciséis
17	diecisiete
18	dieciocho
19	diecinueve
20	veinte
21	veintiuno, -a
22	veintidós
30	treinta
40	cuarenta
50	cincuenta
60	sesenta
70	setenta
80	ochenta
90	noventa
100	cien, ciento
200	doscientos, -as
1000	mil
2000	dos mil
10 000	diez mil
1/2	medio
1/4	un cuatro

Urlaub aktiv – Sprachkurse

Einen aktiven Urlaub kann man auch mit Spanischlernen vor Ort verbringen. Madrid ist dazu gut geeignet, denn hier ist akzentfreies »Hochspanisch« verbreitet. Einige Sprachschulen haben sich auf Spanisch-Intensivkurse für Ausländer (»Cursos Intensivos de Español para Extranjeros«) spezialisiert. Dazu zählen Elemadrid (Calle Serrano 4, Tel. 9 14 32 45 40, www.elemadrid.com), Acento Español (Calle Mayor 4, Tel. 9 15 21 36 76) und die Academia Carpe Diem (Calle Fuencarral 13, Tel. 9 15 22 31 22, www.carpemadrid.com).

Stadtbesichtigungen

Stadtrundfahrten

Über private Veranstalter von Stadtrundfahrten informieren Reisebüros, Hotels und Tourismusbüros. Rundfahrten in offiziellen Doppeldecker-Panoramabussen bietet »**Madrid Visión**« in zwei verschiedenen Schleifen an: »Madrid Histórico« und »Madrid Moderno«. Beide Linien laufen an der Puerta del Sol und am Museo del Prado zusammen und können beliebig oft benutzt werden. Bei den Kopfhörern lässt sich Deutsch wählen.

Tickets ► Für Erwachsene kostet ein Tagesticket 17 €; Jugendliche von 7–16 Jahre sowie Ältere über 65 Jahre bezahlen 8,50 € für ein Tagesticket. Kinder bis sieben Jahre sind frei. Ticketverkauf in Bussen, in Hotels, in Fremdenverkehrsämtern sowie am Kiosk von »Madrid Visión« beim Museo del Prado (Tel. 9 17 79 18 88, Infos auch unter www.madridvision.es). Beim Kauf einer »**Madrid Card**« (www.madridcard.com, ► Preise und Vergünstigungen, S. 103) sind die Bustouren im Preis enthalten. Je nach Haltestelle sind die Panoramabusse im

Einen ersten Überblick erhält man bei einer Stadtrundfahrt mit Madrid Visión.

Abstand von 10 bis 25 Minuten unterwegs. Generelle Verkehrszeiten: Mitte Juni bis Mitte September tägl. 9.30 – 24.00 Uhr, Mitte März bis Mitte Juni und Mitte September bis zu den Weihnachtsferien tägl. 10.00 – 21.00 Uhr, vom Beginn der Weihnachtsferien bis Mitte März tägl. 10.00 – 19.00 Uhr.

Stadterkundungen

Das Patronato de Turismo organisiert vor allem zwischen Juli und September verschiedene Stadterkundungen, die an Leitmotiven (z. B. »Legenden des alten Madrid«, »Das Madrid des Cervantes«, »Das Madrid der Klöster«, »Das mittelalterliche Madrid«) und richtig theatermäßig aufgezogen sein können. Die Rundgänge gibt es in der Regel nur auf Spanisch oder Englisch. Auf Deutsch steht jeden Freitag (18.00 Uhr) ein Rundgang unter dem Motto »Bummel durch die Altstadt« auf dem Programm. Auf Wunsch werden auch andere Routen organisiert, z. B. »Das Madrid von Pedro Almodóvar«, »Die Geheimnisse des Retiro-Parks«. Informationen erteilen alle Touristeninformationsbüros, die Ticket für die Rundgänge (4 €) gibt es auf der Plaza Mayor 27 (Auskunft auch unter www.esmadrid.com).

◄ Deutschsprachige Stadtführer

Deutschsprachige Stadtführer vermittelt der Madrider Verband geprüfter Stadtführer (APIT), Tel. 915 41 12 21.

Toiletten

Baños públicos, Aseos, Servicios

Öffentliche Toiletten bürgen in der Regel nicht für die beste Hygiene. Besser, man sucht eine Bar auf und legt im Zweifelsfall – sofern man nichts konsumieren möchte – eine kleine freiwillige Benutzungsgebühr auf den Tresen. Die stillen Örtchen in Museen sind meist sehr gepflegt (mit Ausnahmen!).

Theater, Konzerte, Operetten

Madrid ist eine Theaterstadt mit langer Tradition und großer Offenheit gegenüber neuen Formen. Das Angebot reicht von den klassischen Aufführungen im Nationaltheater, experimentellem Theater auf Dutzenden privater Bühnen über die Zarzuela, die spanische Operette (►Special S. 265), bis hin zu modernen Musicals. Aufführungen finden nicht nur auf den über 30 Theaterbühnen, sondern auch in den Kulturzentren statt.

! Baedeker TIPP

Sommerkonzerte

Die Comunidad de Madrid organisiert an Sommer-Samstagen Konzerte in Castillos, Manzanares el Real und anderen Orten der Region.

Kartenkauf Was Vorbestellungen angeht, sollte man die Sache nach Möglichkeit selbst in die Hand nehmen und sich bei der Vorverkaufsstelle des jeweiligen Theaters ein Ticket kaufen. Andererseits gibt es auch einen zentralen telefonischen Kartenvorverkauf (►siehe unten).

Programmhinweise Programmhinweise und die Adressen der bespielten Bühnen erfährt man aus der Tagespresse, aus dem wöchentlich erscheinenden »Guía del Ocio« sowie aus der monatlich erscheinenden Broschüre »Qué hacer en Madrid – What's on«, erhältlich in den Fremdenverkehrsämtern.

DIE WICHTIGSTEN SPIELSTÄTTEN

KARTENVORVERKAUF

► **Caja de Catalunya**
Tel. 9 02 10 12 12 (Theater)

► **El Corte Inglés**
Tel. 9 02 40 02 22 (Konzerte) und
Tel. 9 02 26 27 62 (Theater)

► **Entradas.com**
Tel. 9 02 22 16 22 (Theater und Sportveranstaltungen)

► **Servi-Caixa**
Tel. 9 02 33 22 11
www.servicaixa.com (Theater)

► **Tick Tack Ticket**
Tel. 9 02 15 00 25
www.ticktackticket.com

► **Top Ticket Line**
Tel. 9 02 88 87 88
www.topticketline.com

THEATER

► **Teatro Nacional María Guerrero**
Nationaltheater; Sitz des »Centro Dramático Nacional« (Dramen)
Tamayo y Baus 4, Tel. 9 13 10 15 00
Metro: Colón, Chueca oder Banco de España
Das nach der Schauspielerin María Guerrero benannte Theater liegt auf dem »linken« Ufer des Paseo de Recoletos. 1885 als »Teatro de la Princesa« eröffnet, diente es lange dem Ensemble des Ehepaars María Guerrero-Fernando Díaz de Mendoza als ständiger Sitz.

► **Teatro Real**
Auch Teatro de la Opera genannt, ►S. 257, Plaza de Oriente
Tel. 9 15 16 06 60 (Information)
Tel. 9 02 24 48 48 (Karten)
Metro: Opera
Oper, klassische Konzerte

► **Teatro Alfil**
Calle Pez 10, Tel. 9 15 21 45 41
Metro: Noviciado
Alternative Theaterkunst mit schrägem Humor und Slapstick, dadurch junges Publikum. Gute Kenntnisse in Spanisch nötig!

► **Teatro de la Zarzuela**
Jovellanos 4, Tel. 9 15 24 54 00
http://teatrodelazarzuela.mcu.es
Metro: Sevilla; ►Special S. 265

► **Teatro Español**
Stadttheater, ►S. 284
Calle Príncipe 25
Tel. 9 13 60 14 80
Metro: Sol, Antón Martín
Anspruchsvolle »Kost«

Teatro Real, das Königliche Opernhaus, auch Teatro de la Opera genannt

► **Teatro Calderón**
Atocha 18, Tel. 9 14 29 58 90
Metro: Tirso de Molina
Neuerdings öfter Musicals

► **Teatro Coliseum**
Gran Vía 78, Tel. 9 15 47 66 12
Metro: Plaza de España
Platz für über 1500 Besucher, wechselnde Showtime, u. a. mit Flamenco, Musicals

► **Teatro de Madrid**
Avenida de la Ilustración s/n
Tel. 9 17 30 17 50
Metro: Barrio del Pilar oder Herrera Oria
Modernes (Tanz-)Theater, gelegentlich Ballett und Flamenco

► **Teatro Lara**
Corredera Baja de San Pablo 15
Tel. 9 15 23 90 27
Metro: Callao
Zeitgenössisches Theater, häufig Komödien

► **Teatro Muñoz Seca**
Plaza del Carmen 1
Tel. 9 15 23 21 28
Metro: Sol – Klein, aber oho. Gelegentlich Kriminalstücke

MUSICAL

► **Teatro Lope de Vega**
Gran Vía 57, Tel. 9 15 47 20 11
Metro: Santo Domingo oder Gran Vía – Erste Anlaufstelle mit tollen Produktionen!

Musicals auch auf folgenden Bühnen: *Teatro Calderón*, ►S. 122
Nuevo Teatro Alcalá
Calle Jorge Juan 62
Tel. 9 14 26 47 79
Metro: Príncipe de Vergara
Teatro Gran Vía
Gran Vía 66
Tel. 9 17 01 02 30, Metro: Gran Vía
Teatro Figaro
Calle Doctor Cortezo 5
Tel. 9 13 60 08 29
Metro: Tirso de Molina

MUSIK

► **Auditorio Nacional de Música**
Príncipe de Vergara 136
Tel. 9 13 37 01 00; Ticketschalter: Mo. 16.00 – 18.00, Di. – Fr. 10.00 – 17.00, Sa. 11.00 – 13.00 Uhr, Ticket-Hotline 9 02 33 22 11
www.auditorionacional.mcu.es
Metro: Cruz del Rayo
Sitz des spanischen Nationalorchesters; Symphonie- und andere Konzerte (Architekt: José María García de Paredes)

► **Fundación Canal**
Calle Mateo Inurria 2
Tel. 9 15 45 15 06
Metro: Plaza de Castilla
Klassische Konzerte.

► **Centro Cultural de la Villa de Madrid**
Plaza de Colón, Tel. 9 14 80 03 00
Metro: Colón
Klassische Konzerte, Ballett

► **Recinto Ferial Casa de Campo**
Avenida Portugal s/n
Tel. 9 15 88 93 93
Metro: Lago

► **Theater im Círculo de Bellas Artes**
Marqués de Casa Riera 2
Tel. 9 13 60 54 00, 9 02 42 24 42
Metro: Banco de España
►S. 173

► **Theater im Cuartel del Conde-Duque**
Conde Duque 9–11
Tel. 9 15 88 58 34
Metro: Ventura Rodríguez
►S. 178

► **Konzerthalle im Casa de Campo**
Casa de Campo, Tel. 9 14 63 29 00
Metro: Batán
Freilichtbühne, auf der meist Konzerte populärer Rockgruppen stattfinden, ►S. 168

► **Teatro Monumental**
Alcalá 65, Tel. 9 14 29 12 81
Metro: Antón Martín
Staatliches Rundfunkorchester

► **Salón de Actos del Ateneo**
Prado 21, Tel. 9 14 29 62 51
Metro: Sevilla und Antón Martín
►S. 165

► **Salón de Actos de la Fundación Juan March**
Castelló 77, Tel. 9 14 35 42 40
Metro: Núñez de Balboa
Klassische Konzerte

► **Veranstaltungssaal der Kunstakademie**
►S. 264
Metro: Sol, Sevilla

► **Teatro Albéniz**
Paz 11, Tel. 9 15 31 83 11
Metro: Sol
Tanz- und Musikdarbietungen

► **Teatro Real**
►S. 122

► **Teatro de la Zarzuela**
Jovellanos 4, Tel. 9 15 24 40 00
Tickets unter Tel. 9 02 33 22 11
Metro: Sevilla, Banco de España
Aufführungsstätte der spanischen Operette, ►Baedeker Special S. 263

BALLETT

Ballettaufführungen finden auf verschiedenen Bühnen statt, u. a. im:
Teatro de la Zarzuela, ►oben, und Teatro Albéniz, ►oben

Übernachten

Hoteles, Hostales Pensiones

Außer Hoteles (H, Einzahl Hotel) mit eigenem Restaurant unterscheidet man in Spanien folgende Beherbergungsbetriebe: Hoteles-Apartamentos (HA) verfügen über eine Kochgelegenheit auf den Zimmern und bieten aber durchaus auch ein Restaurant oder ein Café; Hostales (HS, Einzahl Hostal) sind einfachere Hotels, oft ohne Restaurant; Pensiones (P) sind meist kleiner und bieten Unterkunft und Verpflegung komplett; Paradores de Turismo (PZ) sind Hotels der staatlichen Paradorkette; »casas rurales« sind manchmal Pensionen oder Apartmenthotels nicht unähnlich, werden aber meist nur für mehrere Tage vermietet. Bezeichnungen wie Albergue, Fonda, Cortijo, Finca, Hospedería, Palacio oder Posada weisen als Teil ihrer Eigennamen auf bestimmte Eigenheiten architektonischer oder historischer Art des Betriebs hin.

! *Baedeker* TIPP

Unzufrieden?

Reklamationsbücher, die Libros oder Hojas de Reclamación, müssen in jedem Hotel oder Hostal ausliegen. Wenn man danach verlangt, stellen sich oft Wunder ein – denn das Problem wird unter Aufbietung aller Kräfte behoben!

Kategorien

Die Hotels sind in Spanien entsprechend ihrer Ausstattung mit einem bis fünf **Sternen** gekennzeichnet. Ein Stern steht für ein einfaches Hotel, fünf Sterne für Luxus. Die höchste Kategorie trägt fünf Sterne mit dem Zusatz GL (Gran Lujo).

Preise

Die offizielle Klassifizierung ist allerdings nur bedingt ein verlässlicher Anhaltspunkt, die Preise, die Ausstattung und den Service betreffend. Nicht immer bewegt sich der Service auf der Höhe der Zeit (und der Zimmerpreise), doch meistens gibt es keinen Grund zur Klage. Die Zimmerpreise können schwanken, abhängig von Großereignissen, wichtigen Messen etc. Da die Mehrzahl der Hotels jedoch auf Geschäftsreisende ausgerichtet ist, sind die Preise in besucherschwachen Zeiten wie August oder an Wochenenden nach unten hin beweglich, wenn man vor der Reservierung fragt.
Die verbindlichen Preise müssen in den Zimmern ausgehängt sein. Sie beinhalten in der Regel weder das Frühstück (desayuno) noch die gesetzliche Mehrwertsteuer IVA (derzeit 7 %). Diese wird in vielen Hotels erst dann aufgeschlagen, wenn man eine Rechnung verlangt. Der Preis für ein Einzelzimmer liegt rund 20 bis 30 % unter dem eines Doppelzimmers.

Hotelverzeichnis

◂ Unterkünfte im Internet

Über die hier angeführten Hotels hinaus gibt es in Madrid eine Vielzahl kleinerer, nicht immer gepflegter, jedoch günstiger Hostales. Man findet eine komplette Auflistung in der »Guía de Hoteles«, die man in Fremdenverkehrsämtern erhält. Gute Infos erhält man im Internet, z. B. unter www.madridshotels.com (ausschließlich in Englisch), www.ehotel.de, www.centraldereservas.com und www.hostelworld.com (hier auch Informationen in deutscher Sprache).

Paradores Längst haben auch viele ausländische Besucher die Paradores für sich entdeckt. Zumeist sind die Hotels in historisch bedeutsamen Gebäuden eingerichtet und garantieren ein ganz besonderes Flair: ob in alten Burgen, Palästen oder Klöstern. Für einen schönen Parador lohnt sich immer ein Umweg! Überall gilt: rechtzeitig reservieren!

Reservierung ► In Spanien reserviert man bei: Paradores, Central de Reservas, Calle Requena 3, 28013 Madrid, Tel. 9 02 54 79 79, Fax 9 15 16 66 57, reservas@parador.es, www.paradores.de.

In Deutschland lassen sich Buchungen der Paradores über Ibero Tours vornehmen: Immermannstr. 23, 40210 Düsseldorf, Tel. 02 11/8 64 15 20, Fax 02 11/8 64 15 29, iberotours@ibero.com, www.iberotours.de.

Stilvolle Landhotels Unter Liebhabern stilvoller kleiner Landhotels verdient die Kette Rusticae Beachtung, die in besonnener Auswahl auf Häuser mit viel Charakter und Charme setzt.

Reservierung ► Informationen und Reservierungen über: Rusticae, Calle Mariano Cuesta 2, 28250 Torrelodones, Tel. 9 02 10 38 92 und 9 02 19 97 17, Fax 9 02 36 00 87, rusticae@rusticae.es, www.rusticae.es.

ÜBERNACHTUNGSMÖGLICHKEITEN

HOTELS

► ① etc. ► Karte S. 80

► **Preiskategorien**
Luxus: über 160 €
Komfortabel: 80–160 €
Günstig: bis 80 €
Jeweils für ein Doppelzimmer ohne Frühstück und ohne IVA (7 % Steueraufschlag)

LUXUS

► **① AC Palacio del Retiro**
Calle Alfonso XII. 14
Tel. 9 15 23 74 60
www.ac-hotels.com
Metro: Retiro
50 Luxussuiten in einem Prachtgebäude aus der Jahrhundertwende mit Blick auf den Retiro-Park.

► **② Ritz**
Plaza de la Lealtad 5
Tel. 9 17 01 67 67
Fax 9 17 01 67 76
www.ritz.es, 167 Z.
Metro: Banco de España
Prestige und Stil in ihrer reinsten Form, seit 1910 bevorzugte Herberge des Geldadels

► **③ Hospes**
Plaza de la Independencia 3
Tel. 914 32 29 11, Fax 914 32 29 12
www.hospes.com
Metro: Plaza de la Independencia
2007 neu eröffnetes, renoviertes Prachtgebäude gegenüber der Puerta de Alcalá, klassisch-modern eingerichtet, WIFI im gesamten Hotel, Spa-Bereich, Bibliothek und Konferenzräume

Frühstücksbuffet in der Nobelherberge Ritz

▶ ④ **The Westin Palace**
Plaza de las Cortes 7
Tel. 9 13 60 80 00
www.westinpalacemadrid.com
466 Z.; Metro: Sevilla
Hunde erlaubt. Seit 1913 Nobelherberge für Bohemiens wie Hemingway, die es sich leisten können, und Touristen, die auf deren Spuren reisen

▶ ⑤ **Relais & Chateaux Orfila**
Calle Orfila 6
Tel. 917 02 77 70, Fax 917 02 77 72
www.hotelorfila.com
Metro: Plaza de Colón
Exklusives 32-Zimmer-Haus, davon 12 großräumige Suiten. Klassisch-prunkvoll eingerichtet. Vermutlich hätte sich hier auch Frankreichs Sonnenkönig wohlgefühlt.

▶ ⑥ **La Casa Grande**
Torrejón de Ardoz, Calle Madrid 2
Tel. 9 16 75 39 00, Fax 9 16 75 06 91
www.lacasagrande.es, 8 Z.
Unweit vom Flughafen und von Alcalá de Henares gleichermaßen, nutzt dieses kleine Hotel ein ehemaliges Landgut der Jesuiten aus dem 16. Jahrhundert. Im Hause ist auch eine Ikonensammlung untergebracht, die von der Beziehung der habsburgischen Könige zum Zarenhof zeugt. In der Suite, heute mit Sauna ausgestattet, schlief einst im noch originalen Barockbett Katharina die Große.

▶ ⑦ **Urban**
Carrera de San Jerónimo 34
Tel. 9 17 87 77 70
Fax 9 17 87 77 99
www.derbyhotels.com, 96 Z.
Metro: Sevilla
Unlängst eröffnetes Hotel, das modernstes Design, wertvolle Ausstattung und auserlesene Kunstgegenstände kombiniert. Neubau mit Dachterrasse und

Schwimmbad sowie angegliederter »Glass Bar« und Restaurant

► ⑧ **Puerta América**
Avenida de América 41
Tel. 917 44 54 00
Fax 917 44 54 01
www.hoteles-silken.com
Metro: Cartagena
Fast zwei Dutzend weltweit führende Architekten und Designer durften der Edelherberge ihren Stempel aufdrücken. Was dabei herauskam, ist beeindruckend. Hervorragender Service.

► ⑨ **Gran Hotel Conde Duque**
Plaza Conde Valle Suchil 5
Tel. 9 14 47 70 00
Fax 9 14 48 35 69
www.hotelcondeduque.es, 143 Z.
Metro: San Bernardo
Ruhige und zentrale Lage im Argüelles-Viertel; angenehmes Touristen-Hotel

► ⑩ **Eurostars Madrid Tower**
Paseo de la Castellana 259 B
Tel. 91 334 27 00
www.eurostarsmadridtower.com
Metro: Begoña
Der neue Stern am Hotelhimmel Madrids. Fünf Sterne, Health Club und Edelrestaurant, das alles auf 30 Etage verteilt im nagelneuen 236 m hohen Hochhaus im Norden der Stadt.

KOMFORTABEL

► ⑪ **Vincci Capitol**
Gran Vía 41
Tel. 915 21 83 91, Fax 915 21 77 29
www.vinccihoteles.com
Metro: Gran Vía
Im März 2007, nach aufwendiger Renovierung wieder eröffnetes Haus. Viele Zimmer mit Blick auf die Gran Vía. Dachterrasse. Suiten teils mit Whirlpool. Angenehme Bar im ersten Stock – auch für Nicht-Hotelgäste. Interieur edel gestylt. SPA nur für Hotelgäste

Baedeker-Empfehlung

► ⑫ **De las Letras**
Gran Vía 11, Tel. 9 15 23 70 80, Fax 9 15 23 79 81, www.hoteldelasletras.com
103 Z.; Metro: Sol
Designerhotel in einem Palast der Belle Époque, 5 Min. zu Fuß von der Plaza Puerta del Sol entfernt. Die Dachterrasse ist ab 19.30 Uhr auch für Nicht-Hotelgäste geöffnet, ebenso das kleine SPA, die Bar und das Restaurant.

► ⑬ **Meninas Madrid**
Calle Campomanes 7
Tel. 9 15 41 28 05
www.hotelmeninas.com
Metro: Ópera
Schick designtes Viersterne-Hotel nahe der Oper. Gutes Preis-Leistungs-Verhältnis

► ⑭ **Husa Paseo del Arte**
Calle Atocha 123
Tel. 912 98 48 00, Fax 912 98 48 50
www.husa.es
Die empfehlenswerte Kette hat mittlerweile 7 Hotels in der Stadt.

Hotel de las Letras

▶ ⑮ **Preciados**
Calle Preciados 37
Tel. 9 14 54 44 00
www.preciadoshotel.com
Metro: Gran Vía, Puerta del Sol
Eher traditionell eingerichtetes Viersterne-Haus zwischen Gran Vía und Puerta del Sol. Mit eigenem Parkplatz.

▶ ⑯ **Acis y Galatea**
Calle Galatea 6
Tel. 9 17 43 49 01, Fax 9 17 41 76 97
www.acisygalatea.com, 16 Z.
Kleines, schmuckes Designerhotel nahe Flughafen und Messe, etwa 500 m vom Golfplatz Olivar de la Hinojosa entfernt. Buchbar auch über Rusticae und ihre Masdrider Reservierungszentrale (Tel. 9 02 10 38 92, www.rusticae.es)

▶ ⑰ **Chic & Basic Mayerling**
Calle Conde de Romanones 6
Tel. 9 14 20 15 80
www.chicandbasic.com
Metro: Tirso de Molina
Modern und großzügig mit akzeptablen Preisen. Ganz in der Nähe der Plaza Mayor und auf halben Weg ins Latina-Viertel

▶ ⑱ **Hotel Room Mate Mario**
Calle Campomanes 4
Tel. 9 15 48 85 48, Fax 9 15 59 12 88
www.room-matehoteles.com
Metro: Opera
Ideale Lage beim Teatro Real; moderne bunte Dekoration, aufmerksamer Service. Mate haben nun vier Hotels in der Stadt. Telefonzentrale 913 99 57 77, Fax 914 42 60 74

Buchbar auch über Rusticae (Tel. 9 02 10 38 92, www.rusticae.es)

► ⑲ **Inglés**
Echegaray 10
Tel. 9 14 29 65 51,Fax 9 14 20 24 23
comercial@ingleshotel.com
58 Z.; Metro: Sevilla
Solide Qualität. Mit drei Sternen etwas überbewertet, was die gute zentrale Lage nur bedingt aufwiegen mag

! *Baedeker* TIPP

Günstige Unterkünfte

Im Internet findet man unter www.infohostal.com Infos zu preiswerten Unterkünften in der Hauptstadt.

► ⑳ **Moderno**
Arenal 2
Tel. 9 15 31 09 00, Fax 9 15 31 35 50
www.hotel-moderno.com, 97 Z.
Metro: Sol
3-Sterne-Haus mitten im Geschehen, zentraler geht es kaum.

► ㉑ **Puerta de Toledo**
Glorieta Puerta de Toledo 4
Tel. 9 14 74 71 00, Fax 9 14 74 07 47
www.hotel-puertadetoledo.es
152 Z.; Metro: Puerta de Toledo
Funktionales 3-Sterne-Hotel nahe dem Rastro-Viertel

► ㉘ **Petit Palace Posada del Peine**
Calle Postas 17
Tel. 915 23 81 51, Fax 915 23 29 93
www.hthoteles.com
Metro: Sol, Opera
Hotelkette der gehobenen Kategorie. Modern und geschmackvoll eingerichtet, zentral an der Plaza Mayor gelegen.

► ㉙ **Me Madrid**
Plaza Santa Ana 14
Tel. 917 01 60 00, Fax 915 22 03 07
www.mebymelia.com
Metro: Puerta del Sol
Sehr schickes, neu gestaltetes Hotel in einem Prachtbau aus dem späten 19. Jh.; große Zimmer, Dachterrasse, Whirlpool. Hochwertige, moderne Einrichtung

GÜNSTIG

► ㉒ **Hostal Zoraya**
Carretera de Barcelona (N II) km 12,5
Tel. und Fax 9 17 47 47 50
www.hostalzoraya.com, 10 Z.
Gut für jene, die etwas außerhalb in Flughafennähe stationiert sein wollen. Solide Beherbergungsqualität immerhin seit 1969, unlängst komplett renoviert

► ㉓ **Hostal Alhambra**
Calle Espoz y Mina 6
Tel. 9 15 21 31 14, Fax 9 15 32 70 78
www.hostalalhambra.com, 13 Z.
Metro: Sol
2009 völlig renovierte, saubere, kleine Stadtpension nahe der Puerta del Sol. Ein Katzensprung ins pralle Cityleben. Auch Dreibett- und Vierbett-Zimmer sind buchbar.

► ㉔ **Hostal Edreira**
Calle Atocha 75, 2°
Tel. 9 14 29 01 83, Fax 9 14 29 01 84
www.hostaledreira.com, 10 Z.
Metro: Antón Martín
Schnörkellose Pension, von der aus das Museumsviereck sehr gut zu Fuß erreichbar ist. Gute Anbindung mit der Metro. Zimmer mit Bad. Auch Dreibettzimmer

► ㉕ **Hostal Salamanca**
Calle Ortega y Gasset 89, 3°

Izquierda
Tel. 9 14 02 40 46, Fax 9 14 01 96 01
www.hostalsalamanca.net, 17 Z.
Metro: Manuel Becerra
Gute Lage im Salamanca-Viertel, Zimmer mit Privat- oder Gemeinschaftsbad

► ㉖ **Hostal Fernández**
Calle León 10, 1°
Tel. 9 14 29 56 37
www.hostalfernandez.com
Metro: Antón Martín
Schlicht, sauber und gleich gegenüber dem Prado-Museum

► ㉗ **Hostal Persal**
Plaza del Ángel 12
Tel. 9 13 69 46 43
www.hostalpersal.com
Metro: Sol
Eine Hostal der besseren Sorte, mit Rezeption auf Straßenhöhe (bei günstigen Absteigen sehr selten). Gepflegte Herberge in einem Haus aus dem Jahr 1871

► ㉚ **Hostal Montaloya**
Plaza Tirso de Molina 20
Tel. 913 60 03 05, Fax 913 69 11 52
www.hostalmontaloya.blogspot.com
Metro: Tirso de Molina
Kleines familiengeführtes Haus, zentral gelegen. Zimmer modern und zweckmäßig eingerichtet, mit Klimaanlage und TV

► ㉛ **Hostal Pizarro**
Calle Pizarro 14 – 1°
Tel. 915 31 91 58, Fax 915 23 17 33
www.hostalpizarro.eu
Metro: Callao
Einfaches, schlichtes Hostal. Sehr zentral gelegen

► ㉜ **Hostal Gonzalo**
Calle Cervantes 34
Tel. 914 29 27 14, Fax 914 20 20 07
www.hostalgonzalo.com
Metro: Avenida de América
Kleines, einfaches Hostal in relativ ruhiger Straße

UMGEBUNG VON MADRID

► **Aranjuez**
El Cocherón 1919
Calle Montesinos 22
Tel. 9 18 75 43 50, Fax 9 18 75 43 47
www.elcocheron1919.com
18 Z., u. a. ein Familienzimmer
Reservierungen auch über Rusticae (►S. 126)
Angenehmes Altstadthaus mit eleganter Dekoration bis ins letzte Detail. Hier darf sich der Gast wirklich als König fühlen. Frühstück ist im Preis enthalten (komfortabel).

► **Chinchón**
Parador de Chinchón
Avenida del Generalísimo 1
Tel. 9 18 94 08 36, Fax 9 18 94 09 08
www.parador.es, 38 Z.
Eine wahre Oase für Ruhe suchende in einem vormaligen Augustinerkloster aus dem 17. Jh., das im Laufe seiner Geschichte überdies als Kulturzentrum, Gerichtssitz und Gefängnis gedient hat. Heute bettet man sich komfortabel unter vier Sternen. Stimmungsvoller Kreuzgang und schöne Gartenanlage, Lage nahe der Plaza Mayor, Parkmöglichkeit direkt vor dem Haus. Mit Spezialitätenrestaurant (komfortabel)

► **Espirdo (bei Segovia)**
La Casona de Espirdo
Calle Las Fuentes 19
Tel. und Fax 9 21 44 90 12
www.espirdo.com, 8 Z.
Reservierungen auch über Rusticae (►S. 126)

Familiär geführtes Landhaus, Ende des 19. Jh.s erbaut und von seinen Besitzern liebevoll renoviert. Gutes Preis-Leistungs-Verhältnis, ruhige Lage auf dem Land, 6 km nordöstlich von Segovia. Mittag- und Abendessen nach Absprache (günstig/komfortabel)

► **Sigüenza**
Parador de Sigüenza
Plaza del Castillo s/n
Tel. 9 49 39 01 00, Fax 9 49 39 13 64
www.parador.es, 81 Z.
Ein besonderer Tipp, denn der Abstecher in dieses pittoreske Örtchen in der Provinz Guadalajara, rund 130 km nordöstlich von Madrid, lohnt sich alleine wegen dieses Vier-Sterne-Paradors! Er ist in einer Traumburg aus dem 12. Jh. untergebracht, die weithin sichtbar auf einem Plateau thront. Im Inneren der Gemäuer hält sich das Mittelalter lebendig; mit Spitzenrestaurant (komfortabel).

► **Toledo**
Hotel Abad
Calle Real de Arrabal 1
Tel. 9 25 28 35 00, Fax 9 25 28 35 01
www.hotelabadtoledo.com, 22 Z.
Reservierungen auch über Rusticae (►S. 126)
In der Altstadt Toledos gelegen, das Haupthaus war bis Anfang des 19. Jh.s eine Schmiede. Funktionelles Design wechselt sich mit traditionellem Interieur ab, schöne Aussichten auf den Tajo (komfortabel).

Parador de Toledo
Cerro del Emperador
Tel. 9 25 22 18 50, Fax 9 25 22 51 66
www.parador.es, 60 Z.
Altes toledanisches Landgut, ein Klassiker der Paradores-Kette. Schon der Panoramablick auf Toledo wird jeden in seinen Bann ziehen (komfortabel). Erstklassiges Restaurant

CAMPING

Folgende Plätze in der Umgebung der Hauptstadt haben ganzjährig geöffnet:

► **Camping Osuna**
Avenida de Logroño s/n, Alameda

Parador de Toledo

de Osuna, Tel. 9 17 41 05 10

► **Camping Soto del Castillo**
Antigua Carretera Madrid-Cádiz km 46,8, Tel. 9 18 91 13 95

► **Camping Arganda**
Carretera Camporeal km 3,6, Arganda del Rey
Tel. 9 18 71 60 40

► **Camping-Caravaning El Escorial**
Carretera Guadarrama-El Escorial, M 600, km 3,5
Tel. 9 18 90 24 12

JUGENDHERBERGEN, BACKPACKER HOSTELS

Preiswert übernachten kann man auch in Jugendherbergen (Albergues Juveniles).
Der Spanische Jugendherbergsverband (Red Española de Albergues Juveniles) hat eine informative Website mit Infos zu den Jugendherbergen in San Lorenzo de El Escorial, Toledo und Segovia: www.reaj.com.

► **Albergue juvenil**
Calle Mejía Lequerica 21
Tel. 9 15 93 96 88
www.ajmadrid.es
Metro: Alonso Martínez, Tribunal
Sehr moderne Jugendherberge (eröffnete 2007) mit 24-Stunden-Rezeption. 25 Mehrbettzimmer, die zwischen 11.00 und 15.00 Uhr wegen Reinigung nicht aufgesucht werden können.

► **Albergue Juvenil Santa Cruz de Marcenado**
Calle Santa Cruz de Marcenado 28
Tel. 9 15 47 45 32, Fax 9 15 48 11 96

► **Albergue Juvenil Richard Schirrmann**
Casa de Campo
Tel. 9 14 63 56 99, Fax 9 14 64 46 85

► **Olé International Hostel**
www.olehostel.com
Insgesamt drei in Madrid:
Las Musas Residence, C/ Jesús y María 12
Tel. 9 15 39 49 84
Way Hostel, C/ Relatores 17
Tel. 9 14 20 05 83
Pop Hostel, Calle Espiritu Santa 18, 1°
Tel. 9 15 22 86 63

► **Barbieri Hostel**
Calle Barbieri 15, 2°

Urlaub aktiv

Grüne Abwechslung

Für angenehme »grüne« Abwechslung sorgen über 40 Parkanlagen. Außer mit »Klassikern« wie Jogging kann man sich in Madrids Parks und öffentlichen Anlagen auf vielfältige Weise fit halten. Mit Ruder- oder Paddelbooten auf den Seen des Retiro oder der Casa de Campo oder mit Basketball oder Fußball auf den zahlreichen kleinen, meist geteerten Plätzen. Weit verbreitet ist auch Inlineskaten, in der Casa de Campo ist ein Mountainbike-Rundweg ausgewiesen. In allen Stadtteilen gibt es städtische Sportanlagen, die beliebten sog. Multifunktionsstätten (polideportivos).

SPORTANGEBOTE

Bowling
Größtes Bowlingcenter in Madrid: Planet Bowling, Avenida de San Martín de Valdeiglesias 24 (Alorcón; Centro Comercial y de Ocio Tres Aguas, Tel. 9 14 40 03 38 Mo. – Do. 17.00 – 1.00, Fr. bis 4.00, Sa. 13.00 – 4.00, So., Fei. bis 1.00)

Fliegen
Drachenflieger und Bungee-Springer: Escuela de Ala Delta Hombres Pájaro, Calle Pez 27 Tel. 9 15 32 82 50.

Golf
Öffentlicher Golfplatz: »Campo de Golf Olivar de la Inojosa« beim Parque Ferial, Tel. 9 17 21 18 89 www.golfolivar.com

Wandern und Bergsteigen
Cotos, etwa 7 km von Navacerrada in der Sierra de Guadarrama, ist ein guter Ausgangsort für eine Besteigung der Laguna de Peñalara, ein Ausflug, der auch im Sommer machbar ist, wenn man ihn per Sessellift abkürzt.
In der Sierra de Gredos ist der Macizo de Gredos ein beliebtes Kletterrevier, er liegt wie eine Festungsmauer zwischen den beiden kastilischen Hochebenen, ein riesiges Granitmassiv mit dem Almanzor als höchster Erhebung. Beste Bedingungen zum Bergsteigen bietet in der Sierra de Guadarrama ferner das wuchtige Massiv La Pedriza.

Wintersport
Die an Wochenenden hoffnungslos überlaufenen Hauptskigebiete in der Sierra de Guadarrama sind der 1860 m hohe Pass von Navacerrada sowie die Skistationen von Cotos und Valdesqui. Die Sierra de Gredos, westlich von Madrid, mit dem 1592 m hohen Almanzor, ist vor allem ein Tourengebiet für erfahrene Skifahrer.

Schwimmen und Radfahren
Städtische Hallenbäder u. a. in der Casa de Campo (Avenida del Ángel s/n, Metro: El Lago, Puerta del Ángel), in Chamartín (Plaza del Perú s/n, Metro: Pío XII), Barajas (Avenida Logroño 70, Metro: Barajas) und La Latina (Plaza de la Cebada s/n, Metro: La Latina).
Sommerlichen Wasserspaß ohne Grenzen bietet das Freizeitbad Aquapolis in Villanueva de la Cañada (westl. von Madrid, Av. de la Dehesa; Tel. 9 18 15 69 11, www.aquapolis.es; geöffnet meist Mitte Juni bis Anfang September).
Fahrradverleih: Trixi, www.trixi.-com und Bike Spain, www.bike spain.info, Calle del Codo, beim Rathaus; auch geführte Touren

Arabisches Bad
Ein besonderes Erlebnis ist der Besuch eines Arabischen Bads: Das Baños Árabes Hammams de Al Andalus, C/ Atocha 14, Metro: Tirso de Molina, Tel. 9 02 33 33 34, www.hammamasdelandalus.com, liegt in der Nähe der Plaza Mayor. Es ist nicht ganz billig, aber an kühlen Wintertagen eine wahre Oase. Das angeschlossene Restaurant ist allerdings überteuert.

Sprachkurse
Einen aktiven Urlaub kann man auch mit Spanischlernen vor Ort verbringen ►Sprache, S. 120.

KÖNIG FUSSBALL UND MEHR

Über Juan Carlos I hinaus hat Spanien einen ungekrönten Herrscher: König Fußball, Volkssport Nummer eins. In der Hauptstadt pflegen die beiden anfangs des 20. Jh.s gegründeten Traditionsvereine Real Madrid und Atlético de Madrid eine gesunde Konkurrenz, wohl wissend, dass der Kleine (Atlético) dem Großen (Real) nicht das Wasser reichen kann.

Heimat von Atlético ist das im Süden Madrids am Manzanares gelegene **Estadio Vicente Calderón**, die Ringautobahn M 30 führt unter den Zuschauerrängen hindurch, während sich Reals Fußballtempel **Santiago Bernabéu** allgewaltig am Paseo de la Castellana aufwirft, in einer der teuersten Gegenden im Norden Madrids. Die Stars von Real Madrid trainieren jedoch in der 2005 eröffneten **Ciudad** (= Stadt) **Real Madrid** nordöstlich der City, im neuen Viertel Valdebebas. Das »größte Trainingsgelände der Welt« umfasst verschiedene Trainings- und Wettkampfplätze, Schwimmbäder, Vereinsbüros, Fernsehstudios für den klubeigenen Sender Realmadrid TV, ein Klubmuseum, ein Hotel, mehrere Bars, eine Klinik und ein Erlebnispark.

Das Makroprojekt passt gut ins Bild, denn **Real Madrid** trägt stets dick auf und pflegt sein Image als elitärer Megaclub. Mit »Real Madrid TV« hat man sogar einen eigenen Fernsehkanal, der 24 Stunden rund um die Uhr sendet: ob News, Porträts oder (meistens) Wiederholungen von Spielen. Die »Königlichen« polarisieren die Massen noch mehr als der FC Bayern München in Deutschland. Entweder man liebt oder hasst den Club, ein Zwischending gibt es nicht. Dagegen gilt **Atlético de Madrid** eher als Heimat der kleinen Leute, die der auch schon mal in die zweite Liga abgerutschten Elf auch dort die Treue hielten. Für Auswärtige ist es schwer – eigentlich unmöglich –, an Karten für die Spiele zu kommen. Im Regelfall werden bei Real Restkontingente an Tickets – sofern vorhanden – am Tag

Im Bernabeu-Stadion: Hier kicken die »Königlichen«, angeblich die besten Spieler der Welt. Auf jeden Fall gehören sie zu den teuersten.

des Matches ab 11.00 Uhr angeboten (Tel. 9 02 32 43 24, www.realmadrid.com), bei Atlético de Madrid beginnt der Vorverkauf meist drei Tage vorher (Tel. 9 13 66 47 07, www.clubatleticodemadrid.com; es gibt im Übrigen eine informative Website eines deutschen Fanclubs: www.atleticomadrid.de). In internationalen Statistiken wird **Real Madrid**, der 31-malige spanische Meister, als erfolgreichster Fußballclub der Welt geführt. Große Triumphe feierte man zwischen 1956 und 1960, als das Team um Spielerlegenden wie den Italiener Alfredo di Stefano und den Ungarn Ferenc Puskas fünfmal hintereinander den Europapokal der Landesmeister gewann. Eine neue Erfolgswelle brach mit dem Champions-League-Triumph im Jahr 1998 unter dem deutschen Trainer Jupp Heynckes an, gefolgt von den Champions-League-Siegen 2000 und 2002, dem Weltpokalsieg 2002 und dem spanischen Supercup 2003. Allerdings galt es 2002 eine der bittersten Niederlagen der Geschichte zu verkraften. Justament im Jahr des einhundertjährigen Bestehens ging ausgerechnet im eigenen Stadion das nationale Pokalfinale gegen den galizischen Underdog Deportivo La Coruña verloren. Das Trainerkarussel dreht sich bei Real traditionsgemäß schnell, zwei, drei Trainer pro Saison waren in den vergangenen Jahren keine Seltenheit. Das bekam auch der ehemalige deutsche Nationalspieler Bernd Schuster 2007 zu spüren. Als der schnelle Erfolg ausblieb, wurde er mit einer fürstlichen Entlohnung flugs wieder entlassen. Das letzte Mal spanischer Meister wurde Real Madrid 2008, und das immerhin mit dem Deutschen.

Crème de la Crème der internationalen Fußball-Stars

Trotz Reals riesiger Schuldenlast ist in den letzten Jahren an Stars geholt worden, was lieb und vor allem teuer war. Der Vergangenheit gehören der französische Weltmeister Zidane, Portugals Figo oder der Glamourspieler Beckham an. Einer der jüngsten Coups war 2009 die Verpflichtung Cristiano Ronaldos – dies gelang dank des prall gefüllten Geldbeutels des milliardenschweren Bauunternehmers und Vereinspräsidenten Floren-

tino Perez. Geblieben sind die Eigengewächse wie Torhüter Casillas, Guti und Raúl, wobei Letzterer immer öfter auf der Ersatzbank Platz nehmen muss.

Die Auftritte der auch als **»Galaktische«** (galácticos) bezeichneten Startruppe sind spektakulär. Bei Auswärtsmatches werden die Kicker schon am Flughafen wie Popstars empfangen. Das mag den einen oder anderen Ballzauberer aus der Konzentration bringen, denn auf dem Rasen halten die hoch gesteckten Ansprüche nicht immer mit der Wirklichkeit Schritt. Als der ungeliebte Ligakonkurrent FC Barcelona 2009 Meisterschaft, Pokalsieg und die Champions League sowie 2010 erneut die Meisterschaft gewann, kratzte das stark am Selbstbewusstsein der Königlichen. Die laufen nämlich seit zwei Jahren einem Titel erfolglos hinterher. Der Verein kommt nicht zur Ruhe, er steht ständig unter Erfolgsdruck. Atlético de Madrid geht es diesbezüglich etwas besser. Allerdings verliert der Verein immer wieder Spielerwunder wie den Stürmer Fernando Torres an reichere Clubs wie den FC Liverpool.

Andere madrilenische Fußballclubs, die es – wie Rayo Vallecano, Leganés und Getafe – sogar zu ansehnlichen Ehren in der ersten Liga gebracht haben, stehen im Abseits. Im Vergleich zum Fußball fristet auch die durchaus erfolgreiche Basketballabteilung von Real ein Schattendasein.

Andere Spielplätze

Wendet man sich von Real und der Fußballbühne ab, mobilisiert ein Ereignis wie der **Madrid Marathon** die Massen. Im Regelfall Ende April gehen über 10 000 Läufer auf den Stadtkurs (www.maratonmadrid.org). Generell sind Fitnessclubs stark auf dem Vormarsch, der Parque del Retiro und die Casa de Campo sind angestammte Terrains von Joggern.

Über das Umland verteilen sich Golfplätze und Reitcenter, in den Bergen finden Wanderer und Mountainbiker und im Winter Skifahrer Betätigungsfelder. Die rund 30 km nördlich von Madrid bei San Sebastián de los Reyes gelegene Rennstrecke **Jarama** (Circuito de Jarama; www.jarama.org) lockt regelmäßig Autofans an – allerdings ohne Großereignis à la Formel 1.

Verkehr

Autoverkehr

Auch wenn die Straßen in weitem Umkreis um die Hauptstadt autobahnmäßig ausgebaut sind und ein Teil des enormen Verkehrs auf Ring-Autobahnen und Umgehungsstraßen (M 30, M 40) umgeleitet wird, erstickt die Stadt beinahe an ihrem Verkehrsaufkommen.

Autopistas und Autovías

Autobahnen (Autopistas) sind gebührenpflichtig (peaje), die autobahnähnlichen Autovías kostenlos befahrbar. Tankstellen und Restaurants sind meist über die sog. Vía de Servicio zu erreichen.

Die Nationalstraßen tragen Nummern (**Carreteras nacionales N** ...). Die wichtigsten Verbindungsstraßen sind die von Madrid ausgehenden sechs Radialstraßen, die auf rotweißen Kilometersteinen römische Ziffern tragen:

> **? WUSSTEN SIE SCHON ...?**
>
> - In Madrid laufen alle großen Straßen des Landes zusammen. Auf der Puerta del Sol markiert eine Bodenplatte den Punkt null, auf welchen sich die Kilometerzählung aller Nationalstraßen des Landes bezieht.

N I nach Burgos und San Sebastián – Frankreich
N II nach Barajas – Barcelona
N III nach Valencia
N IV nach Cádiz – Andalusien
N V nach Badajoz – Extremadura und Portugal
N VI nach La Coruña – Galicien

Carreteras comarcales (C ...)

Die Landstraßen (Carreteras comarcales C ..., in der **Comunidad de Madrid auch M ...**) sind ebenfalls nummeriert. Soweit es sich um wichtige Verbindungen handelt, sind sie meist gut ausgebaut. Nicht nummerierte Nebenstraßen können jedoch Überraschungen bereithalten.

Vorschriften

Überholen ►

Fußgänger aufgepasst! ►

Beim Fahren in Spanien muss man auf eine Reihe von Regelverstößen vorbereitet sein, um Unfälle zu vermeiden. So überholen viele Fahrer auf Autobahnen verbotenerweise rechts. Rote Ampeln werden häufig nicht beachtet. An Zebrastreifen nehmen Autofahrer in der Regel wenig Rücksicht auf Fußgänger.
Der Kreisverkehr hat in Spanien Vorfahrt. Trotzdem biegen die Fahrer sehr häufig von der inneren Spur aus dem Kreisverkehr heraus, ohne Fahrzeuge zu beachten, die auf der äußeren Spur weiterfahren. Vorfahrt auf den Straßen hat grundsätzlich das von rechts kommende Fahrzeug, Ausnahmen sind ausgeschildert. Beim Linksabbiegen außerhalb der Ortschaften gibt es auf größeren Straßen eigene Fahrspuren, die zunächst nach rechts ausweichen und dann die Hauptstraße kreuzen (raquetas).

◄ Beleuchtung

Auf gut beleuchteten Straßen (außer auf Schnellstraßen oder Autobahnen) darf in Spanien nur mit Standlicht gefahren werden.

◄ Sicherheitsgurte

Das Anlegen der Sicherheitsgurte (auf Vorder- und Rücksitz) ist Pflicht, Kinder unter 10 Jahren sind ausschließlich auf dem Rücksitz zu befördern.

◄ Höchstgeschwindigkeit

Höchstgeschwindigkeit für Kraftfahrzeuge in Spanien: innerorts: 50 km/h, außerhalb: 90 km/h, auf Straßen mit mindestens zwei Fahrstreifen in jeder Richtung: 100 km/h, auf Autobahnen: 120 km/h.

◄ Promillegrenze

◄ Abschleppverbot

Die Höchstgrenze für den Alkoholgehalt im Blut beträgt 0,5 Promille. Abschleppen durch Privatfahrzeuge ist verboten!

Parken

Die Innenstadt ist reichlich mit öffentlichen **Parkgaragen** (aparcamientos) versehen, u. a. in der Calle de San Andrés 36 (2,50 €/Std., 28 €/Tag), Garaje Piamonte, Calle Piamonte 16 (in Chueca; 3,80 €/Std., 28 €/Tag; rund um die Uhr geöffnet), Plaza de Vázquez de Mella (Nähe Gran Vía; 0,04 €/Min. bis max. 11 Std.; ab der 11. bis zur 24. Std. 25,60 €). Ansonsten gibt es Parkscheinautomaten für das Parken auf offener Straße, die entsprechenden Zonen sind blau markiert. Wegen des hohen Verkehrsaufkommens sei allerdings jedermann geraten, sich mit dem Auto aus dem erweiterten Citybereich fern zu halten. Falsch geparkte Wagen können von der gefürchteten Grúa municipal in die städtischen Depots abgeschleppt werden.

! *Baedeker* TIPP

Parkplatzprobleme vermeiden

Wer bei der Anreise im eigenen Pkw oder mit dem Mietwagen ein Stadthotel bucht, sollte sich vorher erkundigen, ob und wenn ja zu welchem Preis eine Garage (garaje, aparcamiento) an die Unterkunft angeschlossen ist. Auf jeden Fall sollte man einem Hotel mit Parkmöglichkeit den Vorzug geben, auch wenn es etwas mehr kosten sollte!

Metro und weitere Verkehrsmittel

Die **Metro** ist das schnellste Verkehrsmittel Madrids. Sie wurde 1919 von Alfons XII. eingeweiht (die Pariser Metro datiert von 1900) und gehört zu den ältesten Untergrundbahnen Europas. Insgesamt verkehren zwölf Linien, darunter die Ringlinie 6 (Circular), zwischen 6.00 Uhr morgens und 1.30 Uhr nachts.

◄ Fahrscheine, Tarif

Fahrscheine, die für Metro und Stadtbusse gelten, bekommt man an Automaten, teils auch an personenbesetzten Schaltern in den Metrostationen, an Zeitungskiosken und in Tabakläden. Der Einzelfahrschein für das ganze Netz (Sencillo combinado) kostet 2 €, die Zehner-Karte (Metrobús, 10 viajes) 9 €. Die **Touristenkarte** (Abono turístico) für einen Tag kostet 5,20 €, zwei Tage kosten 8,80 €, drei Tage 11,60 €, fünf Tage 17,60 € und sieben Tage 23,60 €. Das Netz der Metro wird ständig ausgebaut, was zu Sperrungen einzelner Streckenteile führen kann. Aktuelle Infos und den auf den neuesten Stand der Dinge gebrachten Plan findet man im Internet unter www.metromadrid.es; Info-Hotline ist 902 44 44 03.

Madrid *Verkehrslinienplan*

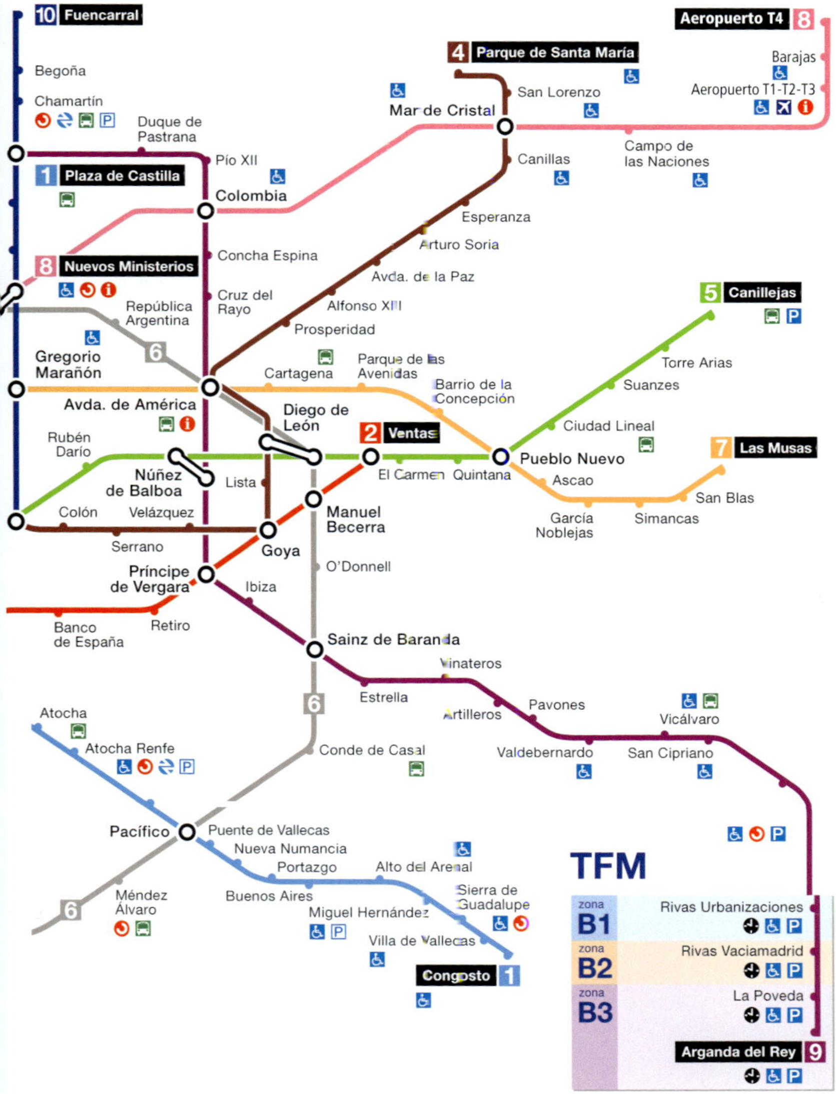
10 Fuencarral
Begoña
Chamartín
Duque de Pastrana
Pío XII
1 Plaza de Castilla
Colombia
Mar de Cristal
4 Parque de Santa María
San Lorenzo
Aeropuerto T4 8
Barajas
Aeropuerto T1-T2-T3
Canillas
Campo de las Naciones
Esperanza
Arturo Soria
Avda. de la Paz
Alfonso XIII
Prosperidad
Concha Espina
Cruz del Rayo
8 Nuevos Ministerios
República Argentina
6
Gregorio Marañón
Cartagena
Parque de las Avenidas
Barrio de la Concepción
5 Canillejas
Torre Arias
Suanzes
Ciudad Lineal
Avda. de América
Diego de León
2 Ventas
Pueblo Nuevo
7 Las Musas
Rubén Darío
Núñez de Balboa
Lista
El Carmen
Quintana
Ascao
San Blas
Colón
Velázquez
Manuel Becerra
García Noblejas
Simancas
Serrano
Goya
Príncipe de Vergara
O'Donnell
Ibiza
Banco de España
Retiro
Sainz de Baranda
Vinateros
Estrella
Artilleros
Pavones
Vicálvaro
Atocha
Atocha Renfe
Conde de Casal
Valdebernardo
San Cipriano
Pacífico
Puente de Vallecas
Nueva Numancia
Portazgo
Alto del Arenal
Buenos Aires
Sierra de Guadalupe
Méndez Álvaro
Miguel Hernández
Villa de Vallecas
Congosto 1
TFM
zona B1
Rivas Urbanizaciones
zona B2
Rivas Vaciamadrid
zona B3
La Poveda
Arganda del Rey 9

Stadtbusse, Autobús Die roten EMT-Busse (Empresa Municipal de Transportes de Madrid) befahren rund 190 Linien. Sie starten an der Plaza de Cibeles und verkehren täglich zwischen 6.00 und 23.00 Uhr. EMT betreibt auch **Nachtbusse**, Buhos (= Uhus) genannt, die sich alle an der Plaza de la Cibeles kreuzen. Diese mit »N« bezeichneten Busse sind bis 3.00 Uhr morgens alle 30 Min. und danach bis 5.00 Uhr im Stundentakt im Einsatz (Fr., Sa., und So. alle 20 Min.).

Fahrscheine ► Im Bus kann man nur Einzelfahrscheine lösen, ansonsten gelten die gleichen Fahrscheine wie für die Metro (►Metro, S. 139).
EMT-Informationen: www.emtmadrid.es, Tel. 9 02 50 78 50

Regionalbusse (Interurbanos) Die grünen Busse in die Region Madrid (Interurbanos) starten von den Bahnhöfen Moncloa (nach El Escorial), Plaza de Castilla (Richtung Norden), Avenida da America (Richtung Alcalá de Henares) und Estación Sur de Autobuses (nach Aranjuez) und Plaza Elíptica (nach Toledo).

Überlandbusse Estación Sur de Autobuses im Süden Madrids ist der wichtigste Busbahnhof der Landeshauptstadt (Metro: Méndez Álvaro/Linie 6, oder Nahverkehrszug ab Atocha-Renfe). Die wichtigsten Busgesellschaften unterhalten hier eigene Schalter.

Züge Ein weiteres Transportmittel sind die **Renfe-Nahverkehrszüge** (Cercanías Renfe; erkennbar durch ein C und eine Nummer). Sie verkehren alle 10 Minuten zwischen den Zugbahnhöfen Atocha und Chamartín (►Anreise, S. 57) über die Zwischenstationen Recoletos und Nuevos Ministerios, seit 2009 gibt es einen weiteren Bahnhof bei der Puerta del Sol. Die Fahrpreise richten sich nach den festgelegten Tarifzonen. **Hochgeschwindigkeitszüge** (AVANT, AVE) verkehren von den beiden Madrider Bahnhöfen Atocha und Chamartín aus (►S. 57).

Auskunft Verkehrsverbund Madrid Informationen über Metro, Stadt- und Regionalbusse sowie Nahverkehrszüge: Tel. 012 oder 9 15 80 42 60, www.ctm-madrid.es. Die **Website des Verkehrsverbundes** (Consorcio Regional de Transportes de Madrid) ist auch auf Englisch wählbar.

Taxi Die weißen Taxis, die man durch Handzeichen heranwinkt, erkennt man an den Buchstaben SP (Servicio publico) an der vorderen und hinteren Stoßstange, an ihren roten Streifen sowie am Madrider Bären auf den hinteren Türen. Freie Taxen zeigen ein grünes Licht auf dem Autodach und das Zeichen libre (frei) hinter der Windschutzscheibe. Taxen können auch telefonisch bestellt werden, u. a. bei Radio-Taxi, Tel. 9 14 47 32 32, oder bei Radio Taxi Independiente, Tel. 9 14 05 12 13. Bei Fahrtbeginn ist eine Grundgebühr fällig (zz. 2,20 €). An Sonn- und Feiertagen, in der Nacht sowie bei Fahrten von und zu Busstationen, Bahnhöfen, zum Messegelände oder zum Flughafen werden Aufschläge berechnet. Es wird empfohlen, sich eine Quittung (Recibo) geben zu lassen.

AUTOVERMIETUNGEN

- **Avis**
  Tel. 0 18 05/55 77 55
  www.avis.de
- **Hertz**
  Tel. 0 18 05/33 35 35
  www.hertz.de
- **Europcar**
  Tel. 0 18 05/80 80
  www.europcar.de
- **Sixt**
  Tel. 0 18 05/23 22 22
  www.e-sixt.de

Mietwagen

Für einen Mietwagen in der unteren Kategorie zahlt man bei den internationalen Autovermietern je nach der Länge der Mietdauer und dem gewählten Modell ab 50 € am Tag bei unbegrenzter Kilometerzahl. Die Preise sind jedoch unterschiedlich, außerdem werden sie von lokalen Anbietern oft erheblich unterboten. So werden für die günstigste Kategorie mitunter Wochenpreise ab 139 Euro angeboten (► Internet z. B. http://spain.autorental.net). Die wichtigsten internationalen Autovermieter sind am Flughafen Barajas vertreten; hier sollte man das Fahrzeug von daheim aus vorbestellen. Bei Reisenden aus Deutschland, Österreich und der Schweiz genügt der nationale Führerschein.

i Preisvergleich

- Gute, weit gehend verlässliche Preisvergleiche für Automieten bieten im Internet u. a. www.amigoautos.com, www.holidayautos.de und www.autoeurope.de. Hier kann man auch direkt reservieren.

Zeit

In Spanien gilt die **Mitteleuropäische Zeit** (MEZ) bzw. MEZ plus 1 Stunde während der Sommerzeit. Es sind also jeweils dieselben Uhrzeiten wie in Deutschland, Österreich und der Schweiz gültig.

Madri

Touren

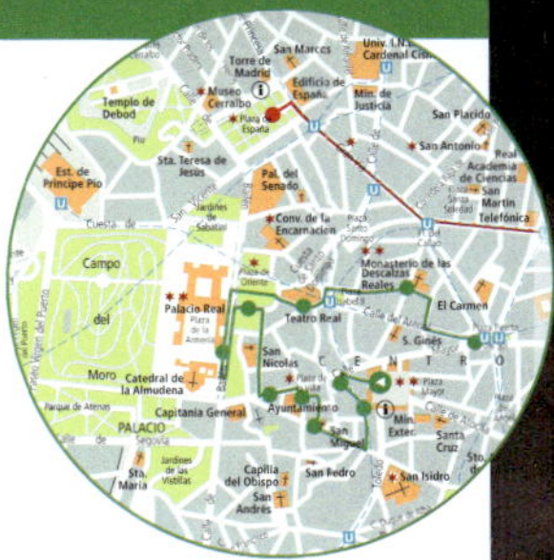

EINE TOUR MIT MADRID VISIÓN VERMITTELT ZUNÄCHST DAS WICHTIGSTE. ANSCHLIESSEND GEHT ES ZU FUSS WEITER – HIER EINIGE VORSCHLÄGE FÜR ABWECHSLUNGSREICHE SPAZIERGÄNGE

Madrid Tourenübersicht

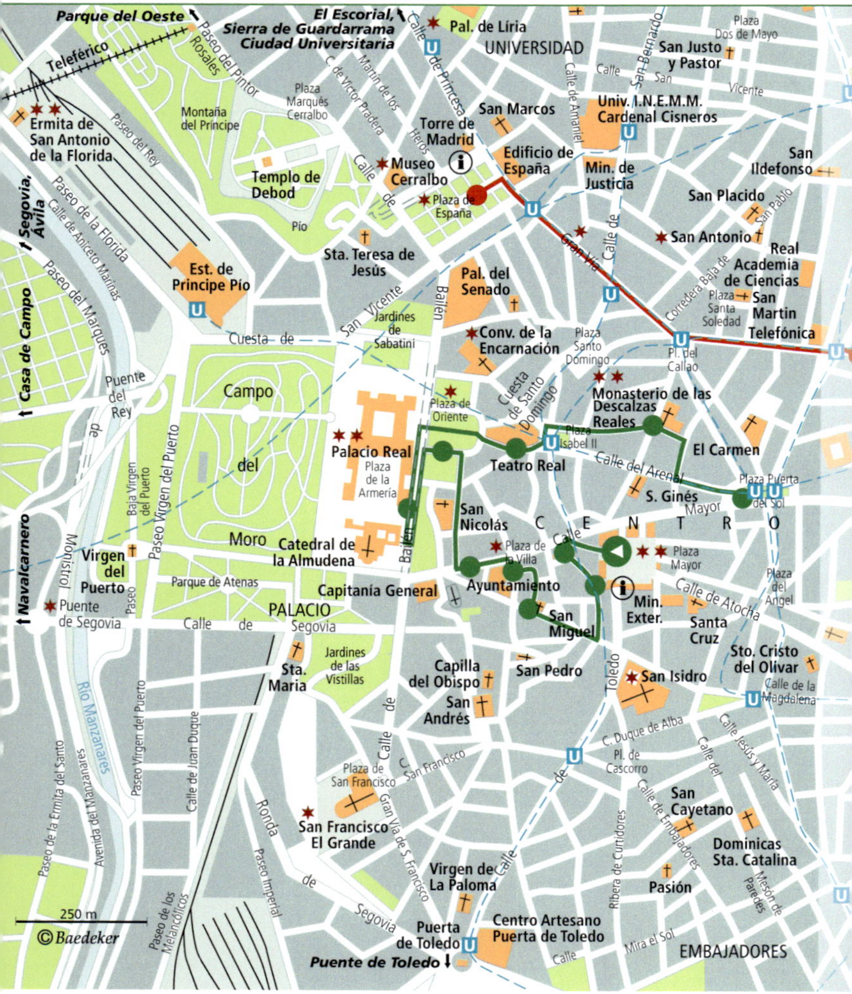

TOUR 1 **Im historischen Zentrum**

Dieser Spaziergang berührt viele der bekanntesten Sehenswürdigkeiten Madrids. ► **Seite 149**

TOUR 2 **Museen und Monumente – Kunst und Prunkbauten**

Eine Tour durch das »monumentale Madrid« erfordert eine gute Kondition. ► **Seite 150**

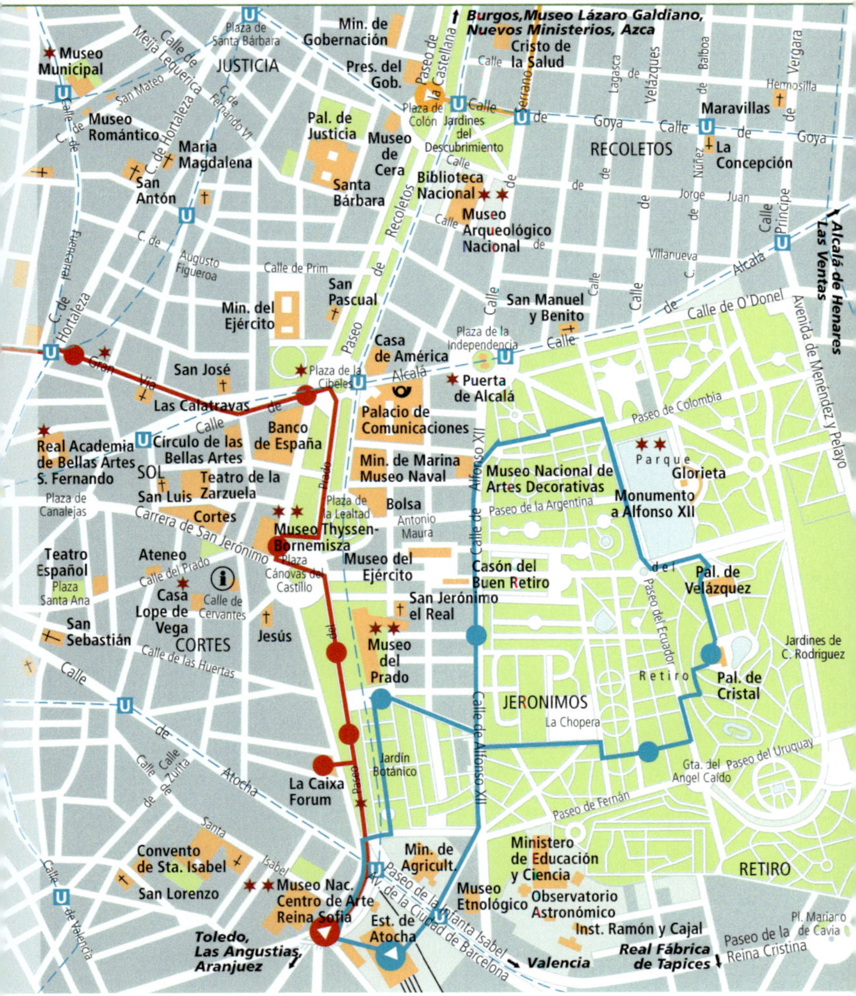

TOUR 3 **Zwischen Atocha und Retiro – das grüne Madrid**

Madrid überrascht mit viel Grün. Das beginnt schon im Atocha-Bahnhof mit seinem riesigen Gewächshaus. ► **Seite 152**

TOUR 4 **Salamanca-Viertel – Shoppingfreuden**

Das Salamanca-Viertel mit seinen Straßen Serrano, Goya, Velázquez und Hermosilla zählen zu den beliebtesten Shoppingmeilen. ► **Seite 154**

Fantasievolle Straßenschilder in Madrid

Unterwegs in Madrid

Madrid lohnt einen **Citytrip zu jeder Jahreszeit**, wobei man mindestens drei bis vier Tage veranschlagen sollte. Im Zeitalter der Billigflüge ist auch ein Wochenende denkbar, doch gilt es dann, eine Auswahl der wichtigsten Sehenswürdigkeiten zu treffen. Im Zweifelsfall schnuppert man ein erstes Wochenende lang vor und kommt dann wieder. Inklusive diverser Ausflüge wie zum Escorial, nach Segovia und Toledo hat Madrid durchaus ein Potenzial von zehn Tagen und mehr. Für jeden dieser Ausflüge – auch nach Aranjuez oder Alcalá de Henares – sollte man bei der Reiseplanung vorsorglich einen vollen Urlaubstag einkalkulieren. Alle diese Ausflüge lassen sich mit öffentlichen Verkehrsmitteln sowie mit Leihwagen unternehmen.

Kunst, Gaumenfreuden, Abwechslung

Für welche Art von Urlaubern eignet sich die Stadt? Für alle, die typisch spanisches Flair und Lebensgefühl in sich aufnehmen wollen. Für Kunst- und Museumsfreaks, die Stunden und Tage im »Kulturdreieck« verbringen werden: Prado, Reina Sofía, Thyssen-Bornemisza. Für Opern- und Musicalfans, die Tickets für die neuesten Produktionen ordern. Für Liebhaber der spanischen Küche, ob in feudalen Restaurants oder Tapas-Bars. Selbst für Familien mit Kindern ist Madrid geeignet. Mit Zielen wie dem Freizeitpark in der Casa de Campo, dem Zoo (inklusive Aquarium), interessanten Museen und dem Planetarium lässt sich ein abwechslungsreiches Programm zusammenstellen, ►S. 90 und Baedeker-Special S. 166.

In Madrid sollte man sich für einen festen Standort entscheiden. Zu Fuß lassen sich viele Ziele in der City problemlos bewältigen, doch Spaniens Hauptstadt ist groß und macht die Benutzung von öffentlichen Verkehrsmitteln unumgänglich. Die Nummer eins ist die Metro. Madrids Untergrundbahn ist sauber, schnell, zuverlässig und preiswert. Eine Unterkunft sollte man möglichst nach ihrer Nähe zur nächsten Metrostation auswählen. Dahingehend strategisch günstig – sowie mit dem »Kulturviereck« und dem Parque del Retiro in der Nähe – liegt man im erweiterten Einzugsbereich um den Atocha-Bahnhof.

Im Nahverkehr können andere Transportmittel mit der Metro nicht mithalten, zumal der Überblick über Busfahrpläne und Strecken nicht ganz einfach ist. Auf das Auto sollte man alleine wegen des hohen Verkehrsaufkommens und der chronischen Parkplatznot verzichten. Für Ausflüge nach Toledo und ins Escorial-Städtchen San Lorenzo de El Escorial fährt man am besten mit dem Zug, nach Segovia eignen sich Linienbusse.

i Madrider Highlights

- Die »großen drei« Kunstmuseen Prado, Reina Sofía und Thyssen-Bornemisza
- Plaza Mayor, einer der schönsten Plätze Spaniens
- Palacio Real, das Schloss der spanischen Könige
- El Escorial, das Klosterschloss
- Sonntag ist in Madrid Rastro-Tag, wie der berühmte Trödelmarkt heißt.

Tour 1 Im historischen Zentrum

Start und Ziel: Plaza Mayor **Dauer:** mind. 3 Stunden

Bei gutem Wetter lässt sich das pulsierende Zentrum Madrids zwischen der Puerta del Sol und dem Palacio Real zu Fuß erkunden.

Es geht los an der arkadenumflankten ❶ ✶✶ **Plaza Mayor**, für viele Spaniens schönster Platz. Über die Calle de Ciudad Rodrigo erreicht man den ❷ **Mercado de San Miguel**. Von hier folgt man der ❸ ✶ **Cava de San Miguel** und ihrer Fortsetzung Calle de Cuchilleros. Die »Gasse der Messerschmiede« mündet in die Puerta Cerrada (verschlossenes Tor), einst stand hier ein gleichnamiges Stadttor. Nun geht es hügelauf durch die Calle de San Justo, an der gewölbten Fassade der Kirche ❹ **San Miguel** vorbei und durch die Calle Puñonrostro. Die Nonnen des Convento de las Jerónimas del Corpus Christi (17. Jh.), auch Las Carboneras genannt, stellen köstliches Gebäck her (Calle del Codo; Verkauf: tägl. 9.30 – 13.00, 16.00 – 18.30 Uhr; am Schild »Monjas« klingeln).

Nach ein paar Metern steht man auf Madrids Rathausplatz, der stimmungsvollen ❺ ✶ **Plaza de la Villa**. Der Stadtpalast Torre de los Lujanes ist der älteste Profanbau Madrids! Auf der geschäftigen

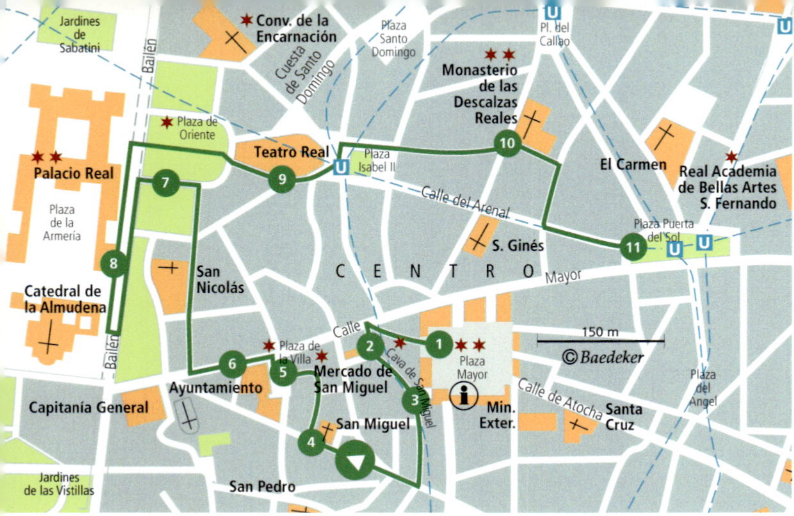

❻ **Calle Mayor** geht es ein Stück abwärts. An ihrem Ende führt die Calle de San Nicolás auf die Plaza de Ramales. Ein Stück weiter geradeaus öffnet sich die weit ausladende ❼ ✶ **Plaza de Oriente** mit dem grandiosen Königspalais, ❽ ✶✶ **Palacio Real**. Gleich daneben liegt die moderne **Catedral de la Almudena**, an der 1883 – 1995 gebaut wurde; im Jahre 2004 schlossen hier Kronprinz Felipe und die Fernsehjournalistin Letizia Ortiz den Bund fürs Leben. Wer jetzt den Königspalast mit all seinen prunkvollen Sälen besuchen will, sollte mindestens zwei Stunden mehr einplanen. Ab der Plaza de Oriente geht es am ❾ **Teatro Real** vorbei auf die Plaza de Isabel II, dahinter führt ein kleiner Abstecher zum ❿ ✶✶ **Real Monasterio de las Descalzas Reales**, einem Kloster, das wegen seiner zahlreichen Kunstschätze einen Besuch lohnt (auch das verlangt noch zusätzliche Zeit). Von hier aus spaziert man in wenigen Minuten zur ⓫ **Puerta del Sol**, einem vitalen Eckpfeiler des städtischen Lebens. Der Weg zum Ausgangspunkt führt durch die Calle Mayor zurück auf die Plaza Mayor – nun hat man sich einen Drink in einem der Platzcafés verdient!

Tour 2 Museen und Monumente – Kunst und Prunkbauten

Start: Museum Reina Sofía
Ziel: Plaza de España
Dauer: mind. 2 Stunden (ohne Museumsbesuche)

Ein Gang durch das monumentale Madrid erfordert gute Kondition – doch es lohnt sich! Zum Ausgangspunkt (Metro: Atocha) kommt man ab der Plaza de España mit der Untergrundbahn zurück.

Ausgangspunkt ist das ❶ ✶✶ **Museo Nacional Centro de Arte Reina Sofía**, das schon mit seiner modernen Fassade auf Kunst und Architektur einstimmt; Prunkstück im Inneren ist Picassos kolossales Gemälde »Guernica«. Das Reina Sofía hat, im Unterschied zu den meisten Museen Madrids, übrigens montags geöffnet. Das ❷ ✶ **Caixa Forum** liegt bereits am ❸ **Paseo del Prado**, der an das weltberühmte ❹ ✶✶ **Museo del Prado** anbindet und auf die Plaza Cánovas del Castillo mit ihrem Neptunbrunnen (Fuente de Neptuno) mündet. Gleich dahinter wartet mit dem im Palacio Villahermosa untergebrachten ❺ ✶✶ **Museo Thyssen-Bornemisza** ein weiteres kunstgeschichtliches Highlight, für dessen Besuch man sich – wie für die beiden vorgenannten Museen – ausgiebig Zeit nehmen sollte.

? WUSSTEN SIE SCHON ...?

- ... wie sehr der französische Maler Edouard Manet (1832 – 1883) vom Besuch des Prado und speziell von Velázquez schwärmte? »Er ist der größte Maler aller Zeiten«, schrieb er an einen Freund. »Er hat mich nicht erstaunt, er hat mich hingerissen.«

Auf dem Paseo del Prado geht es weiter auf die schöne, aber verkehrsreiche ❻ ✶ **Plaza de la Cibeles** mit dem sehenswerten Cibeles-Brunnen (Fuente de la Cibeles) und dem monumentalen Palacio de Comunicaciones (heute Hauptpost). Ab der Plaza de la Cibeles folgt man zunächst der Calle de Alcalá in Richtung Stadtzentrum sowie der vor dem Edificio Metrópolis nach rechts abzweigenden ❼ **Gran Vía** mit ihren vielen Geschäften, Cafés, Theatern und Kinos.

Plaza de la Cibeles: Die heidnische Fruchtbarkeitsgöttin Kybele thront auf einem von zwei Löwen gezogenen Wagen.

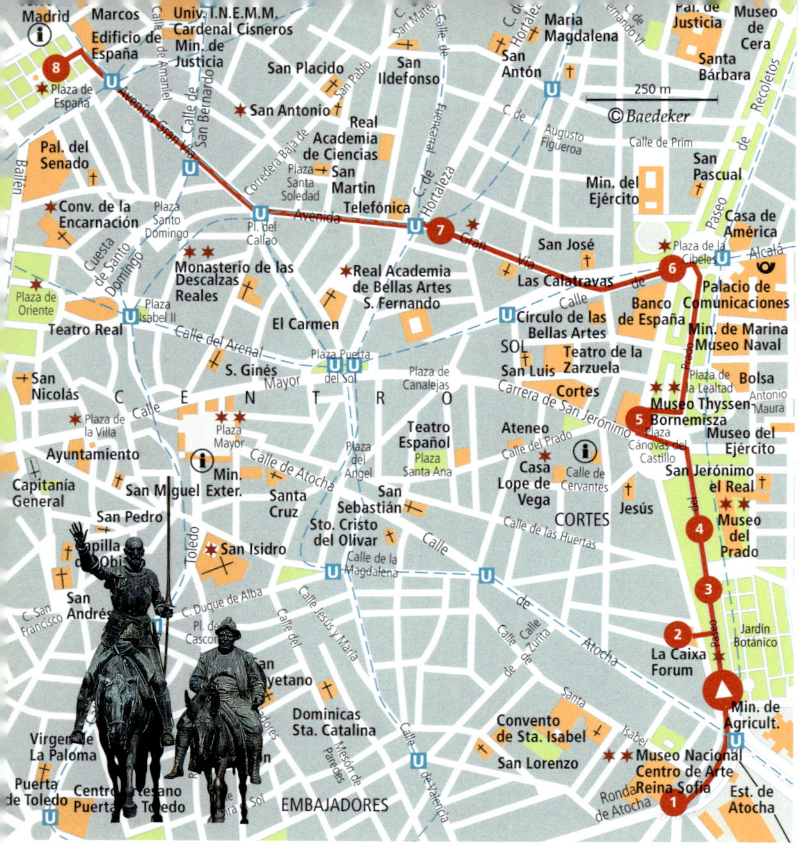

Den Schlusspunkt des Streifzugs setzt die ⑧ ✶ **Plaza de España**, der mit reichlich Grün und dem Cervantes-Monument aufgelockerte »Spanien-Platz«. Ins Bild gehören die Mitte des 20. Jahrhunderts emporgeschossenen Hochhäuser Torre de Madrid und Edificio de España. Abschließende Rast auf der Plaza de España: auf Bänkchen oder an Springbrunnen.

Tour 3 Zwischen Atocha und Retiro – das grüne Madrid

Start und Ziel: Atocha-Bahnhof **Dauer:** mind. 2 Stunden

Madrid überrascht mit Grün, selbst zu Beginn im Atocha-Bahnhof. Und der nicht allzu weit entfernte Parque del Retiro ist die grüne Lunge der City.

Ein Teil der ❶ ★ **Estación de Atocha** wird von einem riesigen Gewächshaus, dem Invernadero, mit exotischen Pflanzen eingenommen – eine von Madrids Kuriositäten und überdies frei zugänglich. Vom Bahnhof geht es auf dem Paseo del Prado zum Museo del Prado (► Tour 2). Gegenüber dem Museum (Puerta de Morillo) befindet sich der Eingang (gegen Gebühr) in den schönen Botanischen Garten ❷ **Jardín Botánico**. Hier fühlt man sich mitten in der Stadt in eine andere Welt versetzt. Das Leitmotiv Grün setzt sich wenige Straßenzüge dahinter mit dem riesigen ❸ ★ **Parque del Retiro** fort. Häufig begeistern Gaukler, Musikanten und Puppenspieler das Publikum. Lohnend ist im Park ein Streifzug vorbei am zentralen großen See,

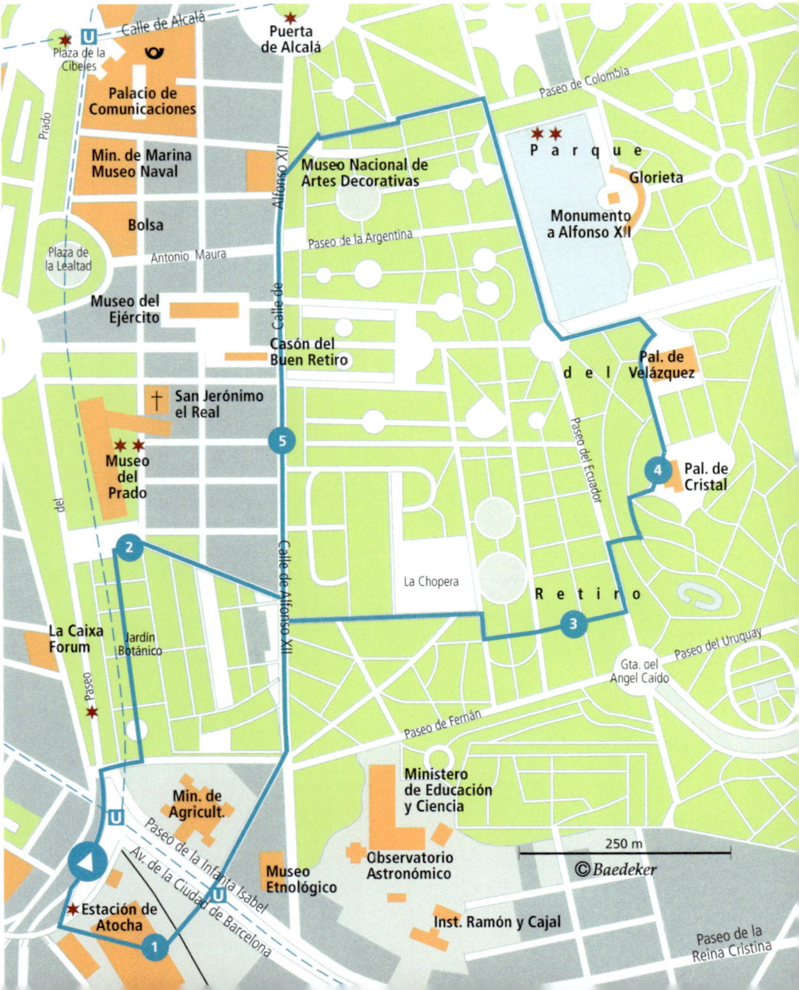

dem Estanque del Retiro, sowie zum ❹ **Palacio de Cristal** (mit weiterem See) und zum Palacio de Velázquez. Durch die ❺ **Calle de Alfonso XII** gelangt man zur Estación de Atocha zurück.

Tour 4 Salamanca-Viertel – Shoppingfreuden

Start: Metro Serrano
Dauer: mind. 1 Stunde
Ziel: Metro Núñez de Balboa

Salamanca, der Stadtteil nördlich vom Retiro-Park, ist das exklusivste Einkaufsviertel der Stadt. Die Straßen Serrano, Goya, Velázquez und Hermosilla zählen zu den beliebtesten Shoppingmeilen Madrids. Strategisch günstige Einstiege bieten die Metrostationen Colón oder Serrano.

Die Calle de Serrano ist für feudale Juwelierläden (z. B. Suárez, Calle de Serrano/Ecke Calle de Don Ramón de la Cruz), exklusive Boutiquen (z. B. Loewe, Serrano 26–28) und Geschenkshops (z. B. Lladró, Serrano 68) bekannt. Allerdings sollte man es nicht versäumen, zu Beginn einen Blick auf die ❶ **Plaza de Colón** mit den Jardínes del Descubrimiento zu werfen. Gehen Sie die ❷ **Calle de Serrano** hinauf ins Salamanca-Viertel, nahe der Ecke Serrano/Calle de José Ortega y Gasset liegt eines der Großkaufhäuser der bekannten Kette El Corte Inglés. Legen Sie über die ❸ **Calle de José Ortega y Gasset** einen kleinen Abstecher zur ❹ **Plaza Marqués de Salamanca** ein, wo sich der Markgraf von Salamanca in bescheidener Größe auf einem Denkmal erhebt. Auf dem Rückweg zur Calle de Serrano ist dieser kleine Schlenker gut kombinierbar mit einem Besuch der ❺ **Fundación March** (Eingang Calle Castelló 77), die bekannt ist für anspruchsvolle Kunstausstellungen. Lassen Sie den Shopping-Streifzug wieder an der Calle de Serrano ausklingen; in der abzweigenden Calle Juan Bravo liegt die Metrostation ❻ **Núñez de Balboa**, ab dort bringt Sie die Linie 5 zurück ins Zentrum.

Ausflüge

Bei einem längeren Madrid-Aufenthalt sollte man unbedingt Ausflüge in das zentralspanische Umland von Madrid unternehmen, das mit Naturerlebnissen in den Gebirgen ebenso lockt wie mit besuchenswerten Städten. Da die Madrilenen selbst begeisterte Ausflügler sind, findet man überall Unterkunft in bezaubernden Hotels und hervorragende gastronomische Angebote.

Zu den obligaten Ausflugszielen während eines längeren Madrid-Besuches gehören das 50 km nordwestlich gelegene königliche Kloster ✶ ✶ **El Escorial** sowie das riesige Denkmal für die Gefallenen des Spanischen Bürgerkriegs, Valle de los Caídos. Weitere Abstecher führen etwa zur ehemaligen königlichen Sommerresidenz in ✶ **Aranjuez** (47 km südlich), in die altehrwürdige Universitätsstadt ✶ **Alcalá de Henares** (30 km östlich), in die mittelalterliche Stadt Chinchón (► unten; 45 km südöstlich), zu den Palästen von ✶ **La Granja**, 78 km entfernt, am Nordhang der Sierra de Guadarrama errichtet, oder nach ✶ **Riofrío**, in die altkastilische Stadt ✶ ✶ **Segovia** (90 km nordwestlich) und nach ✶ ✶ **Toledo**, das reich an Zeugnissen römischer, westgotischer, islamischer, jüdischer und christlicher Kultur ist (70 km südlich). Toledo und El Escorial stehen ebenso auf der UNESCO-Liste des Weltkulturerbes wie Alcalá de Henares.

? WUSSTEN SIE SCHON ...?

- ... dass Ferien auf dem Lande auch unter den Madrilenen immer beliebter werden? Gerne quartiert man sich in rustikalen Häusern, Posadas oder Casas rurales, ein. Eine gute Übersicht zu abgelegenen Unterkünften und auch zu Outdoor-Aktivitäten findet sich im Internet unter www.guiamadridrural.com.

Chinchón

Wer mit dem eigenen Fahrzeug unterwegs ist, kann einen Ausflug nach Aranjuez (►S. 163) gut mit einem Abstecher in das pittoreske ✶ **Chinchón** kombinieren. Dieses kastilische Städtchen (4000 Einw.; Anfahrt über die M 5) hat einen der schönsten Plätze Zentralspaniens zu bieten: Die Plaza Mayor ist von drei- bis viergeschossigen Häusern mit offenen Galeriegängen umschlossen, die kleine Cafés, Restaurants und Läden beherbergen. Seit dem 16. Jh. finden hier im Sommer Stierkämpfe sowie Theatervorführungen und andere Veranstaltungen statt. Von der hoch gelegenen Iglesia de la Asunción (1537 – 1626) genießt man einen schönen Blick über das Dorf. Goya, dessen Bruder hier Pfarrer war, vermachte der Kirche das Gemälde »Maria Himmelfahrt«. Das oberhalb des Städtchens gelegene Kastell geht auf das 15. Jh. zurück und war Sitz der Grafen von Chinchón. 1706, während des Spanischen Erbfolgekrieges, wurde es schwer beschädigt. Chinchón ist übrigens für seinen köstlichen **Anislikör** bekannt, den man vor Ort erstehen kann. Natürlich ist alles Geschmacksache und nur für jene gedacht, die es wirklich süß mögen!

Madrid Umgebung

Guadalajara Die knapp 70 000 Einwohner starke Provinzhauptstadt Guadalajara liegt 55 km nordöstlich von Madrid über dem linken Ufer des Río Henares (Anreise mit dem Auto über die N II sowie mit Bahn oder Bus). Ihr Name geht auf das maurische Quad al-Hadschara zurück

(= Fluss der Steine). Das mächtige Geschlecht der Mendoza, in deren Besitz die Stadt im 14. Jh. gelangte, prägte die Entwicklung Guadalajaras nachhaltig. In der Umgebung bei Brihuega tobte im März 1937 die »Schlacht von Guadalajara« zwischen spanischen republikanischen und italienischen Truppen. Sehenswert ist der ✶ **Palacio del Duque del Infantado**, den sich die Familie Mendoza 1461 – 1480 von Juan Guas errichten ließ; in seiner Verschmelzung spätgotischer und mudejarer Stilelemente ist der Palast eines der Meisterwerke dieses Architekten. Seine Fassade ist mit spitz facettierten Steinen übersät. Die so genannten Diamantquader, eine Erfindung der italienischen Renaissance, sind auch in Spanien anzutreffen. Den Abschluss bildet eine Erkergalerie mit fein gearbeitetem Säulenschmuck. Das Gebäude umschließt einen herrlichen zweistöckigen Patio im isabellinischen Stil. In die prächtig ausgestatteten Innenräume hat heute das Museo de Bellas Artes Einzug gehalten, das vor allem Gemälde aus dem 15. bis 17. Jh. zeigt. Die Kirche Santa María de la Fuente wurde im 14. Jh. an der Stelle einer Moschee errichtet. Ihr Bau zeigt u. a. in der Minarettform des Turms arabische Merkmale, auch besitzt sie zwei Portale im reinsten arabischen Stil. Im Inneren sind Grabmäler aus dem 15. Jahrhundert.

Sierra de Guadarrama

Rund 50 km nordwestlich von Madrid liegt die Sierra de Guadarrama, die zu einem Bergmassiv gehört, das Alt- und Neukastilien trennt. In der Peñalara erreicht sie eine Höhe von 2430 m, in den **Cabezas de Hierro** 2383 m. Sowohl im Sommer als auch im Winter (u. a. die Skistation Puerto de Navacerrada, www.puertonavacerrada.com) ist der Gebirgszug ein beliebtes Wochenendziel der Hauptstadtbewohner (viele Infos zu Sehenswürdigkeiten, Hotels und Gastronomie: www.sierraguadarramamanzanares.org). Wer mit dem eigenen Fahrzeug unterwegs ist, kann einen Ausflug nach Segovia, Riofrío und La Granja de San Ildefonso gut mit der Fahrt durch die Sierra de Guadarrama kombinieren. Ein kulturelles Highlight ist das ✶ **Schloss von Manzanares el Real** (908 m), das im 15. Jh. im weiten Tal des hier zur Embalse de Santilla gestauten Manzanares in gotisch-mudejarem Stil erbaut wurde (geöffnet: im Sommer Di. – Fr. 10.00 – 18.00, Sa. bis 19.30, So. bis 18.30 Uhr). Sehenswert ist auch das bei Rascafría gelegene ✶ **Monasterio Santa María de El Paular** (1153 m hoch gelegen; 2 km westlich von Rascafría), 1390 als Kartäuserkloster gegründet. Heute wird es von Benediktinermönchen bewohnt. Die Pläne stammen von dem Mauren Abd ar-Rahman aus Segovia. Juan Guas beaufsichtigte die Fertigstellung. Die Gebäude um den Kreuzgang sind teilweise Hotel (Kat. Komfortabel; 28741 Rascafría, Tel. 9 18 69 10 11, Fax 9 18 69 10 06, www.sheraton.com/santamariadeelpaular) und ein Restaurant; in einem Laden verkaufen die Mönche Käse und Honig. In der nach dem Erdbeben von 1755 barock wieder aufgebauten Kirche findet man die reich ausgestattete Capilla del Tabernáculo von 1724 sowie einen prachtvollen niederländischen Marmorhochaltar des 15. Jahrhunderts.

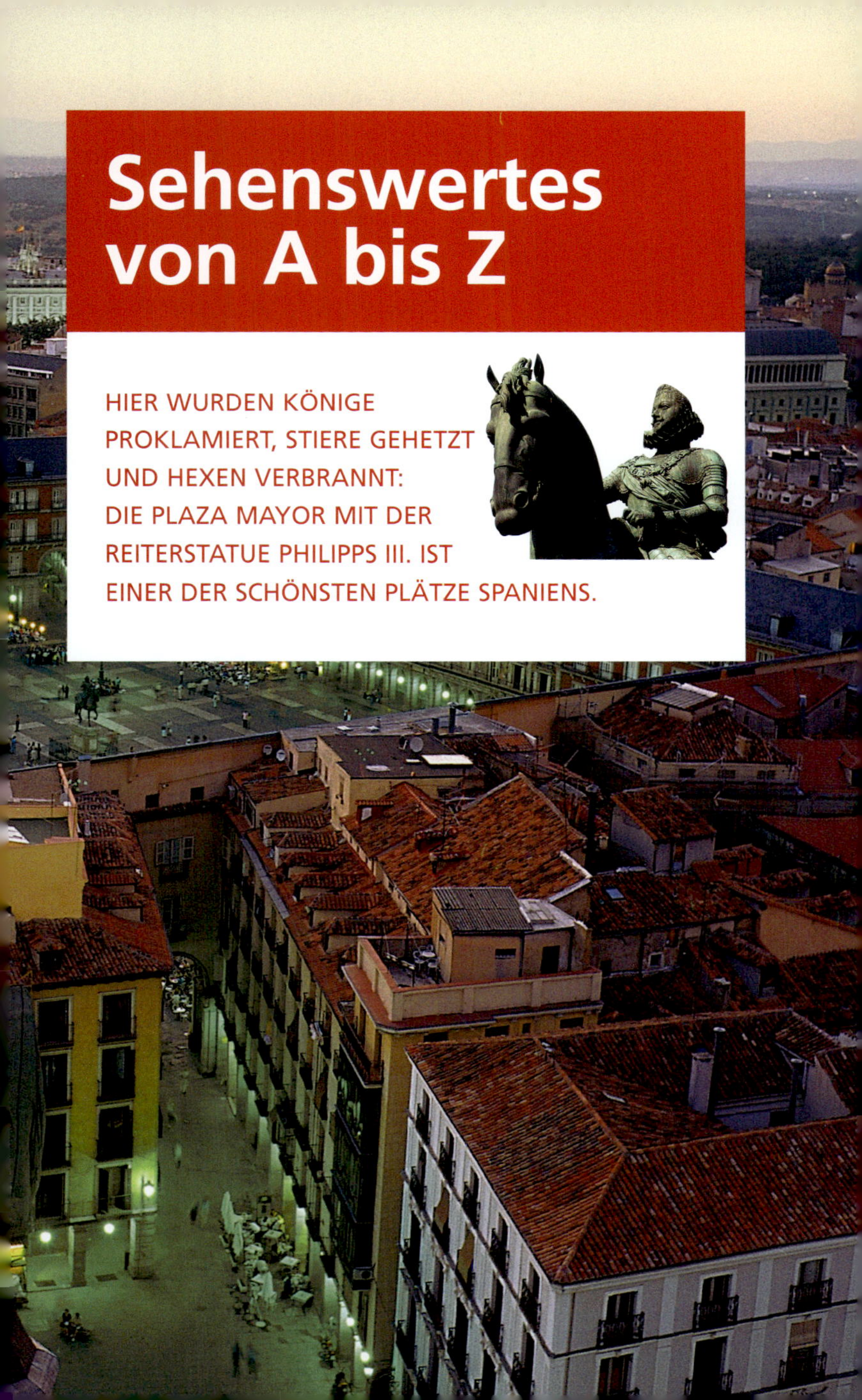

Sehenswertes von A bis Z

HIER WURDEN KÖNIGE PROKLAMIERT, STIERE GEHETZT UND HEXEN VERBRANNT: DIE PLAZA MAYOR MIT DER REITERSTATUE PHILIPPS III. IST EINER DER SCHÖNSTEN PLÄTZE SPANIENS.

★ Alcalá de Henares

Außerhalb

Lage: 35 km östlich **Höhe:** 587 m ü. d. M.

Auf den Spuren Miguel de Cervantes, Verfasser des »Don Quijote« und Spaniens genialster Literat, eine der ältesten Lehranstalten des Landes und eine Altstadt mit prächtigen Renaissance- und Barockbauten (UNESCO-Weltkulturerbe), das alles verspricht ein Besuch von Alcalá de Henares.

← Plaza Mayor bei Nacht

Die alte Stadt Alcalá de Henares (186 000 Einw.) am gleichnamigen Fluss wurde von den Römern Complutum und von den Mauren Al-Kal'a genannt. 1498 gründete hier Kardinal Cisneros eine Universität, an der u. a. Ignatius von Loyola, Thomas von Villanueva, Calderón, Lope de Vega, Quevedo und Tirso de Molina studierten. 1515 – 1520 erschien an der Universität die erste mehrsprachige Bibel, die »Biblio Complutensis« (das Neue Testament in Lateinisch, Griechisch, Hebräisch und Chaldäisch). Mit der Verlegung der Universität nach Madrid im Jahr 1836 verlor die Stadt viel von ihrer einstigen Bedeutung. Im Bürgerkrieg erlitt Alcalá de Henares schwere Verwüstungen. 1973 erhielt die Stadt wieder eine Universität und erlebt seither einen wirtschaftlichen und kulturellen Aufschwung.

Sehenswertes in Alcalá de Henares

Plaza de Cervantes

Mittelpunkt des Ortes ist die schöne rechteckige Plaza de Cervantes mit einem Denkmal (1879) für den berühmten Dichter (►Berühmte Persönlichkeiten; der Bildhauer hat absichtlich Cervantes' Verstüm-

ALCALÁ DE HENARES ERLEBEN

AUSKUNFT

Plaza de los Santos Niños s/n
28800 Alcalá de Henares
Tel. 9 18 89 26 94
www.turismoalcala.com

ANREISE

Mit dem Pkw über die N II
Mit den Nahverkehrszügen Cercanías C-1 und C-7 mehrmals täglich ab Atocha, Recoletos, Nuevos Ministerios und Chamartín
Mit dem Busunternehmen Continental Auto mehrmals täglich ab Avenida de América, Metro: Avenida de América, Tel. 9 13 56 23 07
Im Regelfall zwischen April und Juni sowie September und Dezember bringt der »Cervantes-Zug« (Tren de Cervantes; 19 €/Pers. bzw. 13 € ermäßigt) Besucher von Madrid (Atocha) samstags oder sonntags nach Alcalá de Henares und wieder zurück. Die Zugbegleiterinnen sind in typische Trachten gehüllt und verteilen Produkte der Region, professionelle Guides führen durch Alcalá. Es bleibt auch Zeit zur freien Verfügung. Aktuelle Infos über die Fremdenverkehrsämter oder direkt am Bahnhof.

melung der rechten Hand übersehen). Von hier führt die Calle Pedro Gumiel direkt zur alten Universität, die an der Plaza de San Diego liegt.

★ Colegio Mayor de San Ildefonso

Vom Hauptkolleg der 1496 von Cisneros gegründeten Universität, für deren Bau bis 1514 Pedro Gumiel verantwortlich zeichnete, hat nur die Aula den Bürgerkrieg überstanden. Die platereske Hauptfassade an der Plaza de San Diego, 1543 von Rodrigo Gil de Hontañon gestaltet, ist eine der schönsten Spaniens. Die drei Innenhöfe wurden 1557 – 1662 ausgebaut. Vom ersten Innenhof, dem von einer doppelten Galerie gesäumten Patio de Santo Tomás y Villanueva mit einem Brunnen mit Schwanenmotiven, dem Wappenvogel des Kardinals Cisneros, und einer Statue des Gründers von 1670, gelangt man in das Museum zur Geschichte der Universität im ersten Stock. Durch den 1960 wieder aufgebauten Patio de Filósofos erreicht man den Patio Trilingüe, so benannt nach den klassischen Gelehrtensprachen Griechisch, Hebräisch und Latein. Hier befindet sich der Zugang zum Paraninfo, der Aula, die zu den wenigen unverändert gebliebenen restaurierten Gebäudeteilen gehört. An den Innenhof schließt

Studieren an ehrwürdiger Stätte – die Hauptfassade des Colegio Mayor de San Ildefonso

die **Hostería del Estudiante** an, die aber trotz ihres Namens keine Mensa, sondern ein gutes Restaurant ist (Zugang nur über die Calle Colegios 3; Tel. 9 18 88 03 30). Die ehem. Klosterschule gegenüber ist seit 2009 ein Parador-Hotel (Colegios 8, Tel. 9 18 88 03 30, www.paradores-es). Das Universitätsgebäude kann Mo. – Sa. vormittags und nachmittags mit Führung besucht werden. Sehenswert ist außerdem die der Universität benachbarte, in einem Mischstil aus spätgotischen, mudejaren und Renaissance-Elementen errichtete **Capilla de San Ildefonso**. Hier befindet sich das von den Bildhauern Domenico Fancelli und Bartolomé Ordóñez geschaffene Marmorgrabmal des Kardinals Cisneros; † 1517).

? WUSSTEN SIE SCHON ...?

- ... dass der spanische König alljährlich am 23. April in der alten Aula der Universität den Premio Cervantes, einen begehrten Literaturpreis, überreicht?

Grabmal von Kardinal Cisneros ►

Colegios

Im engeren Stadtgebiet sind weitere Kollegiengebäude der Universität verteilt, von denen das Colegio de Málaga unweit südlich in der Calle de los Colegios durch seine schönen Innenhöfe und das Backsteinmauerwerk herausragt. Mit Colegios bezeichnete man entweder Wohnstätten für landsmannschaftlich zusammengefasste Studenten oder sog. Lateinschulen, in denen auf den eigentlichen Universitätsbesuch vorbereitet wurde.

Museo Casa de Cervantes

An der Plaza de Cervantes beginnt die arkadengesäumte Calle Mayor. Das hier stehende Museo Casa de Cervantes wurde im Stil des 16. Jh.s an der Stelle errichtet, an der Cervantes' Geburtshaus vermutet wird. Ausgestellt werden Erinnerungsstücke an den Autor des »Don Quijote« (Calle Mayor 48; Di. – So. 10.15 – 13.30, 16.00 – 18.30 Uhr).

Plaza del Palacio

Mit dem Bau des festungsähnlichen erzbischöflichen Palastes an der Plaza del Palacio wurde im 13. Jahrhundert begonnen, die wesentlichen Umbauten fanden jedoch im 14. und 16. Jahrhundert statt. Die Seitenfassaden sind gotisch, die Hauptfassade plateresk ausgeführt. Vom wuchtigen Torreón de Tenorio führt die Befestigungsmauer hin zum Stadttor Puerta de Madrid und weiter zur Puerta de Burgos. Hier, an den Palast anschließend, liegen Kirche und Konvent Las Bernardas. Kloster und Kirche wurden zwischen 1617 und 1626 von Sebastián de la Plaza erbaut. Schön sind die Statue des hl. Bernhard über dem Portal, die auf ovalem Grundriss errichtete Kirche mit sechs Kapellen und die mit Gemälden von Angelo Nardi ausgestattete Capilla Mayor.

Das Ensemble sakraler Gebäude um die Plaza wird vervollständigt durch den östlich liegenden Backsteinbau des Convento de la Madre de Dios von 1576 und jenseits der Plaza durch das Oratorio de San Felipe Neri (1698 – 1704 errichtet). Unweit südlich steht schließlich die Hauptkirche Iglesia Magistral aus dem 16. Jh. mit ihrem hoch aufragenden Glockenturm.

✶ Aranjuez

Außerhalb

Lage: 47 km südlich **Höhe:** 492 m ü. d. M.

Die kleine Stadt Aranjuez (44 000 Einw.) am Río Tajo war einst königliche Sommerresidenz. Ihre Umgebung ist der Obst- und Gemüsegarten der Hauptstadt. Sehenswert ist nicht nur der Königspalast, sondern das ganze Städtchen mit seinen regelmäßigen Häuserkarrees, sternförmig angelegten Prachtstraßen, Alleen, Brücken, Kirchen, Plätzen und Häuserfassaden aus rotem Backstein und weißem Naturstein.

Sehenswertes in Aranjuez

✶ **Palacio Real**

Öffnungszeiten:
Di. – So.
10.00 – 18.15
im Winter
bis 17.15

Der Königliche Palast (Palacio Real) wurde 1560 auf Geheiß Philipps II. nach Plänen des ► El-Escorial-Erbauers Juan Bautista de Toledo begonnen. Juan de Herrera führte die Bauarbeiten nach dessen Tod 1567 fort und drückte ihnen sein unverwechselbares Siegel auf: klassische Strenge. Zwei Brände in den Jahren 1660 und 1665 zerstörten das Schloss, doch ließ es Philipp V. nahezu unverändert wieder aufbauen. Unter dem Bourbonen-König Karl III., der die Residenz nach den rationalistischen Prinzipien der Aufklärung erweiterte und ordnete, fügte Francesco Sabatini dem Gebäude zwei Seitenflügel hinzu, die einen weiten Paradeplatz bilden. Die Hauptfassade des Palastes ist vom Renaissancestil Herreras bestimmt, doch ist der barocke Einfluss seiner Nachfolger deutlich zu spüren.
Die Innenräume sind mit wertvollen Teppichen, Möbeln, Porzellanen, Uhren und Gemälden, wie sie dem Rang der einstigen Bewohner entsprachen, ausgestattet. Beachtenswert sind die großzügige,

ARANJUEZ ERLEBEN

AUSKUNFT

Plaza de San Antonio s/n
28300 Aranjuez, Tel. 9 18 91 04 27
www.arannet.com

ANREISE

Mit dem Pkw über die N IV
Mit dem Busunternehmen Aisa ab Estación Sur, Avenida Méndez Alvaro
Metro: Avenida Méndez-Alvaro
Tel. 9 15 30 96 03
Mit der Bahn ab Atocha

Ein besonderes Erlebnis für Eisenbahnfreunde ist die Fahrt mit dem »*Erdbeerzug*« (Tren de la Fresa; 26 €/Pers. bzw. 18 €), der Aranjuez ab Madrid-Atocha bedient. Fahrplan: an den meisten Wochenenden im April, Mai, Juni, September und Oktober. Das Besondere: Verkostung von Erdbeeren, serviert von Begleitern in historischen Trachten an Bord. Infos unter Tel. 9 02 22 88 22 oder im Internet: www.museodelferrocarril.org/tren_ fresa.htm

Aranjuez Orientierung

von Giacomo Bonavia angelegte Treppe, die Königliche Kapelle von Sabatini, der mit Samt ausgekleidete Thronsaal und als Höhepunkt der **Porzellansaal** (Sala de China). Er ist das erste Werk der vom König aus Capodimonte (Neapel) nach Madrid (Buen Retiro) überführten Manufaktur in Spanien und üppig mit Porzellantafeln geschmückt, auf denen in feiner Malerei chinesische Szenen dargestellt sind. Weitere schöne Räume sind der Arabische Salon, dem Saal der Zwei Schwestern in der Alhambra von Granada nachempfunden, und der mit zarten Reispapiermalereien ausgestattete Salon der Infanten (Sala de Papeles Chinos). Die künstlerische Ausschmückung der Räume oblag den Malern Giordano, Mengs, Bayeu und Maella.

★ Gärten

Die Gärten von Aranjuez, in denen Schiller seinen »Don Carlos« agieren lässt, sind zu Recht berühmt. Sie umgeben den Palast und säumen mit ihren uralten Bäumen das Tajo-Ufer.

Jardín de Isabel II, Parterre

Südlich der Plaza de San Rusiñol erstreckt sich der Jardín de Isabel II, die Lieblingspromenade der Bourbonen-Königin. An der Ostseite des Schlosses ließ Philipp V. mit dem Parterre 1726 eine Gartenanlage im französischen Stil anlegen. Darin befindet sich auch der Jardín de las Estatuas aus der Zeit Philipps II., in dem neben Büsten römischer Kaiser Götter- und Heldenfiguren aufgestellt sind.

Das Schloss von Aranjuez war die prunkvolle Sommerresidenz der spanischen Könige.

Der **Jardín de la Isla** auf einer künstlichen Insel im Tajo ist der älteste Garten. Isabella die Katholische ließ hier eine Huerta in eine Gartenanlage umwandeln, die unter Philipp II. erweitert wurde. Am Tajo führt eine besonders schöne Platanenallee entlang.

Jardín del Príncipe

Der größte und schönste der Gärten ist der Jardín del Príncipe nordöstlich vom Palast. Er wurde 1763 auf Veranlassung Karls III. von dem französischen Gartenbaumeister Boutelou gestaltet, der auch schon das Parterre schuf. Außer einigen Brunnen und den teilweise exotischen Pflanzen ist hier besonders die Casa del Labrador (Haus des Landmanns; Besichtigung im Rahmen von halbstündigen Führungen) im östlichen Zipfel des Gartens sehenswert. Dieses von einem Hauptkörper und zwei Seitenflügeln gebildete Schlösschen wurde 1803 von Isidro González Velázquez für Karl IV. erbaut. Die Fassade ist mit Statuen antiker Helden geschmückt.

★ ◄ Casa del Labrador

Ateneo Artístico, Científico y Literario

c/d II

Lage: Calle del Prado 21 **Metro:** Sevilla

Das Ateneo war seit seiner Gründung 1820 für ein Jahrhundert der Mittelpunkt des geistigen und politischen Lebens des Landes.

◄ weiter auf S. 168

Spaß garantiert für Jung und Alt im Parque de Atracciones, einem Vergnügungspark, in der Casa de Campo

MADRID MIT KINDERN

Großstadt gleich kinderfeindlicher Asphaltdschungel? Weit gefehlt, denn für Familien mit Kindern hat Madrid eine ganze Menge zu bieten.

Vorausgeschickt sei, dass der Nachwuchs meistens willkommen ist und sich in Parks und auf Plätzen bedenkenlos austoben darf. Ohne Schelte oder böse Blicke, selbst abends nach zehn! Spanier sind an Lärm gewöhnt und legen die Dezibel nicht auf die Goldwaage.

Casa de Campo

Wer mit Kindern reist, wird den in der Casa de Campo gelegenen **Zoo** (Parque Zoológico, www.zoomadrid.com) fest einplanen. Einige tausend Tiere leben hier, vom Affen bis zum Zebra. Eigene Bereiche nehmen das Aquarium und das Terrarium ein. Im Delfinarium finden regelmäßig Shows statt, ebenfalls beliebt sind die »Flugshows« von Greifvögeln und Papageien; am besten notiert man sich die Startzeiten, die im Eingangsbereich aushängen. Das weitläufige Areal ist mit kleinen Teichen aufgelockert, es gibt einige Bars und Cafés.

Ebenfalls in der Casa de Campo befindet sich der **Parque de Atracciones**, ein Vergnügungspark mit Fahrgeschäften (im Sommer tägl. 12.00 bis 24.00 Uhr geöffnet; Tel. 9 02 34 50 09, www.parquedeatracciones.com; Anfahrt mit öffentlichen Verkehrsmitteln: Bus 33 und 65, Metro 10 bis Batán). Highlights sind die Wassertrips durch Fjorde (»Los Fiordos«) und Kanäle (»El Aserradero«), die schwingende Achterbahn (»Tornado«) und der Sturz aus 63 m Höhe in der Vierer-Sitzbank (»Lanzadera«). Weniger aufregend geht es auf dem Riesenrad und bei der Zugfahrt im »Tren Elevado« zu. Ein Besuch im Freizeitpark ist **nicht billig**, nur Kinder bis drei Jahre haben freien Eintritt. Für alle anderen gelten folgende Preise: Erwachse und Kinder ab 6 Jahren 29 € mit, 10,60 € ohne Attraktionen; Kinder von 3 bis 6 Jahren 22 € mit, 10,60 € ohne Attraktionen).

Technik-Welten und vergangene Epochen

Dass Museen nicht angestaubt sein müssen, stellt eine ganze Reihe von Beispielen unter Beweis. So wie das **Feuerwehrmuseum** (Museo de Bomberos; Calle Boada 4; Metro Buenos Aires oder Portazgo; Mo. – Fr. 10.00 bis 13.30 Uhr; Eintritt frei) und das **Motorradmuseum** des einstigen spanischen Grand-Prix-Stars Ángel Nieto (Museo de Ángel Nieto; Parque Enri-

que Tierno Galván; Metro Méndez Álvaro; Di. – Fr. 11.00 – 14.00 sowie 17.30 – 20.00, Sa., So. 11.30 – 14.00 und 17.30 – 20.00 Uhr).

In der Nähe des Motorradmuseums liegen das **Planetarium** (www.planetmad.es) und das **Imax-Kino**, in dem es spektakuläre Streifen auf Großleinwänden und in 3-D-Format zu sehen gibt. Je nach Programm fühlt man sich Haien, Dinosauriern und Freeclimbern ganz nah. Besonderer Tipp: Gelegentlich gibt es für die Frühvorstellungen billigere Kombitickets für zwei Filme (Infos: Tel. 9 14 67 48 00, www.imaxmadrid.com; Calle Meneses; ebenfalls Metro Méndez Álvaro).

Ritterrüstungen und alles drum herum bekommt man in der **Königlichen Waffensammlung** zu sehen. Die Real Armería gehört zum Palacio Real (► S. 240), doch bei einem Rundgang durch das eigentliche Schloss dürfte sich der Nachwuchs eher von Saal zu Saal gähnen.

Wer sich für fremde Völker – und speziell alte Indianerkulturen – mit so manchen Kuriositäten interessiert, sollte sich das **Museo de América** (►S. 202) und das **Museo Nacional de Antropología** (► S. 97) vormerken.

Für Eisenbahnfans ist das **Eisenbahnmuseum** in der historischen Bahnhofshalle Las Delicias eingerichtet worden. Auf stillgelegten Gleisen stehen Dampfzüge, Diesel- und Elektroloks sowie Abteil- und Salonwagen; nach gegenwärtigem Stand ist samstags der Eintritt frei (Museo del Ferrocarril, www.museodelferrocarril.org, ► S. 97).

Horror und/oder freie Natur

Im **Wachsfigurenmuseum** begegnet man den Größen dieser Welt aus Sport oder Kunst. Für Gänsehaut sorgen Horrorgestalten wie Freddy Krueger und Frankensteins Monster, für Wiedererkennungseffekte Harry Potter und Bart Simpson (Museo de Cera, www.museoceramadrid.com; ► S. 96).

An der frischen Luft empfiehlt sich ein Streifzug durch den kleinen **Botanischen Garten** (► Jardín Botánico, S. 194), während sich an den Seen (estanque) des Parque del Retiro und der Casa de Campo Ruderbötchen an der jeweiligen Anlegestelle (embarcadero) mieten lassen.

Hoch hinauf geht es mit dem Aufzug auf den Aussichtsturm **Faro de Moncloa** (► S. 173, wegen Renovierung voraussichtlich bis 2011 geschl.), während die Seilbahn (**Teleférico**) einen aussichtsreichen Schwebeflug übers Grün garantiert (www.teleferico.com; ► Parque del Oeste, S. 168).

Treffpunkt Intellektueller

In seinen Räumen diskutierten Literaten, Philosophen und Politiker über die neuesten literarischen, künstlerischen, politischen und wissenschaftlichen Strömungen. Unter Ferdinand VII. und noch einmal während der Diktatur Primo de Riveras musste das Ateneo seine Tore schließen. Seinen Höhepunkt erlebte es zur Zeit der Republik. Nach dem Bürgerkrieg leistete es in den Grenzen seiner Möglichkeiten Widerstand gegen die Diktatur des Franco-Regimes. Seit 1975 versucht das Ateneo, seine einst führende Position im intellektuellen Leben der Hauptstadt zurückzugewinnen. Heute finden hier viele kulturelle Veranstaltungen wie Autorenlesungen, Vorträge und Filmvorführungen statt (www.ateneodemadrid.com).

Casa de Campo

A–C 7–9

Lage: im Westen der Stadt **Metro:** Lago, Batán

Die Casa de Campo vor den Toren der Hauptstadt ist traditionelles Ausflugsziel und Freizeitstätte der Madrider.

Wo sich die Madrilenen erholen

Ihre Steineichen, Pinien, Platanen, Pappeln und Büsche aller Art bedecken eine Fläche von 1700 ha. Die Gründung der Casa de Campo geht auf Philipp II. zurück, der in der Nähe des Alcázar ein großes königliches Jagdrevier anlegen und in demselben ein Casa de Campo genanntes Jagdschlösschen errichten ließ (im Osten des Parks). Ge-

Die Fahrt mit der Seilbahn eröffnet ein schönes Panorama von Madrid.

ländekäufe für den königlichen und dem breiten Publikum damals nicht zugänglichen Besitz fanden noch im 19. Jh. statt. In der Zweiten Republik wurde der Park 1931 als öffentliche Anlage ein beliebter Erholungsort der Madrider.

Zahlreiche Freizeitaktivitäten und Sportmöglichkeiten werden geboten, u. a. ein künstlicher See mit Paddelbooten, ein Schwimmbad, Tennis-, Reit-, Basketball- und Fußballplätze, ein **Vergnügungspark** mit zahlreichen Karussells (Parque de Atracciones, ► Special »Madrid mit Kindern« S. 166) und ein Zoo. Hier ergötzen exotische und einheimische Arten vor allem die Kinder (Mo. – Fr. ab 11.00, Sa., So., Fei. ab 10.30 Uhr bis zum Einbruch der Dunkelheit). Ein besonderes Erlebnis ist eine **Fahrt mit der Seilbahn** (Teleférico de Rosales; schöner Blick über den Park und auf das nahe gelegene Madrid; Okt. bis Febr. Sa., So. 12.00 – 18.00, ab März nahezu tägl. 12.00 – 19.00, im Sommer bis 21.00 Uhr; Talstation am Paseo del Pintor Rosales, Metro: Argüelles). Während die Zersiedelung der Ränder des Stadtwaldes einigermaßen gestoppt werden konnte, sind Abgase und Besuchermassen heute das Hauptproblem. Die sandigen Hügel und die Vegetation leiden unter der Vielzahl von Ausflüglern und Mountainbikern. Als Frontlinie wurde die Casa de Campo im Bürgerkrieg stark verwüstet und danach vor allem mit Pinien aufgeforstet. Dank einer Aufforstungsaktion mit Mitteln der Stadt und der EU haben Steineichen und andere heimische Pflanzen an Boden gewonnen.

◄ Lago

◄ Parque Zoológico

★ Casa de Lope de Vega

d II

Lage: Calle de Cervantes 11 **Metro:** Antón Martín

Im Literaten- oder Musenviertel (Barrio de los Literarios oder las Musas), zwischen Plaza de Santa Ana, Atocha und Plaza de las Cortes, liegt in einer Gasse das ehemalige Wohnhaus Lope de Vegas.

Museum

Der Dramatiker und Dichter, der als Schöpfer der spanischen Comedia des 17. Jh.s gilt, ließ sich hier im Jahr 1610 nieder (► Berühmte Persönlichkeiten). Heute beherbergt es ein kleines Museum, das einen Eindruck vom Alltag und den Lebensgewohnheiten im Madrid des »Goldenen Jahrhunderts« vermittelt (Di. – Fr. 9.30 – 14.00, Sa. 10.00 – 14.00, im August meist geschl.).

An der Ecke Calle Lope de Vega und Calle de Quevedo erinnert eine Tafel daran, dass hier der Dichter Francisco de Quevedo (1580 bis 1645; ► Berühmte Persönlichkeiten) lebte. Auch sein Rivale Góngora (1561 – 1627) soll in der Gegend um 1619 gewohnt haben.

Erinnerung an Cervantes

An der in der Nähe gelegenen Kreuzung Calle de Cervantes / Calle del León stand einst das im 19. Jh. abgerissene Haus von Cervantes, in dem dieser im April 1616 starb (► Berühmte Persönlichkeiten).

Real Academia de la Historia Das elegante Gebäude der Königlichen Akademie für Geschichte in der Calle León 21 wurde 1788 nach Plänen von Juan de Villanueva aus Granitquadern und rotem Backstein erbaut. Die Bibliothek der bereits 1738 gegründeten Akademie mit über 200 000 Büchern und Manuskripten kann sich mit der Nationalbibliothek messen (Mo. bis Fr. 9.00 – 13.00, 16.00 – 20.00 Uhr. Internetinfos: www.rah.es).

Casón del Buen Retiro

E 9

Lage: Calle Alfonso XII **Metro:** Retiro, Banco de España

Der Casón gehört mit dem nahe gelegenen Heeresmuseum (Museo del Ejército, ►S. 96) und dem Retiro-Park (►Parque del Retiro) zur ehemaligen königlichen Residenz Real Sitio del Buen Retiro, die im 17. Jh. von den Habsburgern errichtet wurde.

Casón Das Casón-Gebäude, das Alonso Carbonell im Jahr 1638 erbaute und dessen Decken mit Fresken von Luca Giordano ausgeschmückt sind, diente als Ballsaal. Im 19. Jh. wurde es grundlegend restauriert und im klassizistischen Stil des Prado erweitert, die Westfassade 1886 durch Ricardo Velázquez Bosco nach Sturmschäden erneuert. Anschließend diente der Casón als Topografisches Kabinett, Reitschule, Sporthalle und schließlich als Museum für Reproduktionen. Heute gehört er zum Prado-Museum. Nach einem umfassenden Umbau beherbergt er heute die Forschungsabteilung des Prado mit Studienzentrum und Restaurierungswerkstätten.

Real Academia de la Lengua Seit 1894 hat die Königliche Sprachakademie ihren Sitz in unmittelbarer Nachbarschaft (Calle Felipe IV 4). Gegründet wurde sie nach französischem Vorbild bereits 1713 unter dem ersten Bourbonen-König Philipp V. Die Pflege der spanischen Sprache, die Fixierung ihrer Grammatik und Rechtschreibung war und ist ihr Hauptanliegen. 1726 gab sie den ersten Band ihres vortrefflichen »Diccionario de la Lengua Española« heraus, dem kastilischen »Duden«.

Catedral de la Almudena

a II

Lage: Calle Bailén 8 **Metro:** Opera

Ihre Bauzeit erstreckte sich über zwei turbulente Jahrhunderte, in denen La Almudena mehrfach verändert, abgerissen und neu errichtet wurde. Seit ihrer Weihe, zu der eigens Papst Johannes Paul II. angereist war, ist sie die Bischofskirche des Bistums Madrid.

Zur Zeit Lope de Vegas (16./17. Jh.) stand in der Nähe des Alcázar eine stattliche Kirche, die aus unbekannten Gründen 1870 abgerissen wurde. 13 Jahre später wurde auf diesem Grundstück der erste Stein zu einer neugotischen Kirche nach den Plänen von Marqués de Cubas gelegt. Die Arbeiten an dem gigantischen Projekt verliefen sehr schleppend, seit 1911 diente immerhin die neobyzantinische Krypta als Pfarrkirche. Nach 1940 kamen die Bauarbeiten dann richtig in Gang und zwar nach teils veränderten Entwürfen des Architekten Fernando Chueca Goitia. 1960 war die klassizistische Fassade zum Königlichen Schloss (►Palacio Real) fertig gestellt.
Ihr Inneres ist eher nüchtern; ein großer Teil ihrer Ausstattung stammt aus älteren Madrider Kirchen. Zu den Hauptwerken gehören eine Nachbildung der Marienstatue Almudena aus dem 16. Jh. sowie das Gemälde »Virgen de la Flor de Lis« aus dem 12. Jahrhundert.

? WUSSTEN SIE SCHON ...?

- .. dass Spaniens Kronprinz Felipe und die TV-Journalistin Letizia Ortiz in Madrids Almudena-Kathedrale heirateten? Unter strengsten Sicherheitsvorkehrungen gaben sie sich dort 2004 das Ja-Wort.

Öffnungszeiten:
täglich 9.00 – 20.30

★★ Centro de Arte Reina Sofía

d IV

Lage: Calle Santa Isabel 52 **Metro:** Atocha

Das Museo Nacional Centro de Arte Reina Sofía ist Madrids Museum für zeitgenössische Kunst. Hauptsehenswürdigkeit ist Picassos Antikriegsgemälde »Guernica«.

»Guernica« – Picassos Anklage gegen Kriegsterror und Faschismus

Öffnungszeiten: Mo., Mi. – Sa. 10.00 – 21.00 So. 10.00 – 14.30 geschlossen: Di., 1. u. 6.1., 1. u. 15.5., 9.9., 24., 25. und 31.12.

Untergebracht ist das Gemälde im ehemaligen Hospital General de San Carlos, einem massiven, um einen begrünten Innenhof angelegten spätbarocken Vierflügelbau, der im 18. Jahrhundert von José de Hermosilla und dem Italiener Francesco Sabatini, dem Erbauer des Königlichen Schlosses (► Palacio Real), entworfen wurde. Bis 1965 diente der Bau als Kreiskrankenhaus, nach 6-jähriger Renovierung (Architekten: José Luis Iñiguez de Onzoño, Antonio Vazquez de Castro) wurde der Komplex 1986 zunächst als Kunstzentrum, 1990 als Nationalmuseum eröffnet. Gläserne Aufzugstürme an der Hauptfassade bringen die Besucher in die gewünschten Stockwerke. 2005 wurde ein vom französischen Architekten Jean Nouvel entworfener Erweiterungsbau eröffnet. Er enthält neben einem Wechselausstellungssaal auch ein Restaurant, ein Auditorium und eine Bibliothek (Infos: www.museoreinasofia.es).

! *Baedeker* TIPP

Freier Eintritt

Kostenlose Eintrittskarten im Reina Sofía für Besucher unter 18 und über 65 Jahre gibt es mittwochs, donnerstags und freitags ab 19.00, Sa. ab 14.30 Uhr und sonntags ganztägig sowie am 18. April, 18. Mai, 12. Oktober und 6. Dez.

Spanisches Museum für zeitgenössische Kunst

Kern des Museums ist die Sammlung des Museo Español de Arte Contemporáneo. Die Exponate vermitteln einen Überblick über die spanische Kunstentwicklung vom Ende des 19. Jh.s bis zur Gegenwart. Besonders gut vertreten sind die drei großen Genies der spanischen Avantgarde, Picasso, Miró und Dalí. Zu sehen sind darüber hinaus Arbeiten u. a. von Juan Gris, Martín Chirino, Isidro Nonell, Eduardo Chillida, Pancho Cossío, Gargallo, Palazuelo, Antonio Tápies, Manuel Millares, Equipo 57, Equipo Crónica, Zuloaga, Gutiérrez, Solana und Rafael Canogar. Die nichtspanische Moderne ist präsent mit Werken von Bacon, Alechinsky, Fontana, Dubuffet, Magritte, Kounellis, Pistoletto, Flavin, Newman, Judd und Schnabel.

»Guernica«

Hauptanziehungspunkt ist das in Schwarz- und Weißtönen gehaltene »Guernica«-Gemälde des in Málaga geborenen Malers Pablo Picasso (1881 – 1973, ► Berühmte Persönlichkeiten). Es entstand unter dem Eindruck des Bombenangriffs der Flugstaffel der deutschen Legion Condor auf das baskische Städtchen Guernica, mit der diese am 26. April 1937 auf der Seite Francos in den spanischen Bürgerkrieg eingriff. Das Bild ist eine eindringliche Anklage gegen Kriegsterror und Faschismus und war Picassos Beitrag für den spanischen Pavillon der Pariser Weltausstellung 1937. In einem weiteren Raum vermitteln Aufnahmen von Dora Maar die verschiedenen Entwicklungsstadien des berühmten Bildes.

? WUSSTEN SIE SCHON ...?

- ... dass Picassos »Guernica« bis zu seiner Verlegung 1981 im New Yorker Museum of Modern Art hing? Per Verfügung hatte es der Künstler nur einem demokratisch regierten Spanien vermacht – diese Bedingung war nach dem Ende der Franco-Diktatur erfüllt.

Círculo de Bellas Artes

d I

Lage: Calle de Alcalá 44 / Marqués de Casa Riera 2 **Metro:** Bancc de España, Sevilla

Antonio Palacios, der Architekt des Hauptpostamtes (Palacio de Comunicaciones, ► Plaza de la Cibeles), entwarf 1919 auch dieses Gebäude, in dem der Ende des 19. Jh.s gegründete Verein zur Förderung der schönen Künste untergebracht ist.

Das **Kunst- und Kulturzentrum** mit einem beliebten Café bietet Ausstellungs- und andere Veranstaltungsräume, Theatersäle, Ateliers und ein Kino. Der Círculo ist Schauplatz ausgefallener Festivals, von Rockkonzerten, Faschingsbällen und Ähnlichem (Di. – Fr. 11.00 bis 21.00, Sa. 11.00 – 14.00, 17.00 – 21.00, So. 11.00 – 14.00 Uhr).

Ciudad Universitaria

A–C 4–6

Lage: nordwestlich der Stadt, an der N IV **Metro:** Ciudad Universitaria

Die Madrider Universitätsstadt wurde 1927 von Alfons XIII. auf das königliche Gartengelände La Moncloa verlegt. Damit löste sie die erst 1836 gegründete Madrider Universidad Central in der Calle San Bernardo ab.

Architektur

Mit der Bauleitung wurde Modesto López Otero beauftragt. Während des Bürgerkrieges waren die Universitätsstadt und der nahe gelegene ► Parque del Oeste Schauplatz heftiger Kämpfe zwischen Putschisten und Republikanern, in deren Verlauf zahlreiche Gebäude zerstört wurden. Nach 1940 wurde mit dem Wiederaufbau sowie Erweiterungen begonnen, entsprechend vielfältig ist die Architektur zwischen dem Cuartel del Ejército del Aire, dem klobigen Luftfahrtministerium an der südlichen Plaza de la Moncloa, und der Puerta de Hierro im Norden der Universitätsstadt. Darunter gibt es einzelne, nicht von der Universität genützte Bauten, u. a. der große Komplex um den **Palast La Moncloa** (ursprünglich 18. Jh., in dem die Regentin Maria Christina 1833 – 1840 und die Königin Isabella II. 1843 – 1868 lebten), in dem heute die Regierung ihren Sitz hat.
Der ursprünglich Arco de la Victoria genannte, Ende 2005 in Bogen der Eintracht, **Arco de la Concordia,** umbenannte Triumphbogen an der Avenida de la Victoria wurde 1956 nach Plänen von Modesto López Otero erbaut. Jenseits davon erhebt sich der **Faro de Moncloa** ► 3 D S. 174 (Metro: Moncloa).
Kultur, Leben und Geschichte Süd- und Mittelamerikas behandelt das benachbarte ► Museo de América.

FARO DE MONCLOA

Der metallene Telekommunikations- und Aussichtsturm ragt 92 m empor, sein Außendurchmesser beträgt 6 m. Die Pläne stammen von Salvador Pérez Arroyo. Sein Motto – der stolze madrilenische Spruch: »De Madrid al cielo« (»Von Madrid in den Himmel«). Eingeweiht wurde der Turm 1992 (deshalb die Höhe von 92 m), in diesem Jahr war Madrid europäische Kulturhauptstadt.

Öffnungszeiten:
Wegen Umbau vorauss. bis Anfang 2011 geschl.; sonst Di. – So. 11.00 – 14.00, 17.00 – 18.45, Okt. – Mai Sa., So. 10.00 – 18.00 Uhr

① Turmschaft
Der Turmschaft erreicht eine Höhe von 92 m bis zur Plattform, im Inneren befindet sich eine Treppe (313 Stufen), die aber Besucher nicht benutzen können. Ein Außenaufzug bringt die Besucher stattdessen auf die Aussichtsplattform.

② Antenne
Bis zur Antennenspitze sind es 110 m.

③ Plattform
Die ringsum verglaste Plattform hat eine Grundfläche von 400 m².

Der Ausblick auf den Arco de la Concordia und über die Innenstadt ist wunderschön.

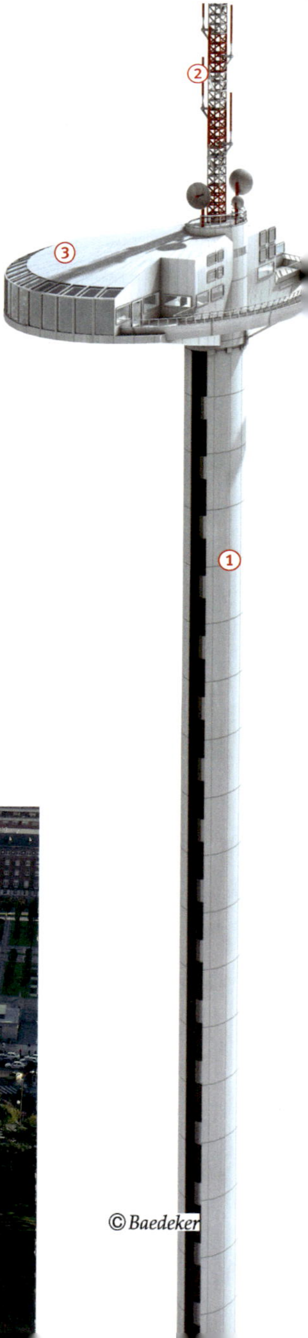

Die Aussichtsplattform ist komplett verglast. Es ist nicht möglich, ins Freie zu gelangen.

Nervenkitzel pur: Außen am Turm entlang schießt der Aufzug mit seinen Passagieren in 36 Sekunden nach oben.

Bibliothek Im Südwesten entlang des Stadtrings M 30 sind seit Gründung der Fernuniversität UNED 1972 eine Reihe interessanter Gebäude entstanden, darunter das 1994 fertig gestellte Backsteingebäude der Bibliothek, das der Architekt José Ignacio Linazaroso als mächtigen und zugleich formschönen Buchspeicher um einen zentralen Lichtschacht herumgelegt hat.

Congreso de los Diputados

d II

Lage: Plaza de las Cortes **Metro:** Banco de España

Der Palacio de las Cortes ist seit 1978 als Congreso de los Diputados Sitz der Abgeordnetenkammer des spanischen Parlaments.

Hier tagt das spanische Parlament Der Palast erhebt sich mit seiner klassizistischen Säulenvorhalle an der Carrera de San Jerónimo gegenüber der kleinen reizvollen Plaza de las Cortes und der etwas protzigen Fassade des Hotel Palace. Er wurde 1843 – 1850 nach Plänen von Pascual y Colomer auf dem Grundstück des ehemaligen Klosters des Heiligen Geistes errichtet.

Sitz des spanischen Parlaments: von Löwen bewachter klassizistischer Palast und postmoderner Neubau

An der Treppe zu dem bronzenen Eingangstor wachen zwei Löwen, die aus Kanonen – Beutestücke aus dem 1860 beendeten Marokkokrieg – gegossen wurden. 1986 – 1990 folgte der postmoderne Anbau, der sich die Carrera de San Jerónimo entlangzieht (Architekten: María Rubert de Ventos, Oriol Clos, Josep Parcerisa).

★ Convento de la Encarnación

a I

Lage: Plaza de la Encarnación 1 **Metro:** Opera, Santo Domingo

Das Augustinerinnen-Kloster in einem stillen Winkel nahe beim Königspalast birgt heute in einigen Sälen Kunstwerke.

Juan Gómez de Mora, Herrera-Schüler und Architekt der ► Plaza Mayor, baute im Auftrag der Gemahlin Philipps III., Margareta von Österreich, das Augustinerinnen-Kloster Encarnación (Menschwerdung Christi), ursprünglich ein Nebengebäude des königlichen Alcázar, mit dem es durch einen langen Gang verbunden war (1611 Grundsteinlegung, die Weihe erfolgte 1616). Nach einem Brand wurde die Kirche 1767 von Ventura Rodríguez wieder errichtet und vor allem innen neu gestaltet. Heute überrascht der Gegensatz zwischen der schlichten Fassade, die an den Escorial erinnert und für die Bauweise unter den Habsburgern charakteristisch ist, und dem überladenen barocken Inneren der Kirche.

Öffnungszeiten:
Di. – Do., Sa.
10.30 – 12.45
16.00 – 17.45
Fr. 10.30 – 12.45
So., Fei.
11.00 – 13.45

Seit 1965 ist ein Teil des Konvents als **Museum** der Öffentlichkeit zugänglich, neben zahlreichen Gemälden des 17. Jh.s und Einrichtungsgegenständen ist die Reliquiensammlung hervorzuheben.

! *Baedeker* TIPP

Wunder gefällig?

Zur Reliquiensammlung im Convento de la Encarnación gehört eine Ampulle mit dem Blut des hl. Pantaleón, das sich alljährlich am 27. Juli, seinem Namenstag, verflüssigt.

Schon im ersten Saal wirkt die strenge und doch anmutige Atmosphäre eines Klosters des 17. Jh.s auf den Besucher. Kassettentüren, Holzbalken an den Decken und Porträts der Habsburger Könige erinnern an die Welt der Comedias von Lope de Vega. Ein Landschaftsbild von Peter van der Meulen, »Entrega en el Bidasoa«, hält die Doppelhochzeit zwischen den Königshäusern Spaniens und Frankreichs fest: Ana, Tochter Philipps III., wird mit dem französischen König Ludwig XIII. vermählt, Isabella, Tochter des französischen Königs Heinrich IV., heiratet Philipp IV. Unter den ausgestellten Gemälden ragen Werke von Madrider Meistern des 17. Jh.s hervor: Juan Carreño, Bartolomé Román, Carducho und Antonio de Pereda. Werke von erstrangigen Vertretern der religiösen Bildhauerei des 17. Jh.s wie Gregorio Hernández (Fernández), José de Mora, Pedro de Mena vermitteln einen Eindruck dieser typisch spanischen

Kunst. Der **Chor** mit einem Gestühl aus der Zeit der Gründung des Klosters ist mit Gemälden von Bartolomé Roldán geschmückt. Die Wände sind mit Talavera-Kacheln verkleidet.

Convento de las Trinitarias

d III

Lage: Calle Lope de Vega 18 **Metro:** Antón Marín

In der Nähe der Plaza de Santa Ana, im sog. Literatenviertel, liegt das Kloster Las Trinitarias in der stillen Calle Lope de Vega.

Zwei einfache zweistöckige Häuser mit Balkonen rahmen die Klosterkirche mit drei Eingangsbogen und ovalen Fenstern ein. Las Trinitarias wurde 1612 gegründet; das noch erhaltene Gebäude entstand jedoch erst 1673 unter Marcos López. Es gilt als Musterbeispiel der Madrider Architektur des 17. Jahrhunderts. In dem Vorgängerbau der Klosterkirche wurde im Jahre 1616 der Dichter Miguel de Cervantes, Schöpfer des unsterblichen Don Quijote, beigesetzt (► Berühmte Persönlichkeiten). Heute erinnert daran eine neoplatereske Grabplatte. Wo genau das Grab des Dichters ist, weiß jedoch niemand. Dasselbe Schicksal ereilte übrigens auch die sterblichen Überreste anderer bedeutender Künstler wie Calderón de la Barca und Diego de Velázquez (►Plaza de Oriente). Auch das Grab Lope de Vegas ist leer: Seine Gebeine ruhten bis ins 18. Jh. in der Iglesia de San Sebastián, die als Monumento Nacional an der Ecke der Calle Atocha und Calle San Sebastián bis heute an den großen Barockdichter erinnert.

? WUSSTEN SIE SCHON ...?

- ... dass eine Tochter von Cervantes, der ganz in der Nähe wohnte, in Las Trinitarias den Schleier nahm? Auch die Tochter des Dramatikers Lope de Vega, der in derselben Straße sein Haus hatte, war als Sor Marcela Nonne des Klosters.

Cuartel del Conde-Duque

C/D 7/8

Lage: Calle Conde-Duque 9 **Metro:** Ventura Rodriguez, San Bernardo, Noviciado

Die ehemalige Kaserne des Conde-Duque, heute Kulturzentrum, wurde 1720 nach Plänen von Pedro Ribera, dem Architekten Philipps V., errichtet.

Sie entsprach den Forderungen der neuen militärischen Politik der Bourbonen, die stehende Truppen in der Hauptstadt wünschten. Die

um drei große Innenhöfe angeordnete Anlage, die mit ihren außergewöhnlichen Ausmaßen eine Einheit mit den Gärten und dem ►Palacio de Liria bildet, nahm zuerst die Königliche Leibwache, dann die Kavallerie und schließlich die Militärschule auf. 150 Jahre lang verteidigte diese Kaserne den nordwestlichen Zugang zur Hauptstadt.
Die langen Fassaden des Backsteingebäudes machen einen strengen Eindruck. Nur der schöne Haupteingang erinnert an den Baumeister des ehemaligen Hospicio de San Fernando (►Museo Municipal) und der Toledo-Brücke (►Puente de Toledo). Heute beherbergt die rundum renovierte Kaserne das Kulturzentrum Centro Cultural Conde-Duque (Di. – Sa. 10.30 – 14.00, 17.30 – 21.00, So. und Fei. 10.30 bis 14.30 Uhr). Für Spezialisten sind das Stadtarchiv und das Zeitungsarchiv Hemeroteca Municipal interessant.

★★ Ermita de San Antonio de la Florida · Panteón de Goya

B 8

Lage: Paseo de la Florida **Metro:** Principe Pío

Die Kapelle San Antonio de la Florida ist die Begräbnisstätte des Malers Francisco de Goya und als Museo Panteón de Goya eines der bedeutendsten Zeugnisse seiner Kunst.

Über 50 Personen bevölkern die von Goya ausgemalte Kuppel.

Öffnungszeiten:
Di. – Fr.
9.30 – 20.00
Sa., So.
10.00 – 14.00
Mo., Fei. geschl.

Die Kapelle am Ufer des Manzanares war stets ein beliebter Wallfahrtsort der Madrilenen und ist noch heute am 13. Juni Schauplatz des alljährlichen Volksfestes zu Ehren des Heiligen von Padua. In 120 Tagen, zwischen August und Dezember 1798, schmückte der damals bereits angesehene Hofmaler Goya (1746 – 1828; ► Berühmte Persönlichkeiten) im Auftrag Karls IV. die Kuppel des bescheidenen klassizistischen Baus (Architekt: Francisco Fontana) mit Fresken aus. Ein Wunder des hl. Antonius – dargestellt wird der Heilige bei der Gerichtsverhandlung seines unschuldigen Vaters – gab ihm Gelegenheit, Madrider Volksszenen in kühner Komposition und revolutionärer Maltechnik zu beschwören. Diese Fresken, die zur selben Zeit wie die berühmten Radierungen der »Caprichos« entstanden, markieren einen Wendepunkt im Schaffen des Künstlers, der als Wegbereiter der modernen Malerei gilt. Um die Goya-Fresken zu schützen, wurde 1928 neben der San-Antonio-Kapelle eine exakte Kopie für Gottesdienste errichtet. Das Goya-Pantheon ist Nationaldenkmal.

? WUSSTEN SIE SCHON ...?

- Goya wurde zunächst neben dem Freund und Schwiegervater seines Sohnes, Martín Miguel de Goicochea, in Bordeaux begraben. Bei der Überführung der Überreste von beiden – so sollten Identifikationsprobleme vermieden werden – kam auch Goyas originale Sandsteinplatte mit in die Ermita de San Antonio de la Florida in Madrid. In dem Grab fehlte nur Goyas Kopf, er war gestohlen worden!

El Escorial

Außerhalb

Lage: 56 km nordwestlich **Höhe:** 1028 m. ü. d. M.

Der kleine Ort San Lorenzo de El Escorial (14 000 Einw.) liegt am Südhang der Sierra de Guadarrama. Als königliche Residenz war er während der Sommermonate Mittelpunkt des spanischen Imperiums. Heute ist das riesige, zum UNESCO-Weltkulturerbe gehörende Klosterschloss mit seinen Kunstschätzen einer der meistbesuchten Orte des Landes.

★★ Monasterio de San Lorenzo de El Escorial

Öffnungszeiten:
Di. – So.
10.00 – 17.00
(Okt. – März)
10.00 – 18.00
(Apr. – Sept.)
Mo. geschlossen

Nach der Schlacht von Saint-Quentin am 10. August 1557, bei der das spanische Heer die Truppen des französischen Königs Heinrich II. besiegte, gelobte Philipp II., ein Kloster zu Ehren des hl. Laurentius, des Heiligen des Siegestages, zu errichten. Als Standort wurde nach längeren Überlegungen der kleine Ort San Lorenzo ausgewählt. Der riesige Komplex sollte den Habsburgern ein monumentales Denkmal ihrer Herrschaft setzen, außerdem Kloster, Kirche, Palast, Grabstätte für Karl V. und seine Nachkommen, Bibliothek und Museum sein. Die Bauarbeiten begannen am 23. April 1563 und wurden

Kloster, Kirche, Palast, Grabstätte, Bibliothek und Museum in einem: El Escorial

in Gegenwart Philipps II. am 13. September 1584 nach nur 21-jähriger Bauzeit beendet. Die Pläne lieferten die Baumeister Juan Bautista de Toledo, der 1567 starb, und Juan de Herrera. Die Ausschmückung besorgten neben zahlreichen einheimischen Malern besonders italienische Meister, u. a. Pellegrino Tibaldi und Luca Giordano sowie die Bildhauer Pompeo und Leone Leoni.

Von außen erinnert die Anlage eher an eine Festung oder eine Kaserne als an ein Kloster. Entstanden unter Anlehnung an den italienischen Klassizismus des 16. Jh.s, ist sie zugleich Auftakt der spanischen Barockbaukunst. Der Grundriss des gewaltigen Baus aus weißgrauem Granit ist ein Rechteck von 161 x 204 m. Den Kern des Komplexes bildet die mit ihren beiden Türmen und der 90 m hohen Kuppel hoch aufragende Kirche. Daran schließen sich westlich der Patio de los Reyes, südlich der Kreuzgang mit der Sakristei und den Kapitelsälen, östlich und nördlich der Königliche Palast an. Seit 1885 wird das Kloster von Augustinermönchen bewohnt.

! *Baedeker* TIPP

Freier Eintritt!

Für Bürger der Europäischen Union ist gegenwärtig mittwochs der Eintritt in den Escorial frei (Änderungen vorbehalten!); als Nachweis der Nationalität deshalb Ausweis bereithalten. Grundsätzlich gratis ist der Eintritt am 18. Mai. Der freie Eintritt hat nicht nur Vorteile – an diesen Tagen kann es sehr voll werden! Informativ ist die Besichtigung mit einem Audioguide (zu mieten an der Kasse).

EL ESCORIAL ERLEBEN

AUSKUNFT

Calle Grimaldi 2
gegenüber dem Kloster
28200 San Lorenzo de El Escorial
Tel. 9 18 90 59 03/4/5
www.turismosanlorenzo.org

ANREISE

Mit dem Pkw über die A VI bis Las Rozas, dann weiter über die M 505 der Ausschilderung folgen.
Mit dem Nahverkehrszug (Cercanías) der Linie C 8 ab Bahnhof Atocha bis El Escorial. Zumindest eine Richtung sollte man mit dem Nahverkehrszug zurücklegen. Er fährt durch den zum großen Teil der Öffentlichkeit nicht zugänglichen Naturpark Monte de el Pardo. Vom Bahnhof in der Unterstadt geht man ca. 20 Minuten bergaufwärts zum Kloster; es gibt auch Busse.
Mit dem Bus der Gesellschaft Autocares Herranz (Linien 661 und 664) ab dem Madrider Busterminal (Intercambiador) Moncloa. Ankunft am Busbahnhof in der Ortsmitte, Estacion de Autobus, Calle Juan de Toledo 5

ESSEN

Nach der Besichtigung des Klosters und vor der Rückfahrt nach Madrid lohnt noch ein Bummel durch das nette Städtchen mit seinen vielen Einkehrmöglichkeiten.

Die gegenüberliegenden Gebäude

Gegenüber der Nordfassade des Escorial befinden sich die Casas de oficios, Diensthäuser (16. Jh.; Juan de Herrera); es folgen das Haus des Staatsministers und das Infantenschlösschen (beide 18. Jh., Juan de Villanueva) und schließlich die Casa de Compaña (Ende 16. Jh.; Francisco de Mora).

Puerta Principal

Hinter dem Hauptportal, Puerta Principal, in der Mitte der Westfassade, verbergen sich Kloster und Kirche. Über dem Tor prangen das Motiv des Laurentius-Eisenrostes (der Heilige starb nach einem grausamen Martyrium auf einem glühenden Rost), das Wappen der Habsburger und ein Standbild des hl. Laurentius von Juan Bautista Monegro.

Besichtigung der Nuevos Museos

Den Museumstrakt und die Gemächer der Bourbonen betritt man an der Nordseite des Klosterschlosses. Wo sich einst der Zugang zu den Palastküchen befand, sind heute Kasse, Cafeteria und Klosterladen untergebracht. Die Museen teilen sich in ein Architekturmuseum und die Pinakothek, in der Kunstgegenstände und Gemälde aus allen Teilen des Klosterpalastes zusammengestellt sind. Über die Treppe hinter dem Bild von El Greco (siehe rechts) steigt man zum **Architekturmuseum** hinunter. Es zeigt anhand von Stichen, Modellen, Geräten und Originalplänen die Baugeschichte des Escorial auf.

Gemäldemuseum ►

Im Gemäldemuseum findet der Besucher eine Fülle bedeutender Werke. Den Anfang bilden zwei Säle, die ein Teil des Staats- oder

El Escorial Orientierung

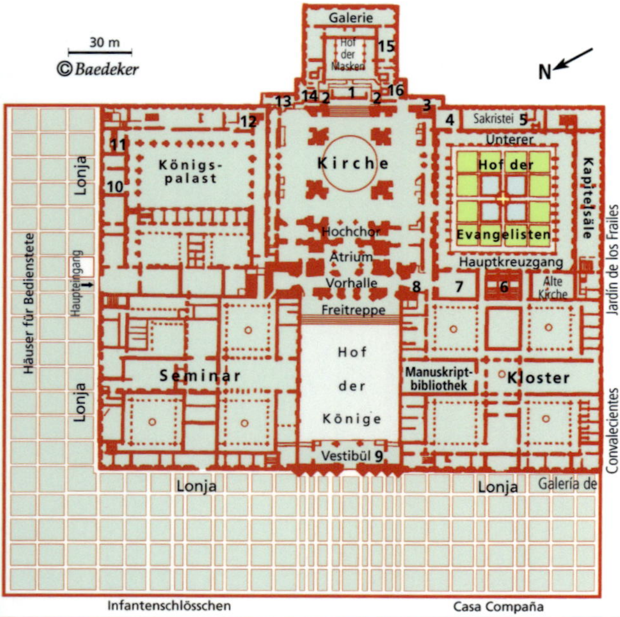

1 Hochaltar im Presbyterium
2 Königliche Oratorien
3 Treppe zum Chor, Zugang zum Pantheon
4 Antesacristía
5 Altar de la Sagrada Forma
6 Haupttreppe
7 Saal der Dreieinigkeit
8 Saal der Geheimnisse
9 Aufgang zur Bibliothek
10 Eingang zum Palast
11 Palastreppe (zum Bourbonentrakt)
12 Aufgang zu den Räumen des 16. Jhs., Museumseingang
13 Saal der Schlachten
14 Gemächer der Infantin Isabel Clara Eugenia
15 Thronsaal
16 Gemach, Alkoven und Oratorium Philipps II.

Verwaltungspalast des 16. Jh.s waren. Im ersten Saal ist die bemalte Holzskulptur des »hl. Michael, der den Drachen besiegt«, ein Werk von Luisa Roldán, zu sehen. Im zweiten Raum befindet sich **El Grecos** »Martyrium des hl. Mauritius und die Legion Thebens«, welches Philipp II. für den Altar der Kirche in Auftrag gegeben hatte (Abb. S. 187). Allerdings entschied er sich dann für ein Gemälde Romolo Cincinnatos.

Die weiteren Räume befinden sich im so genannten Sommerpalast von Philipp II. Im ersten Saal sind Bilder der flämischen Schule des 16. Jh.s zu sehen, wobei **Michael Coxcie** eine Sonderstellung einnimmt. Er war einer der Lieblingsmaler von Philipp II. Der zweite Saal ist der flämischen Malerei des 17. Jh.s gewidmet, u. a. mit »Philipp III. auf dem Durchzug durch San Sebastián« (Paul van der Meulen zugeschrieben) sowie einer »Dorflandschaft« von Jan Brueghel d. J. Im dritten Saal ist italienische Malerei des 16. Jh.s ausgestellt, u. a. die Gemälde »Die hl. Margarethe« von **Tizian**, »Gott Vater und der Heilige Geist«, das Paolo **Veronese** zugeschrieben wird, und zwei »Kreuzabnahmen« von Vater und Sohn Veronese. Hauptwerk im vierten Saal ist eine »Kreuzabnahme« von **van der Weyden**, außerdem sind einige italienische und spanische Gemälde vom Ende des 16. Jh.s zu sehen, u. a. eine »Verkündigung« von Veronese und »Die

EL ESCORIAL

Das Klosterschloss El Escorial war Kloster für Hieronymitenmönche, Grablege für Kaiser Karl V., seinen Sohn Philipp II. sowie deren Angehörige und Nachkommen, Symbol für Philipps Sieg über Heinrich II. von Frankreich und für die Macht der Habsburger. Sein Grundriss bildet ein Eisenrost: Mit diesem Werkzeug war Laurentius von den Römern zu Tode gemartert worden.

Öffnungszeiten:
Di. – So. 10.00 – 17.00 (Okt. – März)
10.00 – 18.00 Uhr (Apr. – Sept.), Mo. geschlossen

① Puerta Principal
Nur das Hauptportal in der festungsartigen Mauerflucht ist verziert. Von hier gelangt man in das Kloster und in die Basilika.

② Besuchereingang
Besucher betreten den Escorial durch den ehem. Zugang zu den Palastküchen.

③ Sala de Batallas (Abb. S. 186)
Ein 55 m langes »Bilderbuch« mit wichtigen Schlachten aus Spaniens Geschichte; hier unterrichtete Philipp II. seinen Sohn in Militärkunde.

④ Grabdenkmäler
In den beiden Wandnischen rechts und links vom Hochaltar knien die vergoldeten Bronzefiguren Philipps II. und Karls V. mit ihren Angehörigen »in ewiger Anbetung«. Unter dem Altarraum befindet sich das Pantheon, die königliche Grablege.

⑤ Escalera Principal
Luca Giordano malte das Fresko »Die Glorie der spanischen Monarchie« über der Haupttreppe.

⑥ Kloster
Seit 1885 leben hier Augustinermönche.

⑦ Bibliothek
Die Bibliothek verbindet Kloster und Kolleg. Philipp maß ihr große Bedeutung bei, daher ihre reiche Ausstattung.

⑧ Galerie der Rekonvaleszenten
Zwischen den Bögen dieser der Sonne zugewandten Galerie erholten sich kranke Mönche.

In der Bibliothek befindet sich auch Philipps Privatsammlung.

Pantheon der Könige: In übereinander liegenden Reihen ruhen die Sarkophage der spanischen Könige und Königinnen (nur Mütter von Thronfolgern).

Der Innenhof des doppelstöckigen Großen Kreuzganges, Patio de los Evangelistas, so genannt nach den Statuen der vier Evangelisten am Brunnenhaus

Anbetung der Hirten« von Tintoretto. Im fünften Saal befinden sich Gemälde italienischer Maler des 17. Jh.s, u. a. von Pietro Martire Neri, Guercino und Guido Reni. Die drei Säle 6, 7 und 8, deren Fenster auf den Patio de Mascarones (Maskenhof) hinausgehen, enthalten Werke spanischer Maler des 17. Jh.s, u. a. von José de Ribera, Zurbarán, Claudio Coello und Alonso Cano. Saal 9, der ehem. Sommerschlafsaal Philipps II., zeigt das Werk von Luca Giordano. Damit endet der Rundgang durch die Gemäldegalerie. Durch einen Gang kommt man in den Patio de los Mascarones, **Masken- oder Fratzenhof**, hinaus, der seinen Namen den beiden Brunnen verdankt.

Palast Philipps II.

Der Palast Philipps II. umgibt den Maskenhof und schließt an das Chorhaupt der Kirche an. Wie alle spanischen Königspaläste jener Zeit besteht er aus den ähnlich angelegten Gemächern des Königs und der Königin. Hier sind sie so angelegt, dass man von beiden Schlafräumen durch die jeweilige Kapelle hindurch den Hauptaltar der Kirche sehen kann. Die Räume der Königin wurden zuletzt von Philipps Tochter Isabel Clara Eugenia eingenommen und werden die Gemächer der Infantin genannt.

Vom Fratzenhof über die Königinnentreppe geht es zunächst in den letzten Saal des sog. Öffentlichen Palastes, in den 55 m langen und 7 m hohen Schlachtensaal, **Sala de las Batallas**. Ausgeschmückt ist er mit Fresken von Niccolo Granello, Fabrizio Castello, Orazio Cambiasso und Lazzaro Tavarone. Philipp II. wollte die bedeutendsten Schlachten der Reconquista den unter seiner Herrschaft errungenen Siegen gegenüberstellen: die Schlacht von La Higueruela 1431 (an der langen Wand; eine Kopie einer Zeichnung aus dem 15. Jh. aus dem Alcázar von Segovia) und neun Episoden aus dem Krieg Philipps II. gegen die Franzosen mit der Schlacht von Saint-Quentin, aus dem Portugalfeldzug und aus den Kämpfen gegen die Engländer auf den Azoren (an den Stirnseiten und zwischen den Balkonen).

Der interessanteste Raum unter den Gemächern des Königs ist der Alkoven, in dem Philipp II. am 13. September 1598 starb. Dank der Ausrichtung seines Bettes konnte er durch zwei Balkone die Landschaft und auf der anderen Seite seine Kapelle und den Hauptaltar der Basilika sehen. Einst schmückte die Kammer u. a. das Tafelgemälde »Todsünden« von Hieronymus Bosch (heute im Prado).

? WUSSTEN SIE SCHON ...?

- Insgesamt zählt der Escorial 16 Innenhöfe, 2673 Fenster, 1250 Türen, 86 Treppen und 88 Brunnen; die Gänge sind zusammen 16 km lang.

Panteón de los Reyes

Über eine Marmortreppe gelangt man in den Panteón de los Reyes, die unmittelbar unter der Kirche gelegene Grabstätte der spanischen Könige. Der achteckige Kuppelbau von Herrera wurde von

Die Gemäldesammlung befindet sich im Untergeschoss des Privatpalastes von Philipp II. Einer der Höhepunkte ist Rogier van der Weydens »Die Kreuzigung«.

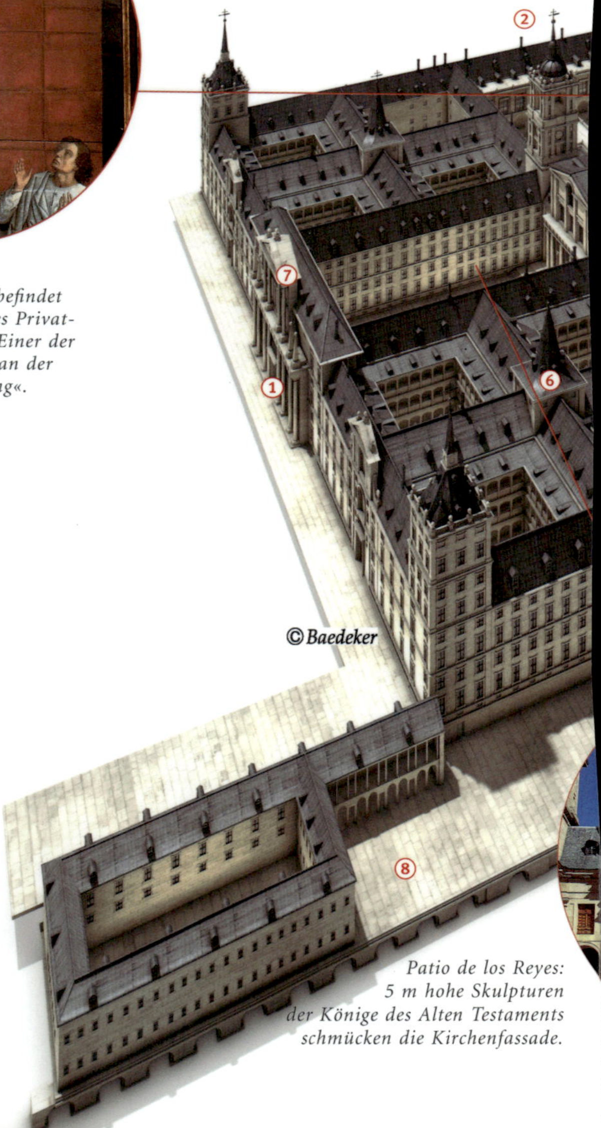

Patio de los Reyes: 5 m hohe Skulpturen der Könige des Alten Testaments schmücken die Kirchenfassade.

Das Martyrium des hl. Mauritius von El Greco zeigt den heutigen Schutzpatron der Soldaten.

Juan Gomez de Mora erweitert und 1654 vollendet. Der barocke Geschmack der Zeit setzte sich in der Ausstattung mit schwarzem Marmor und vergoldeter Bronze durch, ein Entwurf des Italieners Giovanni Batista Crescenti. Mit wenigen Ausnahmen ruhen hier auf der linken Seite alle Könige seit Karl V. sowie Isabella II. in identischen Granitsarkophagen. Auf der rechten Seite liegen die Königsmütter und der Gemahl Isabellas II., Francisco de Asís.

Unter der Sakristei und den Kapitelsälen erstreckt sich der **Panteón de los Infantes**, die Grablege der spanischen Prinzen und Prinzessinnen und der Königinnen, deren Kinder nicht Herrscher wurden, darunter in der fünften Grabkammer das Grabmal des Don Juan de Austria (von Giuseppe Galeotti nach einem Entwurf von Ponzano); in der sechsten Kammer steht die Tarta de Comuniones, das zwanzigeckige Mausoleum der Infanten, die vor Erreichen der Pubertät verstorben sind.

Salas Capitulares

Die Räume längs der Südseite des Unteren Kreuzgangs enthalten die mit schönen Deckenfresken versehenen Kapitelsäle, in denen die Klosterbewohner gewöhnlich zusammenkamen. Die gewölbten Decken sind mit Fresken von Fabrizio Castello und Nicolás Granello ausgestattet; an den Wänden des Vikarsaals hängen Gemälde u. a. von Tizian, Ribera, Velázquez und El Greco; der Priorsaal ist mit Werken von Tizian, Tintoretto, Veronese und Moretto da Brescia geschmückt; in der Priorzelle sind Tafeln von Hieronymus Bosch, genannt El Bosco, beachtenswert. Außerdem sind Messgewänder, ein tragbarer Altar von Karl V. und liturgisches Gerät ausgestellt.

Großer Kreuzgang

Die Umgänge um den **Patio de los Evangelistas** (Hof der Evangelisten) schmücken Fresken mit Szenen der Heilsgeschichte von Pellegrino Tibaldi. Der Hof verdankt seinen Namen dem in der Mitte stehenden Brunnen von Herrera mit einem Brunnenhaus mit den vier Evangelisten.
Rings um den Kreuzgang befinden sich die **Iglesia Antigua**, die Alte Kirche, die während der Bauzeit des Escorial zum Gottesdienst benutzt wurde, und die **Sacristía** (beide sind nicht zu besichtigen). Die

Gewölbe der Sakristei wurden von N. Granello und F. Castello ausgemalt. An den Wänden hängen Werke von Tizian, Ribera, Giordano sowie von Claudio Coello.

Escalera Principal Die imperiale Haupttreppe (Escalera Principal) steigt zweiläufig symmetrisch in das obere Stockwerk hinauf. Sie ist vermutlich ein Entwurf von Gian Battista Castello, genannt Bergamasco. Die Fresken im Gewölbe des Treppenhauses, »Die Glorie der spanischen Monarchie«, malte Luca Giordano (1692). Karl II., in der Mitte der Westwand platziert, zeigt diese Apotheose seiner Mutter und seiner Gemahlin. An den Wänden hängen Porträts, u. a. Juan Bautista de Toledo und Juan de Herrera darstellend.

Bourbonenpalast Nur nach Voranmeldung zu besichtigen ►

Der Bourbonenpalast erstreckt sich über zwei Flügel des Gebäudekomplexes und ist nur nach Voranmeldung zu besichtigen (Tel. 9 18 90 59 03). Über eine im 18. Jh. von Villanueva umgebaute Treppe gelangt man in die Repräsentationsräume von Karl IV. und María Luisa von Parma im dritten Stock. Die Räume sind mit kostbaren Möbeln und Porzellanen des 18. Jh.s bestückt. Überaus eindrucksvoll sind die 338 Wandteppiche, die teils aus der Madrider Santa-Bárbara-Manufaktur, teils aus flämischen Teppichknüpfereien stammen. Dargestellt sind volkstümliche Szenen, u. a. nach Kartons von Goya, aber auch Allegorien und Jagdszenen, zu denen Teniers, Wouwerman, Bayeu und Maella die Entwürfe lieferten.

Patio de los Reyes Vom Kreuzgang aus gelangt man nun zum Hof der Könige, den Patio de los Reyes. Er wird beherrscht von der Kirchenfassade mit ihren Standbildern biblischer Könige, die ihm den Namen gaben, und den zwei massiven Glockentürmen.

Kirche Die mit Fresken von Luca Giordano ausgemalte Kirche ist charakterisiert durch Strenge und Monumentalität. Durch die Vierungskuppel fällt kaltes Licht ins Kircheninnere und lässt die kostbaren Materialien des 30 m hohen Retablos erglänzen. 17 Stufen führen zu dem von Herrera entworfenen vierstöckigen Altaraufbau aus Jaspis und rotem Marmor, geschmückt mit Gemälden der Italiener Zucaro und Tibaldi sowie Statuen von Kirchenvätern und Evangelisten von Pompeo und Leone Leoni. Diese Künstler schufen auch die **bronzenen Grabdenkmäler** der beiden bedeutendsten Herrscher Spaniens in den Nischen des Presbyteriums: Von der Evangelienseite (rechts) blickt die vergoldete Bronzestatue Karls V., hinter dem seine Gemahlin Isabella, seine Tochter María und seine Schwestern Eleonora und María knien, auf den Hochaltar. Auf der Epistelseite (links) kniet Philipp II. mit seinen drei Frauen – Isabella von Valois, Maria von Portugal (Mutter von Don Carlos) und Anna von Österreich – und seinem Sohn Don Carlos.

Ein Hauptwerk der italienischen Kunst des 16. Jh.s befindet sich in einer der Kapellen im Nordwesten der Kirche. Das Marmorkruzifix

»Christus am Kreuz« schuf Benvenuto Cellini 1556–1562 ursprünglich für sein eigenes Grabmal in Florenz.

Bibliothek

In den Räumen an der Südseite des Patio de los Reyes wurde im zweiten Stock die Bibliothek eingerichtet. Der mit herrlichen »Die Fundamente des Wissens« darstellenden Fresken von Tibaldi ausgeschmückte Saal enthält über 40 000 Bände. In Vitrinen werden einige der wertvollsten Handschriften und Inkunabeln ausgestellt, so der dem deutschen Kaiser Konrad II. zugeschriebene Codex Aureus (1093), eine Handschrift der Marienlieder Alfons' des Weisen, Handschriften der hl. Teresa de Ávila, hebräische und arabische Schriften.

Gärten und andere Gebäude

Nach dem Besuch des Escorial lohnen noch die Gärten und andere Gebäude außerhalb des Komplexes einen Besuch. Die sog. **Galerie der Rekonvaleszenten**, ein Werk von Juan Bautista de Toledo, war der »Sonnenkorridor« für kranke Mönche. Darüber hinaus schmückt sie die Stützmauer, die den Höhenunterschied zwischen Lonja und dem Garten der Klosterbrüder ausgleicht. Von hier hat man einen schönen Ausblick. Der Teich ist ein Werk von Francisco de Mora.
Südöstlich der Klosteranlage erstrecken sich die mit hübschen Alleen und uralten Mammutbäumen bewachsenen **Jardines del Príncipe** (Prinzengärten), in deren unterem Teil der Prinz von Asturien und spätere König Karl IV. 1773 ein Schloss, die **Casita del Príncipe**, errichten ließ. Die im Stil der Zeit eingerichteten Innenräume können besichtigt werden. Ein kleineres Pendant zur Casita del Príncipe ist die **Casita del Infante** südwestlich vom Escorial, die dem Bruder Karls IV., dem Infanten Gabriel, als Ort der Zurückgezogenheit diente (beide Gebäude sind nur im Sommer zugänglich).

Prior-Turm und Galerie der Rekonvaleszenten

Auf einer Anhöhe 3 km südlich der Klosteranlage befinden sich Felsblöcke, von denen Philipp II. die Bauarbeiten beobachtet haben soll, die sog. **Silla de Felipe II** (Sessel Philipps II.). Man genießt einen ausgezeichneten Blick auf den Escorial vor dem Panorama der Sierra de Guadarrama (Anfahrt: vorbei am westlich außerhalb des Ortes gelegenen Golfplatz, ab da ist der Weg beschildert).

Valle de los Caídos

Öffnungszeiten: Di. – So. 10.00 – 17.00 im Sommer bis 18.00

Das Valle de los Caídos, das »Tal der Gefallenen«, 12 km nördlich von San Lorenzo de El Escorial ist heute eine Gedenkstätte für die 1936 – 1939 im Spanischen Bürgerkrieg Gefallenen sowie Pilgerstätte für politisch Unverbesserliche (von San Lorenzo de El Escorial fährt täglich außer montags um 15.15 Uhr ein Bus zum Valle de los Caídos, Rückfahrt 17.30 Uhr; Auskunft am Busbahnhof in San Lorenzo). Es entstand 1940 – 1958 im Auftrag General Francos, für die Bauarbeiten herangezogen wurden freilich nur Kriegsgefangene der Gegenseite, der republikanischen Truppen. Das Eingangstor zum Gelände liegt mehrere Kilometer unterhalb der eigentlichen Gedenkstätte, die man mit dem Auto über die Landstraße M 600 erreicht. Schon von weitem erkennt man das gut 150 m hohe Kreuz aus Beton, das über der Anlage aufragt. Vor dem Eingang der Basilika wurde ein 30 600 m² großer Vorplatz angelegt, die Basilika selbst liegt im Fels. Herz der Felsenkirche ist der Altar unter der 42 m hohen Vierungskuppel, die mit Mosaiken geschmückt ist. Unter einer vor dem Altar eingelassenen Grabplatte liegt Primo de Rivera, der Gründer der Falange, hinter dem Altar, unter einer gleichen Platte, liegt Franco begraben.

Estación de Atocha

d IV

Lage: Glorieta de Carlos V **Metro:** Atocha, Atocha-Renfe

Die Estación de Atocha, der Atocha- oder Südbahnhof, liegt gegenüber vom ► Centro de Arte Reina Sofía. »Eines Tages, am 9. Februar 1851, erschien neben dem Kloster Atocha ein Monster, das Rauch spuckte, Feuer säte und dessen Pfeifen halb Madrid hörte…«

Ankunft und Abfahrt in einer Oase

Gepäckaufbewahrungsstelle (Consigna) tägl. 5.45–22.20 ►

... so beschrieb ein Madrider Reiseführer die Einweihung der Eisenbahnlinie von der Hauptstadt ins nahe gelegene Aranjuez. 1889 – 1891 entstand der erste, nach einem Dominikanerkloster benannte Madrider Bahnhof in seiner heutigen Form. Die Pläne für den repräsentativen Backsteinbau mit seiner großen Metall- und Glaskuppel stammten von Alberto del Palacio Elissague, sein Vorbild war die 1866 in London eröffnete St.-Pancras-Station. Jeder Reisende, der nach Andalusien, in die Extremadura oder nur in die südlichen Vororte Madrids wollte, musste seinen Weg hier beginnen – daher auch der Beiname Estación del Mediodía, Bahnhof des Südens.
Im spanischen Jubeljahr 1992 wurde der Bahnhof ein zweites Mal eingeweiht, als der AVE, der spanische Hochgeschwindigkeitszug, seine täglichen Fahrten zur Weltausstellung in Sevilla aufnahm. Unter der Regie des spanischen Architekten und Pritzker-Preisträgers Rafael Moneo ist die ehemalige Bahnhofshalle zu einem postmodernen

Vorbild des Atocha-Bahnhofs war die St.-Pancras-Station in London.

Vestibül geworden, in dem grauer Marmor, Glas und Hightech vorherrschen. Wo einst die Gleise endeten, befindet sich heute ein Botanischer Garten, bekannt als **Invernadero**, der aus Tausenden von Düsen mit Wasserdampf besprüht wird. Im Schatten von Palmen sitzen die Reisenden und andere Besucher mit Blick auf einen Seerosenteich. Züge halten in einem neuen Bahnhofsbereich. Der Zugang zu den Cercanias (Stadtbahn) und der Metro-Station Atocha-Renfe befindet sich in einer schlichten Rotunde, etwas nordöstlich, mit der Moneo die Backsteinarchitektur fortsetzte. Das **»Mahnmal 11. März«** (2007; Schlaich, Bergermann und Partner), ein 11 m hoher Zylinder aus Glasbausteinen, erinnert an die Toten des Terroranschlags vom 11. März 2004.

★ La Granja de San Ildefonso

Außerhalb

Lage: 78 nördlich von Madrid und 11 km südöstlich von Segovia

Der kleine Ort liegt am Fuße des zur Sierra de Guadarrama gehörenden Peñalara in 1200 m Höhe. Ursprünglich hatten hier Mönche des Klosters El Parral einen Meierhof (La Granja = Landgut) betrieben, aus dem sich später die Ortschaft entwickelte. Nach Abschluss des Spanischen Erbfolgekrieges beschloss der Bourbonen-König Philipp V. den Bau eines Schlosses, das an Versailles erinnern und Palast, Kirche und Grabmal umfassen sollte.

Baugeschichte 1721 wurde mit dem Bau der Vierflügelanlage mit Ecktürmen nach den Plänen des Madrider Architekten Teodoro Ardemans begonnen. In einer zweiten Bauphase, 1727 – 1734, wurde das Schloss nach Plänen der Italiener Andrea Procaccini und Sempronio Subisati um zwei große, zu den Gärten geöffnete Dreiflügelanbauten erweitert. Im Jahr 1762 entstanden unter Karl III. die Hofstadt mit Neben- und Verwaltungsgebäuden sowie die Real Fábrica de Cristales de La Granja, die königliche Glasfabrik.

Schloss La Granja

Öffnungszeiten:
Okt. – März
Di. – Sa.
10.00 – 13.30
15.00 – 17.00
So., Fei.
10.00 – 14.00
Apr. – Sept.
Di. – So.
10.00 – 18.00

Man nähert sich dem Schloss von der Rückseite, die von dem stattlichen Bau der Schlosskirche beherrscht wird. Darin befindet sich das rotmarmorne Grabmal Philipps V. und seiner Gemahlin Isabella Farnese. Die eigentliche Schauseite des Schlosses blickt stattdessen auf den Garten. Sie wurde nach Entwürfen von Filippo Juvara und Giovanni Battista Sacchetti, den Architekten des Madrider Königlichen Schlosses (►Palacio Real), 1734 errichtet. Mit ihren hohen Türfenstern, Rundsäulen, Pilastern, Karyatiden, Wappen und dekorativen Rüstungen aus Marmor, Granit und rosarotem Sandstein aus Sepúlveda hat die 155 m lange Repräsentationsfassade französisch-italienischen Charakter.

Blick über die goße Kaskade auf die eigentliche, zum Garten gerichtete Schauseite des Schlosses La Granja

Schloss-Tour

Auf einer Führung durch das Schloss, das 1919 bei einem Brand stark beschädigt wurde, gelangt man u. a. in ein Japanisches Kabinett, den Empfangsraum des Königs sowie den Thronsaal, eingerichtet mit Einrichtungs- und Erinnerungsstücken an die Bourbonen.
In einem Teppichmuseum sind hervorragende flämische, spanische und französische Wandteppiche ausgestellt.

Gärten

Öffnungszeiten: tägl. 10.00 – 18.30 im Sommer bis 21.00

Einzigartig sind die Gärten an der Schauseite des Schlosses, auf die die prächtige »Große Kaskade« mit ihren elf Stufen zuführt. Ursprünglich stammten die Pläne für die Gestaltung der 140 ha großen und damit Versailles übertreffenden Gartenanlage von einem französischen Gartenarchitekten namens Marchand. Mit ihrer Ausführung wurden 1722 die Franzosen Etienne Boutelou und René Carlier beauftragt. Man ist überwältigt von der Formenvielfalt der Blumenbeete, der sorgfältig gestutzten Büsche, Hecken und Zieralleen. Beeindruckend sind auch die vielen Brunnenfiguren und Gartenplastiken, die in der Mehrzahl der bildhauerischen Fantasie von René Fremin und Jean Fermy entsprungen sind und Figuren aus der Mythologie darstellen.

◄ Wasserspiele

Diese Brunnen werden nicht mit Umwälzpumpen betrieben, sodass sich die Figuren bei einem Spaziergang durch den Park normalerweise still im Wasser spiegeln. Um die Fontänen sprudeln zu lassen, muss das im 18. Jahrhundert verlegte Rohrsystem aus einem Stausee geflutet werden, der über dem Park in seinem östlichen Teil am Fuß der Sierra liegt. Einzelne Brunnen werden von den Fontaneros meist ab der Osterwoche bis zum Oktober jeweils mittwochs, samstags und sonntags um 17.30 Uhr geflutet, vorausgesetzt, es ist ausreichend Wasser gespeichert. In ihrer ganzen grandiosen Schönheit werden die Wasserspiele im Rahmen der Patronatsfeste zu Ehren des Stadtheiligen San Luis am 25. August geflutet, wozu sich dann Tausende von Schaulustigen einfinden.
Weitere Termine sind (je nach Wasserreserven): Osterwoche, 30. Mai und 25. Juli.

? WUSSTEN SIE SCHON ...?

- 28 Brunnen und knapp 500 Wasserspeier (in einigen Quellen ist von genau 496 die Rede) und unzählige Skulpturen schmücken die Palastgärten von La Granja. Der 47 m hohe Strahl der Fontäne La Fama ist sogar von Segovia aus zu sehen.

Centro Nacional del Vidrio

Die Ende des 18. Jahrhunderts nach Plänen von José Diáz Gamones erbaute Glasfabrik, ein Granitbau, dessen Gewölbe und Kuppeln aus Ziegelstein gemauert wurden, ist ein schönes Beispiel früher europäischer Industriearchitektur. Heute beherbergt das Gebäude eine Glasfachschule und ein Museum. Letzteres führt in die Geschichte der Glasherstellung und -kunst ein (Paseo del Pocillo 1, zu Fuß ca. 8 Minuten vom Schloss entfernt, im Ort gelegen; www.fcnv.es/museo; Mitte Sept. – Mitte Juni Di. – Sa. 10.00 – 18.00, So., Fei. bis 15.00, im Sommer Di. – Fr. 10.00 – 18.00, Sa., So., Fei. bis 19.00 Uhr).

★ Gran Vía

a–d 1

Metro: Banco de España, Gran Vía, Callao, Santo Domíngo, Plaza de España

Die Gran Vía, die von der Calle de Alcalá bis zur ►Plaza de España führt und die wichtigste Verkehrsader und Ost-West-Verbindung darstellt, ist der Inbegriff des Madrider großstädtischen Geistes.

Pulsierende Meile

Mit ihren Bürogebäuden, Banken, Kaufhäusern, Cafés, Kinopalästen, Metro-Stationen und Tiefgaragen ist sie zugleich Schaufenster und Treffpunkt, Promenade und Aushängeschild, Zentrum des Geschäftslebens und Verkehrsknotenpunkt. Unter dem Einfluss des Verkehrs und zahlreicher Schnellimbiss-Lokale hat die Gran Vía freilich an Originalität und Flair verloren. Vor allem das pulsierende Nachtleben hat sich in die umliegenden Viertel verlagert. Das Projekt einer breiten Durchfahrtsstraße, die den Westen und den Osten der Stadt verbinden sollte, stammt bereits aus dem 19. Jahrhundert. Aber erst am 4. April 1910 wurde mit dem ehrgeizigen Projekt begonnen: 14 Straßen und unzählige Gassen der winkeligen Altstadt sowie über 300 Häuser mussten für die 1,5 km lange Straße abgerissen werden.

Baugeschichte

Die barocke Iglesia de San José aus dem 18. Jh. markiert den Eingang zur Gran Vía. Ihr erster Abschnitt entstand zwischen 1910 und 1920. Er bewahrt noch die Atmosphäre des 19. Jh.s und erinnert in Gebäuden wie dem kuppelgekrönten **Edificio Metrópolis** mit seiner monumentalen Engelsstatue an der Ecke zur Calle de Alcalá, dem gegenübergelegenen Edificio Piaget bzw. Edificio Grassy (einem stadtbekannten Juwelier), dem La Gran Peña (Gran Vía 2), dem Ybarra-Haus (Nr. 8) oder dem Eckhaus an der Calle Clavel vage an Paris.
Das massige Gebäude der Telefónica, 1929 als erster Wolkenkratzer in Europa erbaut, kündigt einen anderen architektonischen Stil an. Von der Red de San Luis bis zur Plaza del Callao und von dort bis zur ►Plaza de España wird die Gran Vía entschieden amerikanisch. Im Westen hebt sich die Silhouette des Carrión-Gebäudes mit dem Capitol-Kino wie ein Schiffsbug gegen das Lichtmeer der Madrider Sonnenuntergänge ab. Links und rechts verleihen Bauten der 1920er- und 1930er-Jahre dem Madrider »Broadway« seinen unverwechselbaren Charakter.

Herausragende Gebäude

Als langjähriger Sitz der Telefongesellschaft war die **Torre Telefónica**, 1925 – 1929 nach Plänen von Ignacio de Cárdenas und Louis S. Weeks fertig gestellt, lange Zeit das populärste und höchste Gebäude der Stadt. Es ist 81 m hoch. Gleich daneben (Gran Vía 32) steht das einstige Kaufhaus Madrid-Paris (heute SEPU), ein Werk französischer Architekten. Nahebei grenzt der einstige Musikpalast, **Palacio de la Música** (1924 – 1929 von Secundino Zuazo; Gran Vía 35), an die Plaza del Callao. Sie wird von der mächtigen Fassade des **Palacio de la Prensa** beherrscht, ein Werk aus dem Jahr 1924 (Architekt: Pedro Muguruza; Gran Vía 46). Das **Carrión**-Gebäude (Nr. 41), das die spitze Ecke zur Calle de Jacometrezo dominiert, birgt mit dem **Capitol** ein bildschönes Jugendstilkino. Es wurde 1931 – 1933 von Louis Martínez Feduchi und Vicente Eced erbaut.

Im weiteren Verlauf bestimmt der Geist der architektonischen Avantgarde der 1930er-Jahre die Gran Vía und so mutet ihr letzter Teil am »amerikanischsten« an. Gebäude wie das Lichtspieltheater **Rialto**, das die Roxy- und Paramount-Paläste in New York nachahmt, der ehemalige Sitz der **Banco Hispano de la Edificación** (Gran Vía 60), das von einer eigentümlichen Riesenstatue von Victorio Macho gekrönt ist, sowie das Eckhaus zur Calle San Bernardo oder das **Coliseum** mit seiner rationalistischen Fassade (1931 – 1933 von P. Muguruza und Casto Fernández Shaw; Gran Vía 78) zeugen vom Enthusiasmus der Zeitgenossen für die moderne amerikanische Bauweise.

Hier beginnt die auf dem Reißbrett der Architekten entworfene Gran Vía.

Die Bauten an der ► Plaza de España mit den Hochhäusern Edificio España und Torre de Madrid, die in den 1950er-Jahren entstanden und bis in die 1980er-Jahre das moderne Madrid verkörperten, schließen die Gran Vía ab. Nun beginnt ein Stadtviertel, das sich um die Achse Princesa-Argüelles gruppiert und für welches die ehemalige Kaserne Conde-Duque (► Cuartel del Conde-Duque), der ► Palacio de Liria, Hotelriesen, Kleinkinos und die Studentenbevölkerung typisch sind.

Iglesia

►Hauptnamen der Kirchen

Inmaculada Concepción de Mercedarias Descalzas

E 8

Lage: Calle de Luis de Góngora 5 **Metro:** Chueca

Das Kloster Inmaculada Concepción de Mercedarias Descalzas, nach seinem Gründer Don Juan de Góngora auch nur kurz Las Góngoras genannt, ist ein typisches Beispiel Madrider Architektur der 2. Hälfte des 17. Jahrhunderts.

! *Baedeker* TIPP

Tipps zum Einkehren

Die kleine Plaza de Chueca mit ihren Cafés und Bars ist der Mittelpunkt des Viertels; besonders einladend ist die Taberna Ángel Sierra und in der Taverne Tienda de Vinos trafen sich einst Franco-Gegner, daher wird sie auch »El Comunista« genannt (Calle Augusto Figueroa 35; So. geschl.).

Die gut erhaltene Kirche mit Langschiff und kurzem Kreuzschiff erhält durch eine beherrschende Kuppel Weite und Licht (die Besichtigungszeiten richten sich nach dem Gottesdienst).

In den Straßen und Plätzen der Umgebung – Gravina, Libertad, Fernando VI, San Lucas, San Mateo und Plaza de la Villa de París sowie Plaza de las Salesas – kann man die Veränderungen beobachten, welche die bürgerliche Erweiterung unter Isabella II. in der alten Stadtordnung des 17. Jh.s verursachte.

Jardín Botánico

E 9

Lage: Plaza de Murillo **Metro:** Atocha

Der Botanische Garten, eine kleine Oase unmittelbar neben dem Prado-Museum, ist eine Gründung von Karl III. und Teil seines ehrgeizigen Urbanisierungsplans für den östlichen Stadtteil.

Öffnungszeiten:
tägl. ab 10.00
Nov.–Febr. bis 18.00
März, Okt. bis 19.00
Sept., Apr. bis 20.00
Mai–Aug. bis 21.00

Zusammen mit dem Naturwissenschaftlichen Museum, dem Prado und dem Observatorium im ► Parque del Retiro sollte er der Verbreitung und dem Studium der Wissenschaften dienen. Der Architekt Juan de Villanueva entwarf den Park, der, von Gittern umgeben, zwei Eingänge im klassizistischen Stil aufweist (Eintritt kostenpflichtig). Drei Terrassen zeigen jeweils den romantischen, den isabellinischen und den klassizistischen Stil.
Der von dem Botaniker Gómez de Ortega angelegte Garten wurde 1781 eröffnet und erlangte durch seine aus Amerika und den Philippinen importierten Pflanzen und Samen internationale Bedeutung.

La, Las ...

►Hauptnamen

★ Mercado de San Miguel

b II

Lage: Plaza de San Miguel **Metro:** Sol

Ganz in der Nähe der ► Plaza Mayor befindet sich in einem der malerischsten Winkel der Altstadt der schönste Markt Madrids.

►Special Guide Madrid

Der farbenfrohe Markt besteht seit 1835 an dieser Stelle, an der sich einst die östliche Stadtausfahrt des zweiten Mauerrings befand. In den Jahren 1911 bis 1916 wurde die filigrane Eisenkonstruktion von dem Architekten Alfonso Dubé y Díez fertig gestellt. Sie ersetzte das malerische Durcheinander von Waren und Lebensmitteln des alten Marktplatzes. In jüngerer Zeit wurde der Bau mit Glaswänden gegen Hitze und Kälte versehen und zuletzt im Mai 2009 nach langem Umbau wieder geöffnet. Die neuen Betreiber setzen auf Gourmetkunden und hungrige Touristen.

✶ Cava San Miguel, Calle de Cuchilleros

Die abschüssigen Straßenzüge Cava San Miguel / Calle de Cuchilleros gehören zu den malerischsten Winkeln der Altstadt. Sie künden den Verlauf des einst entlang der mittelalterlichen Stadtmauer verlaufenden Stadtgrabens (cava). In den Gewölben der Häuser aus dem 18. Jh. laden traditionsreiche Gasthäuser und Tavernen ein, darunter das Restaurante Botin, eines der ältesten Lokale der Stadt (►S. 79).

★★ Monasterio de las Descalzas Reales

b I/II

Lage: Plaza de las Descalzas Reales 3 **Metro:** Sol, Callao

Das teilweise der Öffentlichkeit zugängliche aktive Kloster überrascht im Inneren mit seiner wertvollen Ausstattung sowie mit einer großen Anzahl bedeutender Kunstwerke.

Kunst hinter Klostermauern

Kirche und Konvent der Descalzas Reales, der Königlichen Barfüßerinnen, liegen an der gleichnamigen Plaza in der Nähe der verkehrsreichen ► Puerta del Sol und unweit der ► Gran Vía. Sie sind in einem Renaissancepalast untergebracht, der einst dem Schatzmeister Karls V., Alonso Gutiérrez, gehörte.

Die große Treppe, von der Tochter des deutschen Kaisers Rudolf II. gestiftet, gehört zum ältesten Teil des Klosters.

Öffnungszeiten:
Di. – Do., Sa.
10.30 – 12.30
16.00 – 17.30
Fr. 10.30 – 12.30
So., Fei.
10.00 – 13.30

Johanna (1535 – 1573), die mit dem Erbprinzen Juan Manuel von Portugal verheiratete Tochter Karls V., kehrte früh verwitwet nach Madrid zurück und stiftete 1554 in ihrem Geburtshaus den Orden der Barfüßerinnen. Die erforderlichen Umbauten unternahmen zwischen 1556 und 1564 die Architekten Antonio Sillero und Juan Bautista de Toledo; letzterer wirkte auch am Bau des ►El Escorial mit. Die noble Fassade aus rotem Backstein und Granit, der traditionellen Madrider Mischung, gehört zu den wenigen Zeugnissen der Baukunst des 16. Jh.s, die in der Stadt erhalten sind. Das bis heute aktive Kloster ist im Rahmen einer (spanischsprachigen) Führung zu besichtigen. Es versetzt die Besucher in die Welt der Renaissance- und Barockfürsten und vermittelt einen Eindruck von der klösterlichen Lebenswelt der Habsburgerinnen, die am politischen Hofleben keinen Anteil mehr hatten.

Kirche Die zweigeschossige Hauptfassade der Kirche ist in die Mauerflucht des Konventsgebäudes eingebunden. Das Innere wurde im 18. Jh. von Villanueva klassizistisch umgebaut. An der Presbyteriumswand befindet sich die (nicht zugängliche) Grabkapelle der Johanna (1574, Giacomo da Trezzo; die Marmorstatue ist von Pompeo Leoni).

Klostermuseum Das Kloster wird durch ein Portal links der Kirche betreten; zunächst gelangt man in eine Halle (Information), in der einst die klostereigene Kutsche untergestellt war; die Holzdecke stammt von 1540. Eine

platereske Tür führt in das eigentliche Kloster. Der heute verglaste Kreuzgang ist der Innenhof des ehemaligen Stadtpalastes. An den Innenwänden der Umgänge befinden sich zahlreiche von den einstigen Klosterinsassinnen gestiftete Altäre und Kapellen.
Die **große Treppe** im Norden des Kreuzganges gehört zum ältesten Teil des Klosters. Sie wurde in späteren Zeiten barock dekoriert. Anna Dorothea, Tochter des deutschen Kaisers Rudolf II., ließ sie 1684 auf ihre Kosten mit barockem Prunk ausstatten. Ein »Kalvarienberg« von Antonio de Pereda nimmt eine der Wände ein, die gegenüberliegende Wand ist mit ornamentalen Fresken in italienischer Tradition ausgemalt. In einer Scheinloggia erscheinen Philipp IV. mit seiner zweiten Frau Maria Anna von Österreich, der Prinzessin Margarita und Prinz Philipp Prosperus. Sie schauen wie von einem Balkon auf die Besucher herab. Die Porträts werden Claudio Coello zugeschrieben, der wie auch Antonio de Pereda an der Gesamtausmalung beteiligt war.
Im Obergeschoss befinden sich zahlreiche reich geschmückte Altäre und Kapellen, ebenfalls gestiftet von den Klosterinsassinnen sowie deren Familien, darunter auch die hoch verehrte liegende Christus-Figur von Gaspar Becerra.
Im **Vorraum** zur Nonnenempore sind kleinere Wandaltäre und kirchliche Geräte zu sehen, die Figur aus Buchsbaumholz in der Kapelle der Virgen del Puig ist aus dem 15. Jh. Im **Nonnenchor** befindet sich das Grabmal der Kaisergemahlin Maria von Österreich († 1603 im Kloster), ausgeführt von Giovanni Battista Crescenzi, dem Architekten des Pantheon im Escorial. Unter diesem Grabmal befindet sich die Graburne ihrer Tochter Margarita († 1633). Die Schmerzensmutter in einer Vitrine ist von Pedro de Mena (17. Jh.).
Die Vorliebe der Zeit für Tapisserien findet in der Gran Sala de Tapices, dem ehemaligen Schlafsaal der Nonnen, Ausdruck. Dort wird ein großer Teil der 14-teiligen Teppich-Serie »**Triumph der Eucharistie**« ausgestellt. Sie wurde von Isabel Clara Eugenia, der Tochter Philipps II., in Brüssel in Auftrag gegeben und zwischen 1625 und 1628 nach Kartons von Peter Paul Rubens angefertigt.

◄ Sala de Tapices

Familienporträts

In den Sälen, Kammern und Gängen treten dem Besucher überall die Habsburger entgegen. Doña Juana, die Gründerin, und Kaisergemahlin Maria von Österreich, Witwe von Maximilian II., sammelten die Porträts ihrer Angehörigen, die heute die Wände bedecken. Einen besonderen Reiz haben die kleinen Kapellen, die mit Talavera-Fliesen ausgelegt sind und mit Kunstwerken und Kostbarkeiten an die einstigen Bewohnerinnen erinnern. In der **Capilla de la Dormición** sind das Deckengemälde Luca Giordanos, »Himmelfahrt Mariens«, zu beachten sowie ein Porträt von Anna Dorothea (Rubens zugeschrieben).
Die **Capilla del Milagro**, benannt nach dem wundertätigen Madonnenbild, das heute auf dem Hauptaltar der Kirche verehrt wird, wurde im Auftrag von Juan José de Austria, dem unehelichen Sohn Phi-

◄ Kapellen

lipps IV., für seine im Kloster lebende, ebenfalls uneheliche Tochter Margarita de la Cruz ausgestaltet. Die Fresken (Perspektivmalerei) stammen von Dionisio Mantovano sowie von Francesco Ricci. Die vier Heiligenfiguren auf dem Altar sind von Luisa Roldán, der Hofbildhauerin Karls II.
Die **Casita**, Zelle und Sterbezimmer der Erzherzogin Margarita († 1633), ist in originaler Ausstattung erhalten. Im **Candilón**, wo einst die Verstorbenen aufbewahrt wurden, sind vor allem Porträts der Habsburger, hauptsächlich der Geschwister Karls V. und der Kinder Philipps II. zu sehen. Unter den Skulpturen im **Kapitelsaal** sind eine weitere Schmerzensmutter von P. de Mena (1673) und ein Schmerzensmann (ebenfalls P. de Mena) besonders zu beachten. Der **Salón de los Reyes** war einer der Wohnräume der königlichen Bewohner des Klosters außerhalb der Klausur. Hier sind weitere Porträts der Habsburger und anderer adliger Konventsangehöriger des 16. und 17. Jh.s zu sehen (teils zeitgenössische Kopien). Die Reliquienkapelle beherbergt wohl die reichste **Reliquiensammlung** Madrids.

Museumssaal

Überwältigend ist die Sammlung im Museumssaal. Flämische Tafelbilder, die Isabella, der Gemahlin Karls V., gehörten, Werke von Meistern wie Hans Memling, Adriaen Isenbrant, Dirk Bouts, Rogier van der Weyden und Bilder von spanischen Malern wie Francisco de Zurbarán, Bartolomé Esteban Murillo und Jusepe Ribera sind dort nebeneinander zu sehen. Der »Zinsgroschen« von Tizian und die »Anbetung der Heiligen Drei Könige« von Pieter Brueghel d. Ä. sind Höhepunkte der Kloster-Pinakothek.

Montaña del Príncipe Pío

C 8

Lage: Paseo del Pintor Rosales

Metro: Plaza de España, Ventura Rodríguez

Die Montaña del Príncipe Pío war einst ein Landgut, das sich bis zum Prado ausdehnte und 1792 in königlichen Besitz überging. Heute erstreckt sich hier eine der schönsten Parkanlagen Madrids.

Schöne Parkanlage

Im Unabhängigkeitskrieg 1808 – 1813 wurde der den Hügel bekrönende Palast stark beschädigt. In seiner Nähe fanden die Erschießungen des 3. Mai 1808 statt, die Goya in seinem berühmten Gemälde (im ►Museo del Prado) festhielt. Um 1860 entstand die Kaserne, die als Cuartel de la Montaña bei Ausbruch des Bürgerkriegs 1936 bis 1939 eine Hauptrolle spielte. Der Kampf um die Kaserne am 18. Juli 1936, bei dem die Madrilenen die von den aufständischen Militärs verteidigte Kaserne stürmte, leitete die 3-jährige Verteidigung und Belagerung der republikanischen Hauptstadt ein. Dieser Kampf ist als »Schlacht um Madrid« in die Geschichte eingegangen.

Park

Heute bietet sich dem Besucher von hier eine **herrliche Aussicht** auf das Schloss und auf ► San Francisco el Grande, auf die ► Casa de Campo, den Rosengarten Rosaleda, den ► Parque del Oeste und die ferne Sierra de Guadarrama.

Templo de Debod

Der Templo de Debod stammt ursprünglich aus dem nubischen Dorf Debod, das dem Assuan-Stausee weichen musste. Der Tempel wurde, wie andere Kulturdenkmäler auch, abgetragen. 1968 schenkte ihn die ägyptische Regierung Spanien als Dank für die dabei geleistete Unterstützung. Der vom Ufer des Nils an den Manzanares versetzte Tempel entstand im 4. Jh. v. Chr. und war dem Gott Amun geweiht. Zwei von seinen drei hintereinander liegenden Tortürmen sowie Reliefs im Inneren und auf der Rückseite des rechteckigen Baus sind erhalten. Im Inneren des Tempels ist eine kleine Sammlung archäologischer Funde untergebracht.

! *Baedeker* TIPP

Ins alte Ägypten versetzt

Im Innern des Templo de Debod fühlt man sich tatsächlich ins alte Ägypten versetzt. Im Regelfall hat er geöffnet: Di. – Fr. 10.00 – 14.00, 18.00 – 20.00, Sa., So. bis 14.00 Uhr.

Trauen Sie ruhig Ihren Augen! Dieser nubische Tempel steht in Madrid.

Museo de América

C 6

Lage: Av. Reyes Católicos 6 **Metro:** Moncloa

Das Amerika-Museum mit seinen Zeugnissen zur spanischen Kolonialgeschichte von der Eroberung Amerikas durch Christoph Kolumbus 1492 bis ins 19. Jh. zeigt nicht nur die untergegangenen Kulturen, sondern auch die spanischen Einflüsse in den eroberten Gebieten.

Öffnungszeiten:
Di. – Sa.
9.30 – 15.00
So. ab 10.00

Untergebracht ist die Sammlung, mit deren Aufbau bereits Karl III. begonnen hatte, seit 1965 in den Räumen um den Kreuzgang der Kirche Santo Tomás de Aquino in unmittelbarer Nähe der ►Ciudad Universitaria. Schwerpunkte sind Kunstsammlungen der alten Kulturen Kolumbiens, Mexikos und Perus. Aber auch die Entwicklung der spanischen Kolonien unter Berücksichtigung ihrer Sitten und Gebräuche wird vorgestellt. Besondere Erwähnung verdient u. a. der »**Schatz der Quimbayas**«, eines ausgerotteten Indianerstammes; die berühmte Sammlung von 62 Objekten aus purem Gold (insgesamt 16 kg) ist ein Geschenk der kolumbianischen Regierung von 1892; der »**Tro Cortesianische Kodex**«, eines von drei erhaltenen Faltbüchern (Zickzackbüchern) der Mayas, ein Kalender für das 260 Tage umfassende Jahr der Maya-Kultur (um 1200), stammt aus dem Besitz des Eroberers Hernán Cortés (1485 – 1547); ferner sieht man Steinplastiken der Azteken, Mayas und Inkas sowie so genannte Obsidian-Masken aus Mexiko, Tongefäße und Vasen.

✶✶ Museo Arqueológico Nacional

E 8

Lage: Serrano 13 **Metro:** Colón, Serrano

Das Archäologische Nationalmuseum ist eines der wichtigsten Museen Madrids. Gegründet wurde es 1867 von Isabella II., seit 1895 ist es im Gebäude der Nationalbibliothek untergebracht.

Öffnungszeiten:
Di. – Sa.
9.30 – 20.30
So., Fei. bis 15.00

Der Rundgang durch die Säle mit Zeugnissen aus der spanischen Kulturgeschichte von der Vorgeschichte bis zum 19. Jh. sollte im Vorgarten des Museums beginnen, ►Baedeker-Tipp S. 203.
Im **Untergeschoss** des Museums sind archäologische Funde aus der Vorgeschichte bis in die Bronzezeit (um 500 v. Chr.) ausgestellt: Die Säle 1 bis 9 zeigen Funde aus Spanien, darunter einen 30 000 Jahre alten Grababdruck des Menschen von Morín (Saal 3), die Säle 10 bis 12 Funde von den Balearen, den Kanarischen Inseln und aus der Westsahara, die Säle 13 bis 16 Exponate aus Ägypten und Nubien sowie geometrische und korinthische Keramik. Die Sammlung atti-

scher und großgriechischer Keramik wird in den Sälen 15 und 16, kampanische Funde und etruskische Kleinkunst in den Sälen 17 und 18 ausgestellt.

! Baedeker TIPP

Künstler aus der Altsteinzeit

In der originalgetreuen Nachbildung der 1879 in der Nähe von Santander (Provinz Cantabria) entdeckten berühmten Altamira-Höhle sind 15 000 Jahre alte Felsmalereien und Ritzzeichnungen aus der Altsteinzeit zu bewundern.

Saal 19 im Erdgeschoss ist der **iberischen Kultur** gewidmet. Ausgestellt sind Kunstgegenstände, Goldschmuck, Keramik und Gebrauchsgegenstände (8. – 6. Jh. v. Chr.). Zu den Hauptsehenswürdigkeiten gehören die Schätze von Sagrajas (Badajoz), Aliseda (Cáceres), Lebrija (Sevilla), Jávea (Alicante) und Abengibre (Albacete). Drei iberische Großplastiken beherrschen den Saal 20: die »**Dame von Elche**«, eine Kalksteinbüste vermutlich aus dem 5. Jh. v. Chr., die sitzende »**Dame aus Baza**« (4. Jh. v. Chr.) sowie die »Große Opfernde« oder auch »**Dame aus Cerro de los Santos**« genannte Figur, die ins 4. Jh. v. Chr. datiert wird.

Die **römische Kunst** der Provinz Hispania (die Iberische Halbinsel war 219 v. Chr. im 2. Punischen Krieg, von Rom erobert worden) wird in den Sälen 21 bis 26 gezeigt, u. a. Bronzeporträts, Kaiser- und Götterstatuen, Porträtbüsten, Sarkophage, Mosaiken und Gebrauchsgegenstände aus Bronze, Keramik und Glas sowie schöne Mosaike.

Die Säle 27 bis 29 beherbergen Beispiele **westgotischer Kunst**, u. a. Architekturfragmente, Modelle westgotischer Basiliken, Bronzegeräte, Steingut und Schmuck. Der **Schatz von Guarrazar** (Toledo) ist Mittelpunkt im Saal 29: Weihekronen mit dazugehörenden Ketten und Kreuzen aus Gold, Edelsteinen und Kristall, die einst in der Königskirche von ► Toledo hingen, zeugen vom Können der westgotischen Goldschmiede des 7. Jahrhunderts.

Die Dame von Elche aus dem 5. Jh. v. Chr.

Die **islamische Kunst** Andalusiens vom 8. bis 15. Jh. mit ihren geometrischen und floralen Motiven nimmt die Säle 30 und 31 ein. Ausgestellt sind Bronze-, Keramik- und Elfenbeinfunde sowie Architekturfragmente, u. a. Keramik aus Medina az-Zahara (Córdoba), eine kostbare Elfenbeindose des Kalifen Al-Hakam (10. Jh.), Bauschmuck aus dem **Aljafería-Palast** (Zaragoza), Stuckarbeiten der Almoraviden und Almohaden und Metallarbeiten aus Granada.

Christliches Mittelalter In den Sälen 31a – 33 beeindruckt religiöse Kunst. Das **Elfenbeinkruzifix** von Don Fernando und Doña Sancha aus der Kirche San Isidoro in León (11. Jh.), der Sargdeckel des Anfus Perez aus Sahagún (León), die Apostelsäule des Meisters Mateo von Santiago de Compostela (erste Hälfte des 12. Jh.s) und die Madonna mit Kind aus Sahagún sind Meisterstücke der spanischen Romanik.

Gotik Die gotische Kunst ist durch die Grabmäler der Doña Inés Rodriguez de Villalobos, der Doña Berenguela und des Abts Aparicio (14. Jh.) vertreten. Malerei auf Holztafeln – Altaraufsatz von San Martín de Tours (15. Jh.) –, Emaillen, Elfenbeinarbeiten, Juwelen und Kelche vollenden das Bild der spanischen gotischen Kunst. Die Säle 34 und 35 (13. – 16. Jh.) vermitteln einen Eindruck adeliger Wohnkultur des 15. Jh.s, beachtenswert sind die kostbaren Artesonado-Decken aus dem Palast der Herzöge von Maqueda (►Toledo) und aus dem Trinitarier-Kloster Sevillas.

Renaissance Im Saal 37 sind italienische Renaissance-Bronzen und Talavera-Keramik aus dem 16. Jh. ausgestellt. Baccarat-Kristalle und spanisches Glaswerk (Saal 38), Silberzeug und Alcora-Keramik (Saal 39) sowie Porzellan von El Buen Retiro (Saal 40) schließen den Rundgang ab.

★ Biblioteca Nacional Die 1711 von Philipp V. gegründete Spanische Nationalbibliothek gehört zu den bedeutendsten Bibliotheken Europas. Das Gebäude, ein Vierflügelbau mit ehemals vier Innenhöfen und einem achteckigen Lesesaal im Zentrum, entstand 1866 bis 1894 nach Plänen von Francisco Jareño y Alarcón. Antonio Ruiz de Salces, der die Bauarbeiten zu Ende führte, nahm einige Änderungen vor, u. a. versetzte er die Nationalbibliothek in den vorderen Teil des Gebäudes und das archäologische Nationalmuseum in den hinteren Teil. Die Bibliothek besitzt rund 2,5 Mio. Bände, über 300 000 Gravuren und 18 000 Zeichnungen, Inkunabeln, Partituren, Handschriften, Landkarten und die vollständigste Cervantes-Sammlung (mehr als 13 000 Titel, darunter 800 Don-Quijote-Ausgaben und über 3000 Broschüren). Der Eingang zur Bibliothek liegt am Paseo de Recoletos 20.

★ Museo Cerralbo

C 8

Lage: Ventura Rodríguez 17

Metro: Plaza de España, Ventura Rodríguez

Der 1883 vollendete herrschaftliche Palast in der Nähe der ►Plaza de España ist ein Kleinod unter den Madrider Museen. Sein einstiger Besitzer, Enrique de Aguilera y Gamboa Marquis Cerralbo (1845 – 1922), war Privatgelehrter und leidenschaftlicher Sammler.

Bildersaal im Museo Cerralbo

Nach seinem Tod vermachte er den Palast und die darin gesammelten Kunstschätze seiner Stadt. Das 1924 eröffnete Museum zeigt eine vielfältige Sammlung, zu der archäologische Stücke aus iberischer, punischer und römischer Zeit, Porzellane aus Meißen, dem Buen Retiro sowie aus Sèvres und von Wedgwood, Waffen, Teppiche und Möbel verschiedener Epochen gehören. Die Gemäldesammlung bietet Werke großer Meister wie El Greco (in der Kapelle: »Hl. Franz in Ekstase«), Zurbarán (in der Galerie: »Inmaculata«), Alonso Cano, Ribera (»Jakob hütet die Schafe«, eine alte Kopie des verloren gegangenen Originals), Herrera el Mozo (»Ecce Homo« und »Via Crucis«), Valdés Leal, Carreño, Tintoretto, Tiepolo und Goya. Auch die niederländische und französische Malerei ist mit Bildern vertreten.

Öffnungszeiten:
Di. – Sa.
9.30 – 15.00
So. 10.00 – 15.00
Mo., Fei. geschl.

Museo Escultura al Aire Libre

F 7

Lage: Paseo de la Castellana 38 **Metro:** Rubén Darío, Núñez de Balboa

Das Freilichtmuseum für abstrakte Skulptur befindet sich unter einer Stahlbetonbrücke, welche die Straßen Juan Bravo und Eduardo Dato über den verkehrsreichen ► Paseo de la Castellana hinweg verbindet.

Joan Miró: »Mère Ubu«

Seit 1971 sind hier Skulpturen spanischer Künstler ausgestellt, die zu den Vertretern der so genannten geometrischen Abstraktion gezählt werden. Julio González und Alberto Sánchez, Avantgardisten der 1920er- und 1930er-Jahre, eröffnen die ständige Ausstellung. Unter Werken bedeutender zeitgenössischer Bildhauer wie Andrés Alfaro, Martín Chirino, José María Subirachs, Amadeo Gabino und Pablo Serrano (auf der gegenüberliegenden Terrasse zur Calle Eduardo Dato) ragen die »Gestrandete Nixe« von Eduardo Chillida und »Mère Ubu« von Joan Miró hervor.

★ Museo Lázaro Galdiano

F 6

Lage: Serrano 122 **Metro:** Av. de América, Núñez de Balboa

Der kunstsinnige Publizist José Lázaro Galdiano hinterließ 1947 seine reiche Kunstsammlung und seinen Palast Parque Florido dem spanischen Staat.

Öffnungszeiten:
Mo., Mi. – So.
10.00 – 16.30
Di. geschlossen

www.flg.es

Dort wurde 1951 das nach ihm benannte Museum für das Publikum eröffnet. Rund 9 000 Gegenstände von der Antike bis ins 19. Jh. bilden eine schier unerschöpfliche Kollektion.
Das Erdgeschoss zeigt Kleinkunst von der Antike bis ins 19. Jahrhundert. Schwerpunkte der Sammlung sind Kunstwerke aus dem Mittelalter und der Renaissance, u. a. Email-, Gold- und Silberschmiedearbeiten, Elfenbeinschnitzereien, Schmuck von der Antike bis ins 19. Jh., Ritterrüstungen, keltische Waffen, gotische Elfenbeinplastiken, barocke Kristallschalen, italienische Terrakottas, Gobelins und Kleinbronzen.

Gemäldesammlung

Die im ersten und zweiten Obergeschoss dicht gehängte Gemäldesammlung verdient eine besondere Erwähnung.
Die spanische Schule ist mit Werken von u. a. Coello, Antolínez, Carreño, Pereda, Herrera d. Ä., Madrazo, López, Zacarías, G. Velázquez, Mor, Berruguete, El Greco, Ribera, Zurbarán, Goya und Murillo vertreten. In der Sammlung niederländischer und deutscher Malerei sind Werke u. a. von David, Joos van Cleve, Hieronymus Bosch, Brueghel, van Dyck, Rubens, Cranach, Gossaert, Koffermanns, Memling, de Vos, Quentin, Massys, Schaffner und Pourbus ausgestellt.
Gut vertreten ist die englische Malerei mit Joshua Reynolds, Romney, Thomas Gainsborough, John Hopper und Constable.
Im dritten Obergeschoss ist eine kunsthandwerkliche Sammlung mit Textilien, Waffen, Fächern, Medaillen, Münzen usw. ausgestellt.

★ Museo Municipal

D 8

Lage: Fuencarral 78 **Metro:** Tribunal

Das ehemalige Hospicio de San Fernando gegenüber dem früheren Tribunal de Cuentas del Reino (Rechnungshof, 2. Hälfte des 19. Jh.s) beherbergt seit 1926 die Bibliothek und das Museum der Stadt.

Seine Fassade, die dem Architekten Pedro de Ribera (1683 – 1742) zu verdanken ist, gehört zu den schönsten Barockbeispielen Madrids. Das Museum unterrichtet über die Entwicklung der Stadt Madrid von der Vorgeschichte bis zum 19. Jahrhundert. Ausgestellt sind Modelle, Pläne, Stiche, Stadtansichten und Gemälde. Kuriositäten sind der berühmte Stadtplan (1656) von Pedro Texeira, der älteste Stadtplan Madrids, ein Modell des Alcázars zur Zeit von Juan Gómez de Mora und das Stadtmodell von León Gil del Palacio aus dem Jahre 1830. Weiterhin sind römische Keramik, mittelalterliche Manuskripte, Gobelins, Goldschmiedearbeiten und Porzellan zu sehen.

Öffnungszeiten:
Di. – Fr.
9.30 – 20.00
Sa., So.
10.00 – 14.00
Mo., Fei. geschl.

Unter den Gemälden befinden sich Werke wie »Madonna mit Kind« (Ende 15. Jh.) von Pedro Berruguete, ein Porträtkopf Philipps II. von Pompeo Leoni und die berühmte »Allegorie des 3. Mai« von Goya.

Der von wasserspeienden Delfinen getragene **»Brunnen des Ruhmes«** (Fuente de la Fama, 1731) im Jardín Arquitecto Ribera hinter dem Gebäude ist ebenfalls ein Barockwerk Riberas.

◄ Fuente de la Fama

★★ Museo del Prado

d II/III

Lage: Paseo del Prado **Metro:** Atocha

Die Sammlung des Prado bietet einen hervorragenden Überblick zur spanischen Malerei vom 12. bis zum frühen 19. Jahrhundert.

Ihrem Ursprung nach ist sie eine königliche Sammlung, die von den Habsburgern (besonders Karl V., Philipp II. und Philipp IV.) und Bourbonen (Philipp V., Karl III. und Karl IV.) zusammengetragen wurde. Unter Karl III. entstanden die Pläne für das Gebäude, das heute die berühmteste Pinakothek des Landes beherbergt. Im Rahmen des Projektes zum »Salón del Prado« erhielt Juan de Villanueva 1785 den Auftrag zum Bau eines Museums, das ursprünglich den Naturwissenschaften gewidmet sein sollte. Unter Ferdinand VII. wurde es 1819 als Museum der Königlichen Gemäldesammlung eröffnet. Das klassizistische Gebäude besteht aus einem mit dorischen Säulen bestückten Mittelteil und zwei weitläufigen Flügeln, seine prächtige Schaufassade spannt sich über 200 m Länge. Seit Oktober 2007 gibt es außerdem das **Jerónimus-Gebäude**, der lange umstritte-

Öffnungszeiten:
Di. – So.
9.00 – 20.00
Fei., 6.1., 24. u. 31.12. bis 14.00
geschlossen:
Mo., 1.1., Karfreitag, 1.5. und 25.12.
www.museoprado.es

? WUSSTEN SIE SCHON ...?

- Kostenlosen Eintritt haben Besucher unter 18 und EU-Bürger über 65 Jahre (gegen Ausweis) sowie alle Besucher Di. – Sa. 18.00 – 20.00, So. 17.00 – 20.00 Uhr, ganztägig am 2. und 18. Mai, 12. Okt., 19. Nov. und 6. Dezember.
- Museumseingänge: Puerta de Velázquez und Puerta de los Jerónimos; Besucher mit Kartenreservierung: Puerta de Murillo. Kassen: Puerta de Goya (gegenüber dem Hotel Ritz). Bei online-Kartenbestellungen gibt es keine Ermäßigungen oder Gratiskarten.

ne, gelungene Erweiterungsbau des spanischen Architekten Rafael Moneo. Der **rote Ziegelsteinquader** auf der Pradorückseite enthält nicht nur das neue Museumsfoyer, Cafeteria und Restaurant, Ausstellungsflächen, Werkstätten, Bibliothek und Büros, sondern auch den an der ursprünglichen Stelle wieder aufgebauten, alten Kreuzgang der benachbarten Kirche San Jerónimo aus dem 17. Jh.

Der Prado besitzt allein über 9000 Gemälde. Hinzu kommt eine bedeutende Skulpturensammlung. Zu den Hauptattraktionen gehören 140 Gemälde und 500 Zeichnungen **Goyas** auf verschiedenen Stockwerken. Die verwirrende Vielzahl der Kunstwerke macht eine eingehendere Beschreibung unmöglich; außerdem kommt es vor, dass Säle zeitweise geschlossen und Bilder vorübergehend umgehängt werden.

Puerta de Velázquez, einer der Museumseingänge

Übersicht

An den Museumseingängen gibt es kostenlose Übersichtspläne (auch im Internet: www.museodelprado.es) und im Museumshop verschiedene Museumsführer. Man kann außerdem Privatführer engagieren oder einen deutschsprachigen Audioguide (audio-guías) ausleihen. Im Folgenden werden die **Hauptwerke der spanischen Malerei** und anschließend Meisterwerke der europäischen Malkunst vorgestellt.

Hauptwerke der spanischen Malerei: Romanik

Museumsplan ►S. 210

Die ältesten Bilder im Prado sind auf Leinwand übertragene Fresken aus dem 12. Jh., bei denen noch nicht von spanischer Malerei gesprochen werden kann, denn eine national-spanische Kunst bildet sich erst nach der Vereinigung der beiden Königreiche von Aragonien und Kastilien Ende des 15. Jh.s heraus. Die früh- und hochmittelalterliche Malerei ist von regionalen Schulen geprägt, die sich maurisch-orientalischer und byzantinischer Elemente bedienen. Die Jagdszenen und Tiere als Teil der Ausmalung in der mozarabischen Kapelle San Baudelio de Berlanga (Provinz Saria) vom Anfang des 12. Jh.s zeigen in ihrer figurativen Strenge und im konturenhaften Stil der hellen Figuren auf intensivem Rotgrund starke Einflüsse maurischer Dekorationsweisen, wie man sie zeitgleich auch in der Elfenbein- und Keramikkunst finden kann. Auch der Freskenzyklus mit den Darstellungen zur christlichen Heilsgeschichte (Christus in der Mandorla, Evangelisten, Engel, Apostel, Schöpfungsgeschichte, Sündenfall, Opfer Kains und Abels, Fußsalbung Christi durch Magdalena, Adoration eines Weisen) aus der Eremitage de la Cruz von Maderuelo (Provinz Segovia) aus dem frühen 12. Jh. zeigt einen monumental dekorativen Stil mit gleichförmiger, zeichenhafter Körpergestaltung, bei der Mimik und Gestik häufig unbeholfen wirken, aber in ihrer archaisch-eindringlichen Aussagekraft auch beeindrucken.
Noch bis Ende des 14. Jh.s hielt in Zentralspanien die Beliebtheit maurischer Dekorationen an, deren Yeseria-Wände für Bildprogramme keinen Platz boten. Selbst die wenigen christlichen Bildwerke, wie das kastilische Retabel aus dem 14. Jh. mit einem frontal-monumentalen heiligen Christophorus, einer kleinformatigen Kreuzabnahme und mehreren Szenen aus dem Leben der hl. Petrus und Emilianus, zeigen nach wie vor eine einfache, lineare Formensprache, die der Romanik verhaftet bleibt.

Malerei der Gotik

Erst um 1400 erhält die Malerei in Spanien neue Impulse durch die internationale Gotik, die über importierte Werke und eingewanderte Künstler vermittelt wird.
Das »Altarbild des Erzbischofs Sancho de Rojas« eines anonymen Meisters aus dem ersten Viertel des 15. Jh.s macht sienesische Stileinflüsse deutlich, die vermutlich auf die Tätigkeit des toskanischen Meisters Gherardo Starnina in Toledo zurückzuführen sind. Auf der

Museo del Prado *Orientierung*

-1

VILLANUEVA-GEBÄUDE

Dekorative Kunst
Schätze des Dauphin 100-102

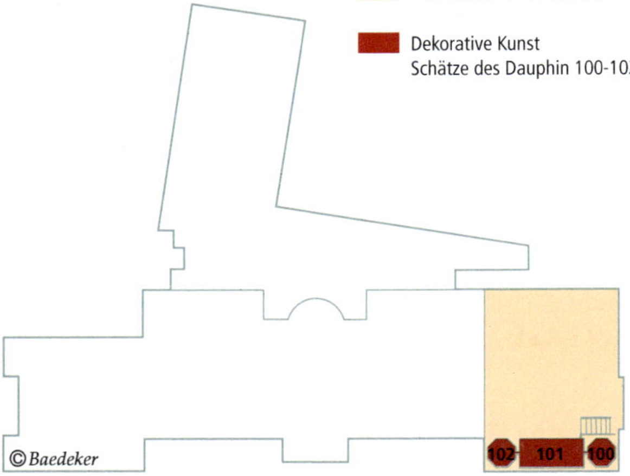

0

JERÓNIMUS-GEBÄUDE
Sonderausstellungen

VILLANUEVA-GEBÄUDE
Malerei 1100-1800
Skulptur

Spanische Malerei 1550-1850
Deutsche Malerei 1450-1800
Skulptur
Flämische Malerei 1600-1700
Italienische Malerei 1300-1800
Sonderausstellungen

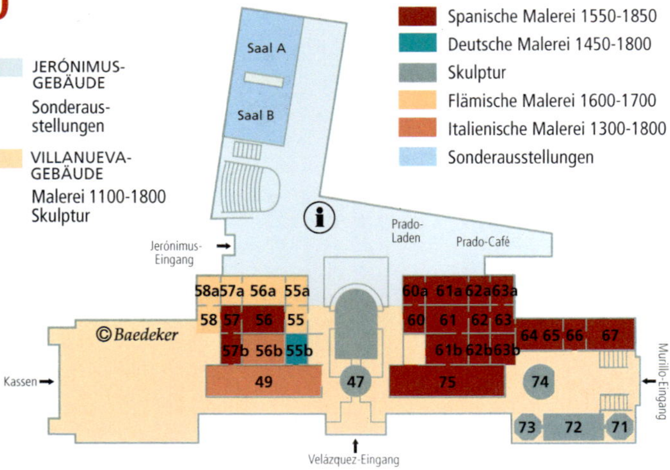

Van der Weyden	58	Dürer	55b	Rosales	61b	Beruete 60
Bosch	56a	Raffael	49	Fortuny	62	
Patinir	56a	Goya	64-67, 75	Sorolla	60a	

1

JERÓNIMUS-GEBÄUDE
Sonderausstellungen

VILLANUEVA-GEBÄUDE
Malerei 1550-1810

Spanische Malerei 1550-1810
Deutsche Malerei 1450-1800
Französische Malerei 1600-1800
Flämische Malerei 1600-1700
Italienische Malerei 1300-1800
Britische Malerei 1750-1800
Holländische Malerei 1600-1695
Sonderausstellungen

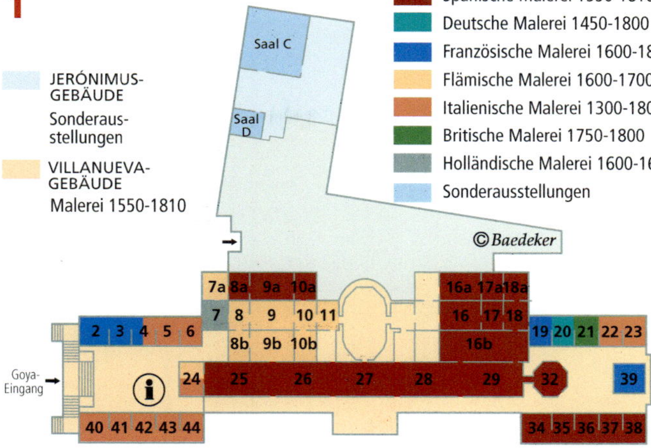

Greco	8a-10a	Rembrandt	7	Goya	32, 34-38
Tizian	24, 40-44	Rubens	8-11	Mengs	20
Tintoretto	44	Velázquez	12, 14-16, 18	Tiepolo	23
Poussin	3	Ribera	25-26	Gainsborough	21
Caravaggio	5	Murillo	28-29	Reynolds	21

2

Spanische Malerei 1700-1800

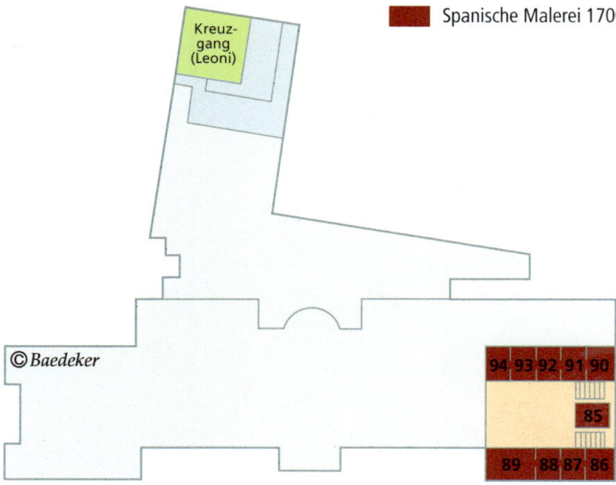

JERÓNIMUS-GEBÄUDE
Skulptur

VILLANUEVA-GEBÄUDE
Spanische Malerei 1700-1800

Goya 85, 90-94

Mitteltafel erscheint Maria mit dem Jesuskind, umgeben von musizierenden Engeln und flankiert von zwei Dominikanerheiligen, die zur Linken der Gottesmutter den Erzbischof empfehlen, der aus ihrer Hand die Mitra empfängt. Rechts im Bild kniet der mit Ferdinand I. von Aragón identifizierte König, der vom Christuskind gekrönt wird, zugleich eine religiös-politische Demonstration zur Rechtfertigung der 1412 im Kampf errungenen Thronfolge.

Nicolás Francés

Im mehrteiligen »Marien-Franziskus-Retabel« von Nicolás Francés (1430 – 1468) sind französisch-italienische Stilmerkmale der Gotik spürbar. Der linke Altarflügel zeigt beispielsweise lebhaft bewegte Szenen aus dem Leben des hl. Franziskus, die als fortlaufendes Geschehen in detailreichen Bildräumen, von dreiteiligem Maßwerk untergliedert, gestaltet werden. Dieser ausgeprägte Sinn für szenische Dramaturgie in Verbindung mit reicher Farbenpalette und räumlicher Vorstellungskraft geben der Malerei in Spanien wichtige Anregungen.

Jaume Huguet, Meister de Arguis und de Sigüenza

Den Stil der internationalen Gotik vertreten am prägnantesten Jaume Huguet und die Meister de Arguis und de Sigüenza. Das Fragment eines »Propheten« von Jaume Huguet (um 1415 – 1492) macht seinen zeichnerisch-prägnanten Stil mit einem Hang zur leichten Melancholie im Gesicht des Propheten deutlich. Der aragonesische Meister de Arguis zeigt die erzählfreudige höfisch-elegante Variante der internationalen Gotik am Beispiel des »Retabel des hl. Michael« um 1450. Der Meister von Sigüenza, heute als Juan de Peralta identifiziert, ist mit dem »Altarbild des hl. Johannes d. T. und Katharina« ein weiterer Vertreter des bewegten Linienspiels der internationalen Gotik.

Am nachhaltigsten wirkten jedoch die niederländischen Vorbilder auf die spanische Malerei, vor allem die Malerpersönlichkeit Jan van Eycks, der die Iberische Halbinsel 1428/29 besuchte. In der zweiten Hälfte des 15. Jh.s entstanden bemerkenswerte Werke im hispano-flämischen Stil.

Bartolomé Bermejo

Herausragendster Vertreter dieser Malrichtung war der gebürtige Cordobese Bartolomé Bermejo (vor 1450 – 1498), dem wahrscheinlich der Verdienst gebührt, die von den Brüdern van Eyck in Flandern entwickelte Technik der Ölmalerei im Königreich Aragonien eingeführt zu haben. Sein Hauptwerk ist der Dominikus-Altar von Daroca, dessen Mitteltafel mit dem »hl. Dominikus von Silos« sich im Prado befindet. Zwischen 1474 und 1477 entstand dieses prachtvolle Retabel von größtmöglicher naturalistischer Detailwirkung, das dem hl. Dominikus eine statuenhaft-hieratische Erscheinung verleiht. In den kunstvoll geschnitzt wirkenden Thron sind in farbige Gewänder gekleidete symbolische Frauengestalten eingefügt, die auf die sieben Kardinaltugenden verweisen: Glaube, Hoffnung, Liebe, Gerechtigkeit, Tapferkeit, Klugheit und Besonnenheit.

Im Meer der Meisterwerke

Fernando Gallego

In Kastilien fand der niederländische Einfluss seinen größten Niederschlag in den Werken von Fernando Gallego (1467 – 1507), die wiederum schulbildend wirkten. Sein präziser, klarer, wenngleich harter Malstil lässt sich an der »Pietà« im Prado gut beobachten, beispielsweise an der starren Haltung des Körpers Christi und des stark geknitterten Gewandes der Maria. Gallegos Darstellungen sind von leuchtender Farbgebung, zumeist in satten Tönen. Seine holzschnittartigen Figuren zeigen kastilische Physiognomien, während die fein gestaffelten Landschaftshintergründe niederländisch sind. In dem Werk »thronender, segnender Christus«, der Zentraltafel eines Laurentius-Altars (nach 1492), trifft man auf spätgotische Zierlust, etwa im reichen Maßwerk über dem Thron in Verbindung mit symmetrisch-strenger, groß- und kleinfiguriger Personenanordnung. Zu Seiten Christi erscheinen links die Personifikation der Ecclesia, umgeben von Symbolen der Evangelisten Markus (Löwe) und Johannes (Adler), und rechts die Personifikation der Synagoge, umgeben von Symbolen der Evangelisten Lukas (Stier) und Matthäus (Engel), die zusammen mit dem thronenden Christus den Weltherrschaftsanspruch des Christentums zum Ausdruck bringen sollen.

Weitere Vertreter der Malerei der Gotik

Als weitere Vertreter des spanisch-niederländischen Stils der 2. Hälfte des 15. Jh.s gelten der stark von Rogier van der Weyden beeinflusste Meister von Sopetrán mit einer »Verkündigung« und »Betender Stif-

ter« aus dem gleichnamigen Benediktinerkloster sowie der Meister de la Sisla aus dem gleichnamigen Hieronymitenkloster mit sechs Tafeln zum Christus- und Marienleben, von denen der »Tod Mariens« ein fast wörtliches Zitat aus einem Kupferstich des deutschen Malers Martin Schongauer ist.
Herausragende Beispiele der hispano-flämischen Malkunst sind außerdem die anonymen Werke »Jungfrau der katholischen Könige«, um 1490, und »Sacra Conversazione«, um 1500. Ersteres stammt aus der königlichen Kapelle von Santo Tomás in Ávila und zeigt die Madonna in einer Empfehlungsszene mit dem hl. Thomas und dem betenden König Ferdinand von Aragón in Begleitung seines Sohnes und des Großinquisitors Torquemada links und Königin Isabella von Kastilien rechts, betend in Begleitung ihrer Tochter und eines Chronisten. Die »Sacra Conversazione« wird einem valencianischen Meister zugeschrieben, der das Stifterbild eines Montesa-Ritters mit einer Madonna-Kind-Gruppe, flankiert von den hll. Bernhard und Benedikt, ausgestaltete.

Juan de Flandes

Mit Juan de Flandes († 1519), einem in Gent geschulten Maler, der ab 1496 im Dienst von Königin Isabella tätig war, hält bereits die Renaissancekunst Einzug in Spanien. Sein ausgeprägter Sinn für Raumdarstellungen, seine lebhaft-realistische Figurenkomposition in Verbindung mit kontrastreicher, lichtstarker Farbgebung zeichnen seine vier Altartafeln aus: die »Auferstehung des Lazarus«, das »Gebet im Garten Gethsemane«, die »Himmelfahrt Christi« und die »Ausgießung des hl. Geistes«.

Malerei der Renaissance

Pedro Berruguete

Der Kastilier Pedro Berruguete (um 1450 – vor 1504) vereinte in seinem Werk verschiedene altniederländische und italienische Stiltraditionen und brachte einen neuen national-spanischen Stil hervor, der als repräsentativ für die Epoche der Katholischen Könige gelten kann. Seine langjährige Tätigkeit am Herzogshof von Urbino machte ihn mit den Errungenschaften der italienischen Renaissancekunst vertraut. Nach dem Tod des Herzogs kehrte er 1482 nach Spanien zurück und arbeitete in Toledo und später in Ávila. Für das dortige Kloster Sto Tomás, eine Lieblingsgründung der Katholischen Könige, schuf er um 1498 einige Tafelbilder, die heute im Prado zu sehen sind, darunter ein »Autodafé unter Vorsitz des hl. Dominikus« als Teil eines Dominikus-Polyptychons. Unter dem Eindruck aktueller Ereignisse – in Sto Tomás tagte das Inquisitionstribunal – stellt Berruguete die Urteilsverkündung des geistlichen Inquisitionsgerichts dar. Dieses sog. Autodafé (von lat. actus fidei = Glaubensakt) findet unter dem Vorsitz des spanischen Gründers des Dominikanerordens, des hl. Dominikus Guzmán (1170 – 1221), statt. Die Dominikaner und Franziskaner übten die 1231/1232 von Papst Gregor IX. eingeführte Inquisition zur Aufspürung und Verurteilung von Ketzern aus. Das Bild schildert die Vollstreckung eines Inquisitionsurteils von der Verkündung über die Strafzuführung der Verurteilten in spitzen Hüten und weißen Überwürfen bis zu ihrem Feuertod, wobei auch der Verweis auf die »Gnade« nicht fehlt, vor dem Flammentod erdrosselt zu werden. Berruguete präsentiert das eher furchterregende Inquisitionstribunal in einem klar gestaffelten Bildraum aus einer Folge von drei Podesten bzw. Tribünen, auf denen sich die Ereignisse abspielen. Lebhaft agierende Figuren verbinden die Bildebenen miteinander, so dass ein hohes Maß an Wirklichkeitstreue erreicht wird.

Luis de Morales: »Madonna mit Kind«

Von Ergriffenheit geprägt sind die Bilder von **Luis de Morales** (um 1500–1586): »Madonna mit Kind«, »Ecce homo«, »Hl. Stephanus« u. a. Während der Hof an seinen Bildern wenig Gefallen fand, erfüllte er damit umso mehr die frommen Bedürfnisse des Volkes. Die mystischen Züge in seiner Malerei führten zu seinem Beinamen »El Divino« (der Himmlische). Im Gegensatz zu seiner stark pathetischen Darstellungsweise steht jedoch die kühle Farbskala.

Juan de Juanes

Auch Juan de Juanes (eigentlich Vicente Juan Masip, um 1523 bis 1579) sprach mit seinen Werken die frommen Empfindungen seiner Zeitgenossen an. Sein »Abendmahl«, obwohl in der Nachfolge Raffaels und Leonardos stehend, zeigt eine auffällige Theatralik der Szenen, Geziertheit der Gestalten und merkwürdige Farbgebung.

Pedro Machuca

Der in Italien geschulte Pedro Machuca (Ende des 15. Jh.s – 1550) ist vom römischen Manierismus beeinflusst. Seine »Kreuzabnahme« von 1547 ist eine aus diagonalen und vertikalen Bewegungsrichtungen bestehende dramatische Komposition mit starken Hell-Dunkel-Kontrasten. Auch als Architekt des Palastes von Karl V. in Granada machte sich der Künstler einen Namen.

Alonso Sánchez Coello

Der flämisch geschulte Porträtmaler Alonso Sánchez Coello (1531/32 bis 1588) folgte als Hofmaler König Philipps II. dem Vorbild seines Lehrmeisters Anthonis Mor. Seine Bildnisse der königlichen Familie werden häufig in Dreiviertelansicht vor neutralem Hintergrund gemalt. Die Porträts »König Philipp II.« (zugeschrieben), seines Sohnes »Prinz Don Carlos« und seiner Tochter, der »Infantin Isabella Klara Eugenia«, sind realistische Wiedergaben, die trotz ihrer protokollarisch-abweisenden Haltung und strengen Tracht durch eine sinnliche Farbgebung menschliche Züge erlangen. Das Doppelbild der »Infan-

Alonso Sánchez Coello:
»Infantin Isabella Klara Eugenia«

tinnen Isabella Klara Eugenia und Katharina Michaela« zeigt eindrucksvoll ihr aufgezwungenes höfisches Verhalten als Prinzessinnen, das im Widerspruch zum kindlichen Mienenspiel steht.

El Greco

Den Höhepunkt des spanischen Manierismus, der Spätphase der Renaissance, bildet das Werk von Domenikos Theotokopoulos, genannt El Greco (1541 – 1614). Der aus Kreta stammende, in Italien ausgebildete Maler reiste 1577 nach Spanien, vielleicht um der Konkurrenzsituation in Rom und Venedig zu entfliehen und sich an der Ausgestaltung des Escorial zu beteiligen. Allerdings stieß seine Malerei bei Philipp II. auf Ablehnung. El Greco ließ sich daraufhin in ► Toledo nieder und wurde dort schnell berühmt. Bildnisse und religiöse Themen bilden seine Schwerpunkte. Die **»Trinität«** ist El Grecos erstes Auftragswerk in Toledo. Schon auf den ersten Blick ist der starke italienische Einfluss auf seine Malerei zu erkennen. Der Leichnam Christi, der schwer im Schoß von Gottvater lastet, ist noch – unter dem Eindruck der Kunst Michelangelos – sehr plastisch dargestellt. Im weiteren Schaffen werden seine Gestalten zunehmend schwerelos. Das Thema hat in der Kunstgeschichte eine lange Überlieferung. Der Schmerz des Vaters über die Leiden, die er selbst seinem Sohn auferlegt hatte, kam den religiösen Gefühlen tiefer Zerrüttung im späten 16. Jh. entgegen.

Die **»Auferstehung«** aus dem Jahr 1596 gehört mit drei weiteren extrem hochformatigen Tafelbildern zu einem Auftrag Marias von Aragón, einer Hofdame der Königin, und fällt in die Zeit seines reifen Stils. In lichter Verklärung, das Siegesbanner haltend, schwebt

Christus in die Höhe. Nur einer der Wächter ist vom Geschehen unberührt und schläft, einige weichen entsetzt zurück, andere sind fassungslos vor Erstaunen. Die Soldaten, die sich so weit gefasst haben, dass sie den Auferstandenen mit gezückten Schwertern zurückzuhalten versuchen, sind eine Erfindung El Grecos.

Sein Enthusiasmus bei der Schilderung religiöser Themen und sein nervöser, teils pastos aufgetragener, teils durchscheinender Pinselstrich führten zu einer unnatürlichen, stark gelängten Gestaltung der Figuren, die dem Irdischen entrückt zu sein scheinen, eine Weiterführung der byzantinisch-griechischen Stiltradition der »Maniera greca«, in der u. a. der Stil des Manierismus wurzelt. Flackerndes Licht, übergangslose Farbkonzentrationen und stark gegenläufige Bewegungsrichtungen verleihen El Grecos Bildern Dynamik bis hin zur Ekstase.

Das **»Pfingstwunder«** ist ein weiteres Beispiel für seinen ekstatisch-expressiven Malstil unter Einbeziehung einer wohl durchdachten Bildordnung. El Greco baut seine Komposition der Ausgießung des Hl. Geistes stufenweise über Personen-, Raum- und Farbschichten auf, sodass der Blick zu Maria und der über ihr schwebenden Taube des Hl. Geistes gelenkt wird. Die verschiedenen Bildebenen werden mit Hilfe einer Dreieckskomposition zwischen Maria in der Bildmitte und den beiden Randfiguren zu einer Einheit zusammengefügt.

In seinem Spätstil, z. B. in der **»Anbetung der Hirten«**, die für seine eigene Grabkapelle bestimmt war, beschränkt sich El Greco wieder auf eine eindeutige Lichtführung im Bild. Vom Kind in der Krippe strahlt das Licht der Welt aus und verbindet in seiner Klarheit und Wärme die Menschen miteinander.

El Greco: »Anbetung der Hirten«

El Greco war auch ein ausgezeichneter Porträtist, der dem Gesicht fast ausschließliche Aufmerksamkeit zollte. Es sind häufig in helles Licht getauchte, strenge typenhafte Physiognomien vor dunklem Hintergrund, die erst durch die durchdringenden Blicke Individualität und Menschlichkeit erhalten. Der »Edelmann mit Schwurhand« gilt als Porträt des Santiago-Ritters und Gouverneurs der Philippinen, Juan de Silva. Der Jurist »Jerónimo de Cevallos« und »Alter Edelmann« liefern weitere Beispiele für die mit lockerem Pinselstrich gearbeitete Bildniskunst El Grecos.

Malerei des Barock

Als El Greco 1614 starb, hatte auch in Spanien eine von Italien ausgehende Erneuerung der Malkunst in Richtung naturalistischer Hell-Dunkel-Malerei begonnen. Mit Hilfe schlaglichtartiger Beleuchtungseffekte wurden Einzelheiten stärker als bisher herausgehoben und dabei auch häufig theatralisch-dramatisch übersteigert. Unter dem Einfluss Caravaggios in Italien kehrten auch die spanischen Maler zu Beginn des 17. Jh.s zu einer vom Manierismus abweichenden geordneten Komposition zurück, mit einer Klarheit und Direktheit der Formensprache, die andeutungsweise schon bei den im Escorial beschäftigten Künstlern anzutreffen war.

Vicente Carducho Aus der Escorialschule hervorgegangen und zum Hofmaler aufgestiegen war Vicente Carducho (1576/78 – 1638), der sich als Verfasser der »Gespräche über die Malerei« (1633) auch über Maltheorie äußerte. Neben einer Reihe von Historienbildern für den Reichssaal des Buen-Retiro-Palastes schuf er eine Serie von Gemälden für die Dekoration des Kreuzganges im Kartäuserkloster El Paular, darunter »Der Tod des ehrwürdigen Odón de Novara« (1632) mit einem Selbstbildnis in der vorderen knienden Figur links im Bild. Da es für diese Gemäldeserie keine ikonografischen Vorlagen gab, war Carducho auf seine eigene Schöpferkraft angewiesen.

Juan B. Maino Ebenfalls für den spanischen Hof war Fray Juan Bautista Maino (1581 – 1649) als Zeichenlehrer des Prinzen Philipp IV. tätig. Als Frühbarockmaler unter italienischem Einfluss malt Maino erzählfreudige Bilder von fast hyperrealistischer Qualität unter präziser Beobachtung von Oberflächen, Formen und Volumina der Gegenstände in Verbindung mit einer kalten, aber hellen Farb-Lichtgebung. Die »Anbetung der Könige« und »Anbetung der Hirten«, beide von 1612, liefern gute Beispiele seines Stils. Aus dem Jahr 1634 stammt sein Historienbild »Die Eroberung von Bahia in Brasilien«, das auf ein Ereignis des Jahres 1625 zurückgeht, als Don Fabrique de Toledo die Festung von den Niederländern zurückeroberte. Während rechts im Bild auf einem Wandteppich Philipp IV. zwischen Don Fabrique und der Siegesgöttin erscheint, mit den allegorischen Gestalten der Ketzerei, des Zorns und des Krieges als Leichen zu ihren Füßen, ist auf der linken Bildhälfte die Pflege eines Verwundeten durch die Landbevölkerung zu beobachten.

Francisco Ribalta Von katalanischer Herkunft, in Madrid geschult und in Valencia als Maler arbeitend, verbindet Francisco Ribalta (um 1551/55 – 1628) gefühlsbetonte Religiosität mit ausgeprägtem Naturalismus. Die Umsetzung mystischer Themen wie »Christus umarmt den hl. Bernhard« und »Der hl. Franz, von einem Engel getröstet« zeigt Vertrautheit mit der von Caravaggio entlehnten Hell-Dunkel-Technik, die den Realitätscharakter der Szenen verstärkt.

José Ribera

Der valencianische Maler José Ribera, genannt Lo Spagnoletto (1591 bis 1652), wanderte in jungen Jahren nach Italien aus und wirkte in Neapel, ohne wieder nach Spanien zurückzukehren. Einige seiner Bilder wurden von Philipp IV. für den Escorial angekauft. Ribera blieb auch in der Fremde dem typisch spanischen Anliegen in der Malerei treu, das trotz aller Religiosität in der Beobachtung der alltäglichen Wirklichkeit und der Menschen bestand. So liefert Ribera beispielsweise mit **»Archimedes«**, 1630, ein eindrucksvolles Porträt eines älteren Mannes, der wie ein zeitgenössischer Neapolitaner aussieht. Nicht die Idealisierung oder Verherrlichung eines großen Wissenschaftlers stehen im Vordergrund, sondern individuelle Ausstrahlung und Menschlichkeit. Ähnliches lässt sich auch über das Bildnis des **»Hl. Andreas«** und zahlreiche andere Porträts von Heiligen, biblischen oder mythologischen Gestalten sagen.

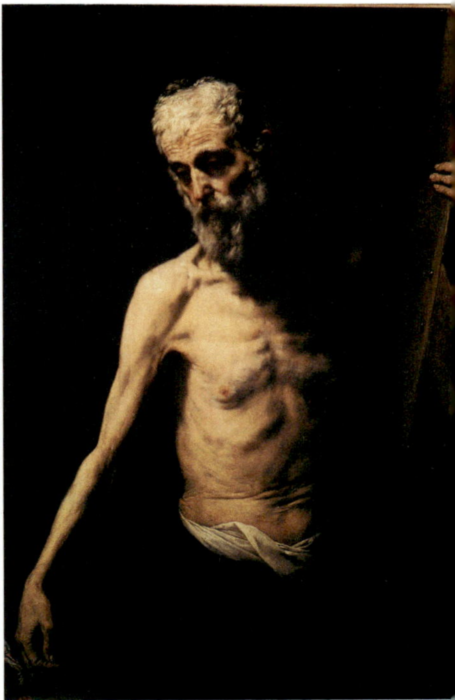

José Ribera: »Hl. Andreas«

In seiner frühen Schaffenszeit entstehen zudem eine Reihe höchst dramatischer, teils grauenerweckender Gemälde in düsteren Farben. Das infolge des verwendeten Erdpechs stark nachgedunkelte Bild **»Tityos«**, 1632 datiert, zeigt den gefesselten Giganten, dem auf Befehl von Zeus die Leber von einem Geier herausgerissen wird, als Strafe für den Vergewaltigungsversuch an Leda, der Mutter Apolls. Ein anderer Frevler, **»Ixion«**, wird an ein feuriges Rad gebunden, weil er versucht hat, Hera zu verführen. Riberas dramatische Darstellungskraft und religiöse Empfindung zeigen sich bei biblischen Themen, u. a. im **»Martyrium des hl. Philippus«** um 1639. Das Zentrum der kunstvollen Komposition bildet ein Koordinatensystem aus den Marterbalken, an denen der diagonal hingelagerte Körper des Märtyrers emporgezogen wird. Die Bewegungsdramatik aus Horizontalen, Vertikalen und Diagonalen wird durch die Hell-Dunkel-Kontraste noch gesteigert. Das ausdrucksstarke, schmerzvoll entsetzte Gesicht des Philippus kontrastiert mit denen der neugierigen Zuschauer.

In seiner reifen Werkperiode hellt die Farbpalette Riberas durch den Kontakt mit der venezianischen Malerei zunehmend auf. Es entsteht eine Reihe naturalistischer Großkompositionen, darunter auch der **»Traum Jakobs«**, eine gelungene Schlafstudie, in der anstelle der traditionellen Himmelsleiter eine diffuse Lichtwolke das Bild erhellt und zugleich die Engelsvision des Schlafenden verdeutlicht.

Alonso Cano

Der Maler, Bildhauer und Architekt Alonso Cano (1601 – 1667) ist aus der Malschule in Granada hervorgegangen, wo er hauptsächlich tätig war. Außerdem arbeitete er neben Velázquez zeitweilig für den königlichen Hof in Madrid. Eine »Madonna mit Kind«, um 1646 bis 1650, stellt einen Frauentyp mit zarten Gesichtszügen und großen Augen vor, der für Canos Kunst charakteristisch ist. Sein Naturalismus ist an Caravaggio geschult, von Rubens und van Dyck übernimmt er die Sinnlichkeit, Eleganz und Würde in seine Darstellungen. »Der tote Christus, von einem Engel gestützt«, um 1645, ein eher seltenes Thema der flämischen und italienischen Malerei des 15. Jh.s, wird von Cano mit sattem Pinselstrich und effektvollen Licht-Schatten-Spielen inszeniert. **»Das Brunnenwunder«** zeigt in ausgewogener Komposition, in venezianisch-leuchtenden Farben und sehr realistisch dargestellt eine Dankesszene des hl. Isidor, dessen in den Brunnen gefallener Sohn von einem Engel gerettet wird.

Alonso Cano: »Der tote Christus, von einem Engel gestützt«, um 1645

Hauptsächlich in Sevilla lebte und arbeitete **Francisco de Herrera d. Ä.** (um 1576 – 1656), der sich in seiner Malkunst vom Manierismus zu einem erzählfreudigen Realismus entwickelte: »Der hl. Bonaventura erhält die Ordenskleidung der Franziskaner«, um 1628. Als erster Lehrer von Velázquez und seines eigenen Sohnes Francisco war Herrera d. Ä. Wegbereiter für die großen Leistungen der spanischen Malerei um die Mitte des 17. Jahrhunderts.

Francisco de Zurbarán

Francisco de Zurbarán (1598 – 1664), gleichaltrig mit Velázquez, aber im Temperament sehr verschieden, verzichtete auf alle barocken Elemente in seinen Bildern zugunsten eines ruhigen Malstils, sodass

den Menschen und Gegenständen, häufig isoliert vor dunklem Hintergrund, eine starke asketische Verinnerlichung und zeitlose Ruhe anhaften. »Die Vision des Pedro Nolasco vom Himmlischen Jerusalem« und »Der hl. Petrus erscheint dem hl. Pedro Nolasco« wurden 1629 für den Mercedaria-Orden in Sevilla geschaffen, der von Pedro Nolasco 1233 zum Loskauf christlicher Gefangener in Afrika gegründet worden war. Seine Heiligsprechung 1628 war der Anlass für Zurbaráns Auftrag, der bei der Ausführung auf keine Bildtradition zurückgreifen konnte und eine sehr eigenwillige Ausgestaltung der Heiligenvita schuf.
»Die hl. Kasilda«, 1640, besticht durch ihre vornehme Erscheinung in einem prächtigen andalusischen Gewand des 17. Jahrhunderts. Vermutlich nach einem Modellporträt entstanden, zeigt die Figur der Emirstochter des 11. Jh.s aus Toledo, die verbotenerweise hungernden christlichen Gefangenen Brot brachte, das sich bei einer Überprüfung in Rosen verwandelte, ein hohes Maß an Plastizität durch seitlich einfallendes Licht vor neutralem dunklem Hintergrund.
Aus dem Bereich der Mythologie hat Zurbarán 1634 die zehn Tafeln mit den »Herkulestaten« in kraftvollen Körperaktionen gemalt, die ursprünglich oberhalb der Fenster im Saal der Könige des Buen-Retiro-Palastes aufgehängt und deswegen auf starke Untersicht hin angelegt waren. Traditionell dienten die Herkules-Darstellungen der Verherrlichung des Sieges eines gerechten Herrschers über seine Feinde.
In den Stillleben Zurbaráns erscheinen im Gegensatz zur überschwänglichen Fülle zeitgenössischer niederländischer Arbeiten die Einzelgegenstände isoliert und in vordergründiger Aufreihung in einem ausgewogenen Rhythmus wechselnder Höhen und Größen der gleich weit voneinander entfernten Gefäße bei starker Reduktion der Raumtiefe. Den Alltagsdingen werden auf diese Weise eine ungeahnte Poesie und ein geheimnisvoller Zauber abgewonnen. Das Historienbild »Die Verteidigung von Cádiz gegen die Engländer« von 1634 bezieht sich auf ein Ereignis des Jahres 1625 und ist ein Auftragswerk für den königlichen Palast. Es lässt eher an eine Theaterszene denken mit dem Gouverneur Fernando Girón als befehlsgebendem Hauptdarsteller.

Velázquez

Der am meisten geschätzte Maler am Königshof von Madrid im 17. Jh. war Diego Rodriguez de Silva y Velázquez (1599 – 1660). Er stammte aus Sevilla, wo er seine Ausbildung in der Werkstatt von Herrera d. Ä. und Francisco Pacheco Del Río erfuhr, dessen Tochter er

Velázquez' »Prinz Baltasar Carlos«

Velázquez' berühmtes Gruppenbild »Las Meniñas«

1618 heiratete. Zunächst malte Velázquez Stillleben, Genrestücke und einige religiöse Szenen (u. a. »Anbetung der Könige«, 1619), bis er als Porträtmaler die Aufmerksamkeit von König Philipp IV. auf sich lenkte und von 1623 bis zu seinem Lebensende als Hofmaler in Madrid fast ausschließlich für die königliche Familie arbeitete. Velázquez' glanzvoller künstlerischer und sozialer Aufstieg gipfelte in seinen diplomatischen Diensten für den König auf zwei Italienreisen 1629 und 1649 und in seiner Aufnahme in den Santiago-Orden, der sonst nur dem Hochadel zugänglich war.

Von überragender Bedeutung ist die Porträtkunst im Œuvre von Velázquez, die es ihm ermöglichte, durch die realistische Wiedergabe eines Menschen ohne Pathos und schmückendes Beiwerk dessen Persönlichkeit zu erfassen, gleichgültig, ob es sich um Mitglieder der Königsfamilie, historische Persönlichkeiten oder Hofnarren handelte. Das Halbporträt von **Philipp IV.** zeigt den jungen Monarchen ohne herrscherliche Attribute in schlichter Kleidung aus schwarzer Seide in einer Haltung, die zugleich distanzierte Überlegenheit und innere Unsicherheit verrät. Das ganzfigurige Bildnis des **Infanten Don Carlos** zeigt den 1632 jung verstorbenen Bruder des Königs, einen kunstliebenden sensiblen Mann, dessen Gesichtszüge melancholisch wirken. Schlichtheit, Eleganz und Lässigkeit – die Fingerspitzen halten den rechten Handschuh – prägen die Erscheinung des Infanten, dessen dunkle Körpersilhouette mit sich auflösenden Schatten aus der dunklen Raumecke hervortritt und belebt wird durch helles Licht, das auf Kopf und Hände fällt. Das Reiterbildnis des **Prinzen**

Baltasar Carlos, Erbe der spanischen Krone, der schon mit 17 Jahren starb, zeigt ihn als Sechsjährigen in der Pose des künftigen Herrschers vor der weiträumigen Landschaft der Sierra de Guadarrama und macht symbolisch in der Beherrschung des Pferdes auf seine Fähigkeiten als Staatslenker aufmerksam. Velázquez gelang ein hintergründiges Prinzenporträt, das einfühlsam die Spannung zwischen Kindlichkeit (Schaukelpferdanalogie) und Machtdemonstration (Imperator-Haltung) deutlich werden lässt.

Las Meniñas

Höhepunkt seines Schaffens ist Velázquez' Gemälde »Las Meniñas« (die Hofdamen) oder »Die Familie Philipps IV.« aus dem Jahre 1656, in dem sich Elemente des höfischen Gruppenporträts, des Künstlerselbstbildnisses und der Interieurmalerei zu einer großartigen Einheit verbinden und zugleich die Spontaneität und Intimität einer Alltagsszene im Königspalast gewahrt bleiben. Im Mittelpunkt steht die kokette Infantin Margarita (spätere Kaiserin von Österreich, gestorben 1673), die in Begleitung ihres Hofstaates gekommen ist, um Velázquez (links an der Staffelei) malen zu sehen. Eine der Hofdamen, Maria Augustina Sarmiento, reicht der Prinzessin kniend ein Getränk, während andere plötzlich aufschauen und nur der junge Zwerg unbekümmert den dösenden Hund in der rechten Ecke weiter stört. Denn gerade in diesem Augenblick, bereits bemerkt von der Zwergin Maribárbola und der zweiten Meniña, Isabel de Velasco, betritt das Königspaar, aus dem Vordergrund kommend wie der Bildbetrachter, den Atelierraum, was im Spiegel an der Rückwand des Zimmers sichtbar wird, sodass auch der Hofmarschall José Nieto noch kurz innehält, bevor er durch die offene Tür im Hintergrund entschwindet. Velázquez hält in zuvor nie erreichter Weise einen unmittelbar nachzuvollziehenden Augenblick fest, unterstützt von einem impressionistisch anmutenden Pinselstrich und einer wirkungsvollen Farb-Licht-Atmosphäre. Dabei haftet dem Gemälde noch ein Geheimnis an, denn wir wissen nicht, wen oder was Velázquez auf der abgewandten Leinwand im Bild gerade malt. Die Gunst der Anwesenheit des Königspaares im Atelier adelt zwar seine Kunst, doch die schöpferische Freiheit bleibt davon unbeeindruckt.

Weitere Porträts

Zahlreiche weitere Porträts, vor allem die der missgestalteten, oft gedemütigten **Hofzwerge und Narren**, belegen Velázquez' Fähigkeit, die Personen in ihrer Individualität zu erfassen und dabei eine psychologische Spannung zwischen objektiver Wahrnehmung und subjektiver Sicht zu erzielen, unter Wahrung der Achtung und Anteilnahme für die Dargestellten.

Antike Themen

Von den wenigen antiken Themen – mythologische Bilder hatten in Spanien so gut wie keine Tradition – besitzt der Prado drei wichtige Werke. »Los Borrachos« (die Trinker) oder **»Triumph des Bacchus«**, von 1628 aus dem Jahr vor Velázquez' erster Italienreise, zeigt in stark naturalistischer Manier eine fröhlich zechende Männergesell-

schaft mit dem trunkenen Weingott in ländlicher Umgebung. Gleichfalls ohne jegliche Idealisierung werden die Göttergestalten in der **»Schmiede des Vulkan«** dargestellt, die Velázquez in Rom malte. Die schweißtreibende, harte Arbeit in der Schmiede wird unterbrochen, als Apoll Vulkan und seine Gesellen mit der Nachricht vom Ehebruch der Venus, Frau des Vulkans, mit Mars überrascht, auf die der Betrogene mit Unglauben, Schrecken und Zorn zugleich reagiert.
In den »Spinnerinnen« oder **»Die Arachne-Fabel«**, um 1657, lässt Velázquez Minerva, die Göttin und Erfinderin der Webkunst, und ihre Herausforderin, die Teppichweberin Arachne, die später von ihr in eine Spinne verwandelt wird (vgl. Ovid »Metamorphosen«), gemeinsam in einer Szene mit Arbeiterinnen aus der königlichen Teppichmanufaktur in Madrid auftreten. Ihre Geschäftigkeit steht im Vordergrund und wird brillant durch impressionistische Licht- und Farbwirkungen vermittelt.
Zu seiner besonderen Leistung als Historienmaler zählt Velázquez' Schilderung der **»Übergabe von Breda«**, vor 1635. Der Maler konzentriert das Ereignis des Jahres 1625 auf das Zusammentreffen von Siegern und Besiegten bei der Schlüsselübergabe der holländischen Stadt durch ihren Kommandanten Justinus von Nassau an den genuesisch-spanischen Feldherrn Ambrogio Spinola. Dem zum Kniefall ansetzenden Oranier naht sich in fast freundschaftlich-persönlicher Geste der spanische General als Ausdruck der Achtung gegenüber dem Besiegten, die als »Grandezza« zum spanischen Ehrbegriff zählt. Die soldatischen Gefolge sind beiden Führern bildsymmetrisch zugeordnet, wobei der verrauchende Pulverdampf und die aufgelösten Stellungen der holländischen Truppen auf ihre Niederlage verweisen, während die spanischen Truppen in geschlossener Ordnung, überhöht von einem »Lanzenstakkato«, als Sieger dastehen.

Weitere Barockmaler

Bartolomé Esteban Murillo

Im Gegensatz zum ernsten psychologisierenden Realismus von Velázquez stehen die Heiterkeit, Sanftheit und Liebenswürdigkeit in den meist religiösen Darstellungen von Bartolomé Esteban Murillo (getauft 1618 – 1682), der aus Sevilla stammte und dort zu Ruhm gelangte mit Motiven der Hl. Familie, des guten Hirten, mit Visionen und Wundern von Heiligen, wobei er das Geschehen mit farbigem Lichtschmelz teils verklärend, teils herzergreifend zu malen wusste. In seinem Frühwerk überwiegt der Einfluss Caravaggios auf Murillos naturalistisch-realistischen Malstil. »Die Anbetung der Hirten« und die »Heilige Familie«, beide um 1650, sind kennzeichnend für seine frommen, schlichten Genreszenen (Sittenschilderungen).
Die tief empfundene Religiosität kommt vornehmlich in Murillos Madonnenbildern zum Ausdruck. »Die Jungfrau erscheint dem hl. Bernhard« veranschaulicht den Einbruch des Unvorstellbaren in die alltägliche Wirklichkeit als selbstverständliches Geschehen. Die »Unbefleckte Empfängnis« ist durch weiche Linien und Farbführungen

ausgezeichnet und verweist mit der Lieblichkeit und Anmut der Marienfigur auf die Epoche des Rokoko. Die »Rosenkranzmadonna« verbindet weibliche Schönheit und kindlichen Liebreiz in Anlehnung an Raffaels Madonnenkompositionen. Immer wieder beschäftigte sich Murillo mit Kinderporträts als Gassenjungen, Traubenesser und als Christus- oder Johannesknaben. Nur Letztere sind im Prado zu sehen. Das Kind war für den Maler ein Gleichnis für ein selbstverständliches beglückendes Vertrauen des Menschen Gott gegenüber.

Juan Carreño de Miranda

Im Schatten der Maler von europäischem Format wie Zurbarán, Velázquez und Murillo entstanden eine Reihe weiterer wichtiger hochbarocker Werke von spanischen Künstlern, vornehmlich aus der Madrider Malschule in der 2. Hälfte des 17. Jahrhunderts. Während der Regierungszeit von Karl II. profilierte sich Juan Carreño de Miranda (1614 – 1685) unter dem Einfluss von van Dyck als Hofmaler mit Porträts in repräsentativem Stil, den besonders das ganzfigurige Bildnis des »Herzogs von Pastrana« erkennen lässt, dessen dunkle, eindrucksvoll aufragende Gestalt durch die zarte, fast schwermütige Farbgebung aufgefangen wird. Das Bild des russischen Botschafters in Spanien, Pjotr Iwanowitsch Potemkin, ist ein typisches Standesporträt des Adels. Daneben gibt es Porträts der Königsfamilie, von Karl II. und Maria Anna von Österreich sowie Darstellungen von Hofnarren.

Claudio Coello

Der Sohn eines portugiesischen Bronzegießers, Claudio Coello (1642 bis 1693), ist der Hauptvertreter der gängigen Barockmalerei in der 2. Hälfte des 17. Jahrhunderts. Großartige Raumprospekte, die Dynamik der Darstellung durch Diagonalkompositionen und üppige sensualistische Farben sind charakteristisch für seine Malkunst. Von Rubens beeinflusst ist der »Triumph des hl. Augustinus«, der in rauschender Gewandfülle himmelwärts strebt. Im Typus der Sacra Conservazione (hl. Unterhaltung) sind die »Jungfrau, verehrt vom hl. Ludwig von Frankreich« und »Die Jungfrau zwischen den theologischen Tugenden« gehalten.

Francisco Herrera d. J.

Francisco Herrera der Jüngere (1622 – 1685) ist in Italien geschult worden und vertritt einen bewegungsreichen, effektvollen Barockstil, der im »Triumph des hl. Hermen(e)gild« zu sehen ist. Hermen(e)gilde, der 1586 heilig gesprochene Sohn des Westgotenkönigs Leowigild, entsagte dem arianischen Bekenntnis und empörte sich gegen seinen Vater, der ihn gefangen setzte und 585 in Tarragona enthaupten ließ, weil er den Empfang der Kommunion von einem arianischen Bischof verweigert hatte.

Juan de Valdés Leal

In Sevilla bildete den Gegenpol zur Malerei Murillos Juan de Valdés Leal (1622 – 1690) mit ungestümen, fantastisch-skurrilen Kompositionen von sehr subjektiver Aussagekraft: der »12-jährige Jesus im Tempel«, »Märtyrer des Hieronymitenordens«, »Hl. Hieronymus«.

Malerei des Rokoko und Klassizismus

Im 18. Jh. führte das Desinteresse der ersten Bourbonen auf dem spanischen Thron an der einheimischen Kunst zu einer Stagnation in allen Bereichen, was durch Kunstimporte aus Frankreich ausgeglichen wurde. Erst in der 2. Hälfte des 18. Jh.s kamen auch spanische Künstler wieder zum Zug.

Luis Paret y Alcazar

Luis Paret y Alcazar (1746 – 1798/99) ist der bedeutendste Vertreter des spanischen Rokoko unter dem Einfluss venezianischer und französischer Vorbilder (Boucher). Gesellschaftsstücke wie »Ein Maskenball« oder »Las Parejas reales« (Die königlichen Paare) sind ebenso sein Metier wie »Blumensträuße«, Porträts wie die »Gattin des Künstlers« und das Hofzeremoniell wie »Karl III. speist in Gegenwart seines Hofstaates«. Seine Bilder zeigen Eleganz und Raffinement der Rokoko-Epoche in leichter pastoser Farbgebung.

Francisco Bayeu

Francisco Bayeu (1734 – 1795) war ein viel beschäftigter Freskomaler in königlichem Dienst. »Der Sturz der Giganten« oder »Olymp« zeigt ein bewegungsreiches, lichtdurchflutetes Deckengemälde im Entwurfsstadium. Sein Bruder Ramón Bayeu (1746 – 1793) arbeitete zusammen mit Goya ab 1775 für die königliche Teppichmanufaktur als Kartonmaler, u. a. »Genreszenen«.

Luis Eugenio Meléndez

Die Stilllebenmalerei erfuhr neue Impulse durch Luis Eugenio Meléndez (1716 – 1780), der mit einer Vielzahl von Arbeiten aus dem Palast von Aranjuez im Prado vertreten ist. Von den 22 »Bodegones« (= Stillleben) sei stellvertretend das mit einem Stück Lachs, einer Zitrone und drei Gefäßen aus dem Jahre 1772 besonders erwähnt. Die einfachen Gegenstände und Lebensmittel gewinnen mithilfe einer virtuosen Maltechnik in starken Lichtkontrasten eine fast greifbare Realität. Dabei zeigt der Maler ein großes Feingefühl für die Stofflichkeit der Objekte, vom rosigen Lachsfleisch und der leuchtend gelben Zitrone angefangen über Kupfer-, Messing- und Tongefäße bis zum abgenutzten Holz des Tisches.

Mariano Salvader Maella

Mariano Salvader Maella (1739 – 1819) ging aus der Madrider Kunstakademie hervor, studierte in Rom die italienische Malerei und geriet dann unter den Einfluss von Anton Raphael Mengs. Als »Pintor del Rey« (erster königlicher Maler) rivalisierte er am Hof in Madrid mit Goya. In seinen Werken verbinden sich malerische Elemente des Rokoko mit denen des Klassizismus.

Francisco de Goya

Einer der genialsten Künstler Spaniens und Europas ist Francisco de Goya y Lucientes (1746 – 1828; ► Berühmte Persönlichkeiten). Als Maler, Zeichner und Radierer hat er ein umfangreiches Œuvre hin-

Goya: »Familienbild König Karls IV. von Spanien«

terlassen. Die Palette reicht von der heiteren Darstellung der Rokokowelt in den Teppichkartons seiner Frühzeit bis zu den unheilschwangeren Szenen, den so genannten Schwarzen Malereien aus der »Quinta del Sordo« (Haus des Tauben), seiner Spätphase.

◄ Kartonmalerei

Unter den Kartonmalereien, die der königlichen Teppichmanufaktur als Vorlagen für Wandteppiche zur Ausschmückung der Schlösser ► El Escorial und ► El Pardo dienten, beeindruckt die sinnenfrohe Rokokoatmosphäre, z. B. in »Der Sonnenschirm« und im »Blindekuhspiel«. Volkstümliche Lebensfreude, so wie es der Hof in Madrid gerne sehen wollte, vermittelt in frischem, fein abgestuften Kolorit »Die Weinlese – Herbst«.

◄ Porträts

In der Porträtkunst dagegen arbeitete Goya mit weitaus größerer Differenziertheit. Mit schonungsloser Offenheit, manchmal an der Grenze zur Karikatur, bildete Goya seine Mitmenschen ab. Beim Gruppenbild der **»Familie des Herzogs von Osuna«** (1788), eines großzügigen Förderers des Künstlers, widmet er sich noch mit großer Sorgfalt der lebensnahen Personendarstellung, der Ausarbeitung der Dreieckskomposition, die der Familiengruppe Geschlossenheit verleiht, sowie der Farbgebung in hellen harmonischen Tönen mit zarten Schattierungen. Das **»Familienbild König Karls IV. von Spa-**

? WUSSTEN SIE SCHON ...?

- ... dass Goya seiner Heimat als 78-Jähriger den Rücken kehrte und 1828 im französischen Bordeaux starb? Erst als Toter kam er nach Spanien zurück. Sein Grab befindet sich in der von ihm ausgemalten Ermita de San Antonio de la Florida (siehe S. 179).

Goya: »Saturn verschlingt eines seiner Kinder«

nien« (1800/01) gerät dagegen zu einer herben Kritik an der Monarchie. In der einfallslosen Aufreihung der Familienmitglieder bildet die herrschsüchtige Königin María Luisa den Bildmittelpunkt, mit strenger Miene schaut sie aus dem Bild heraus. Neben ihr mit leicht dümmlichem Gesichtsausdruck erscheint König Karl IV. Weitere Familienmitglieder in gelangweilter Pose umrahmen das Königspaar. Links im dunklen Bildhintergrund ist Goya selbst als Maler zu sehen. Die Porträtierten haben sich an dieser wenig schmeichelhaften Schaustellung offenbar nicht gestört. Ihnen war der Glanz der Juwelen und kostbaren Stoffe wichtiger, die Goya in berauschend glitzernden Farben wiedergegeben hat. Feinheit und Transparenz der Stoffe ist auch ein wesentlicher Aspekt im Gemälde der bekleideten Maja, während das Gegenstück **»Die nackte Maja«** einen sinnlich-erotischen, aber idealen Frauenakt bietet, der keine Ähnlichkeit mit der Herzogin von Alba hat, obwohl das Gegenteil oft behauptet wird. Die späten Porträts von Goya zeichnen sich durch einen impressionistischen, flüchtigen Malstil aus, was u. a. im **»Milchmädchen von Bordeaux«** des Jahres 1827 deutlich wird.

Historiengemälde ► Im Bereich des Historienbildes haben Goyas Schilderungen des heldenmutig kämpfenden Volkes in Madrid gegen die französischen Besatzungstruppen am 2. Mai und der Erschießung der spanischen Aufständischen am 3. Mai 1808 (Abb. S. 32) Epoche gemacht. Goya malte diese Ereignisse posthum 1814 im Auftrag des spanischen Staatsrats. Die nächtliche Hinrichtungsszene ist von ungeheurer Dramatik und macht die Wut und Ohnmacht der Unterdrückten gegen die Brutalität der Sieger deutlich.

Schwarze Bilder ► Das pessimistische Menschenbild Goyas oder vielmehr die Unfähigkeit des Menschen, Frieden und Glück zu bewahren, kommt in den »Pinturas negras« (Schwarze Bilder) am stärksten zum Ausdruck. Diese Bilder hatte er ursprünglich direkt auf die Wände seiner Quinta del Sordo (Haus des Tauben) gemalt. Mit großer Fantasie formuliert Goya in seinen Schreckensvisionen eine unbarmherzige Kritik am Leben, zeigt eine Welt, die aus den Fugen geraten ist, mit Menschen, die nur noch Zerrbilder ihrer selbst sind. In seiner Subjektivität und Expressivität zeigt sich Goya als letzter Künstler des Barock und als erster einer sich formierenden Moderne.

Meisterwerke europäischer Malerei

Italienische Malerei

Die persönliche Begegnung Karls V. mit Tizian bildete den Auftakt für die Sammelleidenschaft von italienischen Gemälden am spanischen Hof. **Fra Angelicos** »Verkündigung« (um 1430) besticht durch die Kombination von klar konstruierter Frührenaissancearchitektur, zartem Farbenschmelz und vergeistigter Figurenwiedergabe. **Botticelli** erzählt dagegen auf drei Tafeln mit viel Bewegungsdramatik die Geschichte des Nastagio degli Onesti (um 1483). **Andrea Mantegna** verlegt den »Tod Mariens« (um 1461) in eine tiefengestaffelte Raumfolge. **Antonello da Messina**, der als erster Italiener in Öl malt, zeigt seinen »Sterbenden Christus mit Engel« (1475 – 1478) in krassem Realismus. Raffael malt um 1512 das Porträt eines unbekannten Kardinals als aristokratischen Renaissancemenschen in distanzierter Haltung. Seine einfühlsame »Madonna mit dem Fisch« (um 1514), eine Sacra Conversazione mit dem kleinen Tobias, dem Erzengel Raphael und dem hl. Hieronymus, entspricht dem Zeitgeist einer vollkommenen Harmonie. In der »Kreuztragung« (1517) richtet Raffael den Betrachterblick durch expressive Gebärdensprache auf den niederstürzenden Christus.

◂ Raffael

Tizians berühmtestes Porträt im Prado ist das von **»Kaiser Karl V. nach der Schlacht bei Mühlberg«** (1548). Weniger die Person des Kaisers als vielmehr die Ideale des kaiserlichen Amtes kommen im dramatischen Reiterbildnis zum Ausdruck. Souverän das (Staats-) Ross bändigend, mit der heiligen Mauritiuslanze in der Faust und in voller Rüstung eines christlichen Ritters erscheint der Kaiser als Bezwinger der Ketzerei, der 1547 in der Schlacht bei Mühlberg die protestantischen Fürsten des Reichs vernichtend geschlagen hatte. Ausdrucksvoll sind auch Tizians Bildnisse von Isabella von Portugal, Mutter Philipps II., und von Philipp II. als Prinzen. Sein Selbstbildnis zeigt den Künstler als prophetischen Kopf in verlorenem Profil. Zahlreiche religiöse Bilder demonstrieren Tizians Haltung als einfühlsamen Maler der Gegenreformation. Brillanter Naturalismus, wunderbares Kolorit und amouröses Bewegungsspiel prägen dagegen sein »Bacchanal« (1519). Die Sinnlichkeit des weiblichen Körpers ist zentrales Thema bei »Venus und Adonis« (1554), »Danae« (1553) und »Venus und der Orgelspieler« (1545).

◂ Tizian

Paolo **Veronese** verwandelt religiöse und mythologische Themen zu festlichen Farbinszenierungen: »Jesus unter den Schriftgelehrten« (um 1558), »Auffindung des Moses« (um 1580), »Venus und Adonis« (um 1580). **Tintoretto** ist mit einer großformatigen »Fußwaschung« (1547) vertreten, eine dramatische Inszenierung in weiter Raumtiefe. Sein Porträt eines venezianischen Generals zeigt die Beherrschung des malerischen Spiels mit dem Licht. **Caravaggio** verbindet bei der Wiedergabe von »David und Goliath« (um 1600) krassen Naturalismus und starke Hell-Dunkel-Effekte. **Guido Reni** liefert mit »Hippomenes und Atalante« (um 1612) ein reizvolles Bewegungsspiel. **Giambattista Tiepolo**, der 1762 nach Spanien gekommen war, um für Karl III. den Königspalast in Madrid auszuschmücken, verleiht in seinem Spätwerk den heiligen Gestalten ein heiter-sinnliches Leben in einer illusionistischen Rokokowelt.

Flämische Malerei Von **Robert Campin**, Meister von Flémalle genannt, stammen zwei Flügeltafeln eines spätgotischen Retabels (1438). Beachtenswert ist hier die wirklichkeitsgetreue Wiedergabe der Innenräume mit der lesenden hl. Barbara sowie dem hl. Johannes und dem knienden Stifter. **Rogier van der Weydens** »Kreuzabnahme« (um 1435) beeindruckt sowohl durch die Behandlung der Oberflächen als auch durch den unvergesslichen Ausdruck der Trauer seiner Figuren. In **Hans Memlings** »Anbetung der Könige« verharren dagegen die Personen in einem fast emotionslosen Miteinander vor klar konstruierter Räumlichkeit.

Hieronymus Bosch ► Besonderes Interesse verdient Hieronymus Bosch (um 1450-1516), in Spanien El Bosco genannt, von dem kein Museum der Welt so viele Werke besitzt wie der Prado. Mit seiner rätselhaften, alle Grenzen sprengenden Fantasie fabuliert Bosch über Himmel, Erdenlust und Hölle und kreiert dabei unmerkliche Übergänge zwischen Alltagsbegebenheiten, Sprichwortweisheiten, theologischem Dogma und kühner Vision. Frühestes bekanntes Werk ist die Tischplatte mit den sieben Todsünden (um 1480), die in Einzelszenen kreisförmig um die Figur Christi angeordnet sind: Wut, Hochmut, Wollust, Trägheit, Völlerei, Geiz und Neid. Medaillons in den Ecken zeigen Tod, Jüngstes Gericht, Hölle und ewige Seligkeit. »Das Ausschneiden des Steins der Verrücktheit« (um 1490) kann als Satire auf mittelalterliche Quacksalberei oder als rituelle Kastration gedeutet werden. Im »Heuwagen« (um 1500) illustriert die Mitteltafel das Sprichwort: Die Welt ist ein Heuwagen, von dem ein jeder nimmt, so viel er nur packen kann. Das Triptychon **»Der Garten der Lüste«** (um 1510) ist sein berühmtestes Werk. Man kann es als Vision der irdischen Welt – beginnend mit dem Paradieszustand am letzten Schöpfungstag (links) über eine Epoche des 1000-jährigen Glücks, wie sie die Geheimsekte der Adamiten beschrieb (Mitte), bis zum schrecklichen Ende der Welt Adams (rechts) – interpretieren. Die Flügelaußenseiten zeigen die Welt am 3. Schöpfungstag, eingeschlossen in eine Glaskugel, mit Gottvater außerhalb am linken oberen Bildrand. In der »Anbetung der Könige« (um 1510) mit Stifterfiguren auf den Seitentafeln irritieren neben dem Hirten auf dem brüchigen Dach der sonderbar gekleidete König an der Stalltür. Vielleicht ist er Herodes, der Antichrist oder einfach nur ein Narr.

Zwei Generationen später malt **Pieter Brueghel d. Ä.** unter dem Eindruck von Bosch mit dem »Triumph des Todes« (um 1562) einen Weltuntergang mit harter Gesellschaftskritik. Dagegen gilt Joachim Patinir (1480 – 1530) mit seinen weiten, atmosphärisch dichten Überschaulandschaften als Wegbereiter des autonomen Landschaftsbildes. Van Reymerswaele liefert mit dem »Geldwechsler und seiner Frau« eine eindrucksvolle Sittenschilderung.

◄ Peter Paul Rubens

Mit rund 80 Werken ist Peter Paul Rubens (1577 – 1640) im Prado ein Sammlungsschwerpunkt. Mit dem »Herzog von Lerma zu Pferde« (1603) erneuert Rubens den Typus des herrscherlichen Reiterporträts durch bewegte Aktion, die auch das Reiterbildnis des Kardinal-Infanten Don Fernando (um 1640) prägt. Aktionsgeladenes Bewegungsschauspiel kennzeichnet auch die »Anbetung der Könige« (1610). Neben blutrünstigen Szenen nach literarischen Vorlagen lieferte Rubens auch modische Gesellschaftsstücke für den spanischen Hof. Der mit allerlei Symbolen und Anspielungen bestückte »Liebesgarten« (1630) hing ursprünglich im Schlafgemach Philipps IV. Barocke Sinnenfreude kommt sowohl in den »Drei Grazien« (1638) als auch im »Urteil des Paris« (um 1639) zum Ausdruck.
Anthonis van Dyck besticht durch seine zahlreichen psychologisch einfühlsam gestalteten Porträts in prächtigem Kolorit.

Französische Malerei

Vor allem die Barockmalerei Frankreichs des 17. Jh.s ist im Prado gut vertreten. Claude Lorrain erzielt in seinen weiten Landschaften eine arkadische Harmonie zwischen Mensch und Natur, z. B. in der »Landschaft mit der Auffindung des Moses« (um 1638) und der »Einschiffung der hl. Paola im Hafen von Ostia« (um 1638). Nicolas Poussin vertritt ein klassisches Schönheitsideal, ob in »David als Sieger«, »Parnass« oder »Landschaft mit drei Männern«. Jean-Antoine Watteau ist für seine kleinformatigen galanten Festszenen in heiter-melancholischer Atmosphäre bekannt.

Holländische Malerei

Der einzige Rembrandt des Prado ist ein Frühwerk, »Sophonisba« (1634), eine Allegorie auf die eheliche Treue, für die seine junge Frau Saskia Modell stand. Zwei berückende Stillleben von Carlos de Heem und Pieter Claesz erinnern an die Vergänglichkeit materieller Güter und Gerard Ter Borch präsentiert mit »Petronella von Waert« (1679) ein ausdrucksvolles Frauenporträt. Jacob van Ruisdael schuf mit schlichten Waldstücken Stimmungslandschaften.

Deutsche Malerei

◄ Albrecht Dürer

Albrecht Dürers Selbstbildnis in festlicher Kleidung mit Ausblick auf die Alpenlandschaft in Erinnerung an seine erste Italienreise zeugt vom neuen Selbstbewusstsein des Renaissancekünstlers. Sein Porträt eines Edelmannes (1524) erreicht durch kunstvolle Lichtführung fast die Plastizität einer Büste. »Adam und Eva« (1507) vergegenwärtigen in sinnlich-erotischer Weise ein Liebespaar kurz vor dem Sündenfall. **Hans Baldung Grien**, Schüler Dürers, stellt auf zwei Tafeln von 1539 drei junge tanzende Mädchen (»Drei Grazien«) und drei unterschiedlich alte Figuren (»Drei Menschenalter«) gegenüber und weist damit auf die Vergänglichkeit von Schönheit hin. Von **Lucas Cranach d. Ä.** stammen eine aus der Überschau dargestellte Hetzjagd vor Schloss Torgau (1544) und eine anmutige »Maria mit Kind und Johannesknaben« (1536). Der in Rom arbeitende **Anton Raphael Mengs** (1728 – 1779) ist mit höfischen Porträts und einer kunstvoll ausgeleuchteten »Anbetung der Hirten« (1770) vertreten.

Museo Romántico

E 8

Lage: San Mateo 13 **Metro:** Alonso Martínez, Tribunal

In einer der engen Gassen, die auf die Stadterweiterung des 19. Jh.s zurückgehen, liegt das Romantische Museum. Die Kunstsammlung des Marqués de la Vega-Inclán (1858 – 1942) bildet den Kern des Museums.

Öffnungszeiten:
Di. – Sa.
9.30 – 20.30
So., Fei.
10.00 – 15.00
http://museoromanticismo.mcu.es

Untergebracht ist es in einem Palast des ausgehenden 18. Jahrhunderts. Architektur, Einrichtung und Kunstwerke – darunter Gemälde von Murillo, Zurbarán, Mengs, Goya, Sorolla – lassen die Atmosphäre aristokratischen und großbürgerlichen Lebens unter Isabella II. lebendig werden, den Zeitraum zwischen der Rückkehr Ferdinands VII. auf den spanischen Thron nach der Befreiung von der napoleonischen Herrschaft (1814) bis zum Sturz Isabellas durch die Militärrevolte des Generals Prim (1868). Bei den Ausstellungsstücken befinden sich zwei Pistolen; mit einer soll sich der romantische Schriftsteller Mariano José de Larra 1837 das Leben genommen haben.

Im Museo Romántico

An der Ecke Calle Fernando VI/ Calle Pelayo fällt die eigenwillige Fassade der **Casa Longoria** auf. Sie wurde 1902 von dem katalanischen Architekten José Grases Riera für einen Bankier erbaut und ist eines der seltenen Madrider Beispiele der Jugendstil-Architektur, deren bekanntester spanischer Vertreter Antoni Gaudí war.

Die einschiffige, dem Schutzheiligen der Tiere gewidmete Kirche **San Antón de los Escolapios** (Calle de Hortaleza 63; keine festen Öffnungszeiten) wurde von Pedro de Ribera gebaut, aber kaum etwas an ihr erinnert noch an den Meisterarchitekten des Barock. Unter Karl IV. wurde sie von Francisco de Rivas in klassizistischem Stil umgebaut. Nur ihr Innenraum verrät in seiner Gliederung den barocken Ursprung – rechteckiger Grundriss mit halbrunden Seitenkapellen und kurzem Kreuzschiff. Der wichtigste Besitz von San Antón

befindet sich in der zweiten rechten Kapelle: »Die letzte Kommunion des hl. Joseph von Calasanzio«, 1819 von Goya gemalt. In der Kirche werden jedes Jahr am 17. Januar Tiere gesegnet.
Der Brunnen »Fuente de los Delfines« an der Ecke zur Escuela de los Escolapios ist von Ventura Rodríguez (1770).

! *Baedeker* TIPP

Tapas und feinste Olivenöle
Frisch gezapftes Bier und Tapas gibt es in der Cervecería Santa Bárbara auf der gleichnamigen Plaza, eine Auswahl feinster Olivenöle (virgen extra) im Laden Patrimonio Comunal Olivarero (Mejía Lequerica 1).

★★ Museo Thyssen-Bornemisza

d II

Lage: Paseo del Prado 8 **Metro:** Sevilla, Banco de España

Der in der ersten Hälfte des 19. Jh.s nach Plänen der Architekten Silvestre Pérez und Antonio López Aguado erbaute und von Rafael Moneo umgestaltete Palacio de Villahermosa beherbergt die Sammlung Thyssen-Bornemisza.

Öffnungszeiten:
Di. – So.
10.00 – 19.00
24. und 31.12 nur bis 15.00
geschlossen: Mo., 1.1., 1.5. und 25.12.
Audioführer auf Deutsch
www.museothyssen.org

Die zweitgrößte Privatsammlung der Welt befand sich ursprünglich in Lugano (Schweiz), bis sie 1993 vom spanischen Staat erworben wurde. In den 1920er-Jahren hatte Baron Heinrich von Thyssen-Bornemisza (1875 – 1947) mit klassischen Werken der europäischen Malerei den Grundstock der Sammlung gelegt. Sein Sohn Hans Heinrich setzte die Sammlertätigkeit fort und erweiterte die Kollektion seit den 1960er-Jahren um moderne Malerei. Die rund 800 Werke, überwiegend Gemälde, sind in 48 Räumen auf drei Geschossen chronologisch und nach Schulen geordnet. Sie umfassen einen Zeitraum vom 13. bis zum 20. Jh. und füllen vor allem in ihrem modernen Teil eine Lücke in der Madrider Museumslandschaft. Das Museum wurde 2005 erweitert, u. a. um den benachbarten Palacio de Goyeneche (verantwortliche Architekten: Manuel und Iñaki Baquero, Josep Bohigas, Robert Brufau und Francesc Pla).

Besichtigung

Der Rundgang beginnt im Haupttrakt **im 2. Stock** (Planta segunda) mit Meistern des Spätmittelalters, der Renaissance und des Barock. Hauptanziehungspunkte sind u. a. »Christus und die Samariterin« von Duccio di Buoninsegna, »Die Verkündigung« von Jan van Eyck, »Mariä Himmelfahrt« von Johann Koerbecke, die hervorragende Porträtsammlung mit Domenico Ghirlandaios »Bildnis der Giovanna Tornabuoni«, Hans Memlings »Bildnis eines jungen Mannes« und »Heinrich VIII.« von Hans Holbein d. J. Weiterhin sind Zurbarán (»Hl. Casilda«), Carpaccio (»Bildnis eines jungen Ritters vor einer Landschaft«), Tizian (»Der Doge Francesco Vernier«), Dürer (»Der zwölfjährige Jesus unter den Schriftgelehrten), Lucas Cranach d. Ä.

Carmen Thyssen-Bornemisza vor Gemälden der Familie

(»Quellnymphe«), Hans Baldung Grien (»Bildnis einer Dame«), Tizian, El Greco, Caravaggio (»Die hl. Katharina von Alexandrien«), Bernini, Canaletto, Guardi, Anton van Dyck, Cornelis de Vos, Rubens und Gerard Ter Borch vertreten.

Im 1. Stock (Planta primera) sind holländische Maler des 17. Jh.s und englische sowie französische Werke des 18. Jh.s zu sehen. Die in Europa allgemein wenig bekannte nordamerikanische Malerei des 19. Jh.s ist u. a. mit den Landschaftsmalern Cole, Church und Bierstadt vertreten. Aber auch Romantik und Realismus (Goya, Constable, Courbet und Caspar David Friedrich) sowie Impressionismus und Spätimpressionismus (Monet, Manet, Renoir, Sisley, Degas, Pissarro, Gauguin, van Gogh, Toulouse-Lautrec, Cézanne) sind zugegen sowie Künstler des Fauvismus wie André Derain und Raoul Dufy. Der deutsche Expressionismus bildet mit u. a. Werken der Künstlergemeinschaften »Brücke« und »Blauer Reiter« einen der Glanzpunkte der Sammlung.

Im Erdgeschoss (Planta baja) wird die Moderne vorgeführt, vom Kubismus über die Bewegungen der Avantgarde der ersten Jahrzehnte bis zur Pop Art. Vertreten sind u. a. El Lissitzky (»Proun 1 C«), Mondrian (»New York City, New York«), Picasso (»Mann mit Klarinette«), Braque (»Frau mit Mandoline«) und Juan Gris (»Sitzende Frau«). Rothko (»Grün auf Violett«), Pollock (»Braun und Silber I«), Hopper, Bacon, Lichtenstein und Rauschenberg bilden den Abschluss. Im Untergeschoss befinden sich die Cafeteria, Räume für Wechselausstellungen und der Vortragssaal.

Die Sammlung der vierten Ehefrau und Witwe des Barons Hans Heinrich von Thyssen-Bornemisza umfasst rund 300 Kunstwerke des 17. bis 20. Jh.s; ihre Besichtigung beginnt im 2. Stock (man erreicht sie auch vom Saal 18 des Palacio de Villahermosa aus). Sie spannt den Bogen von der holländischen Malerei des 17. Jh.s über die Landschaftsmalerei des 18. und 19. Jh.s, über Impressionismus, Postimpressionismus und deutschen Expressionismus bis zur frühen Avantgarde des 20. Jahrhunderts. Zu sehen sind Werke u. a. von Renoir, Degas, Gaugin, Monet, Kandinsky und Picasso.

Sammlung Carmen Thyssen-Bornemisza

Oratorio del Caballero de Gracia

c l

Lage: Caballero de Gracia 5 **Metro:** Gran Vía

Die Säulenbasilika ist eine angenehme Überraschung an der Hauptgeschäftsstraße ► Gran Vía.

Schräg gegenüber der Telefónica, dicht bei den Hochhäusern, Kinos, Kaufhäusern und dem Großstadtverkehr liegt in einer stillen Nebenstraße das Oratorio del Caballero de Gracia, eine Säulenbasilika, die in den Jahren 1786 – 1795 von Juan de Villanueva erbaut wurde (die Fassade stammt von 1826). Der Architekt des ► Museo del Prado, des Botanischen Gartens (► Jardín Botánico) und der Akademie für Geschichte folgte hier den Werken italienischer Meister, allen voran Andrea Palladio, dessen Bauten er auf seinen Reisen durch Italien kennen gelernt hatte. Die Fresken im Innern malte Zacarías González Velázquez.

Schöpfung Juan de Villanuevas

★ Palacio de Liria

C 7/8

Lage: Calle de la Princesa 20 **Metro:** Ventura Rodríguez, Plaza de España

Der Palacio de Liria mit seinen Gärten ist die einstige Residenz der Herzöge von Alba.

Er nimmt eine beachtliche Fläche in unmittelbarer Nähe des imponierenden ► Cuartel del Conde-Duque an der Calle de la Princesa ein und wurde zur Zeit Karls III. nach Plänen des französischen Architekten Guilbert 1762 begonnen und von Ventura Rodríguez 1780 fertiggestellt. Nach dem Vorbild des Königlichen Schlosses (► Palacio Real) erhielt der mächtige rechteckige Bau strenge Barockfassaden, die durch Pfeiler und Säulen gegliedert sind. Während des Spanischen Bürgerkriegs von 1936 bis 1939 brannte der Alba-Palast

Palast mit reicher Kunstsammlung

bis auf die Grundmauern ab. Die von der republikanischen Regierung in die Keller der Banco de España (►Plaza de la Cibeles) überführten Kunstschätze aus dem Besitz Alba entgingen der Zerstörung. Nach dem Bürgerkrieg wurde der Palacio de Liria wieder aufgebaut.

Gemäldesammlung ► Zu seiner reichen Kunstsammlung gehört eine Pinakothek mit einzigartigen Gemälden von Tizian, Rubens, Ruysdael und Rembrandt. Die spanische Schule ist mit Werken von El Greco, Zurbarán, Velázquez, Murillo und vor allem Goya vertreten.

Hinweis ► Der Palacio ist dem Publikum nur mit Sondergenehmigung zugänglich. Diese muss in der Regel unter Angabe der Besucheranzahl schriftlich beantragt werden (Anschrift: Calle de la Princesa 20, 28008 Madrid; genehmigte Besuche finden meist am Fr. 11.00 bis 12.00 und 12.00 – 13.00 Uhr statt). In Ausnahmefällen und mit etwas Glück kann man sich auch unter Tel. 9 15 47 53 02 anmelden.

✶✶ Palacio Real

a I/II

Lage: Plaza de Oriente **Metro:** Opera

Der Kolossalbau aus hellgrauem Granit und Kalkstein imponiert durch seine Lage – er ist von allen Himmelsrichtungen sichtbar – und durch seine Größe.

Öffnungszeiten:
Apr. – Sept.
Mo. – Sa.
9.00 – 18.00
So., Fei.
9.00 – 15.00
Okt. – März
Mo. – Sa.
9.30 – 17.00
So., Fei.
9.00 – 14.00
Mi. freier Eintritt für EU-Bürger

Bei Staatsakten (actos oficiales) geschlossen
Aktuelle Informationen:
Tel. 9 14 54 88 00 ►

Ursprünglich stand auf dem Hügel an der Stelle zwischen der Almudena-Kathedrale und dem heutigen Königsschloss eine arabische Festung, die von den spanischen Königen seit dem 11. Jh. zeitweise bewohnt und dafür auch umgebaut wurde. Als der Habsburger Philipp II. 1561 Madrid zur Hauptstadt Spaniens erklärte, wurde der Alcázar zum Regierungssitz umgebaut und in der Folge stark vergrößert; Baumeister waren nacheinander Juan Bautista de Toledo, Juan de Herrera und Francisco de Mora. An Weihnachten 1734 brannte der alte Alcázar der Habsburger fast völlig ab, dabei wurde auch ein Großteil der Innenausstattung zerstört. Der Bourbone Philipp V. beauftragte den italienischen Architekten Filippo Juvara (1678 – 1736) mit den Plänen für einen Neubau. Nach dessen Tod übernahm sein Mitarbeiter Giovanni Battista Sacchetti (1700 – 1764) einen Teil des Entwurfs, den er auf ein geschlossenes Quadrat mit Innenhof und vorgeschobenen Ecken vereinfachte. Für die Fassaden folgte er Entwürfen für den Louvre von Lorenzo Bernini.

1764 bezog Karl III. mit seinem Hofstaat das Königsschloss, das bis zur Flucht Alfons XIII. (1931), außer während der napoleonischen Besetzung, vom spanischen Herrscherhaus bewohnt wurde. Seit 1950 ist der Königspalast teilweise der Öffentlichkeit zugänglich, er wird nicht als Residenz genutzt (► Special S. 37). Außerdem können die Königliche Waffensammlung (Real Armería) und die museal aufbereitete Palastapotheke (Farmacia) besichtigt werden.

Über 2800 Zimmer zählt der Palacio Real, das Königliche Schloss.

Außenansicht

Die Vierflügelanlage ist aus Granit aus der Sierra de Guadarrama und weißem Colmenarer Kalkstein erbaut. Massive Fundamente stützen den Gebäudekomplex zum Steilhang des Manzanares ab, wo sich die Gärten von Sabatini im Norden und der sog. Campo del Moro im Westen ausdehnen. Die Süd- und Hauptfassade öffnet sich auf die Plaza de la Armería, die seit dem 19. Jh. von zwei lang gestreckten, einstöckigen Bauten eingerahmt wird. Wie die anderen Fassaden zeigt sie das königliche Wappen. Die Ostfront liegt zur ▸ Plaza de Oriente. Der wuchtige Bau wird durch Mittel- und Eckrisalite gegliedert, die in den beiden Obergeschossen durch Halbsäulen betont werden; die zurücktretende Wand wird durch Pilaster gegliedert. Eine Balustrade aus weißem Gestein schließt den Bau ab. Im Nordflügel erhebt sich die Kuppel der Hofkirche über die Balustrade.

Besichtigung

Besucher betreten den Palast an der Plaza de la Armería (Waffen- oder Paradeplatz), schräg gegenüber der Almudena-Kathedrale. Im Eingangsbereich mit Museumsladen und Buchhandlung (die Cafeteria befindet sich im 2. Stock) beginnen die Palastführungen. Man kann den Palast jedoch auch auf eigene Faust oder mit einem Audioguide besichtigen. Nach Überquerung des Waffenplatzes, wo jeden Mittwoch von 11.00 bis 14.00 Uhr alle 30 Min. eine normale Wachablösung und jeden ersten Mittwoch im Monat um 12.00 Uhr die **»Große Wachablösung«** stattfindet, betritt man das Schloss nun durch den Haupteingang. Über die beeindruckende Treppe von Sabatini, die mit einem Fresko von Corrado Giaquinto (1700 – 1766), »Triumph der Religion und der Kirche«, ausgemalt ist, gelangt man in das Hauptgeschoss.

◂ Cambio de guardia

? WUSSTEN SIE SCHON ...?

- ... dass die blaue Flagge am Palacio Real anzeigt, dass der König anwesend ist?

Süd- und Westflügel

Das Deckengemälde »Apotheose des Äneas« von Gian Battista Tiepolo (1696 – 1770) beherrscht die **Sala de Alabarderos** (Saal der Hellebardiere bzw. Wachen). Der große Venezianer befand sich auf der Höhe seines Ruhmes, als er an den Hof nach Madrid kam. Heute ist der Saal mit Wandteppichen und Empiremöbeln ausgestattet.

Der **Salón de Columnas** (Säulensaal) war zuerst Galaspeisesaal und dann Festsaal Karls III.; das Deckenfresko »Triumph von Apoll und Bacchus« malte Giaquinto, die Brüsseler Wandteppiche entstanden nach Kartons von Raffael. 1985 wurde hier der Vertrag über Spaniens Beitritt zur Europäischen Union unterzeichnet.

Salón del Trono ►

Der mit rotem Samt ausgeschlagene **Thronsaal** enthält noch die Dekoration aus der Zeit Karls III. Hier stehen die beiden Thronsessel des Königspaares, die von Löwen aus vergoldeter Bronze (1651, Matteo Bonicelli) bewacht werden. Das Deckenfresko »Größe der spanischen Monarchie« vollendete Tiepolo 1764, es zählt zu seinen Meisterwerken.

Räume Karls. III. ►

Das Deckengemälde in der **Saleta de Carlos III** (nach seinem Hofmaler auch Kleiner Gasparini-Saal genannt), »Die Apotheose des Kaisers Trajan«, stammt von Anton Raphael Mengs (1728 – 1778), dem deutschen Hofmaler Karls III. Auch die **Antecámara de Carlos III** (oder Gasparini-Vorsaal) ist mit einem Deckenfresko von Anton Raphael Mengs geschmückt, der »Apotheose des Herkules«; Goyas

Palacio Real Orientierung

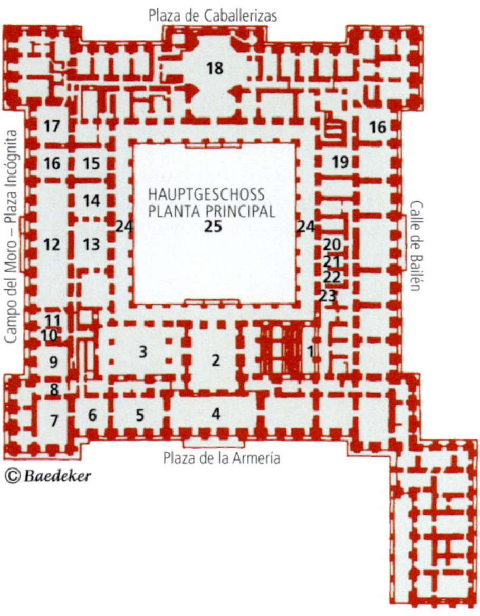

1 Haupttreppe
2 Salon der Leibgarde
3 Säulensaal
4 Thronsaal
5 Saleta Karls III.
6 Vorzimmer Karls III.
7 Ankleideraum Karls III. oder Gasparini-Saal
8 »Tranvia« Karls III.
9 Salon Karls III.
10 Porzellankabinett
11 Gelber Saal
12 Gala-Speisesaal
13 Plateresksaal
14 Tafelsilberkabinett
15 Tafelgeschirrkabinett
16 Stradivarisaal
17 Instrumentensaal
18 Königskapelle
19 Wachensaal der Königin Maria Luisa oder Vorsaal zu den Gemächern der Königin Maria Christina
20 Billiardsaal Alfons' XII.
21 Rauchsalon oder japanischer Salon Alfons' XII.
22 Stuckaturenkabinett der Königin Maria Luisa
23 Edelholzkabinett der Königin Maria Luisa
24 Hauptgalerie
25 Innenhof

Porträts von Karl IV. und seiner Gemahlin María Luisa von Parma entstanden Ende des 18. Jahrhunderts. Auffallend ist auch eine Empire-Uhr Karls IV. Die **Cámera de Carlos III** ist mit ihren zierlichen Chinoiserien, kunstvollem Marmorboden und geschmackvollen Seidenbezügen an Wänden und Möbeln ein Prunkstück des Rokoko.
An die mit einer Wildschweinjagd von José del Castillo geschmückte **Tranvía** schließt sich der **Salón Karls III.** an, in dem dieser für das Madrider Stadtbild so bedeutende Bourbonen-König starb. Seine heutige Ausstattung stammt jedoch von Ferdinand VII. von 1828, das Deckenfresko malte Vicente López, das Porträt Karls III. Mariano Salvador Maella (1784).
Auf die **Sala de la Porcelana** (Porzellanzimmer), die mit Porzellankacheln der Real Fábrica del Buen Retiro auskleidet ist, folgen die mit gelber Seide und Wandteppichen aus der Real Fábrica de Tapices dekorierte **Sala Amarilla**, auch Gelber Saal genannt, und das Arbeitszimmer Karls III. Der lang gestreckte **Comedor de Gala**, Galaspeisesaal, entstand erst durch die Zusammenlegung dreier Räume. Er ist mit Fresken von Mengs und seinen Schülern González Velázquez und Francisco Bayeu ausgemalt. An den Wänden hängen Brüsseler Gobelins des 16. Jahrhunderts. Chinesisches Porzellan und Sèvres-Vasen, Lüster und silberne Kandelaber ergänzen die festliche Ausstattung. Hier finden heute die offiziellen Empfänge statt. Der sog. **Plateresksaa**l wird auch »Kinosaal« oder »Saal der Musikkapelle« genannt, denn hier wurde die Kapelle der Königlichen Wache untergebracht, wenn im Galaspeisesaal Bankette abgehalten wurden.

Nordost- und Nordflügel

◄ Königliche Sammlungen

Die folgenden Säle im Nordostflügel wurden zeitweise von dem Infanten Ludwig, dem Bruder Karls III., genutzt. Heute sind hier die Königlichen Sammlungen untergebracht. Ausgestellt sind Tafelsilber, Medaillen, Musikinstrumente von Antonio Stradivari, weitere Musikinstrumente aus dem 18. und 19. Jh. sowie Porzellan und Glas.

◄ Schlosskapelle

Mit dem Bau der Schlosskapelle waren der Italiener Sacchetti und der Spanier Ventura Rodríguez von 1749 bis 1757 beschäftigt. Die Kuppel malte Giaquinto aus, Felipe de Castro und Giovanni Domenico Olivieri lieferten die Plastiken. Das Bild des »Hl. Michael« über dem Hauptaltar malte Ramón Bayeu nach einem verloren gegangenen Original von Luca Giordano. Die Orgel von Leonardo Fernández Dávila und Jorge Bosch genießt einen ausgezeichneten Ruf.

Prinzenhof

Von der Hauptgalerie blickt man in den fast quadratischen Innenhof, auch Prinzenhof genannt. Ihn schmücken die Standbilder der vier in Spanien geborenen römischen Kaiser Trajan, Arkadios, Theodosius und Honorius (von Castro und Olivieri).

Ostflügel

Im Ostflügel, dem ehemaligen Wohntrakt Karls IV. und seiner Frau María Luisa von Parma, lebte 1906 – 1929 Maria Christina von Österreich, die Mutter von Alfons XIII. Von dem Wachensaal der Königin María Luisa, dem späteren Vorzimmer zu den Gemächern Maria

Der Thronsaal ist noch genauso dekoriert wie unter Karl III.

Christinas, geht es zurück auf die Hauptgalerie und in das Billardzimmer Alfons XII. Gleich daneben liegen der im orientalischen Stil dekorierte Rauchsalon, auch Japanischer Salon genannt, sowie das Stuckaturenkabinett und das Edelholzkabinett María Luisas.

Repräsentationsräume

Die weiteren Räume im Ost- und Südflügel des Palastes werden heute noch vom spanischen König sowie bei offiziellen Veranstaltungen genutzt und sind nicht zugänglich. Hier befinden sich u. a. Deckenfresken von Maella, Porträts von Mengs und Fresken von Giovanni Domenico Tiepolo und seinem Vater Giovanni Battista Tiepolo. Auch die im Erdgeschoss untergebrachte Königliche Bibliothek, zu deren Schätzen 300 000 Bücher, 4000 Handschriften, 2000 grafische Blätter, 3500 Landkarten und 3000 Notenwerke gehören, ist nicht zugänglich.

Real Oficina de Farmacía

Die Plaza de la Armería wird von zwei Flügeln eingerahmt. Die Königliche Apotheke im Ostflügel war bereits von Philipp II. im Alcázar eingerichtet worden. Ihre heutige Ausstattung mit Apothekengeräten stammt aus dem 17. bis 19. Jahrhundert.

★ Real Armería

Die **Königliche Waffensammlung** (im Westflügel) ist neben der habsburgischen des Kunsthistorischen Museums in Wien die bedeutendste Waffensammlung Europas. Auf zwei Stockwerken werden über 3000 Ausstellungsstücke aus der Zeit seit dem 16. Jh. gezeigt.

Von der Galerie der Plaza de la Armería blickt man über den Schlossgarten (►Parque-Jardín El Campo del Moro) bis zur ►Casa de Campo, dem einstigen Jagdrevier der spanischen Könige. Zwischen Paradeplatz und der ►Catedral de la Almudena graben die Archäologen.

Ausblick

Panteón de Hombres Ilustres

F 10

Lage: Calle Julián Gayarre 3

Metro: Atocha-Renfe

Hinter einer kleinen Gartenanlage geht es hinein in den Ehrentempel für spanische Vaterlandsgrößen.

Dazu zählen die ermordeten Politiker Antonio Cánovas del Castillo (1828–1897), José Canalejas Méndez (1854–1912) und Eduardo Dato (1856–1921). Den von zwei rötlichen Kuppeln gekrönten Bau empfand Fernando Arbós Ende des 19. Jh.s der byzantinischen Kunst nach. Er sollte einer späteren Basilika als Kreuzgang dienen – allerdings wurde sie nie errichtet. Die drei zugänglichen Flügel legen sich um einen mit Rosen aufgelockerten Innenhof und bergen prachtvolle, zum Teil von Mariano Benlliure und Agustín Querol gestaltete Marmorgrabmäler. Der Eintritt ins Pantheon ist frei.

Öffnungszeiten:
Mo. – Sa.
9.30 – 18.00
So 9.00 – 13.00

★ El Pardo

Außerhalb

Lage: 15 km nordwestlich von Madrid

Pkw: A 6 Richtung La Coruña, auf der Höhe der Puerta de Hierra Wechsel auf die M 30 Nord, weiter auf der M 605

Bus: 601 ab Princesa, Intercambiador Moncloa

Ein schönes Ausflugsziel ist das Jagdschlösschen El Pardo. Es ist gut zu erreichen und liegt vor den Toren der Hauptstadt in den Ausläufern der Gebirgskette Sierra de Guadarrama.

In einem für seine Steineichen und für seinen Wildreichtum bekannten, von einer Mauer umgebenen ehemaligen königlichen Jagdgebiet liegt das Schloss El Pardo. An der Stelle eines bereits von Heinrich IV. genutzten Jagdhauses ließen Karl V. und anschließend Philipp II. ein Schloss errichten. Mit den Plänen wurde 1544 Luis de Vega beauftragt. Nach dessen Tod beendete Gaspar de Vega den Bau. Philipp IV. ließ 3,5 km westlich vom Schloss um 1630 von Juan Gómez de Mora die Torre de la Parada als Jagdsitz errichten (heute verfallen); Philipp V. erweiterte den Königssitz um eine Hofkirche (1747; von

Öffnungszeiten:
Mo. – Sa.
10.30 – 17.00
im Sommer bis
18.00
So. 10.00 – 13.30
Mi. freier Eintritt für EU-Bürger

Hier residieren ab und zu ausländische Staatsoberhäupter: Schloss El Pardo

François Carlier); unter Ferdinand VI. wurde die Puerta de Hierro errichtet und Karl III. ließ El Pardo ab 1772 von seinem Hofarchitekten Francisco Sabatini stark vergrößern. Während des Bürgerkrieges wurde das Schloss schwer beschädigt. Nach seiner Renovierung bewohnte Franco das Gebäude bis zu seinem Tod 1975. Seither ist die von Ecktürmen eingerahmte Vierflügelanlage als Museo Nacional der Öffentlichkeit zugänglich.
Das Hauptgeschoss ist mit historischen Gebrauchs- und Dekorationsgegenständen und rund 200 wertvollen Gobelins ausgestattet, die nach Entwürfen von Goya, Bayeu und González Ruiz gefertigt wurden.

Casita del Príncipe

Die Casita del Príncipe ist ein im 18. Jh. für die Gemahlin Karls III., María Luisa, vom Architekten Juan de Villanueva erbautes Lustschlösschen. Es ist kostbar im Geschmack der Zeit ausgestattet, u. a. mit feinen Seidenstickereien und Gemälden von Luca Giordano.

Santo Cristo del Pardo

Westlich des Schlosses liegen Konvent und Kirche des Kapuzinerordens, der meistbesuchte Wallfahrtsort in der Umgebung Madrids. Das Ziel der Pilger ist die polychrom gefasste Liegefigur des toten Christus, aufgebahrt vor dem Hauptaltar der Kirche und geschützt durch einen von Franco gestifteten Glasschrein. Die Holzfigur des kastilischen Bildhauers Gregorio Fernández entstand um 1615 und gehört zu den Hauptwerken der spanischen religiösen Plastik des 16. bis 18. Jahrhunderts. In dem kleinen Ort unmittelbar vor dem Schloss gibt es Einkehrmöglichkeiten.

Parque del Oeste

B 7

Lage: Paseo del Pintor Rosales **Metro:** Moncloa, Argüelles, Príncipe Pío

Der Parque del Oeste, eine der schönsten Parkanlagen Madrids, dehnt sich zwischen der ►Montaña del Príncipe Pío und dem nordwestlich gelegenen Stadtviertel La Moncloa aus.

Englischer Park

Die Nähe der Universitätsstadt (► Ciudad Universitaria), des Studentenviertels Argüelles und zahlreicher Studentenheime an der Avenida de Séneca bestimmen die Atmosphäre des englischen Gartens, der Ende 19., Anfang 20. Jh. nach Plänen des Madrider Gartenarchitekten Cecilio Rodríguez angelegt wurde. Während des Bürgerkriegs 1936–1939 lag der 85 ha große Parque del Oeste in der Feuerzone und wurde stark beschädigt. 1945 gab Cecilio Rodríguez ihm mit neuen Grünflächen, Bäumen und Denkmälern sein altes Aussehen zurück. Einen Anziehungspunkt des Parks bildet der 1958 eröffnete Rosengarten, der im Frühling in voller Pracht steht.

Paseo del Pintor Rosales

Der Paseo del Pintor Rosales, der den Park von der Anhöhe des Debod-Tempels auf der ► Montaña del Príncipe Pío bis zur Moncloa säumt, ist eine beliebte Promenade. Caféterrassen mit Ausblick auf das Grün und auf die ferne Sierra de Guadarrama ziehen besonders im Sommer nicht nur die Bewohner des umgebenden Viertels an. Von hier aus kann man bequem mit dem **Teleférico** in die ►Casa de Campo gelangen. Die Seilbahn schaukelt mit 3 m in der Sekunde bis zu 40 m hoch über dem Grün; die einfache Strecke ist 2,5 km lang.

◄ Madrids Seilbahn

★★ Parque del Retiro

E/F 8–10

Lage: Pl. de Independencia / Alfonso XII **Metro:** Retiro

Mitten im ruhelosen Treiben der Großstadt, von den verkehrsreichen Straßen Calle de Alfonso XII, Calle de Alcalá und Calle de Menéndez Pelayo umgeben, bildet der einstige »Rückzugsort« der Katholischen Könige heute noch eine grüne Oase.

Öffnungszeiten:
Okt.–März
6.00–22.00
Apr.–Sept.
6.00–24.00

Der Stadtpark ist auch Veranstaltungsort für Konzerte und Festivals sowie beliebtes Ziel für Sport treibende Hauptstadtbewohner. Durch den Haupteingang an der Plaza de Independencia erreicht der Besucher bald den Teich im Mittelpunkt der 120 ha großen Anlage. Von hier führen Wege zur Rosenpracht der Rosaleda, zur Geometrie des französischen Jardín de Don Cecilio, zum Wasserstrahl des Kristallpalastes oder zu einer der Caféterrassen, wo die Madrider je nach Jahreszeit in der Sonne oder im Schatten ihren Aperitif genießen.

Rudernde Besucher im Retiro-Park

Zur Zeit Philipps II. hing die königliche Residenz Real Sitio del Buen Retiro mit dem von Heinrich IV. gegründeten Hieronymitenkloster San Jerónimo zusammen. Beide lagen damals außerhalb der Stadt, die sich um den Alcázar konzentrierte. Im Jahr 1632 übergab der Herzog Olivares, der mächtige Minister Philipps IV., seinem Herrscher die Schlüssel zu dem ehemaligen Klostergarten, der von dem italienischen Gartenarchitekten Cosimo Lotti zu einem Park umgestaltet worden war. Als Schauplatz glanzvoller Hoffeste mit Stierkämpfen, Wasserschlachten, Feuerwerken, Hofbällen und Theateraufführungen wurde der Retiro weltberühmt. Im 18. Jh. wurden bestimmte Zonen des Parks, der bis dahin der Bevölkerung Madrids verschlossen gewesen war, dem Publikum geöffnet. Erst 1869 ging der Retiro in den Besitz der Stadt über.

Denkmäler Bei einem Spaziergang fallen zahlreiche Denkmäler an Plätzen und Wegen auf: Das Monument zu Ehren Alfons XII., eine Reiterstatue des Königs, überragt eine halbkreisförmige Säulenhalle am Ufer des Sees (1922 fertig gestellt); dazu kommen die naturalistische Gruppe zu Ehren der Brüder Álvarez Quintero (1934), die Jugendstilstatue des Komponisten Ruperto Chapí (1921) und das Reiterstandbild des Generals Martínez Campos (1907). An die Todesopfer des Terrorattentats 2004 erinnert das jüngste Monument, der 2005 von König Juan Carlos eingeweihte »Wald der Abwesenden« (Bosque de los Ausentes) nahe der Porta Murillo. Immer wieder tauchen im Grün **Brunnen** auf: »Los Galápagos«, ein Schildkrötenbrunnen an der Nordwestecke des Sees (1830), »El Ángel Caído« (1878), »La Alcachofa« (1776), ein Werk von Ventura Rodríguez für den Salón del

Prado, und der Brunnen »Fons Vitae et Mortis«, Ecke Avenida de Fernán Núñez/Paseo de Venezuela, zu Ehren des Wissenschaftlers und Nobelpreisträgers von 1906, Ramón y Cajal, von dem Bildhauer Victorio Macho (1926).

Ausstellungen

Regelmäßige Kunstausstellungen beleben den Retiro-Park in zwei Ende des 19. Jh.s von Ricardo Velázquez Bosco errichteten Palästen: im Palacio de Velázquez, einem glasgedeckten Bau im Neorenaissancestil, sowie im Palacio de Cristal, einer Glas-Eisen-Konstruktion, die ursprünglich eine Ausstellung exotischer Pflanzen aus Asien beherbergte. Das **Observatorium** wurde 1790 nach Plänen von Juan de Villanueva auf dem höchsten Punkt des Geländes erbaut.

Parque-Jardín El Campo del Moro

C 9

Lage: Paseo de la Virgen del Puerto **Metro:** Príncipe Pío

Öffnungszeiten:
Mo. – Sa.
10.00 – 18.00
So., Fei.
9.00 – 18.00

Der Name Campo del Moro, »Maurenfeld«, erinnert daran, dass die Muslime 1109 vermutlich hier ihr Lager aufschlugen. Unter englischen Einflüssen erhielt die ansehnliche Parkanlage im Laufe des 19. Jh.s ihre endgültige Gestalt mit Brunnen, Blumenbeeten, Hecken, Teichen, weit geschwungenen Wegen und langen Wiesenteppichen, die auf die Seitenfront des Palacio Real zulaufen. Im Sommer stehen die Sprinkleranlagen auf Dauerbetrieb. Bei offiziellen Festakten bleibt der Park geschlossen.

Paseo de la Castellana

E/F 1–8

Metro: Colón, Rubén Darío, Gregorio Marañon, Nuevos Ministerios, Santiago Bernabéu, Plaza de Castilla

Der vielspurige, bis zu 120 m breite und 6 km lange Paseo de la Castellana ist die nördliche Fortsetzung des ►Paseo del Prado und seiner Verlängerung, des Paseo de Recoletos.

Architektonisch spannender Straßenzug

Die Promenade bildet einen Mittelpunkt des geschäftlichen wie gesellschaftlichen Lebens des jungen und allem Neuen aufgeschlossenen Madrid. Ihr erster Abschnitt zwischen der ►Plaza de Colón und dem ehemaligen Hipódromo wurde, einem mittelalterlichen Schaftreiberpfad folgend, im 19. Jh. als aristokratisches Viertel angelegt; die meisten der alten Paläste mussten jedoch Neubauten Platz machen. Östlich dieser Hauptverkehrsachse liegt das Barrio de Salamanca, ein Wohnviertel des gehobenen Bürgertums. Bereits 1929 gab es Pläne zur Verlängerung der Nord-Süd-Verbindung nach Norden. Aber erst 1946 wurde mit dem Ausbau begonnen. Seit den 1960er-Jahren entstanden die heute das Straßenbild bestimmenden Geschäftsbauten.

Im Nordwesten der ► Plaza de Colón erheben sich die **Torres de Jerez** oder de Colón, ein 20-stöckiges, gegeneinander versetztes Turmpaar. 1976 nach Plänen von Antonio Lamela errichtet, wurde ihnen Anfang der 1990er-Jahre ein grünes, überdimensioniertes Dach aufgesetzt, das dem Hochhaus außer zur Höhe von 107 m zu dem Ruf verholfen hat, eines der geschmacklosesten Gebäude der Stadt zu sein. In Richtung Norden folgen: **IBM-Gebäude** (Paseo 4), 1968, von Miguel Fisac; **Bankinter** (Paseo 29), 1976, von Rafael Moneo und Ramón Bescós; **La Unión y Fénix Español** (Paseo 37), 1965, von Luis Gutiérrez Soto, ein auffälliges Doppelscheibenhochhaus mit einem Phönix auf dem Dach. Daran schließen sich an (unter der Überführung) auf beiden Seiten des Paseo das ► Museo de Escultura al Aire Libre, ein Freilichtmuseum für abstrakte Skulpturen; mit weinroter Fassade die **Bankunion** (Paseo 47), 1975, von José Antonio Corrales Gutiérrez und Ramón Vázquez Molezún; an der Glorieta de Emilio Castelar fällt das **Adriatica de Seguros** auf (Paseo 47), 1979, von Javier Carvajal; an der Plaza del Dr. Marañón das **Caixa**-Gebäude, 1978 von J. M. Bosch Aymerich erbaut.

Nuevos Ministerios

Die Nuevos Ministerios (an der Ecke Plaza San Juan de la Cruz) wurden in zwei Bauabschnitten errichtet, deren erster (1932 – 1936) in seinem rationalistischen, klassizistisch inspirierten Stil dem Repräsentationsbedürfnis der ersten Republik entspricht. Der zweite Bauabschnitt (1940 – 1942) ist stark vom monumentalen Stil der Franco-Architektur geprägt.

Azca-Viertel

Am mittleren Abschnitt des Paseo de la Castellana folgt schließlich das in den 1970er-Jahren errichtete Azca-Viertel, auch **Klein-Manhattan Madrids** genannt. Das Büro- und Einkaufszentrum mit Fußgängerzone und Grünflächen wurde 1954 – 1964 von Antonio Perpiña geplant. Umgeben ist es von mehreren markanten Wolkenkratzern.

Den südlichen Rand des Azca-Viertels markiert die 1971 – 1981 nach Plänen von Francisco Javier Saénz de Oiza für die Banco Bilbao-Vizcaya erbaute Torre BBV. Wind und Wetter haben die Außenhaut des 102,7 m hohen Büroturms durch Oxidierung rostrot gefärbt. Überragt werden das Azca-Viertel und die Stadt von der 157 m hohen, 44-stöckigen, strahlend weißen Torre de Picasso. Die Pläne des 1977 – 1988 erbauten Gebäudes stammen von dem Japaner Minoru Yamasaki, der zuvor in New York das World Trade Center erbaut hatte. Den nördlichen Rand des Azca-Viertels markiert die 113 m hohe Torre de Europa mit ihrer mehrfach geschwungenen Fassade (1974 – 1987; Architekt: Miguel Oriol e Ybarra). Die Außenskulptur

Torre BBV ►

Torre de Picasso ►

Torre de Europa ►

Torres Kio, die schiefen Türme von Madrid

schuf der spanische Künstler José Maria Cruz Novillo. Nach einer Brandkatastrophe wurden die Reste des nahen, einst 32-stöckigen Edificio Windsor 2005 Stück für Stück abgetragen. Zum Glück wurden weitere umliegende Gebäude nicht in Mitleidenschaft gezogen.

Palacio de Exposiciones y Congresos

◄ Estadio Santiago Bernabéu

Unmittelbar nördlich des Azca-Viertels liegt der Kongresspalast (Ecke Plaza de Joan Miró), 1964 – 1970 nach Plänen von P. Pintado erbaut. Das riesige Keramikwandbild entstand nach Entwürfen von Joan Miró. Auf der gegenüberliegenden Straßenseite folgt das Estadio Santiago Bernabéu, Spielstätte des »königlichen« Traditionsvereins **Real Madrid** (►Special S. 135). Die 90 000 Fans fassende Betonschüssel ist nach dem langjährigen Präsidenten Santiago Bernabéu benannt. Bei den Heimspielen – Ligabetrieb ist samstag- oder sonntagabends bzw. sonntagnachmittags – herrscht entsprechender Andrang (Führungen: Mo. – Sa. 10.00 – 19.00, So., Fei. 10.30 – 18.30, Kartenverkauf am Tor/Puerta 7).

Torres Kio

Ein Beispiel für zeitgenössische Architektur in Madrid sind die sich im Winkel von 14,3 Grad zuneigenden Zwillingstürme etwas nördlich an der Plaza de Castilla, einem wichtigen Verkehrsknotenpunkt. Die 115 m hohen, 27-stöckigen schwarzen Quader, die von hellem Stahl und roten Streifen strukturiert werden, heißen symbolträchtig **Puerta de Europa**, Tor Europas, im Volksmund werden sie Torres Kio genannt. Die Pläne stammen von dem New Yorker Altmeister der Moderne Philip Johnson und seinem Partner John Burgee, für Design und Statik zeichnet Leslie Robertson verantwortlich. Die jüngsten Beispiele zeitgenössischer Architektur finden sich etwa ein

◄ Zeitgenössische Architektur

Wasserspiele auf der Plaza Cánovas del Castillo

Kilometer weiter stadtauswärts (Metro: Begoña). Wo bis 2001 die Fußballstars von Real Madrid trainierten, wurden in den vergangenen Jahren vier Türme hochgezogen: **Torre Espacio** (Architekt: Pei Cobb), **Torre Sacyr Vallehermoso** (Architekten: Carlos Rubio Carvajal und Enrique Álvarez-Sala), **Torre Caja Madrid** (Architekt: Norman Foster & Partners) und **Torre Cristal** (Architekt: César Pelli). Die zwischen 2009 und 2010 fertiggestellten Gebäude sind zwischen 224 und 250 Meter hoch, wobei der Torre Caja Madrid ein wenig höher ist als die anderen drei. Sie können nicht besichtigt werden. Im Torre Sacyr Vallehermoso befindet sich das Luxushotel Eurostars Madrid Tower, dessen Restaurant auch Nichtgästen offen steht (Reservierung erforderlich, ►S. 128).

★ Paseo del Prado

d I–IV

Metro: Banco de España, Atocha

Der Paseo del Prado, der die ► Plaza de la Cibeles mit der im Süden gelegenen Plaza del Emperador Carlos V verbindet, ist heute ein Abschnitt der verkehrsreichen Madrider Nord-Süd-Achse. Baumalleen und Rasenflächen zieren die Promenade, an der zahlreiche repräsentative Bauten und Anlagen liegen.

Dazu gehören u. a. der Botanische Garten (► Jardín Botánico), das Prado-Museum (► Museo del Prado) sowie das ► Museo Thyssen-Bornemisza im Palacio de Villahermosa. Ursprünglich war der Paseo, der dem Verlauf des längst verschwundenen Baches Arroyo Abroñigal folgt, im Auftrag Karls III. als »Salón del Prado« angelegt worden, als Paradestraße des aufgeklärten Madrid. Die Ausführung lag bei den Architekten José de Hermosilla, Juan de Villanueva und Ventura Rodríguez und dauerte von 1775 bis 1782. In Anlehnung an die römische Piazza Navona setzen drei Brunnenanlagen Akzente, Cibeles-, Apollo- und Neptunbrunnen (von Norden nach Süden).

»Salón del Prado«

Der Paseo beginnt an der ► Plaza de la Cibeles. In südlicher Richtung folgen an der Ecke Paseo/Calle de Montalbán das Marineministerium (1930) und das Museo Naval (Marinemuseum; ► S. 97; der Erweiterungsbau des Marineministeriums, Ecke Paseo/Calle Juan de Mena, ist von 1976, Architekt: Alberto López de Asiaín). Bei einem Abstecher in östlicher Richtung gelangt man am Ende der Calle Montalbán zum Museo Nacional de Artes Decorativas (Kunstgewerbemuseum; ► S. 96). Im grünen Mittelstreifen des Paseo steht der Apollo-Brunnen, ein Standbild zu den vier Jahreszeiten (Alfonso Giraldo Vergaz, Manuel Alvarez; 1777).

◄ Plaza de la Cibeles

Plaza de la Lealtad

Auf der anschließenden Plaza de la Lealtad erhebt sich der Dos-de-Mayo-Obelisk, der 1839 zur Erinnerung an die Opfer des Aufstandes vom 2. Mai 1808 (von Isidro González Velázquez) aufgestellt wurde. Im Nordosten der Plaza steht die **Bolsa**, Börse, 1884 nach dem Vorbild der Wiener Börse erbaut. Im Südosten des Platzes liegt der Eingang zum 1910 eröffneten **Hotel Ritz** (Architekt: Charles Mewès).

Plaza Cánovas del Castillo

Die Plaza Cánovas del Castillo mit dem **Neptunbrunnen** (Juan Pascual de Mena; 1780) in der Mitte wird von drei Gebäuden bestimmt: allen voran an seiner Westseite das 1912 gegenüber dem Ritz (s. oben) eröffnete elegante **Hotel Palace**. Mit im Bunde ist der klassizistische **Palacio de Villahermosa** (1806; ► Museo Thyssen-Bornemisza), der die Nordostecke des Platzes einnimmt. Ein Stück die Carrera de San Jerónimo hinauf folgt der ► Congreso de los Diputados, das spanische Parlamentsgebäude. Die südliche Fortsetzung des Paseo del Prado wird von der klassizistischen Fassade des Prado-Museums (► Museo del Prado) sowie dem Botanischen Garten (► Jardín Botánico; beides auf der östlichen Straßenseite) geprägt. Schräg gegenüber dem Prado eröffnete im Mai 2008 das CaixaForum Madrid. Unter Einbeziehung eines um 1900 errichteten Elektrizitätswerks entstand nach Plänen der Schweizer Architekten Herzog & de Meuron ein Gebäude, das schon wegen seiner Architektur sehenswert ist. Auf 7 Etagen stellt der Kulturtempel der katalanischen Sparkassenstiftung die sozialen Strömungen einer sich wandelnden Gesellschaft und vor allem **Gegenwartskunst** vor (Paseo del Prado 36; tägl. 10.00–20.00 Uhr; www.laCaixa.es/ObraSocial. Im 4. Stock, etwas versteckt, gibt es wochentags ein gutes, preiswertes Mittagsmenü).

★ ◄ CaixaForum Madrid

◄ Tipp: Restaurant

Plaza del Emperador Carlos V

Den südlichen Abschluss des Paseo bildet die Plaza del Emperador Carlos V, auch Glorieta de Carlos V genannt. Hier fällt die ►Estación de Atocha auf (Atocha-Bahnhof). Im Süden des Botanischen Gartens schließt das Landwirtschaftsministerium den Platz nach Osten ab (Ricardo Velázquez Bosco; 1897). Etwas südwestlich der Glorieta de Carlos V gegenüber dem Atocha-Bahnhof liegt das ►Centro de Arte Reina Sofía, das mit dem Prado und dem Museo Thyssen-Bornemisza das »Kunstdreieck« der Hauptstadt Madrid bildet.

★ Plaza de la Cibeles

d I

Metro: Banco de España

Der Cibelesbrunnen (Fuente de Cibeles) ist ein Wahrzeichen Madrids und Mittelpunkt einer der schönsten Plätze der Hauptstadt.

Wahrzeichen Madrids

In einem Brunnen thront die griechische Fruchtbarkeits- und Liebesgöttin Kybele auf einem von zwei Löwen aus Granit gezogenen Wagen. Der Entwurf stammt von Ventura Rodríguez; Francisco Gutiérrez und Robert Michel führten ihn 1782 aus. Ursprünglich stand die Brunnenanlage am Beginn des Recoletos in Blickrichtung ►Paseo del Prado. Am Anfang des 20. Jh.s wurde sie um 90 Grad in Richtung ► Puerta del Sol gedreht. Heute gehört die Plaza de la Cibeles zu den verkehrsreichsten Plätzen der Stadt. Hier stoßen der ►Paseo del Prado, der Paseo de Recoletos und die Calle de Alcalá aufeinander.

Stadtpaläste

Palacio de Comunicaciones ►

Vier wichtige Gebäude umgeben die Plaza de la Cibeles. Den Südosten des Platzes beherrscht der Palacio de Comunicaciones, das **Hauptpostamt**, das 1905 – 1917 von Antonio Palacios und Julián Otamendi in historisierendem Monumentalstil erbaut wurde und im Volksmund auch »Nuestra Señora de Correos«, »Unsere Liebe Frau von der Post«, genannt wird.

Banco de España ►

Dem Hauptpostamt gegenüber steht Spaniens Staatsbank, Banco de España. Im französischen Geschmack des ausgehenden 19. Jh.s wurde die Bank 1884 von Eduard Adaro und Severiano Saínz de la Lastra gebaut und seither mehrfach erweitert.

Palacio de Linares ►

Die nordöstliche Seite des Cibeles-Platzes wird von dem im 19. Jh. nach Plänen von Carlos Colubi erbauten Linares-Palast eingenommen. Anfang der 1980er-Jahre vom Abriss bedroht, ist in dem inzwischen renovierten Gebäude die Casa de América untergebracht (Eingang: Calle Marqués del Duero; ► S.97), die Veranstaltungen und Ausstellungen rund um südamerikanische Kulturen organisiert.

Palacio de Buenavista ►

Ihr gegenüber erhebt sich der ehemalige Palacio de Buenavista, heute Ministerio de Defensa, Verteidigungsministerium. Der Palast, der von einer Erhöhung aus die Ausfahrt nach Alcalá beherrschen sollte, wurde 1777 – 1782 nach Plänen des Architekten Juan Pedro Arnal

Das Wahrzeichen Madrids: der Cibeles-Brunnen vor der Hauptpost

erbaut. Auftraggeberin war die schöne Herzogin von Alba, die angeblich die Geliebte Goyas war und dem Maler für die »Nackte Maja« Modell gestanden haben soll (heute im ►Museo del Prado). Als die Duquesa 1802 starb, kaufte die Stadt den Palast. Ein gepflegter Park, ein hohes Gitter und militärische Posten trennen heute den mächtigen Bau vom städtischen Trubel der verkehrsreichen Zone Madrids.

Plaza de Colón

E 8

Metro: Colón

Die Plaza de Colón, südlicher Ausgangspunkt des ►Paseo de la Castellana, ersetzt seit den 1970er-Jahren den alten, ursprünglich mit Bäumen bestandenen und von Palästen des 19. Jh.s umgebenen Platz an der Kreuzung der Calle Goya und Calle Génova.

Architektur

Längst haben moderne Hochhäuser die alten Gebäude verdrängt und der enorme Verkehr hat den Platz in eine breite Durchfahrtsstraße verwandelt. 1970 wurde die ehemalige Real Fábrica de Moneda (Königliche Münzfabrik) abgerissen und der Platz um die so genannten **Jardines del Descubrimiento de América**, Gärten der Entdeckung

Amerikas, in südöstlicher Richtung erweitert. Das 3 m hohe Kolumbus-Denkmal auf der 15 m hohen Kolumbus-Säule (Jerónimo Suñol; 1885), einst in der Mitte des Platzes, wurde bei der Neugestaltung der Plaza nach Süden versetzt. In den Jardínes wurden 1976 vier riesige Skulpturenblöcke von Joaquín Vaquero Turcios aufgestellt, die an die spanischen Entdeckungsfahrten im 15. und 16. Jh. erinnern sollen.

Centro Cultural ►

Unter den Gärten befindet sich das Centro Cultural de la Villa, das städtische Kulturzentrum, mit Theater- und Ausstellungsräumen (► S. 99). Eine Wasserwand grenzt es gegen die Plaza ab.
An die Plaza stößt u. a. das Museo de Cera (Wachsfigurenmuseum; Paseo de Recoletos 41, ► S. 96). Nordwestlich erheben sich die beiden Türme Torres de Jerez oder de Colón (1976; A. Lamela); das Edificio Carlos III, ein großes Geschäftszentrum (1945; Luis Gutiérrez Soto), steht im Nordosten der Plaza (Calle de Goya); mit dem Bau der Biblioteca Nacional (Ecke Plaza de Colón/Paseo de Recoletos 20), in deren Gebäude sich auch das ►Museo Arqueológico Nacional befindet, wurde 1866 begonnen.

★ Plaza de España

a l

Metro: Plaza de España

Die Plaza de España, einer der wichtigsten Verkehrsknotenpunkte der Hauptstadt und beliebte Promenade der Madrider, ist der Schnittpunkt des alten und des modernen Madrid.

Historisch versus modern

Sie liegt auf einer zum Manzanares hin abfallenden Plattform zwischen den Erhebungen des Königlichen Schlosses und der ► Montaña del Príncipe Pío. Hier stößt das Viertel der Habsburger und Bourbonen – die ►Plaza de Oriente, das Königliche Schloss (►Palacio Real) und die ► Plaza Mayor – auf das moderne Madrid, die ► Gran Vía der 1930er- und die Hochhäuser der 1950er-Jahre.

Baugeschichte

Im 18. und 19. Jh. war der Platz wegen nahe gelegener Kasernen und seiner Nähe zum Schloss vor allem militärisch genutzt worden. Die unaufhaltsame Erweiterung der Stadt nach Nordwesten führte zu seiner endgültigen Urbanisierung. Um die vorige Jahrhundertwende gaben ihm das Gebäude der »Royale Compagnie Asturienne des Mines« (Ecke Calle Bailén; 1899 nach Plänen von Manuel Martínez Angel fertig gestellt) und der modernistische Bau an der Ecke mit der Calle Ferraz ein industriell geprägtes fortschrittliches Aussehen.
In späterer Zeit verstärkten Bauten wie die ehemalige Generaldirektion für Gesundheitswesen (1929) an der Ecke Martín de los Heros und die Hochhäuser **Edificio España** (1948, Joaquín und Julián Otamendi; 107 m hoch) und **Torre de Madrid** (124 m hoch; 1957 eben-

falls von J. und J. Otamendi) den Charakter des Platzes. In der Mitte des Platzes steht ein **Cervantes-Denkmal** (1930; Entwurf: Rafael Martínez Zapatero; Skulpturen: Lorenzo Coullaut Valera): Der Dichter sitzt vor einem schweren Obeliskensockel, vor ihm reiten die berühmten Romanfiguren Don Quijote und sein Knappe Sancho Pansa. Heute ist die Plaza de España Tummelplatz für Kinder und Studenten, Touristen und Büroangestellte der nahen Gran Vía. In der Umgebung liegen zahlreiche Kinos.

San Marcos

Im alten Stadtteil Amaniel, der sich hinter dem Hochhaus Edificio España und der ►Gran Vía ausbreitet, liegt die Kirche San Marcos (Calle de San Leonardo 10), das letzte große Werk des Madrider Barock. Zur Erinnerung an den Sieg Philipps V. bei Almansa wurde die Kirche 1749 – 1753 nach Plänen von Ventura Rodríguez gebaut. Für

Zu Füßen ihres Schöpfers Cervantes reiten Don Quijote und Sancho Pansa über die Plaza de España.

den Grundriss aus fünf ineinander gehenden Ellipsen ließ er sich von den Italienern Bernini und Borromini inspirieren. Interessant ist der Innenraum mit beherrschender Zentralkuppel. Die Freskoausmalung stammt von Luis González, die Stuckarbeiten von Robert Michel, die Statue des Heiligen auf dem Hochaltar sowie die Statuen in den flachen Seitenaltarnischen sind ein Werk von Juan Pascual de Mena. Die Öffnungszeiten der Kirche richten sich nach dem Gottesdienst.

★ Plaza de la Villa

a II

Metro: Sol

Die an der Calle Mayor gelegene Plaza de la Villa bildet mit dem Rathaus, der Casa de Cisneros und der Torre de los Lujanes einen der schönsten Plätze der Altstadt.In der Platzmitte steht ein Denkmal für Admiral Alvaro de Bazán (1526 – 1588), welches Mariano Benlliure 1891 zur Erinnerung an das Siglo de Oro, das Goldene Zeitalter Spaniens, schuf.

Casa de la Villa

Das an der Westseite des Platzes gelegene Rathaus, **Ayuntamiento**, wurde 1644 nach Plänen des Architekten Juan Gómez de Mora, der am Bau des ►El Escorial beteiligt war, begonnen. Nach seinem Tod wurden die Arbeiten von José de Villareal zu Ende geführt. Für die Portale sowie die Turmobergeschosse waren José del Olma und Teodoro Ardemans, der das Lustschloss ► La Granja entwarf, verantwortlich. 1789 fügte Juan de Villanueva dem Rathaus einen Balkon mit Blick auf die Calle Mayor, von dem aus die Königin der Fronleichnamsprozession beiwohnte, sowie die Kolonnaden des Hauptgeschosses hinzu. Im Inneren verdienen neben einer beachtlichen Gobelinsammlung und einer Reihe repräsentativer Räume wie dem Salón de Goya, dem Sitzungssaal und dem Lichthof (Patio de Cristales) vor allem eine Monstranz aus dem 16. Jh. und das Gemälde »Allegorie Madrids« von Goya besondere Beachtung.

> ! *Baedeker* TIPP
>
> **Rathausbesuch**
>
> Die Casa de la Villa kann in der Regel montags um 17.00 Uhr besucht werden. Zur kostenlosen Führung sollte man sich etwas vorher am Hauptportal des Rathauses einfinden.

Casa de Cisneros

Die im Süden der Plaza gelegene Casa de Cisneros, heute durch eine überdachte Brücke mit der Casa del Ayuntamiento verbunden, wurde 1537 von Benito Joménez de Cisneros, einem Neffen des großen Kardinals Cisneros, Gründer der Universität in ►Alcalá de Henares, gebaut. Zur Calle del Sacramento besitzt die Casa noch ihre spätgotische, in platereskem Stil gehaltene Fassade. Das Haus, aus dem 1590

Von hier aus wird Madrid regiert: Casa de la Villa.

Antonio Pérez vor König Philipp II. floh, wurde 1909 vom Stadtrat gekauft. Heute ist es Sitz des Madrider Bürgermeisters.

Casa und Torre de los Lujanes

Die Casa und die Torre de los Lujanes liegen dem Rathaus gegenüber. Haus und Turm, in dem die Bibliotheken der Real Sociedad Económica Matritense de Amigos del País und der Real Academia de Ciencias Morales y Políticas untergebracht sind, gehören zu den wenigen erhaltenen Zivilbauten aus dem Madrid des 15./16. Jahrhunderts. Das Eingangstor mit den Wappen der Besitzer gehört zu den seltenen gotischen Überresten der Stadt. Die Torre de los Lujanes diente dem französischen König Franz I. nach der Schlacht von Pavia (1525) als Gefängnis. Der »Gefangene« Karls V. genoss dort beachtliche Freiheit; er spazierte auf den Madrider Straßen umher und nahm an Festen teil, die der kastilische Adel ihm zu Ehren veranstaltete.

San Miguel

An der Casa und der Torre de los Lujanes und am Kloster Las Carboneras vom Anfang des 17. Jh.s vorbei geht es durch die Calle Puñonrostro abwärts zur barocken Pontifikalkirche San Miguel (Calle de San Justo 4). Mit ihrem Bau wurde 1739 an der Stelle eines älteren Gotteshauses begonnen. Die Pläne stammen von dem Italiener Santiago Bonavia, der auch für das spanische Königshaus tätig war, u. a. im Königsschloss von Aranjuez, und später von Virgilio Rabaglio und danach von Andrés de Rusca abgelöst wurde. Die schmale zweigeschossige Kirchenfassade ist aus Granit und nach italienischem

Vorbild konvex gewölbt. Sie wird von zwei seitlichen Glockentürmchen gekrönt. Die Skulpturen in den halbrunden Nischen sind von Luis Salvador Carmona und Juan Pascual de Mena. Der einschiffige Innenraum mit Seitenkapellen, angedeutetem Querschiff und Kuppel ist mit Malereien der Brüder Velázquez sowie mit Fresken von Bartolomé Rusca ausgestattet. In der Kirche wird Josemaría Escrivá de Balaguer (1902 – 1975; 2002 heilig gesprochen) verehrt, Gründer des mächtigen Opus Dei (= Werk Gottes), einer katholischen Eliteorganisation. Die Öffnungszeiten richten sich nach dem Gottesdienst.

San Nicolás de los Servitas

San Nicolás de los Servitas, Madrids älteste Kirche, erreicht man durch eine kleine Gasse, die gegenüber dem Rathaus von der Calle Mayor abzweigt. Von ihrer ursprünglichen Architektur aus dem 12. Jh. ist nur der Backsteinturm erhalten. Sie ist eines der wenigen Madrider Beispiele der Mudejarbaukunst und vielleicht ein Überbleibsel eines ehem. Minaretts. Die Hufeisenbögen am Choreingang und die Stuckdekoration sind ebenfalls im Mudejarstil gehalten. Das Retabel am Hauptaltar ist dem Erbauer des El Escorial, Juan de Herrera, zu verdanken, der eine Zeit lang hier begraben gewesen war, bevor seine Gebeine in seine Heimat Santander überführt wurden.

★ Plaza de Oriente

a I/II

Metro: Opera

Die Idee zur Plaza de Oriente stammte von dem Bruder Napoleons, der als José I. von 1808 bis 1813 in Spanien regierte und das Gelände vor dem Königspalast sowohl aus Gründen der Ästhetik als auch zum besseren Schutz bei möglichen Unruhen lichten ließ.

Die Bauarbeiten für den Platz, der die östlichen Stadtteile an das Königsschloss (►Palacio Real) anbinden und eine Perspektive zwischen der ►Puerta del Sol und dem Schloss schaffen sollte, wurden nach Beendigung des Unabhängigkeitskrieges und der Rückkehr Ferdinands VII. auf den spanischen Thron unterbrochen. Erst unter seiner Tochter Isabella II. entstand der Platz in seiner jetzigen Form: eine kreisförmig bepflanzte Anlage, umgeben von Gebäuden, unter denen das Teatro Real (oder auch Teatro de la Opera) hervorragt. In der Mitte des Platzes erhebt sich das Reiterstandbild Philipps IV., das der italienische Bildhauer Pietro Tacca von 1636 bis 1640 nach Zeichnungen von Velázquez und

! *Baedeker* TIPP

Im Teatro Real

45 Minuten dauernde Führungen durch das Theater werden von Mittwoch bis Montag alle 30 Minuten angeboten. Karten gibt es zwischen 10.00 und 13.30 Uhr an der Theaterkasse; Auskunft vor Ort oder Tel. 915 16 06 60.

Kleine Oase vor dem Madrider Schloss: die Plaza de Oriente

einem Modell des Bildhauers Martínez Montañes ausführte. Die den Platz säumenden Statuen der westgotischen Könige sollten ursprünglich die Balustrade des Schlosses krönen. Um die Plaza herum liegen mehrere vornehme Cafés und Restaurants, die abends und nach den Opernaufführungen ein beliebter Treffpunkt sind (►Abb. S. 54).

Teatro Real, Teatro de la Opera

Nach dem Abriss des alten Theaters »Caños del Peral« begannen 1818 die Bauarbeiten für das Königliche Theater gegenüber dem Palacio Real. Die Pläne stammten von Antonio López Aguado, einem Schüler Juan de Villanuevas. Am 19. November 1850 eröffnete Isabella II. das Teatro Real, auch Teatro de la Opera genannt; gespielt wurde Donizettis Oper »La Favorita«. Zu den großen Erfolgen des Hauses gehören Inszenierungen von Verdi- und Wagner-Opern, Aufführungen des Komponisten Strawinsky sowie Vorstellungen des russischen Balletts. 1925 wurden von Antonio Flórez umfangreiche Veränderungen vorgenommen, u. a. erhielt der Bau neue Fassaden (auch zur Plaza de Isabel II). 1960 – 1966 wurde er zu einem Konzerthaus umgebaut. Der Bau des Auditorio Nacional de Música (► S. 124) machte den Weg frei zu einer erneuten Umwidmung. Nach einer grundlegenden Restaurierung und Modernisierung dient das Teatro seit 1997 wieder als Opernhaus.

Plaza de Ramales

Die Calle de Lepanto führt zur südlich gelegenen kleinen Plaza de Ramales. Hier erinnert ein Kreuz an die abgerissene Kirche San Juan, in der Velázquez 1660 beigesetzt wurde. Auf der gegenüberliegenden Seite des Platzes liegt der ► Convento de la Encarnación.

Plaza del Dos de Mayo

D 8

Metro: Bilbao, Tribunal

Die Plaza del Dos de Mayo liegt mitten im Barrio de Maravillas (= Wunder), das jedoch in Erinnerung an eine junge Stadtheldin in Malasaña umgetauft wurde.

Handwerkerviertel

Wohnhäuser, Geschäfte wie die Antigua Casa Crespo, in der Seile, Körbe und Schuhe (alpargatas) aus Hanf gefertigt werden (Calle Divino Pastor 29), Kneipen und Cafés prägen dieses alte Handwerkerviertel zwischen den Straßen Hortaleza, San Bernardo, Carranza und Sagasta, in dem sich auch das ►Museo Municipal sowie das ►Museo Romántico befinden. Von literarischen Cafés über modern eingerichtete Lokale sind alle Stile vertreten. Im Sommer sind die Terrassen auf der Plaza del Dos de Mayo bis in die Nacht belebt. An Wochenenden machen Jugendliche das Viertel zu ihrem Treff.

! *Baedeker* TIPP

Café gefällig?

Um die Plaza del Dos de Mayo laden verschiedene Cafés ein. Zu den beliebtesten Adressen zählen das Café de Ruiz (Calle de Ruiz) und das Café Comercial (Glorieta de Bilbao).

Die Puerta de Monteleón auf der Platzmitte ist der Rest des 1690 errichteten Palastes der Herzöge von Monteleón, der 1723 durch einen Brand zerstört wurde. Der Minister Karls IV., Manuel Godoy, ließ danach hier den Artillerie-Park einrichten. Als die Franzosen in Madrid einzogen, fanden in diesem Viertel am 2. Mai 1808 schwere Kämpfe statt. Angeführt von den Offizieren Daoiz und Velarde wehrten sich die Madrider erbittert gegen die Soldaten Napoleons. Unter ihnen befand sich auch die erst 15-jährige **Manuela Malasaña**, die dabei ums Leben kam. Die Kaserne wurde schließlich erobert, ihre Verteidiger zu Füßen der ► Montaña del Príncipe Pío erschossen. Das Eingangstor des Palastes Monteleón sowie das Denkmal (von Antonio Solá) erinnern an die dramatischen Ereignisse.

✶✶ Plaza Mayor

b II

Metro: Sol, Opera

Die 120 x 90 m große Plaza Mayor gehört zu den schönsten Plätzen Spaniens. Wo einst Könige proklamiert, Stiere gehetzt, Hexen und Ketzer verbrannt wurden, laden heute Cafés, Geschäfte und Restaurants unter Laubengängen zu einer beschaulichen Pause ein.

Schauplatz der Geschichte

Philipp II. beauftragte 1581 seinen Lieblingsarchitekten Juan de Herrera, den Erbauer des ►El Escorial, mit der Gestaltung des Platzes, der bereits damals eine wichtige Rolle im Stadtleben spielte. Der älteste Teil des Platzes wurde 1590 in Angriff genommen. Unter Philipp III. führte Juan Gómez de Mora in kurzer Zeit, 1617 – 1619, die Arbeiten zu Ende.
Die Plaza Mayor war nicht nur Handelsmittelpunkt und Zentrum des städtischen Lebens, sondern auch Schauplatz für Staatsakte wie Königsproklamationen, Heiligsprechungen und Hinrichtungen. Auch zu festlichen Veranstaltungen wie Stierkämpfen, Theateraufführungen und Ritterturnieren strömte die Madrider Bevölkerung auf die Plaza. Nach schweren Zerstörungen durch einen Brand übernahm Juan de Villanueva, der Architekt des Prado, ab 1790 den Wiederaufbau des Platzes. Dabei wurden die den Platz einrahmenden Häuser auf die Höhe der Casa Panadería gebracht und die Hausdächer mit Schiefer gedeckt. Die ehemals acht auf die Plaza mündenden offenen Straßen wurden überbaut und der Platz erhielt seine heutige Geschlossenheit.

Casa Panadería

An der Nordseite steht die von zwei Türmchen eingerahmte Casa Panadería (1590). Hier waren die für die Verteilung der Brot- und Ge-

Ab Mittag und bis tief in die Nacht ist die Plaza Mayor gut besucht.

treidereserven zuständigen Beamten untergebracht und es wurde vermutlich auch Brot an die Bevölkerung verkauft. Über ihrem Balkon, von dem aus die königliche Familie den Spektakeln auf der Plaza beiwohnte, prangt das königliche Wappen. Die Fresken der Fassade wurden unlängst restauriert. Der Casa Panadería gegenüber befindet sich die ebenfalls von zwei Türmchen flankierte Casa de la Carnicería, die ehemalige Verwaltung der Fleischbestände, heute Sitz eines Touristeninformationsbüros. Die **Reiterstatue Philipps III.**, die von Giambologna entworfen und 1613 von Petro Tacca in Florenz gegossen wurde, stand ursprünglich in der ► Casa de Campo und wurde erst 1847 auf die Plaza versetzt.

Casa de la Carnicería ►

Heute finden auf der Plaza Mayor der alljährliche Weihnachtsmarkt und jeden Sonntagmorgen die Briefmarkenbörse statt; die Caféterrassen und Arkadenrestaurants sind beliebter Treffpunkt von Besuchern und Madrilenen. Der Platz hat auf jeder Seite zwei Ausgänge, die ihn mit Hauptstraßen wie der Calle de Toledo, der Calle Mayor und der Calle Postas verbinden. Auf der Seite der Casa de la Carnicería liegt die steile Treppe des Arco de Cuchilleros (Tor der Messerschmiede), die durch die wuchtigen Fundamente der Plaza hindurch zur tiefer liegenden Cava de San Miguel hinunterführt (► Mercado de San Miguel).

★ Puente de Segovia

B/C 9

Metro: Puerta del Ángel

Verbindung zwischen Hauptstadt und Escorial

Der Puente de Segovia ist Madrids älteste Brücke über den Manzanares. Philipp II. beauftragte 1582 den Architekten des ► El Escorial, Juan de Herrera, mit ihrem Bau. Auf diese Art sollte eine bequemere Verbindung zwischen der Hauptstadt und dem Escorial geschaffen werden. Die aus wuchtigen Granitquadern errichtete Brücke wurde 1935 zu den Zufahrtsstraßen hin verlängert und unter Bewahrung der Originalbögen verbreitert. Sie verbindet heute die Stadtmitte mit den südwestlich gelegenen Außenvierteln.

★ Puente de Toledo

C 11

Metro: Pirámides

Die Toledo-Brücke gehört zu den schönsten Monumenten aus der Zeit des ersten Bourbonen-Königs Philipp V.

Der Architekt Pedro de Ribera ersetzte durch ihren Bau (1718 bis 1732) den alten, baufälligen Puente Toledano. Die Brücke, die in

Der Puente de Toledo überspannt den Manzanares und die Stadtautobahn.

neun Bögen den Río de Manzanares sowie den vielspurigen Stadtring M 30 überspannt, wird von Strebepfeilern gestützt, die in Rundbalkonen auslaufen. In der Mitte der Brüstung erheben sich auf beiden Seiten Tempelchen, welche die Statuen der Stadtheiligen Isidro und seiner Frau María de la Cabeza rahmen (1735; Juan Antonio Ron). Gegen die Zerstörung durch die Autoabgase hat auch eine vor Jahren abgeschlossene Renovierung der Brücke und ihrer Figuren nur wenig ausrichten können.

Die Brücke bietet einen Ausblick auf das nördlich gelegene Estadio Vicente Calderón, das Fußballstadion des Clubs Atlético de Madrid, sowie auf die stadteinwärts gelegene ►Puerta de Toledo.

★ Puerta de Alcalá

E 8

Lage: Plaza de la Independencia **Metro:** Retiro

Die Puerta de Alcalá ist eines der Wahrzeichen Madrids. Sie wurde unter Karl III. von 1764 bis 1778 nach Plänen Francesco Sabatinis aus Colmenarer Granit errichtet.

Denkmal des »Bürgermeister-Königs« Karl III.

Das klassizistische Tor ersetzte den barocken Bogen, der 1599 für den Empfang der Gemahlin Philipps III., Margarete von Österreich, erbaut worden war. An der Straße nach ►Alcalá de Henares gelegen, bildete die Puerta de Alcalá mit den Toren von Atocha, Toledo, Segovia und Bilbao einen der Hauptzugänge der Stadt. Außerdem gehörte

sie zu dem groß angelegten Urbanisierungsplan Karls III. für den Madrider Osten, der von den Architekten Sabatini, Villanueva und Ventura Rodríguez ausgeführt wurde. Die königliche Residenz El Buen Retiro lag im Zentrum dieses Planes, zu dem außerdem die Bebauung der Wiesen von San Jerónimo und Atocha, die Einrichtung des Botanischen Gartens (►Jardín Botánico) und der Bau des Naturwissenschaftlichen Museums (►Museo del Prado) gehörten.
Mit ihren fünf Toröffnungen, von denen die drei mittleren bogenförmig, die zwei äußeren rechtwinklig sind, sowie ihren eleganten Granitquadern und den barocken Kalksteinausschmückungen von Francisco Gutiérrez und Robert Michel wurde die stattliche Puerta de Alcalá zum Symbol der Aufklärung und gleichzeitig zum Denkmal des »Bürgermeister-Königs« Karl III.

Puerta de Toledo

a IV

Metro: Puerta de Toledo

Triumphbogen

Die auf einem weiten Platz im letzten Drittel der Calle de Toledo platzierte Puerta de Toledo ist der letzte in Madrid errichtete Triumphbogen. Mit seinem Bau zu Ehren Napoleons und nach Plänen von Antonio López Aguado war während der kurzen Regierungszeit Josephs I. Bonaparte begonnen worden. Bei seiner Fertigstellung 1817 wurde die Puerta jedoch zum Symbol der Rückkehr des Bourbonen Ferdinand VII. auf den spanischen Thron und des Endes der Franzosenherrschaft.

★ Puerta del Sol

c II

Metro: Sol

Die Puerta del Sol, der Mittelpunkt Madrids, erinnert mit ihrem Namen an das »Sonnentor« in der mittelalterlichen Stadtmauer, das zur aufgehenden Sonne ausgerichtet war.

Kilometer Null

Sie ist **Kilometer Null** für alle von hier ins Land führenden Nationalstraßen, Verkehrsknotenpunkt, an dem zahlreiche Straßen zusammenlaufen, und seit 2009 auch Cercanías-Bahnhof (für Nahverkehrszüge). Obwohl viele typische Cafés im Laufe der Zeit durch moderne Cafeterias oder Schnellimbiss-Ketten ersetzt wurden, hielten sich auch Traditionslokale wie das Café Yenes an der Ecke zur Calle Mayor. Mit einigen alten Läden und Häusern, mit ihren Confiserien, mit ihren Lotterieverkäufern, zahllosen Passanten, Bushaltestellen und Metro-Eingängen ist die Puerta del Sol einer der lebendigsten

Die Casa de Correos an der Puerta del Sol, einem der lebendigsten Plätze Madrids

Plätze Madrids. Das »Sonnentor«, laut einer Beschreibung von 1539 ein einfaches Backsteintor mit sechs Wehrtürmen, gehörte zu den Haupttoren der Stadt. 1570 wurde es abgerissen. Zahlreiche umliegende Gebäude fielen im Laufe der Zeit Platzveränderungen zum Opfer, u. a. das Kloster San Felipe Real (1547), das Königliche Hospital (1560) und die Kirchen Buen Suceso (1628) und Nuestra Señora de la Victoria (1597). Der einstmals berühmte Brunnen La Mariblanca wurde durch eine Säule ersetzt.

Schauplatz der Geschichte

Die Puerta del Sol, die nicht umsonst als das geografische Herz Spaniens gilt, war auch immer wieder Schauplatz der modernen spanischen Geschichte. Hier begann am 2. Mai 1808 der Widerstand gegen Napoleon, als die Madrider den Mamelucken und der Kaiserlichen Garde eine sehr ungleiche Schlacht lieferten. In den zahlreichen Cafés wurden politische Debatten geführt und Umstürze vorbereitet. 1912 fiel hier der Ministerpräsident Canalejas durch die Schüsse von Anarchisten. 1931 wurde vom Balkon des zum Innenministerium avancierten Postgebäudes die Zweite Republik ausgerufen.

★ Casa de Correos

Karl III. ließ das heute älteste Gebäude am Platz erbauen: die Real Casa de Correos, die einstige Hauptpost. Der Architekt Ventura Rodríguez ließ für ihren Bau zwei Häuserblocks mit mehr als 20 Häusern niederreißen. Jaime Marquet wurde mit dem Projekt betraut. Der auf einem Sockel ruhende Bau aus Granit, weißem Kalk- und rotem Backstein besitzt einen rechteckigen Grundriss mit zwei

! Baedeker TIPP

Silvester in Madrid

Wer sich zum Jahreswechsel in Madrid aufhält, sollte unbedingt zur Puerta del Sol gehen. Hier verfolgt man die zwölf Schläge der Uhr zur vollen Silvester-Mitternachtsstunde, um bei jedem Schlag eine Weintraube zu essen! So sichern sich die Spanier Glück und die Erfüllung ihrer Wünsche im anstehenden Jahr.

Innenhöfen, um die sich die verschiedenen Räume ordnen. Die Hauptfassade zeichnet sich durch klassische Linien aus, die auf französische Vorbilder hinweisen. Über dem Haupteingang verläuft ein Balkon, der von einem Giebel mit dem königlichen Wappen, mit Löwen und Trophäen gekrönt ist. Unter Franco hatte in dem Gebäude die berüchtigte »politisch-soziale Brigade« der Polizei ihr Hauptquartier, wegen ihrer Uniformen von den Spaniern »die Grauen« genannt. Die Keller, in denen unliebsame Oppositionelle gefangen gehalten und gefoltert wurden, verschwanden erst bei der 1998 abgeschlossenen Renovierung des Gebäudes. Der Uhrturm folgte erst 1866, wie auch das Eisengerüst, in dem eine goldene Kugel zu Silvester das neue Jahr einläutet. Heute ist hier die Regierung der Region Madrid untergebracht.

Bär mit Erdbeerbaum

Am Nordrand der Puerta steht auch der hochaufgereckte Bär, der an einem Madroño, einem Erdbeer-Baum, knabbert, das Wahrzeichen Madrids. Der Madroño aus der Familie der Heidekräuter war einst in der Gegend von Madrid weit verbreitet und galt als wichtige Heilpflanze, u. a. zur Linderung von Schwellungen am Körper. Heute gibt es im Stadtgebiet nur noch wenige Madroños.

★★ El Rastro

b IV

Lage: Plaza de Cascorro und Umgebung **Metro:** La Latina, Puerta de Toledo

Der berühmte Madrider Flohmarkt hat eine besonders lange Tradition. Wo heute rund 3000 Stände für ein malerisches Durcheinander sorgen, handelten im 15. Jh. schon Schlachter und Gerber.

Für Trödel-Liebhaber

Der jeden Sonntagvormittag von 9.00 bis circa 14.00 Uhr stattfindende Madrider Flohmarkt El Rastro gehört zu den so genannten Barrios Bajos im Süden der Stadt, die zum Manzanares-Fluss hin abfallen. Das Dreieck von Gassen und Gässchen, das sich zwischen der Calle de Toledo, der Ronda de Toledo und der Calle de Embajadores spannt, hat seine Spitze in der Plaza de Cascorro. Dort, unter dem Denkmal des Soldaten Eloy Gonzalo, eines Helden aus dem Kuba-Krieg von 1898, beginnt der Rastro.
Die breite Ribera de Curtidores weist mit ihrem Namen auf die ehemaligen Schlachthäuser und Gerbereien dieses Stadtteils hin. Hier sind zahlreiche Trödler und Antiquare anzutreffen. Sonntagmorgens

ZARZUELA

Die Zarzuela ist ein urwüchsiges Madrider Genre, eine Bühnengattung, bei der sich Gesang (Solo und Chor) mit gesprochenem Dialog abwechseln.

Ihr Name geht auf das nahe bei Madrid gelegene Schlösschen Zarzuela zurück, wo Philipp IV. gern zur Unterhaltung Komödianten aus den Theatern der nahe gelegenen Hauptstadt kommen ließ. Anstelle der üblicherweise dreiaktigen und recht aufwändigen Stücke setzten sich bald eigens hierfür geschriebene Zweiakter mit zahlreichen Musikeinlagen durch, die man **Zarzuela** nannte.

In den Stoffen herrschten, wie im spanischen höfischen Theater, Heldenthemen vor, aber auch tragische Handlungen fehlten nicht. Die ersten literarischen Vorlagen lieferte Calderón de la Barca, Philipps Hofdichter, mit seinem »El jardín de Falerina« (1648). Innerhalb kurzer Zeit wurde die Zarzuela recht beliebt. Die berühmtesten Autoren Spaniens verfassten Libretti. **Von den Stücken sind über 500 erhalten**, allerdings fehlt in den meisten Fällen die Musik.

In der zweiten Hälfte des 18. Jh.s änderte sich der Musikgeschmack. Italienische Opern bestimmten das Theatergeschehen, zunächst in Übersetzung und dann in der Originalsprache, die Zarzuela geriet in Vergessenheit.

Zu einer Renaissance kam es Ende der 1830er-Jahre. Es entstand die einaktige Zarzuela, die im Gegensatz zur »Zarzuela grande« als »Género chico« bezeichnet wurde. Letztere erlebte innerhalb kürzester Zeit eine ungeahnte Blüte und gegen Ende des 19. Jh.s gab es in Madrid zehn Theater, in denen ausschließlich diese Werke aufgeführt wurden.

Die Zarzuela wurde auch in Frankreich und Italien gefeiert. Nun ging es in den Stücken auch nicht länger um die »großen« Themen, sondern um **»Hinterhofgeschichten«, Liebe, Eifersucht und Frauenehre** mit dem verliebten Alten, dem jungen Liebhaber, den koketten Mañolas und den geschwätzigen Nachbarinnen. Zwar werden wenig neue Zarzuelas geschrieben, Neuinszenierungen älterer Stücke sind jedoch nach wie vor beliebt. Da sie, ohne allzu anspruchsvoll zu sein, ihre Frische und Fröhlichkeit erhalten haben, lohnt sich der Besuch einer Zarzuela auch ohne Spanischkenntnisse unbedingt. Beliebte Aufführungsorte sind das **Teatro de la Zarzuela** (► S. 122) und gelegentlich das Teatro La Latina (Plaza Cebada 2, Tel. 9 13 65 28 35).

schiebt sich eine dichte und bunte Menschenmasse von einem Stand zum anderen, an denen von Matratzen, Koffern, Stiefeln und Uniformen über Körbe, Eisengestelle, Keramik und Holzwaren beinahe alles angeboten wird, egal ob alt oder neu.

! *Baedeker* TIPP

Gegen den kleinen Hunger

Zum sonntäglichen Rastro-Ritual gehört auch der Besuch einer Bar. Sehr leckere Brötchen und Tapas gibt es z. B. bei Ramón Fernández Alvarado, Carlos Arniches 30, in einer kleinen Parallelstraße der Ribera de Curtidores.

San Cayetano Die Iglesia de San Cayetano in der Calle de Embajadores 15 ist ein Werk von Pedro de Ribera und José Churriguera, den beiden Meistern des Madrider Barock. Nach einem Brand, der das Gotteshaus 1936 zerstörte, ist nur die Fassade des bedeutenden Baus erhalten.

Real Fábrica de Tabacos Ganz in der Nähe befindet sich die 1809 gebaute Real Fábrica de Tabacos, eines der ersten Zeugnisse der Industrialisierung Madrids und mit 800 Arbeiterinnen damals Mittelpunkt des Rastro-Viertels.

Corralas Im 18. und 19. Jh. wurden in den volkstümlichen Stadtvierteln Madrids sog. Corralas errichtet. Die zwei- bis siebenstöckigen Mietshäuser liegen um einen zentralen Innenhof (Corral = Innenhof). Die gewöhnlich nur 20 m² großen Wohnungen waren über lange Außenflure zu betreten. Wegen der Enge fand das eigentliche Leben auf diesen Galerien und im Innenhof statt. Daher sind die Corralas seit ihrer Entstehung auch immer szenischer Hintergrund der volkstümlichen Zarzuelas. Im Rastro-Viertel und im übrigen Lavapiés wurde eine Reihe von Corralas restauriert. Ein Beispiel befindet sich in der Calle Tribulete. Die Galerien zeigen zur Calle Mesón de Paredes.

★ Real Academia de Bellas Artes de San Fernando

c II

Lage: Calle de Alcalá 13 **Metro:** Sol, Sevilla

Die Real Academia de Bellas Artes de San Fernando, wie die anderen Königlichen Akademien eine Gründung der Bourbonen, ist eine der wichtigsten Gemäldesammlungen Madrids.

Karl III. (1759 – 1788) kaufte den barocken, 1724 von José Churriguera für den Finanzmann Goyeneche entworfenen Palast und beauftragte den Architekten Diego de Villanueva mit seinem Umbau. Dieser veränderte die Fassade nach klassizistischen Prinzipien und entfernte vor allem die barocke Ausschmückung.

Öffnungszeiten:
Di. – Sa.
9.00 – 17.00
So., Fei. bis 14.30

http://
rabasf.insde.es

Die Akademie San Fernando ist Sitz der Madrider Kunstakademie. Zu ihren Direktoren zählte u. a. Goya (seit 1795) und in ihren Ateliers studierten Picasso und Dalí, Letzterer bis zu seinem Ausschluss, sowie viele weitere bekannte Künstler. Heute erfüllen die Madrider Universitäten die Aufgaben der Akademie. Das Gebäude beherbergt eine sehenswerte Kunstsammlung mit Werken aus dem 16. bis zum 20. Jahrhundert. Die Arbeiten stammen von ehemaligen Mitgliedern, aus Schenkungen und den aufgelösten Jesuitenklöstern von Córdoba und Cuenca sowie aus dem 1808 konfiszierten Kunstbesitz des Ministers Karls IV., Manuel Godoy.

Das 16. Jh. ist mit Gemälden von Guiseppe Arcimboldo (»Frühling«), Juan de Juanes und Morales vertreten. Ribera, Cano, Zurbarán (»fünf lebensgroße Mönche«), Murillo, Velázquez, Herrera d. Ä., Pacheco, Caxés, Rizzi, Escalante und Carreíñ repräsentieren die spanische Schule des 17. Jahrhunderts. Daneben gibt es aber auch zahlreiche ausländische Meister.

Eindrucksvoll ist die Auswahl von **Goya**-Werken, die größtenteils im Auftrag der Akademie entstanden: »Das Begräbnis der Sardine«, »Die Flagellanten«, »Irrenhaus«, »Inquisitionstribunal«, »Stierkampf im Dorf«, »Porträt von Leandro Fernández de Moratín«, »La Tirana«, »Reiterbildnis Ferdinands VII.«, »Porträt von Manuel Godoy als Generalissimus« und ein Selbstbildnis aus dem Jahr 1815.

Goya: Reiterbildnis Ferdinands VII.

Ministerio de Hacienda

Im Westen der Königlichen Akademie folgt das königliche Zollhaus, Antigua Aduana; heute ist hier (Alcalá 11) das Finanzministerium untergebracht. Mit dem angrenzenden Palast Goyeneche (Real Academia de Bellas Artes de San Fernando) verleiht es dem ersten Teil der Calle de Alcalá einen strengen italienisierenden Charakter. Der Lieblingsarchitekt Karls III., Francesco Sabatini, der ihm von Italien nach Spanien gefolgt war, hielt sich bei seinem Bau 1769 an das Vorbild italienischer Renaissance-Paläste. 1928/1929 wurde der Palast erweitert und die Fassade erhielt ein von Pedro de Ribera 1710 entworfenes Portal, das ursprünglich den Palacio de Torrecilla schmückte.

★ Real Fábrica de Tapices

F 10

Lage: Calle Fuenterrabía 2 **Metro:** Menéndez Pelayo

Unweit nördlich vom Atocha-Bahnhof befindet sich in einem unscheinbaren Backsteingebäude seit 1889 die Madrider Teppichmanufaktur, Nachfolgerin der 1721 von Philipp V. gegründeten Real Fábrica de Tapices.

Öffnungszeiten:
Mo. – Fr.
10.00 – 14.00
im Aug. geschl.

Die bereits 1744 von der Krone unabhängig gewordene Einrichtung wird heute noch von einem Nachfahren des ersten Besitzers Jakob van der Goten geleitet. Auch wenn die meisten der hier hergestellten Kunstwerke im Palacio Real oder im Escorial hängen und die schönsten Tapisseriekartons, die von Künstlern gemalten Vorlagen, im ►Museo del Prado zu bewundern sind, lohnt ein Besuch der Teppichmanufaktur. Im Ausstellungsraum sind die Wände mit einigen Teppichen und Gobelins geschmückt, das eigentlich Interessante verbirgt sich jedoch in den Werkstatträumen, wo an Webstühlen, an denen schon zu Lebzeiten Goyas gearbeitet wurde, immer noch Teppiche und Gobelins hergestellt werden (►Special S. 269).

An der Arbeitsweise hat sich in den letzten 300 Jahren wenig geändert. Lediglich die Pflanzenfarben, deren Zusammenstellung über Generationen ein Familiengeheimnis war, wurden Mitte des 20. Jh.s durch lichtbeständige chemische Farben ersetzt. Neben der Herstellung von neuen ist die Restaurierung alter Teppiche eine wichtige Einnahmequelle. Zudem erweist sich die Vermietung der Fabriksäle als lukrativ. Auch der Internetauftritt (www.realfabricadetapices.com) bewegt sich auf der Höhe der Zeit.

Riofrío

Außerhalb

Lage: 90 km nordwestlich von Madrid

Etwas erhöht, inmitten von Steineichenwäldern und mit Blick auf die Sierra de Guadarrama, ließ sich Isabella Farnese, Witwe Philipps V., den Palacio Riofrío erbauen.

Öffnungszeiten:
Okt. – März
Di. – Sa.
10.00 – 13.30
15.00 – 17.00
So., Fei. bis 14.00
Apr. – Sept.
Di. – So. bis 18.00

Als Witwensitz mit angeschlossenem Kloster, Theater und Nebengebäuden gedacht, kam jedoch nur das Schloss zur Ausführung. Die Bauarbeiten begannen 1754 nach Plänen des Italieners Virgilio Rabaglio und wurden unter Karl III. von Fraschina und Gamones zu Ende geführt. Der Palast ist als quadratische Vierflügelanlage um einen Innenhof angelegt. Der Haupteingang, über dem die Wappen der Bourbonen und der Farnese prangen, führt in einen mit Granit ausgelegten Innenhof, von dem man über eine weite Doppeltreppe

Kunstvolles Handwerk: Frauen bei der Restaurierung alter Teppiche

MALEN MIT FARBIGEN FÄDEN

Die Real Fábrica de Tapices, die Königliche Teppichmanufaktur, nur einen halbstündigen Fußmarsch vom Prado-Museum entfernt, ist eine der traditionsreichsten Einrichtungen Madrids.

Das Anfertigen der Teppichvorlagen gehörte ursprünglich zu den eher lästigen Pflichten der Hofmaler, die hierfür Bilder flämischer Maler oder älterer Teppiche auf **Kartons** kopierten. Dies änderte sich, als **Anton Raphael Mengs**, der deutsche Hofmaler Karls III., die Leitung der Manufaktur übernahm. Er stellte junge, bislang unbekannte Künstler eigens dafür ein, Kartons zu malen, und diese sahen hier eine Möglichkeit, endlich ihr Können zu zeigen.

Unter ihnen befand sich auch der 1746 geborene, bis dahin erfolglose **Francisco de Goya**. Für die Manufaktur begann eine schöpferische Phase, zwischen 1776 und 1780 entstanden über 120 Kartons.

Auch die Themen änderten sich: Hatten bislang christliche und höfische Szenen die Kartons beherrscht, traten nun Alltagsszenen in den Vordergrund. Sie zeigten Feste, Hochzeiten, Stierkämpfe, Ball- und Kartenspiele und Picknicks und vermittelten Lebensfreude in sinnenfroher Rokokoatmosphäre. Unter Ferdinand VII., Isabella II. und Alfons XIII. trat das Weben von Teppichen in den Hintergrund, stattdessen nahmen das Knüpfen sowie die Restaurierung alter Exemplare zu. Im 20. Jh. erlebte die Manufaktur nochmals einen Aufschwung, als Künstler wie Picasso, Dalí u. a. Teppichvorlagen schufen. Auch heute werden in der Manufaktur noch Wandteppiche hergestellt.

Arbeitsweise

Gearbeitet wird meist im Stehen an meterhohen und bespannten Holzgerüsten. Die Originalvorlagen werden auf die Kettfäden gepaust, eine verkleinerte Kopie dient als Muster für die Farbtöne. Die Handwerker färben ihre Wolle selber. Allein das Zusammenstellen der Farben und die Wahl der Garne ist eine Kunst. Ein einzelner Seidenfaden, der aus feineren Fäden besteht, enthält bis zu 15 verschiedene Farbtöne. Knoten für Knoten oder Faden für Faden entstehen dann die Wandteppiche. Für einen Quadratmeter wird zwischen einem und vier Monate benötigt, je nachdem ob er geknüpft oder gewebt wird. Hauptauftraggeber sind das Königshaus, Privatsammler sowie finanzkräftige Unternehmen.

in die Innenräume gelangt. Diese sind im Geschmack des 18. Jh.s mit Rokokomöbeln, Seidenbezügen und Porzellanen ausgestattet. Bemerkenswert sind Gemälde des Franzosen Michel-Ange Houasse (1680–1730). In einem Teil des Gebäudes ist ein Jagdmuseum untergebracht.
In Riofrío ist vor allem die weite Landschaft zu genießen, zu der die italienische Architektur des Palastes einen reizvollen Gegensatz bildet. Die schneebedeckten Hänge der Sierra im Winter und die kühle Gebirgsluft im Sommer, der herrliche Eichenwald und das zahme Rotwild, das bis an den Palast herankommt, verdienen einen Abstecher bei einem Besuch in ► La Granja oder ► Segovia, welches nur 10 km nördlich liegt.

Las Salesas Reales

E 8

Lage: Plaza de las Salesas **Metro:** Colón

Das ehemalige Kloster der Salesas Reales ist ein repräsentatives Beispiel des spanischen Barock der Bourbonen-Zeit.

Santa Bárbara

Bárbara de Braganza, die aus Portugal stammende Gemahlin Ferdinands VI., gründete das Kloster, für das der Architekt François Carlier die Pläne lieferte. Mit ihm arbeitete Francisco Moradillo zusammen, dem einige Veränderungen des Originalprojekts wie die kleinen Türme der Fassade und die Kirchenkuppel zuzuschreiben sind. Im Inneren der zum Kloster gehörenden Kirche Santa Bárbara wurde das Gründerpaar in offiziellem, etwas kaltem Prunk beigesetzt. Das königliche Grabmal schuf Francisco Gutiérrez (der auch für den Cibelesbrunnen an der ► Plaza de la Cibeles verantwortlich ist) nach Plänen von Francisco Sabatini. Die Öffnungszeiten richten sich nach dem Gottesdienst.

Plaza de la Villa de París

Die Konventsgebäude hinter der Kirche dienen seit Ende des 19. Jh.s als **Justizpalast**. Nach einem Brand 1915 wurden sie bis 1926 wieder errichtet. Der würdevolle Bau, der mit seiner neobarocken Fassade (von Joaquín Rojí) auf die Grünanlagen der Plaza blickt, ist der Mittelpunkt eines gediegenen Viertels, das unter Isabella II. im 19. Jh. das Madrider Bürgertum anzog. Ruhige Straßen mit soliden Wohnhäusern – Piamonte, Conde de Xiquena, Almirante, Santa Teresa, Marqués de la Ensenada – bilden eine friedliche Insel im Großstadtverkehr der nahe liegenden Calle de Génova, des Paseo de Recoletos und der Calle de Hortaleza. Buchhandlungen, Obst-, Lebensmittel- und Fischläden wechseln mit Cafés, Restaurants, einfachen Tabernas und Bars ab, in denen man den Beamten des Justizpalastes, den Studenten des Institut Français oder den Schauspielern des Teatro Nacionál María Guerrero begegnet.

San Andrés

a III

Lage: Plaza de San Andrés **Metro:** Latina

In dem malerischen Viertel, wo die drei Plätze Humilladero, Puerta de Moros und Plaza de San Andrés ineinander übergehen, liegt die Kirche San Andrés.

San Andrés

Ihre Westfassade ist zur engen Gasse Costanilla de San Andrés ausgerichtet. Fertig gestellt wurde sie Mitte des 17. Jh.s. Altarraum und Kuppel sind in üppigem Barock ausgestattet. In der San-Isidro-Kapelle schildern Gemälde das Wunderwirken des Stadtheiligen.

Casa-Museo de San Isidro

An der Stelle des Madrider Stadtpalastes aus dem 16. Jh. soll der Landarbeiter und Wundertäter San Isidro gelebt haben. Erhalten blieb der Wunderbrunnen, aus dem der ertrunkene Sohn des Heiligen nach endlosen Gebeten lebendig wieder hervorkam. Die Casa-Museo de San Isidro informiert über die Stadtgeschichte (Di. – Fr. 9.30 – 20.00, Sa., So. 10.00 – 14.00 Uhr).

Cava Baja

Die auf die Plaza de San Andrés einmündende Cava Baja ist die Fortsetzung der Cava de San Miguel (► Mercado de San Miguel). Auch

Ein beliebter Treffpunkt ist die Cervecería San Andrés an der gleichnamigen Plaza, vor allem die Terrassensitzplätze sind immer belegt.

hier reiht sich ein Lokal an das andere. Im Haus Nr. 27 befindet sich das **Soleá**, ein Flamenco-Lokal (Tel. 9 13 66 05 34; Mo. – Sa.).

Capilla del Obispo

An die Nordseite der Kirche San Andrés schließt in direktem Mauerverbund die 1520 – 1535 erbaute Capilla del Obispo (Kapelle des Bischofs) an. Sie ist nur von der Plaza de la Paja aus, dem ehemaligen Heumarkt, zu betreten. Sie gilt als das einzige erhaltene Bauwerk reifer isabellinischer Gotik in Madrid. Beachtenswert sind die Renaissancetüren aus der Werkstatt des Berruguete-Schülers Francisco Giralte und die inneren Holztüren, die Francisco de Villapandó oder Cristobal de Robles zugeschrieben werden. Die Kapelle selbst wurde zur Aufnahme des San-Isidro-Schreins errichtet, der dort 1518 bis 1657 aufbewahrt wurde, bis er in die Kirche ► San Isidro überführt wurde. Der Hauptaltar der Kapelle ist ein Meisterwerk der kastilischen Spätgotik, des sog. plateresken Stils. Sein Erbauer Francisco Giralte wurde hier 1576 begraben. Rechts und links des Altars liegen die Grabmäler von Francisco de Vargas († 1524) und seiner Frau Inés de Carvajal († 1518; von Giralte). Das Grabmal des Bischofs Gutíerrez de Carvajal y Vargas, der heute der Kapelle ihren Namen gibt, vollendet das künstlerische Ganze.

! *Baedeker* TIPP

Eine Pause gefällig?

Rund um San Pedro laden z. B. die Taberna de Cien Vinos und die Taberna de los Austrias ein oder in der Treppengasse Travesía del Nuncio gegenüber der Apsis von San Pedro das hübsche Café del Nuncio.

San Pedro el Viejo

Von der Nordseite der Plaza de la Paja sieht man schon den leicht schiefen Turm der Kirche San Pedro el Viejo (Alt-St.-Peter), auch el Real genannt. Sie wurde zur Zeit Alfons' XI. (1312 – 1340) im alten Maurenviertel vermutlich an der Stelle einer Moschee errichtet. Erhalten blieb ihr quadratischer Backsteinturm, eines der wenigen Zeugnisse des Mittelalters in Madrid. Typisch für den Mudejarstil sind der rote Backstein, der karge Schmuck und die kleinen, hufeisenförmigen Ornamente mudejaren Stils auf halber Höhe. Die Kirche stammt aus dem 17. Jh.; die Öffnungszeiten richten sich nach dem Gottesdienst.

★ San Antonio de los Alemanes

c l

Lage: Calle de la Puebla 22 **Metro:** Callao

Hinter der ►Gran Vía liegt an der Ecke zwischen der Corredera Baja de San Pablo und der Calle de la Puebla die Kirche San Antonio de los Alemanes.

Philipp III. gründete hier 1607 ein Krankenhaus, 1624 wurde die dem hl. Antonius geweihte Kirche errichtet. Der Architekt und Jesuitenpater Pedro Sánchez, dem auch die Kirche ► San Isidro in der Calle de Toledo zu verdanken ist, baute dieses barocke Kleinod, das sich hinter einer unscheinbaren Fassade verbirgt. Ursprünglich war die Ovalkirche einem Achteck eingeschrieben. 1887 wurde das achteckige Äußere der geraden Straßenflucht angeglichen. Der elliptische, überkuppelte Innenraum ist ein Musterbeispiel barocker Überladung. Fresken von Luca Giordano bedecken die Wände, während ein riesiges Deckengemälde von Francesco Ricci und Juan Carreíñ die Kuppel ausfüllt. Der Hochaltar stammt aus dem 18. Jh. und ersetzt das ursprüngliche, durch Feuer zerstörte Retabel. Die Statue des hl. Antonius wird Manuel Pereira zugeschrieben. An den Seiten befinden sich je drei medaillongeschmückte Nebenaltäre. Aus ihrer Vergoldung schauen die letzten Habsburger – Philipp IV., Karl II., Maria Anna von Österreich – auf die Besucher herab.

Barockes Kleinod

In der Calle de la Luna, auf halbem Weg zur Gran Vía, liegt die barocke Kirche San Martín. Sie wurde 1761 gebaut, der Name ihres Architekten ist unbekannt. Die Fassade aus Backstein, mit zwei Türmen versehen, könnte von José Churriguera stammen. In der Kirche selber befinden sich Heiligenbilder von Pedro de Mena, Gregorio Hernández, José Mora und Pedro Alonso de los Ríos und Gemälde von Claudio Coello, Juan Ricci und Carreño. In der Kirche San Martín soll der Dichter Francisco de Quevedo ein Abenteuer mit einer Dame gehabt haben, das ihn zur Flucht nach Italien zwang. Die Öffnungszeiten der Kirche richten sich nach den Gottesdiensten.

San Martín

★ San Francisco el Grande

a III

Lage: Plaza de San Francisco **Metro:** Latina

Die Real Basílica de San Francisco el Grande, eine der bedeutendsten Kirchen Madrids, wurde auf dem Grundstück eines alten Franziskanerklosters errichtet.

Die Pläne für den 1761 begonnenen Neubau stammen von dem Franziskaner Francisco de las Cabezas. Als Vorbild soll ihm die römische Kirche Santa Maria in Campitelli von Carlo Fontana gedient haben. Wegen technischer Schwierigkeiten beim Bau der enormen, 33 m weiten Kuppel übernahm Francisco Sabatini, Lieblingsarchitekt Karls III., ab 1770 die Leitung bis zur Fertigstellung 1785. Ihm sind die klassizistische Fassade sowie die Rotunde zu verdanken. Joseph Bonaparte machte die Kirche zum Versammlungsort der Cortes; 1878 wurde sie zum Panteón Nacional erklärt – Juan de Villanueva, Ventura Rodríguez und andere haben hier ihre Gräber. 1926 wurde

Wechselvolle Geschichte

San Francisco el Grande blickt geruhsam auf den Verkehr zu ihren Füßen.

Öffnungszeiten:
im Sommer
Di. – Sa.
11.00 – 13.00
16.00 – 19.00
im Winter
Di. – Do.
11.00 – 12.30
16.00 – 18.30
Fr., Sa.
nur 16.00 – 18.30

die Kirche den Franziskanern zurückgegeben. Das Kircheninnere, ein überkuppelter Rundbau mit sechs Kapellen, beeindruckt durch seine Größe und Höhe. Die Gemälde der Kapellenaltäre entstanden zwischen 1781 und 1783, darunter befinden sich Werke von Francisco Goya (»Die Predigt des hl. Bernhard«; erste Kapelle links), von González Velázquez (»hl. Bonaventura«), von Mariano Salvador Maella (»Immaculata«; erste Kapelle rechts) und Francisco Bayeu.
In der Kirche sind auch zahlreiche andere Kunstwerke zu beachten, darunter in der Vorsakristei und im Kapitelsaal das Chorgestühl aus dem Kloster El Paular (16. Jh., von Bartolomeo Fernández; ► S. 157) sowie in der Sakristei eine Gemäldesammlung, u. a. Bilder von Francisco Pacheco, Zurbarán und Cano.

Capilla de la Venerable Orden Tercera

Die 1668 erbaute barocke Capilla de la Venerable Orden Tercera im Schatten von San Francisco steht genau da, wo Franz von Assisi 1217 eine Einsiedelei gegründet haben soll (Sa. 11.00 – 13.00 Uhr).

San Ginés

b II

Lage: Calle del Arenal 15 **Metro:** Sol

Die Ursprünge von San Ginés gehen auf eine mozarabische Kirche aus dem 11./12. Jh. zurück, die wiederum im 17. Jh. beim Umbau in eine dreischiffige Kirche zerstört wurde.

San Ginés

Der Turm der nach einem Brand 1872 wieder errichteten Kirche beherrscht die umliegenden Gassen (Bordadores, Coloreros, San Martín), die in ihrer großstädtischen Intimität an die Romane von Benito Pérez Galdós erinnern. Nach schweren Zerstörungen während des Bürgerkrieges wurde sie renoviert, dabei entfernte man die neoplateresken Dekorationen am Außenbau. Ihre Mauer aus Ziegel-Bruchstein-Schichten entspricht einer alten Mudejartechnik.

! *Baedeker* TIPP

Chocolate y churros

Appetit auf ein Frühstück mit den letzten Szenekönigen der vergangenen Nacht? Die Chocolatería San Ginés ist traditionelle Endstation der Madrider Partygänger. Hier kann man von 18.00 bis 6.00 Uhr morgens echt madrilenisch seinen Hunger mit frisch frittierten Fettkringeln (churros) und dickflüssiger Schokolade stillen (Pasadizo de San Ginés).

Im Nordwesten der Kirche liegt die **Capilla del Cristo**, die nur während des Gottesdienstes zugänglich ist. Sie gehörte der königlichen Laienbruderschaft Esclavitud Penitencial de Cristo, der auch Philipp IV. angehörte. Sein unehelicher Sohn Juan José de Austria († 1679) liegt hier bestattet. An der Ausstattung waren u. a. beteiligt: Alsonso Vergaz (Hauptaltar), Pompeo Leoni (vier vergoldete Bronzeengel), Alonso Cano (»Sitzender verspotteter Christus«; im linken Querarm) und El Greco (»Die Austreibung der Wechsler aus dem Tempel«; im Schiff östlich vom Eingang).

★ San Isidro

b III

Lage: Calle de Toledo 37 **Metro:** Latina

In der Nähe der ► Plaza Mayor, der volkstümlichen Plaza de Tirso de Molina und des Flohmarkts ► El Rastro erhebt sich im Herzen der Altstadt die Stiftskirche Colegiata de San Isidro. Bis zur Weihe der ► Catedral de la Almudena war sie die provisorische Kathedrale Madrids.

Die nach den Richtlinien des Jesuitenbarock 1622 gebaute Kirche entstand an der Stelle eines dem hl. Franz Xaver geweihten Vorgängerbaus, der 1567 in Gegenwart Philipps II. eingeweiht worden war. Die Jesuiten Pedro Sánchez, Juan de Haro und Francisco Bautista waren die Architekten des neuen Baus, dem sich bald eine Schule (»Colegio Imperial«) in der nahen Calle de Estudios anschloss. Nach der Ausweisung der Jesuiten unter Karl III. wurde die Kirche von Ventura Rodríguez umgebaut, dem hl. Isidro, Madrids Schutzheiligem, geweiht und seine Gebeine aus der Kapelle bei ► San Andrés hierher überführt. Ferdinand VI. (1816 – 1823) gab den Jesuiten den Bau zurück.

Öffnungszeiten:
Mo. – Sa.
8.00 – 12.30
18.00 – 20.45
So. 8.00 – 14.30
17.45 – 20.45

Einmalige Adresse: das Mesón de Cándido auf der Plaza de Azoguejo

★★ Segovia

Außerhalb

Lage: 90 km nordwestlich von Madrid **Höhe:** 1008 m ü. d. M.

Die altkastilische Stadt Segovia liegt auf einem von den Flüsschen Eresma und Clamores umflossenen Felsen am Nordhang der Sierra de Guadarrama.

Weltkulturerbe

Die Provinzhauptstadt mit rund 55 000 Einwohnern ist von Mauern umgeben, die teils als Stützmauern dienen. Mit ihrem römischen Aquädukt und der Fülle mittelalterlicher Bauwerke gehört sie zum UNESCO-Weltkulturerbe. Bei einem außerordentlich empfehlenswerten Ganztagesausflug von Madrid aus lohnen ein Halt in ► La Granja de San Ildefonso und ein kurzer Besuch des schön gelegenen Palacio Riofrío (► Riofrío). Bekannt ist Segovia übrigens für seine Cochinillos asados, sein Spanferkelessen.

Geschichte

Das von den Iberern gegründete Segovia, Zentrum des Widerstandes gegen die Römer, erlangte in der Geschichte mehrmals große Bedeutung. Unter den Römern, die die Stadt 80 v. Chr. eroberten, war Segovia Schnittpunkt zweier Heerstraßen. Nach der Herrschaft der Westgoten und der Araber begann unter den kastilischen Grafen eine Neubesiedlung und Segovia wurde bevorzugte Residenz der kastilischen Könige, unter ihnen Alfons X. der Weise. Hier wurde 1474 Isabella die Katholische zur Königin von Kastilien ausgerufen. Ihren Wohlstand verdankte die Stadt dem Wollhandel und der Mesta, einer der Hanse vergleichbaren Handelsorganisation. Als Karl V. den Adligen eine höhere Steuer auferlegte, brach 1520 der Comuneros-Aufstand aus. **Juan Bravo**, einer der Anführer, kam in Segovia zur Welt und wurde in seiner Geburtsstadt auch geköpft. Es folgten weitere Glanzzeiten unter dem Geschlecht der Trastámara und nach einer Periode der Vergessenheit kam mit den Bourbonen im 18. Jh. neuer Glanz in die Stadt, von dem man heute noch einiges verspürt.

Sehenswertes in Segovia

Aussichtspunkte

Der schönste Blick auf die Stadt bietet sich vom sog. Kalvarienhügel, den man auf der N 110 in Richtung Ávila erreicht, sowie von der Panoramastraße, die im Tal an den beiden Flüsschen und der Stadtmauer entlangführt.

★★ Acueducto Romano

Ausgangspunkt einer Stadtbesichtigung ist die belebte **Plaza del Azoguejo**, die unterhalb der Altstadt liegt und vom hier aus zwei Bogenreihen bestehenden römischen Aquädukt überspannt wird. Das eindrucksvolle Bauwerk wurde vermutlich unter Kaiser Trajan im späten 1. Jh. n. Chr. errichtet und noch bis 1974 genutzt. Es ist Teil einer noch heute aus der Sierra de Fuenfría kommenden, 17 km lan-

SEGOVIA ERLEBEN

AUSKUNFT

Plaza Mayor 10
40001 Segovia
Tel. 9 21 46 03 34
www.turismodesegovia.com

ANREISE

Mit dem Pkw über die N VI, die an der Plaza de la Moncloa im Nordwesten Madrids beginnt, und weiter auf der A 6
Schnellzüge (AVANT, AVE) ab Madrid-Chamartín; vom Bahnhof Segovia mit dem Stadtbus ins Zentrum.
Mit dem Busunternehmen La Sepulvedana mehrmals täglich vom Busbahnhof Estación Príncipe Pío, Metro: Príncipe Pío; www.lasepulvedana.es, Tel. 9 15 59 89 55

Baedeker-Empfehlung

Im Ganzen zart geröstete Spanferkel, Cochinillos asados, die traditionsgemäß am Tisch mit einem Teller zerlegt werden, gibt es im rustikal eingerichteten *Mesón de Cándido* beim Acueducto Romano (Plaza del Azoguejo 5, Tel. 9 21 42 59 11, Fax 9 21 42 96 33, candido@mesondecandido.es; Reservierung empfehlenswert).

gen Wasserleitung, die mit insgesamt 119 aus Granitquadern ohne Mörtel und Klammern erbauten Bogen (7 bis 28,5 m Höhe) und 818 m Gesamtlänge das von den Vorstädten eingenommene tiefe Tal überschreitet und bis zur Oberstadt führt, wo sie unterirdisch beim Alcázar endet. Der zum Weltkulturerbe zählende Aquädukt von Segovia ist neben den Mauern von Tarragona das größte erhaltene Römerdenkmal in Spanien und einer der schönsten Aquädukte überhaupt. Allerdings haben die Auswirkungen der Luftverschmutzung ihre Spuren hinterlassen.

? WUSSTEN SIE SCHON ...?

- Noch immer ist nicht ganz geklärt, welcher römische Kaiser in der damals recht unbedeutenden keltiberischen Stadt aus 21 000 Granitblöcken das luft- und lichtdurchlässige und am Scheitelpunkt fast 30 m hohe Meisterwerk errichten ließ. Bekannt ist dagegen, dass Isabella von Kastilien 1484 das Aquädukt das erste Mal renovieren ließ, damals wurden 36 der 119 Bögen erneuert.

Über die Calle Cervantes links vom Aquädukt gelangt man in die **Altstadt** hinauf. Wo sie auf die Calle Juan Bravo mündet, steht rechts die Casa de los Picos (Diamantquader-Haus; 15. Jh.). Etwas weiter folgt linker Hand die Casa del Conde de Alpuente, deren Fassade mit schönen Sgraffitodekorationen geschmückt ist (15. Jh.).

Plazuela de San Martín

Die von Läden, Bars und Restaurants gesäumte Calle Juan Bravo führt zur Plazuela de San Martín, Mittelpunkt des einstigen Adelsviertels. Ein Denkmal erinnert an den Segovianer Juan Bravo. Sein Geburtshaus, die Casa del Siglo XV oder Casa de Juan Bravo genannt, erkennt man an der unter dem Dach verlaufenden vierbogigen Galerie. Der mächtige Torreón de los Lozoya ist aus dem 14. Jh., an ihn schließen sich die Casa de Los Bornos und die Casa de Solier (auch Casa de Correos genannt) an.

✶ San Martín

Die romanische Kirche (12. Jh.) ist auf drei Seiten von einem Säulengang umgeben, dessen Kapitelle reich skulptiert sind. Im Inneren findet man die gotische Capilla de Herrera mit den Gräbern der Familie Herrera und in der Capilla Mayor einen »Liegenden Christus« von Gregorio Fernández; auch der Kirchenschatz ist sehenswert. An die Kirche schließt sich das ehemalige Gefängnis (Cárcel Real, 17. Jh.).

Museo de Arte Contemporáneo Esteban Vicente

Ganz in der Nähe (Plazuela de las Bellas Artes) wurde dem 1903 in Turégano bei Segovia geborenen Maler Esteban Vicente († 2001), Vertreter des abstrakten Expressionismus, ein eigenes Museum gewidmet. Es befindet sich in dem 1455 erbauten Stadtpalast Heinrichs IV. (Di. – Fr. 11.00 – 14.00, 16.00 – 19.00, Sa. 11.00 – 19.00, So., Fei. 11.00 – 14.00 Uhr; www.museoestebanvicente.es). Darüber hinaus finden Wechselausstellungen anderer Gegenwartskünstler statt.

Plaza Mayor

Die Plaza Mayor mit ihren Straßencafés und einem Musikpavillon in der Mitte ist der Mittelpunkt der Altstadt. An ihrer Nordseite steht

Segovia Orientierung

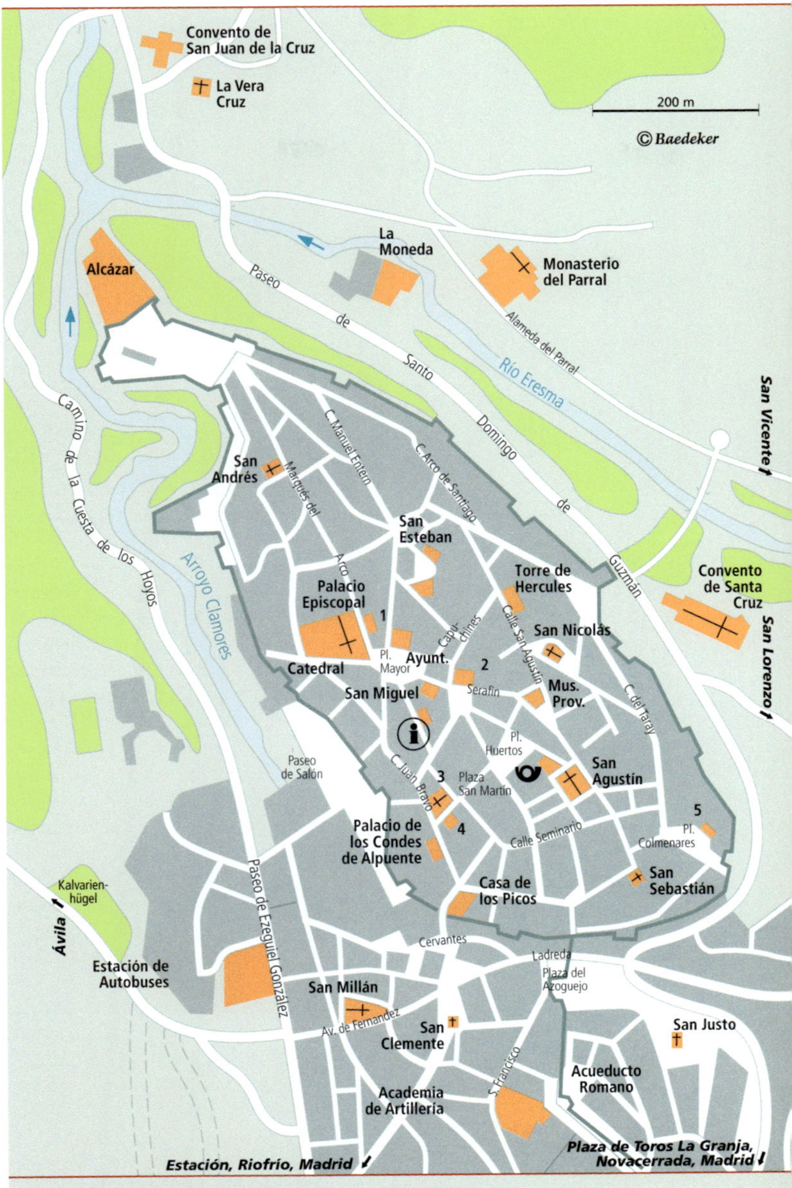

1 Palacio del Marques del Arco
2 La Trinidad
3 San Martin
4 Torréon de los Lozoya
5 San Juan de los Caballeros (Museo Zuloaga)

Trutzige Feste: der Alcázar von Segovia, im Hintergrund die Sierra de Guadarrama

das schlichte Ayuntamiento (Rathaus, 17. Jh.), an der Ostseite das Theater und an der Südostseite die gotische Kirche **San Miguel** von Gil de Hontañón (1558), die einen beachtenswerten Hauptaltar von 1572 (José Vallejo Vivanco) und Grabmäler birgt. In dieser Kirche wurde Isabella die Katholische zur Königin ausgerufen.

✶ **Kathedrale**

Öffnungszeiten: tägl. 9.00 – 18.00, im Sommer bis 19.00

Claustro ▶

In unmittelbarer Nähe und auf dem höchsten Punkt der Altstadt erhebt sich die aus gelbem Gestein erbaute Kathedrale. Sie wurde 1525 – 1593 anstelle eines beim Aufstand der Comuneros zerstörten Vorgängerbaus nach Plänen von Juan und Rodrigo Gil de Hontañón im gotischen Stil errichtet. Im Inneren sind die Gitter, eine farbige Holzgruppe der »Beweinung Christi« von Juan de Juni (1571) und die Grablegung Christi, die sich rechts vom Eingang befindet, zu beachten. Der marmorne Hochaltar trägt die Elfenbein-Madonna »Virgen de la Paz« (14. Jh.). Das Chorgestühl (Ende 15. Jh.) befand sich bereits im Vorgängerbau. Der Kreuzgang stammt ebenfalls vom Vorgängerbau. Er wurde 1524 – 1530 mit den Originalsteinen an dieser Stelle wieder aufgebaut. Im sehenswerten Museo Catedralico sind Gemälde, u. a. von Ribera, vor allem aber sehr schöne Brüsseler Gobelins aus dem 16. und 17. Jh. ausgestellt, darunter eine Serie mit der Geschichte der Königin Zenobia von Palmyra.

✶ **San Esteban**

Unweit nördlich der Plaza Mayor ragt der fünfstöckige Turm der Kirche San Esteban in die Höhe. Wie die meisten romanischen Kirchen Segovias besitzt auch San Esteban eine Säulenloggia, in der Versammlungen der Zünfte stattfanden. Beachtenswert sind die herrlich bearbeiteten Kapitelle der Säulengänge an der West- und Südseite und ein Christus am Kreuz aus bemaltem Holz (13. Jh.) im Inneren der Kirche.

✶✶ Alcázar

Der auf einem steilen Felsvorsprung zwischen den sich dahinter vereinigenden Tälern des Eresma und Clamores aufragende Alcázar, ein vortreffliches Beispiel altkastilischer Burganlagen, geht auf das 11. Jh. zurück. Er wurde im 13. Jh. von Alfons dem Weisen neu erbaut und im 15. und 16. Jh. durch prachtvolle Ausgestaltung erweitert. In dieser Burg heirateten Philipp II. und Anna von Österreich. Der von zehn halbrunden Türmen (Cubos) umkränzte Torre de Juan II, durch den man die Burg betritt, sowie der runde, spitzhelmbekrönte Torre de Homenaje am entgegengesetzten Ende der Burg stammen aus dem 14. Jahrhundert. Der mühevolle, weil sehr enge Aufstieg auf den Torre de Juan II wird durch eine überragende Aussicht auf die Stadt, die Sierra de Guadarrama und die Hochebene belohnt. Beim Gang durch die Burg lernt man den Lebensstil des Hochadels im 15. und 16. Jh. kennen, ►3D-Darstellung S. 282.

San Juan de los Caballeros, Museo Zuloaga

Von der Plaza del Azoguejo geht es an der kleinen romanischen Kirche San Sebastián vorbei in die Altstadt hinauf. Dabei überquert man die Plaza del Conde de Cheste, die von vornehmen Adelspalästen, u. a. dem Palacio de los Marqueses de Moya, del Marqués de Lozoya (14. Jh.), de los Condes de Cheste und del Marqués de Quintanar, umgeben ist. Der Weg endet an der Plaza Colmenares, an der sich die ehemalige Kirche San Juan de los Caballeros (11. Jh.) erhebt, einst Begräbnisstätte der vornehmen Familien Segovias. Heute beherbergt sie das Museo Zuloaga, das Werke des Malers Ignacio Zuloaga und des Keramikers Daniel Zuloaga zeigt (Di. – Sa. 10.00 – 14.00, 17.00 – 19.00, So. 10.00 – 14.00 Uhr). 🕒

Casa-Museo Antonio Machado 🕒

Das Casa-Museo Antonio Machado in der Calle Desamparados 5 erinnert an den gleichnamigen Dichter; Machado (1875 – 1939) lebte hier zwischen 1919 und 1931 (Mi. – So. 10.00 – 14.00 und 16.30 bis 19.30 Uhr; geführte Besuche).

Außerhalb der Stadtmauer

Von der Plaza del Azoguejo führt die Avenida de Fernández Ladreda südwestlich zur romanischen Kirche **San Clemente** (13. Jh.) mit einer interessanten Apsis. Im Inneren sieht man rechts der Capilla Mayor auch Wandmalereien aus dem 13. Jahrhundert.
Ebenfalls romanisch ist die wenig entfernt gelegene Kirche **San Millán**, zwischen 1111 und 1124 erbaut und somit eine der ältesten Kirchen der Stadt. Der überwiegend barocke Innenraum ist mit Fresken ausgemalt; im Altarraum sind noch Reste romanischer Fresken zu erkennen. Von San Millán kommt man auf das um den Stadthügel führende Umgehungssträßchen. Rings um den Hügel ziehen sich fast lückenlos die alten **Stadtmauern**, die in ihren Fundamenten iberisch

ALCÁZAR

★★ Auf der Nordwestspitze eines Felsvorsprungs zwischen den beiden Flüssen Río Eresma und Río Clamores thront der Alcázar von Segovia, Paradebeispiel eines kastilischen Castillo. 1862 wurde er bei einem Brand stark beschädigt. Die Innenausstattung der Prachträume wurde im 19. Jh. mit Hilfe von älteren Zeichnungen rekonstruiert.

Öffnungszeiten:
tägl. 10.00 – 18.00, im Sommer bis 19.00 Uhr

① Torre de Juan II
Die Zugangsseite der Burg wird von dem unter Johann II. begonnenen Bergfried beherrscht. Ihn bekrönen ein Wehrgang und 10 runde Erkertürme.

② Barbakane
Zu dem Vorwerk gehören eine Hebebrücke und Wachräume. Über dem Eingangstor prangt das Wappen der Katholischen Könige.

③ Sala de la Galera
Über die Sala del Trono geht es in die Sala de la Galera. Ihre Südwestwand war ursprünglich eine Außenmauer des mittelalterlichen Kastells, daran erinnern die romanischen Doppelfenster, die später freigelegt wurden. Von hier hat man eine schöne Aussicht.

④ Sala de las Piñas
Benannt ist der Saal nach den Pinienzapfenmotiven seiner Artesonado-Decke. Sie ist eine Kopie der ursprünglichen Decke von 1452.

⑤ Sala de los Reyes
Der Königssaal war der Hauptsaal der Burg. Der Wandfries mit der spanischen Königsgenealogie stammt aus dem 19. Jahrhundert.

⑥ Dormitorio del Rey
Im königlichen Schlafzimmer befindet sich ein gotisches Bett aus Nussbaumholz.

⑦ Kapelle
Durch einen Laufgang, dessen moderne Glasfenster nach alten Stichen angefertigt wurden, gelangt man in die Kapelle. Ihre Decke stammt aus Cedillo de la Torre (15. Jh.; Provinz Segovia).

⑧ Real Colegio de Artelleria
In drei Sälen ist eine kleine militärhistorische Sammlung zu sehen.

⑨ Torre de Homenaje
Sie schließt die Burg nach Westen hin ab. Von der Terrasse blickt man über den Eresma auf das Kloster El Parral und die Kirche Vera Cruz.

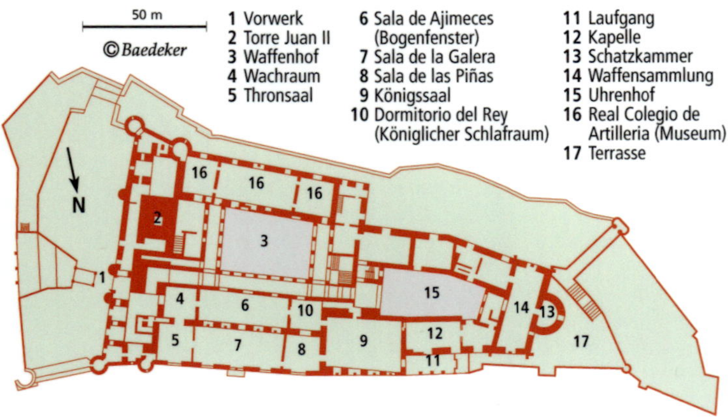

Über 150 Stufen führen auf die gewaltige Torre de Juan II hinauf. Die Mühe lohnt: Von hier oben hat man einen faszinierenden Blick über die Dächer von Segovia.

sind, von den Römern erweitert und im 11. / 12. Jh. verstärkt wurden; sie sind bestückt mit 86 halbrunden Cubos und drei stattlichen Toren.

Kurz nach der Brücke steht links die etwas klobige Wallfahrtskirche Virgen de la Fuencisla aus dem 17. Jh., dicht dabei der **Convento San Juan de la Cruz**, ein 1576 von Juan de la Cruz gegründeter Konvent der Barfüßigen Karmeliter (heute ein Altersheim). Auf der gegenüberliegenden Straßenseite steht isoliert die rund angelegte **Kirche Vera Cruz**, eine 1208 – 1217 erbaute ehemalige Templerkirche mit Wandmalereien des 13. Jh.s im Inneren. Nach wenigen hundert Metern auf der Umgehung führt wiederum eine Nebenstraße über den Eresma zu dem links am Hang gelegenen **Monasterio El Parral**, einem 1447 von Heinrich IV. gegründeten Hieronymitenkloster. Es besitzt einen mächtigen Retabel von Juan Rodríguez (16. Jh.) und zwei Alabaster-Grabmäler von 1528 des Marqués von Villena und seiner Ehefrau.

! *Baedeker* TIPP

Toller Ausblick

Der Paseo de S. Domingo de Guzmán macht einen Bogen um die Nordostspitze der Stadt und überquert den Río Eresma, wo man sich wieder nach rechts wendet. Von hier zeigt sich der aufragende Alcázar in seiner ganzen Majestät.

Unterhalb der Stadtmauer nähert man sich allmählich wieder der Plaza del Azoguejo. Links sieht man den 1217 gegründeten Convento de Santa Cruz mit seinem isabellinischen Portal. Beim Konvent geht eine Straße zur Kirche **San Lorenzo** in der Vorstadt gleichen Namens ab. Der Turm ist wie die dreiteilige Apsis ein hervorragendes Beispiel des Mudejarstils.

Teatro Español

c II

Lage: Plaza de Santa Ana **Metro:** Sol, Antón Martín

Das Teatro Español liegt an der Plaza de Santa Ana mitten im alten Dichterviertel Huertas, wo zeitweise Cervantes, de Quevedo und Lope de Vega lebten.

Über 400 Jahre Theater-Geschichte

Es ist eines der ältesten Theater Madrids. Als »Corral del Príncipe« öffnete es am 21. September 1583 mit zwei komischen Stücken von Lope de Rueda seine Pforten. Zahllose Komödien der großen Dramatiker des Goldenen Jahrhunderts waren auf der Bühne des »Corral del Príncipe« zu sehen. 1745 wurde das Theater überdacht. Die »Romantische Bewegung« feierte dort Triumphe mit den Uraufführungen von »Don Alvaro« (1835) des Herzogs von Rivas, »El Trovador« (1836) von García Gutiérrez, »Los amantes de Teruel«

Die Außenfassade der Torre Juan II ist mit der für Segovia typischen flachen Stuckornamentierung geschmückt.

Der Thronsaal wurde einst von Heinrich IV. ausgestattet. Seine vergoldete Sternendecke (Abb. S. 284) stammt aus der Kirche Urones de Castroponce (Provinz Valladolid).

© Baedeker

Das prunkvolle Teatro Español blickt auf die Plaza de Santa Ana, das Herz des Madrider Künstler- und Genießerviertels.

(1837) von Hartzenbusch u. a. Im Café des Theaters versammelte sich der literarische Stammtisch der Romantiker, »El Parnasillo«, die Intellektuellen und Künstler der Hauptstadt. Im Jahre 1849 erhielt das Theater seinen heutigen Namen, danach war es lange Jahre Nationaltheater. Heute ist es eine der städtischen Bühnen Madrids und eines der besten Theater der Hauptstadt.

Plaza de Santa Ana

Die Plaza de Santa Ana ist das Herz des Madrider Künstlerviertels und eines der Zentren des Nachtlebens. Ihren Namen verdankt sie einem 1586 hier gegründeten Karmeliterkloster. Unter der Herrschaft Joseph Bonapartes erhielt sie ihr jetziges Aussehen; dafür wurden 1810 das Kloster und sieben Häuser abgerissen, Bäume gepflanzt und ein Brunnen errichtet. 1868 erlangte der Platz nach weiteren Häuserabrissen sein endgültiges Aussehen. Das Denkmal zu Ehren des Dramatikers Calderón de la Barca (► Berühmte Persönlichkeiten) auf einer Seite des Platzes stammt aus dieser Zeit. Das mit einer recht eigenwilligen Fassade versehene Hotel Victoria, welches die Westseite des Platzes einnimmt, wurde 1919 nach Plänen von Jesúa Carrasco erbaut.

! *Baedeker* TIPP

Herz des Madrider Künstlerviertels

Unter Madrilenen zählt die Plaza de Santa Ana zu den Top-Ausgehadressen. Rund um den Platz gibt es eine reichliche Auswahl an Cafés und Tapas-Bars.

★★ Toledo

Außerhalb

Lage: 70 km südlich von Madrid **Höhe:** 529 m ü. d. M.

Die ehemalige kastilische Hauptstadt Toledo liegt malerisch auf einem Granitfelsen innerhalb einer Flussschleife des Tajo, der sich hier tief eingegraben hat, 70 km südlich von Madrid.

Stadt der drei Kulturen

Sie zählt 70 000 Einwohner und ist Hauptstadt der Autonomen Region Castilla-La Mancha und der Provinz Toledo sowie Sitz des Erzbischof-Primas von Spanien. Über Jahrhunderte hinweg war sie Schauplatz der Begegnung zwischen Juden, Muslimen und Christen, weshalb sie »Stadt der drei Kulturen« genannt wird. Wegen ihrer großartigen Bauwerke und der vielen Kunstschätze ist sie ein überaus lohnenswertes Ausflugsziel. Berühmt sind die Toledaner Stahlklingen und Einlegearbeiten in Gold und Silber, eine handwerkliche Tradition, die die Mauren eingeführt haben.

TOLEDO

AUSKUNFT

Plaza del Consistorio 1 (beim Rathaus, Ayuntamiento), 45001 Toledo, Tel. 9 25 25 40 30 www.toledo-turismo.com

ANREISE

Mit dem Pkw auf der A 42
Schnellzüge AVANT ab Madrid-Atocha AVE, Fahrzeit ca. 30 Min.; vom Bahnhof in Toledo am Paseo de la Rosa mit Stadtbus ins Stadtzentrum.
Mit dem Bus des Veranstalters Continental ab Madrid, Estación Plaza Elíptica; vom Busbahnhof in Toledo mit Stadtbus ins Zentrum (Tel. 9 15 27 62 17, www.alsa.es)

Toledo, eine der ältesten Städte Spaniens, war einst die Hauptstadt der iberischen Carpetaner. Auch unter den Römern, die die Stadt 192 v. Chr. eroberten und Toletum nannten, spielte sie nicht zuletzt wegen ihrer günstigen strategischen Lage eine bedeutende Rolle. Unter den Westgoten war die Stadt 534 – 712 erneut Hauptstadt und Stätte zahlreicher Konzile. 712 eroberten arabische Truppen die Stadt, in der bereits Christen und eine kleine jüdische Gemeinde lebten und die sie Tolaitola nannten. Bis 1085 war sie Sitz eines Emirs unter der Oberherrschaft des Kalifen von Córdoba. Mit dem Islam zog die dritte Religionsgemeinschaft in die Stadt ein. Die Araber ließen Moscheen und Koranschulen erbauen, gestatteten den beiden übrigen Gruppen aber die freie Religionsausübung. Die verschiedenen Bevölkerungsgruppen lebten in eigenen Stadtvierteln, die neue Amtssprache war Arabisch (deren Gebrauch erst 1580 verboten wurde). Unter arabischer Herrschaft gelangte die Stadt durch Waffenfabrikation, Seiden- und Wollindustrie zu Wohlstand. Neben Kaufleuten zog es auch Gelehrte in die blühende Handelsstadt. Im Jahre 1087 wurde die Stadt Resi-

Toledo Orientierung

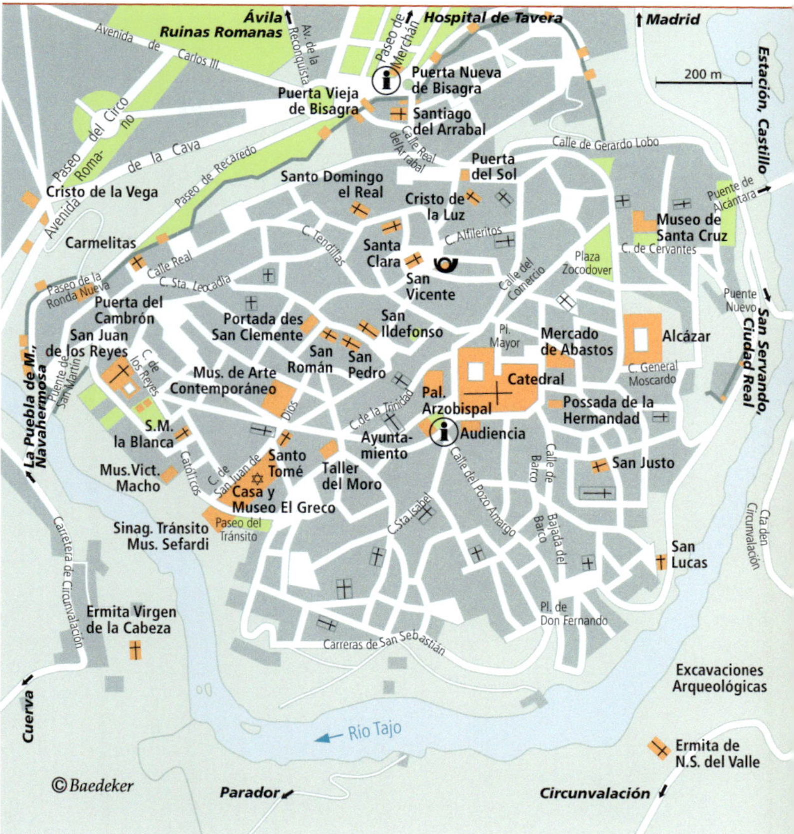

denz der Könige von Kastilien und zugleich religiöser Mittelpunkt von ganz Spanien. Toledo stieg zum **europäischen Zentrum des Geistes und der Wissenschaften** auf. Erzbischof Rodrigo Jiménez gründete die berühmte Übersetzerschule, ohne die die Geschichte der abendländischen Philosophie einen anderen Verlauf genommen hätte: Jüdische, muslimische und christliche Gelehrte übertrugen Texte der Medizin, Astronomie, Philosophie, Geschichte und Naturwissenschaften, heilige Schriften, aber auch die Dichtkunst in die Sprache der Christen. Der Erzbischof selbst schrieb die erste umfassende Geschichte Spaniens. König Alfons X. der Weise führte dieses Werk weiter. Und während sich im Süden der Iberischen Halbinsel inzwischen christliche und islamische Heere erbitterte Kämpfe lieferten, arbeiteten in Toledo noch bis ins späte 13. Jh. Rabbiner und kirchliche Würdenträger mit gelehrten Muslimen zusammen.

Nachdem die Katholischen Könige Ferdinand und Isabella 1492 das letzte maurische Königreich Granada erobert und die Muslime vertrieben hatten, waren die nahezu sieben Jahrhunderte der weit gehend friedlichen gegenseitigen Duldung und Achtung vorbei. Die Inquisition richtete in der Kathedrale von Toledo ihr Tribunal ein. Rund 12 000 Juden mussten die Stadt verlassen, nachdem ihr Besitz konfisziert worden war. Von den zehn Synagogen und fünf Talmudschulen überstanden nur zwei den Sturm. Die glanzvolle Zeit der Stadt war endgültig zu Ende. Ihre politische Bedeutung verlor die Stadt mit der Verlegung der Residenz nach Madrid durch Philipp II. Im Spanischen Bürgerkrieg belagerten republikanische Truppen den Alcázar, der dabei vollständig zerstört wurde.

✶✶ **Stadtbild**

Die alte Stadt bietet mit ihrem Kranz gotisch-maurischer Befestigungen, dem hoch gelegenen Alcázar und der Kathedrale ein außerordentlich schönes Bild. Ihr Grundriss mit den engen, verwinkelten Straßen und Sackgassen, die Häuser mit ihrer geringen Zahl von Fenstern, mit den vergitterten Erkern und den offenen Innenhöfen lassen den maurischen Einfluss erkennen, während in christlicher Zeit zahlreiche Kirchen, Klöster und Hospitäler entstanden sind. So bildet die Stadt im Ganzen ein einzigartiges Freilichtmuseum altspanischer Geschichte, das die UNESCO in der Liste des Kulturerbes der Menschheit führt.

! *Baedeker* TIPP

Ausblick

Einen wunderschönen Ausblick auf die Stadt erlaubt auch der schön auf dem Cerro del Emperador gelegene Parador von Toledo.

✶✶ **Rundfahrt um Toledo**

Den schönsten Blick auf die Stadt hat man vom südlichen Tajo-Ufer, u. a. von der Ermita Nuestra Señora de la Cabeza oder von der Ermita de la Virgen del Valle.

✶✶ Kathedrale

Öffnungszeiten:
Mo. – Sa.
10.30 – 18.00
So., Fei.
14.00 – 18.00
www.architoledo.org/catedral/infogeneral.htm

An der Ostseite der Plaza del Ayuntamiento erhebt sich die Kathedrale, das Wahrzeichen der Stadt und die »Catedral Primada« Spaniens. Sie wurde in den Jahren 1227 – 1493 an Stelle der maurischen Hauptmoschee erbaut, die wiederum den Platz einer westgotischen Kirche eingenommen hatte. Heute ist sie nach Burgos die zweitwichtigste gotische Kathedrale des Landes. Die Pläne stammen vom Erzbischof Rodrigo Jiménez de la Rada. Erster Architekt war ein Franzose namens Martín, dem Petrus Petri folgte. Im 90 m hohen Nordturm (1380 – 1440), der eine gute Aussicht bietet, ist eine 1753 gegossene, 17 515 kg schwere Glocke (Campana gorda) aufgehängt. Der Südturm blieb unvollendet und trägt eine Barockkuppel.

Der 90 m hohe elegante Turm der »Catedral Primada« Spaniens → beherrscht, zusammen mit dem Alcázar, das Stadtbild von Toledo.

Toledo Catedral

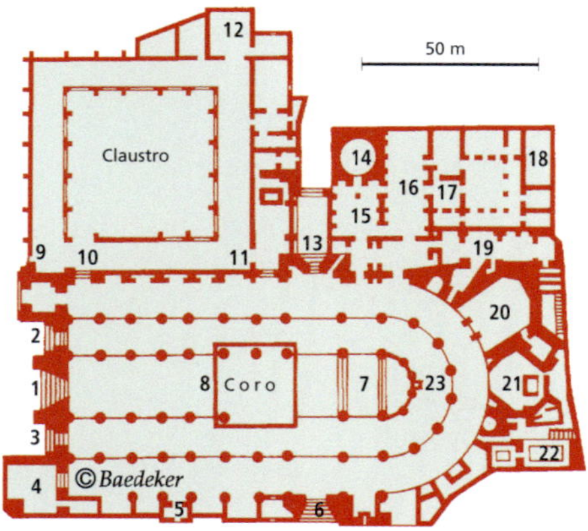

1 Puerta del Perdón
2 Puerta de la Torre
3 Puerto de los Escribanos
4 Capilla Mozárabe
5 Puerta Llana
6 Puerta de los Leones
7 Capilla Mayor
8 Trascoro
9 Puerta del Mollete
10 Puerta de la Presentación
11 Puerta de Santa Catalina
12 Capilla de San Blas
13 Puerta de la Chapinería (Puerta del Reloj)
14 Ochavo
15 Capilla del Virgen del Sagrario
16 Sacristía
17 Vestuario (Ankleideraum)
18 Ropería (Kleiderkammer)
19 Capilla de Reyes Nuevos
20 Capilla de Santiago
21 Capilla de San Ildefonso
22 Sala Capitular
23 Transparente

Zweitwichtigste gotische Kathedrale Spaniens

An der Hauptfassade öffnen sich drei stattliche gotische Portale (1418 – 1450) mit reichem Skulpturen- und Reliefschmuck; am mittleren Portal, der Puerta del Perdón, stellte Hans der Deutsche (Juan Alemán) die Jungfrau Maria dar, die sich am Mariä Himmelfahrtstag auf den Bischofsstuhl setzte und dem hl. Ildefonso ein Messgewand schenkte. Von den schönen Seitenportalen ist besonders beachtenswert am Ende des südlichen Querschiffs die 1458 – 1466 in reichstem gotischen Stil erbaute Puerta de los Leones (Löwenportal). An der Nordseite liegt zwischen Kreuzgang und Sakristeibau die Puerta de la Chapinería (auch Puerta del Reloj, Uhrportal, genannt; 13. Jh.), das älteste Kirchenportal; vom Kreuzgang führt die Puerta de Santa Catalina ins Kircheninnere.

Innenraum

Man betritt die Kathedrale durch die links des Hauptportals liegende Puerta de Mollete (Milchbrottor), an der die Armen gespeist wurden. Das Innere der fünfschiffigen, 110 m langen Kathedrale (ohne die Capilla de San Ildefonso) ist mit ihren 88 reich gegliederten Bündelpfeilern überaus wirkungsvoll. Die prächtigen Glasgemälde stammen aus der Zeit von 1418 bis 1561.

✶ Coro ►

Der von einer plateresken Reja von 1548 umschlossene Chor (Coro) birgt ein aus Walnussholz gefertigtes Gestühl (Sillería), ein Meisterwerk der Schnitzkunst der Renaissance. Im unteren Teil, der Sillería baja, schuf 1495 Rodrigo Alemán 54 historische Reliefs mit Szenen von der Eroberung Granadas. Am oberen Teil der 1543 vollendeten, reich geschnitzten Sillería alta schmückte Alonso Berruguete die linke Seite mit biblischen Szenen einschließlich der alabasternen »Verklärung Christi«, die rechte Seite ist ein Werk von Felipe Vigarny; auf dem im Chor frei stehenden Altar sieht man die romanische Steinfigur der Virgen Blanca (um 1300).

★ Capilla Mayor

Die reich vergoldete Capilla Mayor wird durch ein prächtig verziertes platereskes Gitter (Reja) von 1548 abgeschlossen. Der 1504 vollendete riesige Altar aus vergoldetem und bemaltem Lärchenholz stellt in vier Abteilungen übereinander in lebensgroßen Figuren Szenen aus dem Neuen Testament dar; in der Mitte steht eine prachtvolle pyramidenförmige Monstranz (Custodia).

Zu beiden Seiten des Hauptaltars befinden sich die **Königsgräber** (Sepulcros Reales) von Sancho II. und seinem Sohn (rechts) und von Alfons VII. (links). Links in der Capilla Mayor sieht man das Grabmal des Kardinals González de Mendoza. An der Rückseite der Capilla Mayor, deren Wände mit zahlreichen Heiligenfiguren und Reliefs geschmückt sind, befinden sich das Grab des Kardinals Diego de Astorga und der Transparente, ein mächtiger marmorner Muttergottesaltar in churriguereskem Stil, der in eine bemalte und durchbrochene Kuppel übergeht (1722).

Die Kapellen im **Chorumgang** (Girola) enthalten allesamt wertvoll gearbeitete Grabmäler. In der Capilla de San Ildefonso, der mittleren Chorkapelle, sieht man u. a. das Grab des Kardinals Albornoz (14. Jh.; in der Mitte), links daneben die Capilla de Santiago in reichem gotischem Stil mit den prachtvollen gotischen Marmorgrabmälern des Condestable Álvaro de Luna und seiner Gemahlin aus dem Jahr 1488. Gleich neben dieser Kapelle hat man Zugang zur **Capilla de Reyes Nuevos**, die in platereskem Stil ausgestattet ist und u. a. das Grab Enriques II. de Trastámara enthält.

★ Sala Capitular

Vom Chorumgang erreicht man durch ein prächtiges Portal die Sala Capitular von 1512, die von einer wundervollen Artesonado-Decke abgeschlossen wird. Die 13 Wandgemälde mit Bildnissen der Toledaner Erzbischöfe stammen größtenteils von Juan de Borgoña, zwei davon malte Francisco de Goya (1804 und 1823).

★ Sacristía

Links vom Chorumgang liegt der Zugang zur 1592 – 1616 erbauten Sacristía, die heute eine kleine **Gemäldegalerie** ist: auf dem Altar die »Entkleidung Christi« (»El Expolio«, 1579) von El Greco, rechts vom Altar die »Gefangennahme Christi« (1788) von Francisco de Goya, an den Wänden ferner ein Zyklus von 16 Apostelbildern von El Greco. Des Weiteren sieht man Werke von Morales, van Dyck, Raffael, Tizian, Mengs und eine Skulptur des hl. Franziskus von Pedro de Mena. Die Gemäldeausstellung erstreckt sich bis in das anschließende Vestuario (Ankleideraum) und weiter in die Salas Nuevos, den neu eingerichteten Sälen des Dom-Museums.

Westlich grenzt an die Sakristei das **Ochavo** an, ein Achteckraum mit hoher, 1670 von Ricci und Carreño ausgemalter Kuppel. Im Raum befinden sich annähernd 400 Reliquien. Die anschließende Capilla Virgen del Sagrario enthält ein kostbar bekleidetes und hoch verehrtes Standbild der thronenden Jungfrau (um 1200).

★ Tesoro Mayor ► In der **Capilla de San Juan** unter dem Nordturm ist der Domschatz (Tesoro mayor) zu besichtigen. Hauptstück des Schatzes ist die berühmte Custodia von Enrique de Arfe (1524), eine fast 3 m hohe und 172 kg schwere Monstranz mit 260 Statuetten aus vergoldetem Silber.

Gleich rechts vom Haupteingang liegt im Südturm die **Capilla Mozárabe** (1504), wo täglich um 9.00 Uhr ein Gottesdienst nach altem, auf die Westgotenzeit zurückgehenden Ritus stattfindet.

Im rechten Seitenschiff kommt man zur Innenseite der Puerta de los Leonesbefindet sich die so genannte Kaiserorgel von 1594 mit einem steinernen Resonanzboden.

Claustro An der Nordseite der Kathedrale erstreckt sich der 1389 begonnene Kreuzgang (Claustro). Die Wände des Claustro bajo, des unteren Kreuzgangs, sind teilweise mit Fresken von Francisco Bayeu und Maella (1776) geschmückt. In der Nordostecke liegt die Capilla de San Blas (unzugänglich) mit florentinischen Gewölbemalereien des frühen 15. Jh.s; in einem Nebenraum des Claustro alto (oberer

Panoramablick auf Toledo vom Parador aus

Kreuzgang), mit Zugang von der Calle Hombre de Palo, werden die Gigantones, etwa 6 m hohe, mit Gewändern des 18. Jh.s bekleidete Prozessionsfiguren, aufbewahrt.

Weitere Sehenswürdigkeiten in Toledo

Plaza del Ayuntamiento

Vor der Hauptfassade der Kathedrale öffnet sich die Plaza del Ayuntamiento. Hier stehen der Palacio Arzobispal (Erzbischöfliches Palais; 18. Jh.) an der Nordwestseite und das 1618 erbaute Ayuntamiento (Rathaus) an der Südwestseite. Die Pläne zu dem Gebäude mit den zwei stattlichen Ecktürmen und einem schönen Kachelfries von 1595 im Kapitelsaal sind von Jorge Manuel Theotocopuli, dem Sohn El Grecos.

> ! *Baedeker* TIPP
>
> **Literatur-Tipp**
>
> Einen spannenden Einblick in das Toledo des 13. Jahrhunderts bietet Lion Feuchtwangers Roman »Die Jüdin von Toledo«.

Nordwestlich der Kathedrale findet man einige beachtenswerte Kirchen der Stadt. Durch die Calle del Nuncio Viejo kommt man zur Calle Alfonso X; an einem Platz links sieht man die stattliche Barockfassade der zweitürmigen Kirche **San Ildefonso**. Sie besitzt zwei Werke von El Greco.

San Román

Unweit westlich sieht man den maurischen Turm der ehemaligen Kirche San Román (13. Jh.). Heute ist hier das **Museo de los Concilios y de Cultura Visigoda** eingerichtet (Di. – Sa. 10.00 – 14.00, 16.00 bis 18.30, So. nur bis 14.00 Uhr). An den Kirchenwänden sind noch Fresken aus dem 13. Jh. erhalten. Beachtenswert ist auch ein Retabel aus dem 18. Jahrhundert. Ausgestellt ist eine Sammlung westgotischer Altertümer, darunter Kronen, Skulpturen und Schmuck.
Noch weiter nordwestlich gelangt man zum Kloster **Santo Domingo el Antiguo**, in dessen Kirche El Greco begraben ist.

Alcázar

Über dem Ostabhang der Stadt thront am höchsten Punkt Toledos der Alcázar, zu dem man von der Plaza de Zocodover hinaufsteigt. An der Stelle eines römischen Kastells auf viereckigem Grundriss mit Ecktürmen erbaut, gaben ihm die Architekten Covarrubias und Herrera im 16. Jh. seine strenge Fassade. Die Franzosen brannten den Alcázar 1810 nieder und nach dem Wiederaufbau diente er seit 1882 als Kriegsschule. Zu Beginn des Spanischen Bürgerkrieges wurde der Alcázar 68 Tage lang von republikanischen Truppen belagert und beschossen, bis er in die Luft flog. Nach seinem Wiederaufbau wurden darin Schauräume zum Spanischen Bürgerkrieg eingerichtet sowie eine Waffen- und Uniformsammlung. Im Alcázar haben die Umbauarbeiten für die Aufnahme des Heeresmuseums (Museo del Ejército, ► S. 96) begonnen, das etwa 2007 von Madrid hierher verlegt werden soll. Bei Redaktionsschluss war der Alcázar geschlossen.

Plaza Zocodover, städtischer Mittelpunkt und Marktplatz von Toledo

Plaza Zocodover

Schon zur Maurenzeit war die belebte dreieckige Plaza Zocodover städtischer Mittelpunkt und Marktplatz (Suk al Dawab = Viehmarkt), wo auch Hinrichtungen und später Ketzerverbrennungen stattfanden. Die blutrünstigen Aktivitäten spiegeln sich im Namen des maurischen Stadttores Arco de la Sangre (Tor des Blutes) wider.

✶✶ **Museo de Santa Cruz**

Öffnungszeiten: Mo. – Sa. 10.00 – 18.30 So. 10.00 – 14.00

Durch dieses Tor gelangt man zum ehemaligen Hospital de Santa Cruz. Dieses Gebäude wurde im 15./16. Jh. auf Veranlassung des Kardinals Mendoza, des Beichtvaters der Königin Isabella, von Enrique de Egas im Renaissancestil erbaut und mit einem frühplateresken Portal versehen. Es zeigt den Kardinal zwischen den hl. Petrus, Paul und Helena vor dem Kreuze kniend. Das Hospitalgebäude beherbergt das Museo de Santa Cruz. In der **archäologischen Abteilung** sieht man prähistorische, römische und westgotische Ausgrabungsfunde.

Die **Gemäldesammlung** beginnt in den drei Sälen des Erdgeschosses, wo vor allem flandrische Wandteppiche aus dem 15./16. Jh. und ein für die Kathedrale angefertigter Tierkreiszeichenteppich beeindrucken. Unter den ausgestellten Werken alter Meister ragen ein flämisches Porträt Philiberts II. von Savoyen und ein »Gefesselter Christus« von Morales hervor; hier sieht man auch die Standarte des Schiffes von Don Juan de Austria in der Seeschlacht von Lepanto 1571. Im Obergeschoss sind die bedeutendsten Gemälde und Skulpturen ausgestellt: u. a. ein Marienretabel mit Figuren von Alonso Berruguete, Werke des Greco-Schülers Luis Tristán, von Ribera und vom Meister von Sigena, eine Kreuzigungsszene von Goya und eine hervorragende Sammlung von El-Greco-Gemälden, darunter das Spätwerk »Mariä Himmelfahrt«. Im Obergeschoss hat die Abteilung für Kunsthandwerk mit Glas, Keramik u. a. ihren Platz gefunden.

★ **Puente de Alcántara**

Unweit östlich unterhalb des Museums überbrückt der für Kraftfahrzeuge gesperrte Puente de Alcántara den tief eingeschnittenen Río Tajo. Die Brücke, ursprünglich ein römischer Bau, wurde von den Mauren 866 vollständig erneuert und erhielt seine jetzige Gestalt im Wesentlichen im 13. und 14. Jh.; am Westende steht der 1484 erbaute Torturm Puerta de Alcántara, am Ostende ein Barocktor von 1721. Von der Brücke hat man einen prächtigen Blick auf die steil aufsteigende Stadt mit dem Alcázar.

Castillo de San Servando

Flussabwärts sieht man den 1933 erbauten Puente Nuevo und Reste des Acueducto Romano. Hoch über dem linken Flussufer thront das im 11. Jh. erbaute Castillo de San Servando.

★ **Puerta del Sol**

Nordwestlich der Plaza Zocodover liegt die zur inneren älteren Stadtmauer gehörende Puerta del Sol, ein mächtiger zweitürmiger Torbau im Mudéjarstil aus dem 14. Jahrhundert.

Cristo de la Luz

Nach Durchschreiten der Puerta del Sol und hinter einem kleinen Park gelangt man zur einzigen erhaltenen Moschee der Stadt. Sie wurde um 1000 auf den Resten einer westgotischen Kirche errichtet. 1182 erweiterte man sie um eine Apsis und weihte sie zur christlichen Kirche Cristo de la Luz. Der Backsteinbau besteht folglich aus zwei Räumen. Der erste hat neun Kuppeln und sechs kleine gekreuzte Schiffe; vier robuste Säulen tragen zwölf Bögen und die Kuppeln. Der zweite Raum besteht aus zwei Kuppeln, einer runden und einer halbkreisförmigen. Im Chor sind noch Reste romanischer Wandmalereien zu sehen. Ein kufischer Schriftzug auf der Außenfassade besagt »Allah ist groß«.

Santiago del Arrabal

Von der Puerta del Sol führt die Calle Real del Arrabal zur Puerta de Valmardón, die als Teil der inneren arabischen Stadtmauer erhalten blieb, und weiter in nördlicher Richtung in die Vorstadt (Arrabal) Santiago zu der im 13. Jh. im Mudejarstil erbauten Kirche Santiago del Arrabal.

★ **Puerta Vieja de Bisagra**

Unweit der Kirche erkennt man in der Stadtmauer das maurische Stadttor Puerta Vieja de Bisagra (frühes 9. Jh.). Durch dieses Tor zog 1085 angeblich Alfons VI. in die Stadt ein.

Puerta Nueva de Bisagra

An der Stadtmauer rechts entlang kommt man zum Doppeltor Puerta Nueva de Bisagra, ein 1550 erneuertes glänzendes Beispiel der Festungsbaukunst. Von der Stadtseite betritt man durch einen von zwei Türmen gekrönten Vorbau den Hof, in dem eine Statue Karls V. steht; die der Stadt abgewandte Fassade trägt ein großes kaiserliches Wappen.

Hospital de Tavera

Von der Puerta Nueva gelangt man auf dem hier beginnenden parkartigen Paseo de Merchán zur Vorstadt Las Covachuelas. Hier erstreckt sich der große Gebäudekomplex des Hospital de Tavera, an dem von 1541 bis 1599 gebaut wurde. In der Kirche (1561), die eine Marmorfassade von Alonso Berruguete trägt, ist unter der Kuppel in einem schönen Grabmal desselben Künstlers – sein letztes Werk – Kardinal Tavera, der Stifter des Hospitals, begraben. Das Retabel ist ein Entwurf El Grecos. Einige der im Stil des 17. Jh.s eingerichteten Wohnräume, die sich die Herzogin von Lerma einrichten ließ, können besichtigt werden. Unter den Gemälden befinden sich Werke von Tizian, Claudio Coello (»Bildnis der Infantin Klara Eugenia«), El Greco (u. a. sein letztes Werk »Taufe Christi«), Tintoretto (»Geburt des Messias«) und Zurbarán. Die originalgetreu rekonstruierte Apotheke aus dem 16. Jh. ist leider nicht zugänglich, Bibliothek und Archiv (mit El Grecos »Heiliger Familie«) können jedoch besucht werden. Das privat geführte Museum ist meistens täglich von 10.30 bis 13.30 und von 15.30 bis 18.00 Uhr geöffnet.

★ Museo Tavera ►

★ **Santo Tomé**

Westlich der Kathedrale liegt an der Plaza Santo Tomé am Rande des einstigen jüdischen Viertels (Judería) die Kirche Santo Tomé. Sie war ursprünglich eine Moschee, wurde jedoch im 14. Jh. auf Veranlassung des Grafen von Orgaz in gotischem Stil umgebaut und mit einem schönen Turm im Mudejarstil versehen. In einem Anbau wird eines der Hauptwerke **El Grecos** ausgestellt, das **»Begräbnis des Grafen von Orgaz«**, gemalt im Jahr 1586. Es stellt die Legende dar, nach der die Heiligen Stephanus und Augustinus den Toten ins Paradies holen (tägl. 10.00 – 17.45; im Sommer bis 18.45 Uhr).
Nördlich von Santo Tomé findet man in der Calle de las Bulas das Museo de Arte Contemporáneo, das Kunst des 20. Jh.s zeigt.

Taller del Moro

In dem etwas südlich der Kirche liegenden Gebäude Taller del Moro (= Maurenwerkstatt), eigentlich ein Palast aus dem 15. Jh., ist heute das kleine **Museo de Arte Mudéjar** eingerichtet, das Beispiele mudejarer Steinmetzkunst zeigt. Am selben Platz steht auch der **Palacio de Fuensalida**.

★ **Casa y Museo El Greco**

Durch die Calle de los Alamillos kommt man in der Calle Samuel Levi zur Casa El Greco. Ursprünglich gehörte das Haus Samuel Ha-Levi, dem Schatzmeister Pedros I., der den jüdischen Bankiersohn zu Tode foltern ließ, nachdem er mit seiner Hilfe die marode Staatskasse saniert hatte. Es ist allerdings nicht sicher, ob El Greco gerade in die-

sem Haus wohnte und 1614 auch starb. Es ist jedoch ein schönes Beispiel für ein Toledaner Wohnhaus des 16. Jahrhunderts. 1906 wurde das Gebäude renoviert und mit Möbeln und Bildwerken von El Greco eingerichtet (Di. – Sa. 10.00 – 14.00, 16.00 – 18.00, im Sommer bis 21.00, So. 10.00 – 14.00 Uhr).
Im Nebengebäude wurde 1910 das Museo El Greco eröffnet. Es zeigt in drei Sälen im ersten Stock über 20 Originalgemälde des aus Kreta stammenden Meisters, darunter die berühmte »Ansicht von Toledo«, »Christus mit den Aposteln«, »Dornenkrönung« und »San Bernardino in der Kapelle«. Neben El Greco sind weitere spanische Künstler (u. a. Zurbarán und Miranda) vertreten.

✶✶ Sinagoga del Tránsito

Wenige Schritte sind es vom El-Greco-Haus zur 1366 von Samuel Ha-Levi gestifteten Sinagoga del Tránsito, die nach der Vertreibung der Juden 1492 umbenannt und dem Calatrava-Ritterorden übergeben wurde. Der äußerlich recht unscheinbar wirkende Bau besitzt eine prachtvolle Mudejarinnendekoration im Chorhaupt und am oberen Teil der Wände sowie eine schöne Artesonado-Decke aus Zedernholz. Die Tribüne über der rechten Seitenwand war den Frauen vorbehalten. Im oberen Teil der Seitenwände erscheint ein Fries mit den Wappen von Kastilien und León und darüber eines aus hebräischen Schriftzeichen, die Jahwe, Samuel Ha-Levi und Pedro I. preisen; ferner eine Galerie aus 54 mit feinem steinernem Spitzenwerk verzierte Bögen. In den anschließenden Räumen ist das **Museo Sefardí** eingerichtet, das die Geschichte und Kultur der Juden in Spanien (Sephardim) darstellt; u. a. wird der Sarcófago de Tarragona mit dreisprachiger Inschrift in Hebräisch, Latein und Griechisch gezeigt (Di. – Sa. 10.00 – 14.00 und 16.00 – 18.00, im Sommer bis 21.00, So. 10.00 – 14.00 Uhr).

Die heutige Kirche **Santa María la Blanca** ist die zweite erhaltene Synagoge Toledos. Im 12./13. Jh. im Mudejarstil erbaut, wurde sie dem Calatrava-Orden übergeben und ist seit 1405 christliche Kirche; im Inneren sieht man eine prächtige Artesonado-Decke und Kapitelle in Pinienzapfenform an den 28 Hufeisenbogen (tägl. 10.00 – 18.00, im Sommer bis 19.00 Uhr).

Sana Maria la Blanca

✶ Monasterio de San Juan de los Reyes

Öffnungszeiten: tägl. 10.00 – 18.00 im Sommer bis 19.00

Nordwestlich der Judería liegt das Franziskanerkloster San Juan de los Reyes, das 1476 nach dem Sieg über die Portugiesen bei Toro als Grablege für die Katholischen Könige und ihre Nachkommen gegründet, aber erst im 17. Jh. vollendet wurde. An den Außenwänden der 1553 begonnenen Kirche mit einem isabellinischen Hauptportal von Covarrubias sieht man Ketten von aus maurischer Gefangenschaft befreiten Christen.
Im von Juan Guas prächtig gearbeiteten Inneren sind besonders sehenswert die Friese mit von Adlern gehaltenen Wappen der Katholischen Könige im Querschiff, das Gewölbe der Chorgalerie und der Altar von Felipe Vigarny und Francisco de Comontes. Der südöstlich anstoßende Kreuzgang (1504) ist eine der glänzendsten Schöpfungen des spätgotischen Stils in Spanien; er besitzt in der oberen Galerie eine kunstvolle Artesonado-Decke.

Puerta del Cambrón

Nordwestlich der Kirche führt ein Weg hinab zu dem 1102 erbauten stattlichen Doppeltor Puerta del Cambrón (= Weißdornbusch-Tor), das auf die Westgoten zurückgeht und im 11. Jh. von den Mauren sowie noch einmal im 16. Jh. umgebaut wurde.

Ermita del Cristo de la Vega

Durch dieses Tor gelangt man unter der Umgehungsstraße hindurch zur außerhalb der Stadtmauern gelegenen Ermita del Cristo de la Vega. Hier stand schon im 4. Jh. ein Kirchlein, das nach 660 neu gebaut wurde, nachdem der hl. Leokadius hier dem hl. Ildefonso, Erzbischof von Toledo, erschienen sein soll. Die Apsis ist noch erhalten.

Puente de San Martín

Südwestlich von der Kirche San Juan und der Puerta del Cambrón gelangt man auf der aussichtsreichen Stadtmauer zum 30 m hohen Puente de San Martín (1212; im Jahre 1390 erneuert), der einen großartigen Blick in die Schlucht des Río Tajo bietet.

Las Ventas

H 7

Lage: Alcalá 237 **Metro:** Ventas

1934 fand in Las Ventas die erste Corrida statt: Die Madrider Stierkampfarena, sie wird auch »La Monumental« genannt, ist für die Aficionados einer der weltweit wichtigsten Stierkampfplätze.

Bühne der Toreros

Führungen auch auf Englisch Di. – So. 10.00 – 13.30 durch Taurotours ►

Bis ins 18. Jh. fanden die Stierkämpfe (Corridas) auf der ► Plaza Mayor statt. Im Jahr 1754 wurde dann der erste Stierkampfplatz Madrids in der Calle Alcalá eingeweiht, ein Werk des Architekten Ventura Rodríguez. Der Bau – aus solidem Stein und mit Holzbänken – bot 12 000 Zuschauern Platz. Als die Stadt nach Nordosten wuchs, wurde die Arena von ihrem alten Standort an der Calle Alcalá in den Außenbezirk Las Ventas verlegt. Hier entstand im Neomudejarstil der große Rundbau Las Ventas, der 23 000 Zuschauer fasst. Im Jahre 1934 eröffneten die Stierkämpfer Juan Belmonte, Marcial Lalanda und Cagancho den neuen Platz. Nach dem Bürgerkrieg feierten berühmte Matadoren wie Manolete, Arruza, Dominguín, Litri, Bienvenida und Ordóñez hier ihre Triumphe. Noch heute tritt die Crème de la Crème der spanischen und lateinamerikanischen Stierkämpfer hier in Aktion. Die **Stierkampfsaison** beginnt im März und endet im Oktober. Höhepunkt ist die Feria de San Isidro zwischen Mai und Juni, bei der täglich Stierkämpfe stattfinden. Im **Museo Taurino** (Stierkampfmuseum, Eintritt frei) sind Plakate, Kostüme, Stierkampfwaffen sowie Erinnerungsstücke an bedeutende Matadore zu sehen (Di. – Fr. 9.30 – 14.30, So. 10.00 – 13.00 Uhr).

? WUSSTEN SIE SCHON ...?

- Der Stierkampf ist ein Reizthema – auch in Spanien selbst. Die Aficionados, die Stierkampfkenner und -begeisterten, sehen die Auftritte der Toreros als hohe Kunst. Eine Taurotour durch die Anlage ist in jedem Fall interessant.

Viaducto

a II/III

Lage: Calle de Bailén **Metro:** Opera/La Latina

Eine Brücke, die über die Senke der Calle de Segovia das Schloss (►Palacio Real) mit der Kirche ► San Francisco el Grande direkt verbinden sollte, war das Lieblingsprojekt Sacchettis, des Architekten des Königlichen Schlosses.

Brücke mit Aussicht

Doch erst 1874 wurde seine revolutionäre städtebauliche Idee Realität. Unter König Amadeo d'Aosta wurden die Bauarbeiten für den Viadukt begonnen und während der kurzlebigen Ersten Republik 1874 abgeschlossen. Der erste Viadukt, eine Eisenkonstruktion, die auf steinernen Fundamenten ruhte, wies 130 m Länge sowie 13 m Breite auf und überbrückte eine Tiefe von 23 m. Diese erste Brücke über die Calle de Segovia alterte schnell und musste bereits ein halbes Jahrhundert später von Grund auf neu gebaut werden. Dies geschah während der Zweiten Republik, die Eröffnung des neuen Viadukts im Jahr 1942 fiel schon in die Regierungszeit unter Franco. In den vergangenen Jahren sind erneut Restaurierungsarbeiten an dem Zement- und Eisenbau durchgeführt worden.

Die Gegend um den Viadukt bietet herrliche Aussichten auf die ► Casa de Campo und auf das Dächermeer der Altstadt. Auf der westlichen Seite der Brücke führt die Cuesta de los Ciegos zur Plaza Gabriel Miró und den Jardínes de las Vistillas hinab. Von den Gärten Las Vistillas, v. a. an Sommerabenden ein beliebter Treffpunkt der Madrilenen, hat man ebenfalls einen schönen Blick über Madrids Dächer.

◄ Jardínes de las Vistillas

GLOSSAR

Ajimez Zwillingsbogenfenster.

Alcázar Befestigte maurische Herrscherresidenz, meist von den christlichen Herrschern übernommen und ausgebaut.

Almohaden Islamische Glaubensgemeinschaft, die 1147 – 1269 in Spanien die Herrschaft der Almoraviden, einer anderen Glaubensgemeinschaft und Dynastie, ablöste.

Altarretabel Altaraufsatz, mit Reliefs und/oder Malereien verziert.

Apsis Meist halbrunder Raum am Ende einer Kirche.

Arabeske Aus der Kunst des Islam stammendes Ornament aus Blatt- und Rankenwerk, das die Natur zum Vorbild hat, oft in Friesform anzutreffen.

Artesonado Kassettendecke in Sternenmuster. Der von den Almohaden stammende Dekor verbreitete sich im christlichen Spanien bis ins 15./16. Jh.

Atlant Auch Gigant genannt: gebälktragender Riese, benannt nach dem Titanen Atlas, der den Himmel trug.

Azulejos Glasierte, ursprünglich blau (azul) bemalte Kacheln.

Basilika 1. Königshalle (Stoá basiliké; meist mehrschiffig), Stätte des Handels oder der Gerichtsbarkeit. 2. Im 4. Jh. n. Chr. ausgebildete drei- oder fünfschiffige Grundform christlichen Kirchenbaus. 3. Vom Papst verliehener Ehrentitel einer Kirche, unabhängig vom Bautyp.

Blendarkade/Blendbogen Ein Schmuckmotiv: Bögen werden einer geschlossenen Mauer vorgeblendet, treten wenig hervor und sind oft durch vertikale Bänder (Lisenen) verbunden.

Chor Raum zwischen Langhaus bzw. Querschiff und Hauptapsis einer christlichen Kirche.

Chorbogen Bogen, der Langhaus bzw. Querschiff vom Chor trennt.

Churriguera-Stil Spanischer Architekturstil im Hochbarock, nach der Architektenfamilie Churriguera benannt. Bedeutet überladener Barock.

Fensterrose Ein durch Maßwerk gegliedertes Rundfenster, in der Regel an der Westwand über dem Hauptportal.

Fresko Auf den feuchten Putz aufgetragenes Gemälde (al fresco = frisch); wird die Malerei auf die trockene Wand aufgetragen, spricht man von al secco.

Groteske Ornament aus dünnem Rankenwerk, in das Fantasie-, Menschen- und Tiergestalten, Blumen, Früchte oder Architekturelemente eingefügt sind.

Herrera-Stil Spanischer Renaissance-Stil, benannt nach Juan de Herrera (1530 – 1597), Erbauer des Escorial.

Isabellinische Gotik Sonderform der spanischen Architektur, die zur Zeit Isabellas der Katholischen (1451 – 1504) ihren Höhepunkt erreichte.

Isabellinische Zeit Die romantische Periode unter der Regierung von Isabella II. (1833 – 1868).

Joch Abstand zwischen zwei Säulenachsen.

Kathedra Bischofsthron.

Kathedrale Kirche mit Bischofsthron, Bischofskirche.

Krypta Unterkirche, aus der unterirdischen Grab- oder Reliquienkapelle (Confessio), über der der Altar errichtet war, hervorgegangen. Sie liegt unter dem Chor einer Kirche.

Lateinisches Kreuz Kreuz mit einem längeren und drei kurzen Armen.
Laterne Kleine Tambourkuppel, dient der Belichtung des Scheitels einer größeren unteren Kuppel.
Laternenkuppel Kuppel mit aufgesetzter Laterne.
Lettner Scheidewand als Chorschranke zwischen Chor und Mittelschiff.
Lisene Flache Wandvorlage, die die Mauerfläche gliedert.
Lünette Bogenfeld über Fenster und Türen.
Maja / Majo Die Bezeichnung für einfache Leute aus dem Volk, die sich in etwas aufgeputzter Kleidung darstellen, wurde zum Begriff für die galante Rokoko-Mode in Spanien Ende des 18. Jahrhunderts.
Maßwerk Geometrische Dekoration gotischer Zeit zum Schmuck u. a. von Fenstern und Brüstungen.
Monumento nacional Kunstdenkmal unter staatlichem Schutz.
Moriske Meist zwangsbekehrter Maure in den von der Reconquista wiedereroberten Gebieten Spaniens.
Mozarabischer Stil Kunst der nach 711 unter maurischer Herrschaft lebenden Christen, in der islamische Stilelemente enthalten sind, u. a. Hufeisenbogen.
Mudéjar 1. Bezeichnung für die von den Christen unterworfenen Mauren in den wiedereroberten Gebieten. 2. Stilbezeichnung für die Sonderentwicklung der hoch- und spätmittelalterlichen Bau- und Dekorationskunst im christlichen Spanien, in der künstlerische Traditionen des Islam fortgeführt wurden, z. B. mithilfe der maurischen Handwerker. Hauptmerkmale sind u. a. Hufeisenbogen, Keramikfliesen (Azulejos), Artesonado-Decken.
Oktogon Achteckiger Bau.
Plateresk Stilbezeichnung für die spanische Bau- und Dekorationskunst, in der sich ab ca. 1500 Renaissance-Elemente durchsetzten (von platero = Gold-, Silberschmied).
Portikus Säulenhalle.
Quader Regelmäßig behauener Werkstein.
Reconquista Rückeroberung der von den Mauren nach 711 besetzten Gebiete Spaniens durch die Christen.
Rustica Steinmauer mit rauer (»bäurischer«) Oberfläche.
Säulenbasilika Basilika, die von Säulen gestützt wird.
Spolien Wieder verwendete Bruchstücke älterer Bauten.
Stalaktitengewölbe Islamisches Gewölbe mit Zierwerk, das tropfenförmig herabhängt.
Stele Frei stehender Pfeiler, meist mit Inschrift, oft mit Relief.
Tambour Zylindrisches Bauglied, trägt eine Kuppel und dient zur Belichtung.
Tambourkuppel Kuppel über einem Tambour.
Tauromachie 1. Technik des Stierkampfs. 2. Stierkampf.
Tertulia Gesprächsrunde, Stammtisch.
Triumphbogen 1. Ein- oder mehrbogiges Monumentaltor der römischen Antike. 2. Chorbogen einer christlichen Basilika.
Tympanon Bogenfeld über einem Kirchenportal.
Vierung Raumquadrat, das durch die Überkreuzung von Lang- und Querhaus einer Kirche entsteht.

REGISTER

a

ABC Serrano **10/**
Academia siehe Real Academia
Adriatica de Seguros **246**
Afrika-Museum **95**
Alba, Cayetana de **49**
Alberto del Palacio Elissague **190**
Alcalá de Henares **160**
Alcalá-Tor **261**
Aldea de Fresno **91**
Almanzor **134**
Almodóvar, Pedro **49**
Almudena-Kathedrale **170**
Altamira-Höhle **203**
Amerika-Museum **202**
Anreise **56**
Apollo-Brunnen **249**
Aranjuez **163**
Archäologisches Nationalmuseum **202**
ARCO **85**
Arco de Cuchilleros **260**
Arco de la Concordia **173**
Arco de la Victoria **173**
Argüelles **22**
Arguis, Meister de **212**
Ateneo Artístico **165**
Atlético de Madrid **135**
Atocha-Bahnhof **190, 250**
Auditorio Nacional de Música **124**
Aufstand der Comuneros **29**
Ausflüge **155**
Ausgehen **59**
Auskunft **68**
Aussprache **110**
Ayuntamiento **254**
Azca-Viertel **246**
Azorín **49**

b

Bäder **134**
Bahnhöfe **57**
Banco de España **250**
Bankinter **246**
Bankunion **246**
Barajas **58**
Bär mit Erdbeerbaum **264**
Barca, Pedro Calderón de la **50**
Barrio de los Literarios **169**
Barrio de Maravillas **258**
Bayeu, Francisco **226**
Bergsteigen **134**
Bermejo, Bartolomé **212**
Berruguete, Pedro **214**
Berühmte Persönlichkeiten **48**
Biblioteca Nacional **100, 204, 252**
Bolsa **249**
Börse **249**
Bosch, Hieronymus **230**
Bosco, El **230**
Botanischer Garten **196**
Bowling **133**
Bravo, Juan **277**
Briefmarken **101**
Briefmarkenbörse **260**
Busverkehr **142**

c

Café del Círculo **173**
Cafés **60**
CaixaForum Madrid **249**
Caixa-Gebäude **246**
Calle de Cuchilleros **197**
Campo de las Naciones **85**
Campo del Moro-Park **245**
Canal de Isabell II, Sala de Exposiciones **99**
Cándido **276**
Cano, Alonso **220**
Capilla del Cristo **275**
Capilla del Obispo **272**
Capitol-Kino **194**
Carducho, Vicente **218**
Carrión-Gebäude **194**
Casa de América **99, 250**
Casa de Campo **168**
Casa de Cisneros **254**
Casa de Correos **263**
Casa de la Carnicería **260**
Casa de la Villa **254**
Casa de Lope de Vega **169**
Casa de los Lujanes **255**
Casa Longoria **232**
Casa-Museo de San Isidro **271**
Casa Panadería **259**
Casón del Buen Retiro **170**
Castellana **245**
Catedral de la Almudena **170**
Cava Baja **271**
Cava de San Miguel **260**
Cava San Miguel **197**
Centro Cultural Conde-Duque **99**
Centro Cultural de la Villa **252**
Centro Cultural Islámico de Madrid **20**
Centro de Arte Reina Sofía **171**
Centro Nacional del Vidrio **193**

Cercanías **142**
Cervantes **160**
Cervantes-Denkmal **253**
Chabolas **25**
Chamartín-Bahnhof **57**
Chamberí **22**
Chinchón **155**
Chocolatería de San Ginés **275**
Churriguera, José Benito de **51**
Cibelesbrunnen **250**
Científico y Literario **165**
Circuito de Jarama **137**
Círculo de Bellas Artes **99, 173**
Cisneros-Haus **254**
Ciudad Universitaria **173**
Clásicos en Verano **87**
Cochinillos **276**
Coello, Alonso Sánchez **215**
Coello, Claudio **225**
Colección de la Biblioteca Musical **95**
Colección Municipal **95**
Colegiata de San Isidro **275**
Coliseum **195**
Comuneros-Aufstand **277**
Comunidad de Madrid **18**
Congreso de los Disputados **176**
Convento de la Encarnación **177**
Convento de las Trinitarias **178**
Corrala Calle Tribulete **266**
Corralas **266**
Cotos **134**
Crianza **76**
Cuartel de la Montaña **200**
Cuartel del Conde-Duque **178**
Cuartel del Ejécito del Aire **173**

d

Dame aus Baza **203**
Dame von Elche **203**
Debod-Tempel **201**
Delfines-Brunnen **233**

Descalzas Reales **197**
Diplomatische Vertretungen **69**
Diskotheken siehe Ausgehen
Don Carlos **164**
Dos-de-Mayo-Obelisk **249**
Dreieck der Kunst **45**

e

Edificio de España **252**
Einkäufe **105**
Einwohner **19**
Eisenbahnmuseum **97**
El Ángel Caído **244**
El Escorial **180**
El Greco **216**
El Pardo **241**
El Paular **157**
El Rastro **264**
Elektrizität **70**
Embalse de Santilla **157**
Erdbeerbaum **264**
Erdbeerzug **163**
Ermita de San Antonio de la Florida **179**
Estación de Atocha **57, 190**
Estación de Chamartín **57**
Estadio Santiago Bernabéu **247**
Estadio Vicente Calderón **261**
Euro **89**
Events **85**

f

Fábrica Nacional de Moneda y Timbre **96**
Fahrvorschriften **138**
Fahrzeugpapiere **58**
Faro de Moncloa **173**
Faunia – Parque Biológico de Madrid **91**
Feiertage **86**
Ferdinand II. **52**
Fernsehen **46, 94**
Fernsehturm siehe Faro de Moncloa
Fernuniversität UNED **46**
Feste **85**
Fiesta de la Primavera **87**
Fiesta de San Cayetano, San Lorenzo y La Paloma **88**
Fiesta del Dos de Mayo **87**
Film **46**
FITUR **85**
Flamenco **87**
Flamencofestival **85**
Flamencolokale **60**
Flandes, Juan de **214**
Fliegen **134**
Flohmarkt **264**
Flohmarkt El Rastro **264**
Flughafen Barajas **58**
Fossilien-, Mineralien- und Gesteinssammlung **96**
Frauentreffs **61**
Freilichtmuseum für abstrakte Skulptur **205**
Fuente de Cibeles **250**
Fuente de la Fama **207**
Fuente de los Delfines **233**
Fundación Juan March **100**
Fundación La Caixa **100**
Fundación Mapfre **100**
Fundbüro **68**
Fußball **135**

g

Galdiano, José Lázaro **206**
Galerien **95**
Gallego, Fernando **213**
Gärten der Entdeckung Amerikas **252**
Gärten Las Vistillas **299**
Geld **89**
Geschäftszeiten **101**
Gesundheit **90**
Getränke **76**
Glorieta de Carlos V **250**
Glossar **300**
Golf **134**
Góngora **169**
Goya, Francisco de **52, 226**
Granja de San Ildefonso, La **191**
Gran Vía **194**
Gris, Juan **53**
Grúa **139**
Guadalajara **156**
Guernica-Gemälde **172**
Guerrero, María **122**

h

Handy **102**
Hauptpostamt **250**
Haustiere **59**
Heeresmuseum **96**
Herrera d.Ä. **220**
Herrera d.J., Francisco **225**
Herzöge von Alba **235**
Hochgeschwindigkeitszüge **142**
Hospicio de San Fernando **207**
Hospital General de San Carlos **172**
Hotel Ritz **249**
Hotel Victoria **285**
Hotels **125**
Huertas **284**
Huguet, Jaume **212**

i

Iberer **27**
Iberische Kultur **203**
Iberoamerikanisches Kooperationszentrum **100**
IBM-Gebäude **246**
IFEMA **86**
Iglesia de San Cayetano **266**
Inline-Skaten **133**
Inmaculada Concepción de Mercedarias Descalzas **196**
Internet **69**
Internetcafé **101**
Isabella I. **52**

j

Jagdmuseum **270**
Jardín Botánico **196**
Jardines de las Vistillas **299**
Jardines del Descubrimiento de América **251**
Jardín Botánico **196**
Johanna die Wahnsinnige **29**
Johnson, Philip **247**
Juanes, Juan de **215**
Jugendherbergen **133**
Justicia **22**

k

Karlistenkriege **33**
Karneval **87**
Kartenvorverkauf **122**
Kaserne **178**
Katholische Könige **28**
Kilometer Null **23,138, 262**
Kino **59**
Kirchen siehe Eigennamen
Klima **104**
Kloster de la Encarnación **177**

Kloster Descalzas Reales **197**
Kloster Salesas Reales **270**
Kloster El Paular **157**
Knigge **91**
Königliche Apotheke **240**
Königliche Geschichtsakademie **170**
Königliche Sprachakademie **170**
Königliche Tabakfabrik **266**
Königliche Teppichmanufaktur **266**
Königliche Waffensammlung **240**
Königsschloss **236**
Kolumbus-Denkmal **252**
Kolumbusplatz **251**
Kongresse **85**
Kongresspalast **86, 247**
Krankenversicherung **59**
Kulturzentren **95**
Kunst und Kultur **44**
Kunstgalerien **95**
Kunstgewerbemuseum **96**
Kurzgrammatik **110**

l

La Almudena **171**
La Gran Pea **194**
La Granja de San Ildefonso **191**
La Moncloa **173**
La Monumental **298**
La Pedriza **134**
La Unión y Fénix Espaol **246**
Ladenöffnungszeiten **101**
Lago **169**
Laguna de Peñalara **134**
Landwirtschaftsministerium **250**
Larra, Mariano José de **53**
Las Góngoras **196**
las Musas **169**
Las Salesas Reales **270**
Las Ventas **298**
Latina **21**
Lavapiés **21**
Leihwagen **143**
Linares-Palast **250**
Liria-Palast **235**
Lokale mit Darbietungen **60**
Longoria-Haus **232**
Lope de Vegas **169**
Los Veranos de la Villa **88**
Luftfahrtministerium **173**
Lujanes-Turm **255**

m

Machado, Antonio **281**
Machuca, Pedro **215**
Macizo de Gredos **134**
Madrid Card **120**
Madrid Visión **120**
Madrid Xanadú **91**
Madrids Küche **70**
Madroñobaum **264**
Maella, Mariano Salvader **226**
Maino, Juan Bautista **218**
Malasaña **22, 258**
Männertreffs **61**
Manrique, César **41**
Manzanares el Real **157**
Marineministerium **249**
Marinemuseum **97**
Mayor-Platz **259**
Meléndez, Luis Eugenio **226**
Mengs, Anton Raphael **238**
Mercado de San Miguel **197**
Messen **85**
Metro **139**
Metrópolis **194**
Mietwagen **143**
Ministerio de Defensa **250**
Ministerio de Hacienda **267**
Miró, Joan **247**
Mobiltelefon **102**
Monasterio de la Encarnación **177**
Monasterio de las Descalzas Reales **197**
Monasterio de San Lorenzo de El Escorial **180**
Monasterio El Paular **157**
Moncloa **22**
Moneo, Rafael **190, 208, 233, 246**
Montaña del Príncipe Pío **200**
Monumento Nacional de Santa Cruz del Valle de los Caídos **190**
Morales, Luis de **215**
Münzen-Sammlung **96**
Murillo, Bartolomé Esteban **224**
Museen **94**
Museo Africano **95**
Museo Arqueológico Nacional **202**
Museo Cerralbo **204**
Museo de América **202**
Museo de Artes y Tradiciones Populares **95**
Museo de Cera **96, 252**
Museo del Ferrocarril **97**
Museo del Observatorio de Madrid **98**
Museo del Prado **207**
Museo Escultura al Aire Libre **205**
Museo Geominero **96**
Museo Lázaro Galdiano **206**
Museo Municipal **207**
Museo Nacional Centro de Arte Reina Sofía **171**
Museo Nacional de Antropología **97**
Museo Nacional de Artes Decorativas **96, 249**
Museo Nacional de Ciencias Naturales **96**
Museo Naval **97, 249**
Museo Panteón de Goya **179**
Museo Postal y Telegráfico **98**
Museo Romántico **232**
Museo Taurino **298299**
Museo Thyssen-Bornemisza **233**
Museum der Stadt **207**
Museum für volkstümliche Künste und Gebräuche **95**
Musikbibliothek **95**

n

Nachtbus **142**
Nachtleben **59**
Nationalbibliothek **100, 204**
Naturwissenschaftliches Museum **96**
Neptunbrunnen **249**
Nicolás Francés **212**
Notrufe **100**
Nuevos Ministerios **22, 246**
Nuevos Museos (Escorial) **182**

o

Observatorium **245**
Öffnungszeiten **101**
Olivar de la Hinojosa **85**
Operette **121**
Opernhaus **257**

Oratorio del Caballero de Gracia **235**
Oriente-Platz **256**
Ortega y Gasset, José **51**

p

Palacio de Buenavista **250**
Palacio de Comunicaciones **250**
Palacio de Cristal **245**
Palacio de Cristal und Palacio de Velázquez **100**
Palacio de Exposiciones y Congresos **247**
Palacio de la Música **194**
Palacio de la Prensa **195**
Palacio de las Cortes **176**
Palacio de Linares **250**
Palacio de Liria **235**
Palacio de Velázquez **100, 245**
Palacio de Villahermosa **233, 249**
Palacio Real **236**
Palacio Riofrío **268**
Palast Parque Florido **206**
Panteón de Goya **179**
Panteón de Hombres Ilustres **241**
Panteón de los Infantes **187**
Paret y Alcazar, Luis **226**
Parken in Madrid **139**
Parlament **176**
Parque de Atracciones **169**
Parque de Nieve **91**
Parque del Oeste **243**
Parque del Retiro **243**
Parque Ferial de Madrid **85**
Parque Juan Carlos **86**
Parque-Jardín El Campo del Moro **245**
Parque Warner **91**
Parque Zoológico **166**
Paseo de la Castellana **245**
Paseo del Pintor Rosales **243**
Paseo del Prado **248**
Peñas **61**
Peñalara **191**
Personalpapiere **58**
Philipp II. **51**
Picasso, Pablo **52, 172**
Plácido, Domingo **51**
Plan Castro **34**
Platz des 2. Mai **258**
Plaza Cánovas del Castillo **249**
Plaza de Cascorro **264**
Plaza de Castilla **247**
Plaza de Chueca **196**
Plaza de Colón **251**
Plaza de España **252**
Plaza de la Cibeles **250**
Plaza de la Lealtad **249**
Plaza de la Paia **20, 272**
Plaza de la Villa **254**
Plaza de la Villa de París **270**
Plaza de las Cortes **176**
Plaza de Oriente **256**
Plaza de Ramales **257**
Plaza de Santa Ana **284**
Plaza del Dos de Mayo **258**
Plaza del Emperador Carlos **250**
Plaza Mayor **258**
Post **101**
Post- und Fernmeldemuseum **98**
Prado-Museum **207**
Preise **104**
Presse **46**
Programmkinos **59**
Pronunciamientos **33**
Propina **104**
Puente de Segovia **260**
Puente de Toledo **260**
Puerta de Alcalá **261**
Puerta de Europa **247**
Puerta de Hierro **173**
Puerta de Monteleón **258**
Puerta de Toledo **262**
Puerta del Sol **262**

q

Quevedo, Francisco de **169**

r

Radio **94**
Ramales-Platz **257**
Rascafría **157**
Rathaus **254**
Rauchen **92**
Real Academia de Bellas Artes de San Fernando **266**
Real Academia de la Historia **170**
Real Academia Española de la Lengua **170**
Real Armería **240**
Real Basílica de San Francisco el Grande **273**
Real Fábrica de Tabacos **266**
Real Fábrica de Tapices **268**
Real Madrid **135**
Real Sitio del Buen Retiro **244**
Recoletos **22**
Reisedokumente **58**
Reisezeit **104**
Retiro (Stadtviertel) **21**
Retiro-Park **243**
Rialto **195**
Ribalta, Francisco **218**
Ribera, José **219**
Río Henares **160**
Riofrío **268**
Ritz **249**
Romantisches Museum **232**
Royale Compagnie Asturienne des Mines **252**
Rundfunk **46**

s

Saavedra, Miguel de Cervantes **50**
Safari Park Madrid **91**
Salamanca-Viertel **22**
Salas de Exposiciones Palacio de Cristal und Palacio de Velázquez **100**
Salesas-Reales-Kloster **270**
San Andrés **271**
San Antonio de la Florida **179**
San Antonio de los Alemanes **272**
San Antón de los Escolapios **232**
San Cayetano **266**
San Francisco el Grande **273**
San Ginés **274**
San Isidro **87, 275**
San Jerónimo **244**
San José **194**
San Juan **257**
San Lorenzo de El Escorial **180**
San Marcos **253**
San Martín **273**
San Martín de Vega **91**
San Miguel **255**
San Nicolás de los Servitas **256**
San Pedro el Real **272**
San Pedro el Viejo **272**
Schiller, Friedrich **164**

Schloss El Pardo **241**
Segovia **276**
Segovia-Brücke **260**
Semana Santa **87**
SEPU **194**
Sierra de Gredos **134**
Sierra de Guadarrama **157**
Sightseeing **120**
Siglo de Oro **30**
Sigüenza, Meister de **212**
Silva y Velázquez, Diego Rodriguez de **221**
Sisla, Meister de la **214**
Skifahren **134**
Solana, José Guitiérrez **53**
Soleá **272**
Sopetrán, Meister von **213**
Sorolla, Joaquin **98**
Souvenirs **105**
Spanische Nationalbibliothek **204**
Spanisches Fremdenverkehrsamt **68**
Sport **133**
Sprache **110**
Sprachkurse **120**
Stadtbesichtigungen **120**
Stadtführer **121**
Stadtgeschichte **26**
Stadtmuseum **207**
Stadtrundfahrten **120**
Stadttor siehe Puerta und Eigennamen
Städtisches Kulturzentrum **99, 252**
Sternwarte **98**
Stierkampfarena **298**
Stierkampfmuseum **299**
Straßennetz **138**
Straßenverkehr **138**
Szenelokale **60**

t

Tabakfabrik **266**
Tabernas **60**
Tal der Gefallenen **190**
Taurino-Museum **299**
Taxi **142**
Tajo **165, 286**
Teatro Albéniz **124**
Teatro Calderón **122**
Teatro Coliseum **123**
Teatro de la Opera **257**
Teatro de Madrid **123**
Teatro de la Vaguada **86**
Teatro de la Zarzuela **122**
Teatro Español **284**
Teatro Lope de Vega **123**
Teatro Monumental **124**
Teatro Nacional María Guerrero **122**
Teatro Real **257**
Teleférico **169**
Telefon Teléfono **102**
Telefónica **194**
Templo de Debod **201**
Teppichmanufaktur **268**
Tetuán de las Victorias **88**
Theater **46, 121**
Theotokopoulos, Domenikos (El Greco) **216**
Thyssen-Bornemisza, Hans-Heinrich von und Carmen **233**
Tienda de Vinos **196**
Tischzeiten **77**
Toiletten **121**
Toledo **286**
Toledo-Brücke **260**
Toledo-Tor **262**
Tor der Messerschmiede **260**
Tor Europas **247**
Torre BBV **246**
Torre Caja Madrid **248**
Torre Cristal **248**
Torre de Colón (oder de Jerez) **246, 252**
Torre de Europa **246**
Torre de Jerez (oder de Colón) **246, 252**
Torre de los Lujanes **255**
Torre de Picasso **246**
Torre Espacio **248**
Torre Sacyr Vallehermoso **248**
Torres Kio **247**
Tren de la Fresa **163**
Triángulo del Arte **45**
Trinken **70**
Trinkgeld **104**

u

U-Bahn **139**
Überlandbusse **142**
Uhrzeit **143**
UNED **176**
Universidad Autónoma de Madrid **46**
Universidad Comillas **46**
Universidad Complutense **45**
Universitäten **45**
Universitätsstadt **173**
Unterkunft **125**

v

Valle de los Caídos **190**
Vega y Carpio, Félix Lope de **50**
Vega-Inclán, Marquis de la **232**
Velázquez **221**
Veranstaltungen **86**
Vergnügungspark **169**
Verkehr, Verkehrsmittel **138**
Verteidigungsministerium **250**
Verwaltung **23**
Viaducto **299**
Viadukt **299**
Vicente, Esteban **278**
Villa-Platz **254**
Villahermosa-Palast **233**
Villanueva, Juan de **53**
Vistillas-Gärten **299**
Völkerkundemuseum **97**
Vorwahlen **102**

w

Wachsfigurenmuseum **252**
Wachsmuseum **96**
Wandern **134**
Weihnachtsmarkt **260**
Wein **76**
Wintersport **134**
Wirtschaft **22**
Wohnsituation **25**

y

Ybarra-Haus **194**

z

Zarzuela **51**
Zeit **143**
Zimmerreservierung **125**
Zollbestimmungen **59**
Zoo **169**
Zuloaga, Daniel **281**
Zuloaga, Ignacio **281**
Zurbarán, Francisco de **220**

VERZEICHNIS DER KARTEN & GRAFISCHEN DARSTELLUNGEN

Madrider Stadtwappen **19**
Lage Madrids in Europa **23**
Spanische Könige **28**
Logo Spanisches Fremdenverkehrsamt **66**
Ausgehen in Madrid **64**
Essen und Übernachten in Madrid **80**
Klima in Madrid **104**
Metroplan **140**
Touren durch Madrid **146/147**
Tour 1 **150**
Tour 2 **152**
Tour 3 **153**
Tour 4 **154**
Madrid Umgebung **156**
Aranjuez **164**
Faro de Moncloa (3D) **174**
El Escorial **183**
El Escorial (3D) **184**
Palacio Real **238**
Prado-Museumsplan **210**
Segovia **279**
Alcázar von Segovia **281**
Alcázar (3D) **282**
Toledo **286**
Kathedrale von Toledo **290**

Madrider Highlights
Umschlagklappe hinten

BILDNACHWEIS

AKG S. 46, 47, 50, 51
Baedeker Archiv S. 74, 215, 218, 221
Dietrich S. 249
Franz Marc Frei S. 15, 64, 102, 198, 222, 263, 276, 297
Huber/Giovanni Simeone S. 242
Interfoto S. 205, 274
Roland Irek S. 185 (rechts oben), 295
Lade S. 152
Laif/G. Huber S. 201
Look/Franz Marc Frei S. 14 (Mitte), 40, 99, 159 (Freisteller), 232, 240
Look/Jürgen Richter S. 13 (oben)
Picture-Alliance S. 24, 30, 35, 39, 45, 171 © Succession Picasso/VG Bild-Kunst, Bonn 2005
Schapowalow S. 10/11
Schleicher S. 1, 9, 16, 23, 26, 32, 49, 75, 148, 165, 166, 179, 181, 184, 185 (oben links), 186, 187, 189, 191, 192, 195, 203, 209, 211, 227, 257, 265, 267, 280, 285, 289, 292, Umschlagklappe hinten
Schliebitz S. 2, 3 (unten), 55 (Freisteller), 73, 113, 120, 128 © Hotel Urban, 129 © Hotel de las Letras, 139, 168, 175 (2x), 185 (unten rechts 2x), 206, 216, 219, 220, 228, 244, 255, 261, 264, 269
Mauritius S. 151
Turespaña S. 174
Achim Walder S. 283 (links unten), 284
White Star/Monica Gumm Umschlag vorne innen, S. 3, 5, 6 (2x), 7 (2x), 11 (Freisteller), 13 (Mitte), 14 (oben), 21, 37, 42, 44, 54/55, 83, 84, 85, 106, 108, 119, 123, 127, 132, 135, 137, 208, 234, 247, 248, 271, 283 (oben links und rechts)
White Star/Jörg Steinert S. 4, 8, 12, 13 (unten), 14 (unten), 18, 57, 88, 97, 144/145, 158/159, 161, 176, 259
Zefa S. 251

Titelbild: Jon Hicks/Corbis (Reiterstandbild Philipps III. auf der Plaza Mayor)

IMPRESSUM

Ausstattung:
150 Abbildungen, 26 Karten und grafische Darstellungen, ein großer Cityplan
Text:
Dr. Karl W. Biehusen, Genoveva Dietrich, Dr. Andreas Drouve, Thomas Hirsch, Friedrich Huber, Frank Lang, Anja Schliebitz, Reinhard Strüber
Aktualisierung:
Reinhard Adel
Bearbeitung:
Baedeker Redaktion (Anja Schliebitz)
Kartografie:
Christoph Gallus, Hohberg; Franz Huber, München; MAIRDUMONT/Falk Verlag, Ostfildern (Cityplan)
3D-Illustrationen:
jangled nerves, Stuttgart
Gestalterisches Konzept:
independent Medien-Design, München (Kathrin Schemel)

Sprachführer in Zusammenarbeit mit Ernst Klett Sprachen GmbH, Stuttgart, Redaktion PONS Wörterbücher

Chefredaktion:
Rainer Eisenschmid, Baedeker Ostfildern

11. Auflage 2011

Urheberschaft:
Karl Baedeker Verlag, Ostfildern

Nutzungsrecht:
MAIRDUMONT GmbH & Co KG; Ostfildern
Der Name Baedeker ist als Warenzeichen geschützt. Alle Rechte im In- und Ausland sind vorbehalten. Jegliche – auch auszugsweise – Verwertung, Wiedergabe, Vervielfältigung, Übersetzung, Adaption, Mikroverfilmung, Einspeicherung oder Verarbeitung in EDV-Systemen ausnahmslos aller Teile des Werkes bedarf der ausdrücklichen Genehmigung durch den Verlag Karl Baedeker.

Anzeigenvermarktung:
MAIRDUMONT MEDIA
Tel. 0049 711 4502 333
Fax 0049 711 4502 1012
media@mairdumont.com
http://media.mairdumont.com

Printed in China
Gedruckt auf 100% chlorfrei gebleichtem Papier

i atmosfair

nachdenken • klimabewusst reisen
atmosfair

Reisen bereichert und verbindet Menschen und Kulturen. Jedoch wer reist, erzeugt auch CO_2. Dabei trägt der Flugverkehr mit bis zu 10% zur globalen Erwärmung bei. Wer das Klima schützen will, sollte sich somit nach Möglichkeit für die schonendere Reiseform entscheiden (wie z. B. die Bahn). Wenn keine Alternative zum Fliegen besteht, kann man mit atmosfair handeln und klimafördernde Projekte unterstützen.
atmosfair ist eine gemeinnützige Klimaschutzorganisation unter der Schirmherrschaft von Klaus Töpfer. Die Idee: Flugpassagiere spenden einen kilometerabhängigen Beitrag für die von ihnen verursachten Emissionen und finanzieren damit Projekte in Entwicklungsländern, die dort den Ausstoß von Klimagasen verringern helfen. Dazu berechnet man mit dem Emissionsrechner auf **www.atmosfair.de** wieviel CO_2 der Flug produziert und was es kostet, eine vergleichbare Menge Klimagase einzusparen (z.B. Berlin – London – Berlin 13 Euro). atmosfair garantiert die sorgfältige Verwendung Ihres Beitrags. Auch der Karl Baedeker Verlag fliegt mit *atmosfair*. Unterstützen auch Sie unser Klima. Alle Informationen dazu auf www.atmosfair.de.

BAEDEKER VERLAGSPROGRAMM

- Ägypten
- Algarve
- Allgäu
- Amsterdam
- Andalusien
- Argentinien
- Athen
- Australien
- Australien • Osten
- Bali
- Baltikum
- Barcelona
- Bayerischer Wald
- Belgien
- Berlin • Potsdam
- Bodensee
- Brasilien
- Bretagne
- Brüssel
- Budapest
- Bulgarien
- Burgund
- Chicago • Große Seen
- China
- Costa Blanca
- Costa Brava
- Dänemark
- Deutsche Nordseeküste
- Deutschland
- Deutschland • Osten
- Djerba • Südtunesien
- Dominik. Republik
- Dresden
- Dubai • VAE
- Elba
- Elsass • Vogesen
- Finnland
- Florenz
- Florida
- Franken
- Frankfurt am Main
- Frankreich
- Fuerteventura
- Gardasee
- Golf von Neapel
- Gomera
- Gran Canaria
- Griechenland
- Griechische Inseln
- Großbritannien
- Hamburg
- Harz
- Hongkong • Macao
- Indien
- Irland
- Island
- Israel
- Istanbul
- Istrien • Kvarner Bucht
- Italien
- Italien • Norden
- Italien • Süden
- Italienische Adria
- Italienische Riviera
- Japan
- Jordanien
- Kalifornien
- Kanada • Osten
- Kanada • Westen
- Kanalinseln
- Kapstadt • Garden Route
- Kenia
- Köln
- Kopenhagen
- Korfu • Ionische Inseln
- Korsika
- Kos
- Kreta
- Kroatische Adriaküste • Dalmatien
- Kuba
- La Palma
- Lanzarote
- Leipzig • Halle
- Lissabon
- Loire
- London
- Madeira
- Madrid
- Malediven
- Mallorca
- Malta • Gozo • Comino
- Marokko
- Mecklenburg-Vorpommern
- Menorca
- Mexiko
- Moskau
- München
- Namibia

Baedeker SPECIAL GUIDE

DAS PLUS ZUM BAEDEKER MADRID

Märkte in Madrid

→ Gestern, heute und Ideen für morgen

→ Ein buntes Angebot: Alltägliches, Exotisches und Klatsch

→ Treffpunkt für Einheimische, Einwanderer und Touristen

ISBN 978-3-8297-1249-1

9 783829 712491

€ 17,95 [D]
€ 18,50 [A]

Einst war der Gang zum Mercado so selbstverständlich wie die Morgentoilette ...

▸ Seite 3

... heute konkurrieren Supermärkte mit den Stadtteilmärkten.

▸ Seite 5

Antonio Muñoz betreibt einen Stand im Stadtteilmarkt Antón Martín, in einer Seitenstraßen zwischen der Plaza Mayor und dem Museum Centro de Arte Reina Sofía.

Mit Internet und Telef als neuen Einkaufsmöglichkeiten sowie einem Gourmetangebo werden neue Marktkunden gewonnen.

▸ Seite 7

EINE INSTITUTION AM SCHEIDEWEG

Etliche der traditionsreichen Stadtteilmärkte Madrids stehen vor dem Aus, andere haben die Zeichen der Zeit erkannt und sich neu erfunden.

Man sieht Antonio Muñoz seine dreiundsechzig Jahre nicht unbedingt an. Der Madrilene trägt ein weißes Hemd und einen anthrazitfarbenen Pullover, wirkt gepflegt vom Scheitel bis zur Sohle. Mit seiner großrahmigen Brille und seinem unverbindlichen Lächeln könnte er als Buchhalter durchgehen. Wäre da nicht der graue Arbeitskittel, der darauf schließen lässt, dass Antonio Muñoz keine Papierstapel bewegt, sondern Kisten mit Obst und Gemüse. Antonio Muñoz betreibt einen Stand im **Stadtteilmarkt Antón Martín** in einer kleinen Seitenstraße zwischen der Plaza Mayor und dem Museum »Centro de Arte Reina Sofía«. Im Obergeschoss des in die Jahre gekommenen Marktgebäudes residiert die Flamenco-Schule »Amor de Díos«, in der einst Joaquín Cortés seine ersten Schritte lernte. Die Talentschmiede zog vor sieben Jahren in die Räume unter dem Dach, und mit ihr kam neues Leben in das Viertel, das in den vergangenen Jahren vor allem vom Zuzug von Einwanderern geprägt war.

Die wenigen Kunden kann Antonio Muñoz an diesem Freitagnachmittag an den Fingern abzählen. Aber das war am Vortag nicht anders und vergangene Woche auch nicht. Doch Antonio Muñoz schaut nach vorne, schon weil ihm ein Schwelgen in der Vergangenheit die ganze Misere der Gegenwart vor Augen führen würde. »Die meisten Kunden kommen am Samstag, machen den großen Einkauf für das Wochenende«, sagt er. An diesem Tag füllen sich die Gänge der Markthalle mit Leben. »Vor ein paar Jahren war hier jeden Tag die Hölle los, doch seit sich die Wirtschaftskrise über Spanien legte, konzentriert sich das Geschäft auf den Samstag.« Damit könnte er zwar noch die laufenden Kosten decken, aber die Zeiten, in denen er am Monatsende etwas zur Seite legen konnte, sind vorbei.

Viele seiner immer weniger werdenden Kunden sind Frauen jenseits der sechzig, für die der tägliche Gang zum Mercado so selbstverständlich ist wie die Morgentoilette. Sie gehören einer Generation an, die ohne Supermärkte aufwuchs und sich an den Ständen außer mit Tomaten, Oliven und »serrano« auch mit dem neuesten Klatsch aus der Nachbarschaft eindeckten. Der wird auf den Gängen ähnlich ernsthaft und leidenschaftlich gehandelt wie Wertpapiere auf dem Parkett der Wall Street.

Mercado Antón Martín: Der Händler steht für Qualität und Service.

Markt und Integration

Für Julio Ignacio Robles, Professor für Anthropologie an der Universidad Autónoma de Madrid, besitzen die **Märkte in Madrid** eine wichtige soziokulturelle Funktion. »Vor allem für Alleinstehende sind die Mercados eine Möglichkeit, zumindest während des Einkaufs aus der Isolation herauszutreten und am Nachbarschaftsleben teilzuhaben«, so der Wissenschaftler.

Die Märkte haben seiner Meinung nach auch eine wichtige Aufgabe bei der Integration von Ausländern. »Die leben erfahrungsgemäß in einer Parallelwelt. Das trifft vor allem auf Einwanderer aus Fernost, in geringerem Maße aber auch auf Lateinamerikaner zu.« Die Zahl beider Einwanderergruppen ist in den vergangenen Jahren, als Spanien dank seines Wirtschaftswunders und seiner lockeren Einwanderungsgesetze bei Immigranten immer beliebter wurde, sprunghaft angestiegen. »In den Mercados treffen alle sozialen Schichten des Viertels aufeinander. Es ist der einzige öffentliche Ort, an dem alle ethnischen Gruppen in zwanglosem Kontakt miteinander stehen«, so der Wissenschaftler.

Bestes Beispiel für die integrierende Rolle der Märkte ist der seit 1875 bestehende Traditionsmarkt **Los Mostenes**. Der ist im Erdgeschoss eines schmucklosen Wohnhauses aus rotem Backstein untergebracht und fest in der Hand von südamerikanischen und chinesischen Einwanderern. Hier fragen die Kunden nicht nach kulinarischen Errungenschaften aus Spanien, sondern nach »sancocho de pollo«, kolumbianischem Hühncheneintopf, oder exotischen Pilzen und angeblich gesundheitsfördernden Wurzeln aus Fernost. »Dieser Mercado hat sich an die neue Realität im Viertel angepasst«, sagt Robles. Sein Warenangebot trägt der hohen Zahl an Ausländern Zoll, die sich hier im Schatten der Gran Vía in den vergangenen Jahren niedergelassen haben. »Die Mercados, die diesen Sprung nicht schaffen, werden es in Zukunft sehr schwer haben«, prophezeit er.

In Madrid gibt es **sechsundvierzig Markthallen**. Standkonzessionen werden vergeben wie an Taxifahrer: Wer eine bekommt, behält sie ein Leben lang. Die Geschicke der Mercados werden von Eigentümergemeinschaften gelent, die sich aus Standbesitzern zusammensetzen. Das garantiert den Märkten eine gewisse Eigenständigkeit. Damit können aber nicht alle Eigentümergemeinschaften umgehen, denn so mancher Mercado steckt seit Jahren in einer selbst gemachten Krise.

Geschichte

Ihren Ursprung haben die Stadtteilmärkte im Mittelalter. Damals wurden alle erdenklichen Waren unter freiem Himmel dargeboten, von gezimmerten Stühlen bis zum lebenden Huhn.

Ab dem frühen 19. Jh. nahmen sie allmählich ihre gegenwärtige Form an. Um 1835 ordnete die Stadtverwaltung den Bau von festen Holzbuden an, Händler erhielten dadurch erstmals Lagerraum. Doch erst ab 1870 sollten die ersten Mercados ein Dach über dem Kopf bekommen: Los Mostenses, La Cebada, Chamberí und La Paz.

Nach dem Spanischen Bürgerkrieg (1936–1939) boten die Stadtteilmärkte ein derart tristes Bild, dass die franquistische Stadtverwaltung zu Beginn der 1950er-Jahre einen Modernisierungsplan entwarf. Die Mercados, die noch immer ein Leben unter freiem Himmel fristeten, bekamen eine schützende Struktur, meist aus Stahl und Glas. Erstmals wurden in allen Stadtteilmärkten außerdem hygienische Mindeststandards durchgesetzt. Die Mercados erlebten einen wirtschaftlichen und gesellschaftlichen **Auftrieb**.

1986 trat Spanien der Europäischen Gemeinschaft bei. Die Mercados sahen sich plötzlich einer bis dato unbekannten Konkurrenz ausgesetzt: **Supermärkten**. Im Wochenrhythmus eröffneten vor allem Filialen französischer Einzelhandelsriesen im gesamten Stadtgebiet Konsumtempel, in deren Regalen nicht nur Lebensmittel, sondern auch Waschmittel und Glühbirnen

An die modernen Zeiten angepasst: der Mercado San Miguel ist heute ein Gourmettempel.

auslagen. Der spanische Verbraucher ließ sich nicht lange bitten. »Anfang der 1990er-Jahre schlitterten die Mercados in ihre erste große Krise«, sagt Robles. Sie hatten den finanzkräftigen Unternehmen nichts entgegenzusetzen.

Zwar sorgte der Aufschwung schon wenige Jahre später wieder für steigende Umsatzzahlen und Optimismus. Doch die Ruhe war trügerisch. »Die Tatsache, dass die Mercados und Einzelhandelsriesen einen ungleichen Kampf austragen, hat bis heute Bestand«, urteilt Robles. Daran änderten auch die vielen Millionen Euro nichts, die die Stadtverwaltung zur Modernisierung seit 2002 über die Märkte ausschüttete. »Insgesamt haben wir bislang rund 77 Mio. Euro investiert. Damit konnten sechzehn Märkte von Grund auf erneuert werden, weitere siebzehn wurden teilrenoviert«, sagt Miguel Ángel Villanueva, Stadtrat für Wirtschaft und Arbeit. Und für die nächsten Jahre sind weitere Hilfsmaßnahmen geplant.

Der **Niedergang der Stadtteilmärkte** spiegelt aber auch den gesellschaftlichen Wandel wider. Längst streben die spanischen Frauen wie ihre europäischen Nachbarinnen ins Berufsleben. Mit fatalen Folgen für Antonio Muñoz und Kollegen. »Früher blieb die Frau zu Hause, kümmerte sich um die Familie und machte jeden Tag ihren Einkauf im Mercado«. Heute bleibt neben dem Job dafür keine Zeit mehr.« Eingekauft wird jetzt nur noch einmal die Woche und das im **Supermarkt**. »Denn dort gibt es alles, das spart Zeit«, sagt Robles.

An die modernen Zeiten angepasst hat sich aber auch der Mercado **San Miguel**. Nach mehrjährigem Umbau eröffnete im Mai 2009 ein **Gourmettempel**, wie ihn selbst Madrid noch nicht erlebt hatte. Nur einen Steinwurf von der Plaza Mayor entfernt, mitten im historischen Stadtzentrum, verhalfen private Investoren der vom Verfall bedrohten Jugendstilkonstruktion zu neuem Glanz. Allerdings unterscheidet sich der San Miguel nun von einem gewöhnlichen Mercado so sehr wie ein VW-Käfer von einem Ferrari. Nur an einem Stand werden noch Obst und Gemüse verkauft. Die Auswahl der übrigen zweiunddreißig von Designern und Innenarchitekten ins rechte Licht gerückten Ständen richtet sich eher an Feinschmecker und betuchte Touristen: Frische Austern aus Galicien werden mit Champagner gereicht, das Sushi wird vor den Augen der Kunden frisch gerollt, der Käse aus Frankreich von jungen Frauen aus der Bretagne verkauft. Das Konzept bringt die markteigene Pressesprecherin Ana Martín auf den Punkt: »Unser Markt ist ein Erlebnis für die Sinne, ein Genuss für Menschen, die Wert auf höchste Qualität legen.« Die traditionellen Stadtteilmärkte hält sie für ein Auslaufmodell. »Die Leute kaufen lieber bei Carrefour.«

Als Unternehmenssprecherin muss sie vermutlich solche Sätze sagen, die bei Robles für Kopfschütteln sorgen. »Der San Miguel ist kein Mercado mehr, das ist für mich ein Vergnügungspark.« Er erzählt von Anwohnern, die um den Markt einen großen Bogen machen. »Denen hat man eine wichtige Einkaufsmöglichkeit genommen. Hinzu kommt, dass der neue Markt seine soziokulturelle Aufgabe im Viertel nicht mehr erfüllt.« Denn im San Miguel zirkulieren keine Geschichten und Gerüchte aus dem Mikrokosmos Nachbarschaft mehr, hier tummeln sich überwiegend Touristen, die für Klatsch und Tratsch nicht zugänglich sind.

Markt und Internet

Wenn Robles davon spricht, dass die Mercados auf den Zug der Zeit aufspringen müssen, um im Einzelhandel nicht das Nachsehen zu haben, dann meint er damit auch die neuen Technologien. Traditionsmarkt und Internet, das mag auf den ersten Blick einen Widerspruch darstellen. »Ist es aber nicht«, behauptet er. »Die Händler im **Mercado Chamartín** machen inzwischen 60 Prozent ihres Umsatzes mit Bestellungen per Internet und Telefon. Die Händler kennen viele ihrer Kunden gar nicht mehr persönlich.«

Diese Verkaufsform zeigt, welchen Vertrauensvorschuss die Stadtteilmärkte in der Bevölkerung noch immer genießen. Wer sich selbst

El Escorial, Sierra de Guadarrama Ciudad Universitaria
Pal. de Liria
UNIVERSIDAD
Calle de Princesa
Plaza Dos de Mayo
San Justo y Pastor
Calle San Vicente
Calle San Bernardo
Calle de Amaniel
Plaza Marqués Cerralbo
C. de Victor Pradera
Martín de los Heros
San Marcos
Univ. I.N.E.M.M. Cardenal Cisneros
Torre de Madrid
Edificio de España
Min. de Justicia
Museo Cerralbo
Templo de Debod
Plaza de España
San Ildefonso
San Placido
San Antonio
Pío
Sta. Teresa de Jesús
Gran Vía
Calle de
Real Academia de Ciencias
Corredera Baja de San Pablo
Pal. del Senado
Plaza Santa Soledad
San Martin
Bailén
Jardines de Sabatini
San Vicente
Telefónica
Conv. de la Encarnación
Plaza Santo Domingo
Pl. del Callao
Campo del Moro
Plaza de Oriente
Cuesta de Santo Domingo
Monasterio de las Descalzas Reales
Palacio Real
Plaza de la Armería
Plaza Isabel II
Teatro Real
El Carmen
Calle del Arenal
Plaza Puerta del Sol
S. Ginés
San Nicolás
Calle Mayor
CENTRO
Catedral de la Almudena
Plaza de la Villa
Plaza Mayor
Ayuntamiento
Capitanía General
Min. Exter.
Calle de Atocha
Plaza del Angel
PALACIO
San Miguel
Santa Cruz
Calle de Segovia
Sta. Maria
Jardines de las Vistillas
Capilla del Obispo
San Pedro
San Isidro
Sto. Cristo del Olivar
Toledo
Calle de la Magdalena
San Andrés
C. Duque de Alba
Calle Jesús y María
Calle del
Pl. de Cascorro
Calle de Toledo
Plaza de San Francisco
C. San Francisco
Calle de Embajadores
San Cayetano
Ronda de Segovia
San Francisco El Grande
Gran Vía de S. Francisco
Dominicas Sta. Catalina
Paseo Imperial
Virgen de La Paloma
Ribera de Curtidores
Pasión
Mesón de Paredes
Centro Artesano
250 m
1
2
3
4
5
6

MÄRKTE IN MADRID

1. San Miguel
2. Antón Martín
3. Los Mostenses
4. La Cebada
5. Maravillas D 5 *
6. Tirso de Molina B 9
7. La Paz F 8
8. Chamberí E 7
9. Las Ventas H 7
10. Ibiza F 9

** Koordinaten beziehen sich auf den großen Cityplan

Dieser Standbesitzer sucht einen Nachfolger.

Fisch ungesehen nach Hause liefern lässt, der hegt keinerlei Zweifel an der Zuverlässigkeit seines Händlers. Hier sieht Robles einen großen Vorteil der Standbetreiber gegenüber den anonymen Supermarktketten. »Die Menschen wissen, dass in Sachen Qualität die Mercados die Nase deutlich vorne haben. Schlussendlich steht für den Händler sein Ruf auf dem Spiel.«

Das legt den Verdacht nahe, dass sich die Händler das Plus an Qualität und Service entsprechend entlohnen lassen. Doch weit gefehlt. »Preislich«, sagte der Wirtschaftswissenschaftler Javier Casares Ripol der **Universidad Complutense de Madrid**, »schneiden Produkte wie Obst, Gemüse und Fleisch in Stadtteilmärkten besser ab als in Supermärkten.« Freilich werden bei der Erstellung der Preisbarometer Parameter wie Qualität und Service berücksichtigt. Mit anderen Worten: Die Äpfel im Supermarkt mögen durchaus zeitweilig ein paar Cent günstiger sein als die im Mercado. Doch gleichzeitig nimmt die Gefahr zu, dass im Einkaufskorb ein Apfel landet, der in der Supermarktauslage seit gut einer Woche auf einen Käufer wartet.

Standbetreiber Antonio Muñoz wird in gut einem Jahr in Rente gehen, einen Nachfolger für seinen Obst- und Gemüsestand hat er nicht in Aussicht. »Wer will schon um fünf Uhr morgens aufstehen und erst nach 21 Uhr nach Hause kommen«, sagt er und ergänzt: »Niemand, nicht für das Geld, das es zu verdienen gibt.« So wird er seine Lizenz wohl an die Stadtverwaltung zurückgeben. Aber vielleicht überlegt er es sich bis dahin noch einmal und sucht stattdessen einen Pächter. Dann wird an dem heruntergelassenen Eisentor ein Schild mit den Worten »se traspasa« hängen. Es wäre dann das sechste im Mercado Antón Martín.

Stadtteilmarkt Maravillas aus. Der ist zwar riesig und der Neuling findet aus dem Gewühl meist so schnell nicht wieder heraus. Dafür pulsiert hier die ganze Woche über das Leben – ein Markt, der sich um seine Zukunft nicht sorgen muss. Hier gibt es nicht nur Bewährtes wie Obst, Gemüse, Fleisch und Fisch. Hier bieten Näherinnen ihre Dienste an, Haushaltswaren werden verkauft und im Eingangsbereich auch Textilien.

Mercado Tirso de Molina

Dieser populäre Markt liegt zwar nicht mehr im Stadtzentrum, man muss schon die Brücke Puente de Segóvia (unterhalb der Kathedrale Almudena) überqueren oder mit der Metro anreisen. Doch die Anfahrt lohnt sich. Der rote Backsteinbau ist von 1932 und wer genau hinsieht, erkennt noch Einschusslöcher aus dem Spanischen Bürgerkrieg.

Im Innern dominiert eine rote Stahlkonstruktion. Gut zwei Dutzend Händler bieten täglich ihre Waren feil, viel Obst und Gemüse, aber auch Exoten wie eine Änderungsschneiderei finden sich hier. Sollte jemand Interesse an einem Stand für Wurstwaren haben, kann

Informationen Märkte

① Mercado San Miguel
Plaza de Oriente 3, Tel. 91 541 51 04
www.mercadodesanmiguel.es
Metro: Sol oder Ópera
Öffnungszeiten: Mo. – Mi., So. 10.00 – 24.00, Do. – Sa. 10.00 – 2.00 Uhr

② Mercado Antón Martín
Calle Santa Isabel 5, Tel. 91 369 06 20
Metro: Antón Martín
Öffnungszeiten: Mo. – Fr. 9.00 – 14.00 und 17.30 – 20.30, Sa. 9.00 – 14.00 Uhr

③ Mercado Los Mostenses
Plaza Mostenses 1, Tel. 91 542 58 38
Metro: Noviciado und Plaza de España
Öffnungszeiten: Mo. – Fr. 9.00 – 14.00 und 17.30 – 20.00, Sa. 9.00 – 14.00 Uhr

④ Mercado La Cebada
Plaza Cebada 15, Tel. 91 366 69 66
Metro: La Latina
Öffnungszeiten: Mo. – Fr. 9.00 – 14.00 und 17.30 – 20.30, Sa. 9.00 – 14.00 Uhr

⑤ Mercado de Maravillas
Calle Bravo Murillo 122, Tel. 91 533 40 30
Metro: Cuatro Caminos und Alvarado
Öffnungszeiten: Mo. – Fr. 9.00 – 14.00 und 17.30 – 20.30, Sa. 9.00 – 14.00 Uhr

⑥ Mercado Tirso de Molina
Calle Doña Urraca 15
Tel. 91 464 52 35
Metro: Puerta de Ángel
Öffnungszeiten: Mo. – Fr. 9.00 – 14.00 und 17.30 – 20.30, Sa. 9.00 – 14.00 Uhr

⑦ Mercado La Paz
Calle Ayala 28
Tel. 91 435 07 43
Metro: Serrano (kein Witz!)
Öffnungszeiten: Mo. – Fr. 9.00 – 14.30 und 17.00 – 19.30, Sa. 9.00 – 14.00 Uhr

⑧ Mercado Chamberí
Calle Alonso Cano 10
Tel. 91 446 95 74
Metro: Iglesia oder Alonso Cano
Öffnungszeiten: Mo – Fr. 9.00 – 14.00 und 17.30 – 20.30, Sa. 9.00 – 14.00 Uhr

⑨ Mercado Las Ventas
Calle Virgen de la Alegría 10
Tel. 91 403 93 24
Metro: Carmen
Öffnungszeiten: Mo. – Fr. 9.00 – 14.00 und 17.30 – 20.30, Sa. 9.00 – 14.00 Uhr

⑩ Mercado Ibiza
Calle Ibiza 8
Tel. 91 574 85 27
Metro: Ibiza
Öffnungszeiten: Mo. – Fr. 9.00 – 14.00 und 17.30 – 20.30, Sa. 9.00 – 14.00 Uhr

er sich an den Eigentümer der Jamonería Hermanos Puebla wenden. Er geht Ende 2010 in den Ruhestand und sucht seit Monaten einen Nachfolger.

Mercado La Paz

Der Markt La Paz im vornehmen Viertel Salamanca, etwas nördlich des Stadtparks El Retiro, muss sich keine Sorgen um kaufkräftige Kunden machen. Der **Traditionsmarkt** bekam bereits 1882 seine Stahlkonstruktion verpasst, von der vor allem noch die Säulen zu sehen sind. Wie es sich für die exklusive Nachbarschaft gehört, werden im La Paz **Produkte erster Qualität** verkauft. Erfreulicherweise macht ihn das nicht teurer als andere Märkte. Wer Interesse und Spanischkenntnisse besitzt, kann in einem Kurs lernen, wie man Ibérico-Schinken richtig schneidet. Die Termine erfährt man im Markt.

Mercado Chamberí

Der Chamberí-Markt im Stadtviertel Almagro, auf halbem Weg zwischen Retiro und der Universidad Complutense, ist der einzige Markt, der sein Dach mit einem Fitness- und Wellnesscenter teilt. Die Stadtverwaltung und in geringerem Maße die Händlervereinigung haben seit 2004 rund eine Million Euro in seine Restaurierung investiert. Der 1944 eröffnete Markt bietet derzeit etwa 70 Händlern Platz. Abgesehen von Obst, Gemüse, Fleisch und Fisch gibt es noch den einen oder anderen Exoten. An einem Stand werden im Nu Schuhe geflickt, ein anderer Händler verkauft und repariert Stühle.

Mercado Las Ventas

Wer Las Ventas hört, denkt zuerst an die traditionsreichste Stierkampfarena des Landes. Nur ein paar Steinwürfe davon entfernt liegt der Stadtteilmarkt Las Ventas. Dieser steckt zwar nicht voller Geschichte, er hat aber auch etwas Besonderes: Seit 2007 werden hier fast ausschließlich **Produkte aus biologischem Anbau** verkauft, und das auf immerhin 3500 Quadratmetern. Dieses Konzept ist einmalig in Spanien.

Der 1995 eröffnete Las-Ventas-Markt ist der Nachfolger des Mercado Canillas, der in den 1940er-Jahren seinen Betrieb aufnahm.

Mercado Ibiza

Nicht unumstritten ist das Konzept, des Mercado Ibiza: Im Untergeschoss befindet sich der Stadtteilmarkt mit knapp 40 Standverkäufern, die wie gewohnt vom Apfel bis zum Zackenbarsch so ziemlich alles im Angebot haben, was man essen kann. Direkt darüber hat sich ein Supermarkt einquartiert. Die einen freuen sich, weil sie glauben, der Supermarkt zieht letztlich auch Kunden an, die im Mercado Geld lassen. Manchem Standbesitzer ist der Supermarkt aber auch ein Dorn im Auge, weil er befürchtet, in Zukunft noch mehr Kunden an die mächtigen Einzelhandelskonzerne zu verlieren.

Wer am Ende auch immer recht behalten wird, in die Renovierung des dreistöckigen Gebäudes im Stadtviertel Ibiza flossen in den vergangenen Jahren rund drei Millionen Euro. Ob die Markthändler von dem neuen Konzept profitieren können, werden die kommenden Jahre zeigen.

IMPRESSUM

Beilage zum Baedeker Allianz Reiseführer »Madrid«

Text: Reinhard Adel; Fotos: Reinhard Adel, Stockfood/Gareth Morgans (Titel)

Urheberschaft: Karl Baedeker Verlag, Ostfildern; Nutzungsrecht: MairDumont GmbH & Co KG; Ostfildern

Der Name Baedeker ist als Warenzeichen geschützt. Alle Rechte im In- und Ausland sind vorbehalten. Jegliche – auch auszugsweise – Verwertung, Wiedergabe, Vervielfältigung, Übersetzung, Adaption, Mikroverfilmung, Einspeicherung oder Verarbeitung in EDV-Systemen ausnahmslos aller Teile des Werkes bedarf der ausdrücklichen Genehmigung durch den Verlag Karl Baedeker GmbH.

Anzeigenvermarktung MAIRDUMONT MEDIA, Tel. 0049 711 4502 333, Fax 0049 711 4502 1012, media@mairdumont.com, http://media.mairdumont.com

Printed in China. Gedruckt auf 100 % chlorfrei gebleichtem Papier